Professor HongTao With The Media

洪涛教授与媒体

商业焦点III

Focus on Business III

潘 岩☆编

Focus on Business III

Professor HongTao With The Media

经济管理出版社
ECONOMY & MANAGEMENT PUBLISHING HOUSE

图书在版编目（CIP）数据

直击商业焦点Ⅲ：洪涛教授与媒体/潘岩编. —北京：
经济管理出版社，2011.8
ISBN 978-7-5096-1589-8

Ⅰ.①直⋯ Ⅱ.①潘⋯ Ⅲ.①商业经济—研究—中
国 Ⅳ.①F72

中国版本图书馆 CIP 数据核字（2011）第 180937 号

出版发行：**经济管理出版社**

北京市海淀区北蜂窝 8 号中雅大厦 11 层

电话：(010)51915602　　　　邮编：100038

印刷：三河市海波印务有限公司　　　　经销：新华书店

组稿编辑：张永美　　　　　　　　责任编辑：任爱清
责任印制：杨国强　　　　　　　　责任校对：陈　颖

787mm×1092mm/16　　　　26.75 印张　　　470 千字
2011 年 10 月第 1 版　　　　2011 年 10 月第 1 次印刷

定价：69.00 元

书号：ISBN 978-7-5096-1589-8

前　言

近几年来，我的生活包括授课与演讲、撰写专著与论文、接受记者采访等。记者采访是其中一个很重要的内容，每一次记者采访，我都非常认真地对待，对每一个问题都认真回答，因此许多记者遇到问题喜欢向我咨询，慢慢地我结交了很多记者朋友。有时，他们也将我在一些论坛上的发言整理后在媒体发表。据不完全统计，2011年9月7日经Google.com.cn搜索，"北京工商大学洪涛"有31.9万条；经Baidu.com搜索，有16.8万条。自2009年6月20日我在网易财经上开博，至今已有90万多的点击率。

每次记者采访或者将我的发言在媒体上发表后，我都将其收藏起来，或者粘贴在我的博客上。时间长了，就形成了许多资料，于是我就有了一个将其收集起来的想法，既是记录我生活的一个内容，又积累起了我与记者们的感情。

从这里，我们可以看到许多焦点问题，我将本书取名为《直击商业焦点Ⅲ——洪涛教授与媒体》，这是第三本。已经出版的第一本书内容包括消费储值、折价竞争、外资进入、商品交易市场、市场服务中心、食品安全、进场费、品牌市场等许多问题；第二本书涉及12个方面内容，第一部分为流通产业与商品交易市场，第二部分为零售业及其竞争，第三部分为尾货市场创新及规范发展，第四部分为电子商务与网络经济，第五部分为连续6年丰收前提下的粮食安全，第六部分为品牌与品牌竞争，第七部分为价格竞争与市场规范，第八部分为农村流通新局面及区域连锁，第九部分为餐饮业与食品安全，第十部分为超市竞争与发展，第十一部分为金融危机及其形势分析，第十二部分为综合热点问题；第三本书内容涉及流通产业与商品交易市场、零售业发展与竞争、尾货市场管理与规范发展、电子商务与网络经济、超市竞争与发展、品牌与品牌竞争、农产品流通体系发展与惠农工程、扩大国内消费与消费转型升级、北京国际商贸中心建设以及一些热点评析、演讲与观点等。

在记者的采访文章中有我的观点，也有同行的观点；有相同的观点，也有

2

不同观点的争论、交锋。还不时地显现出我于1993年在中国社会科学院的CASS精神，即为了真理而不屈不饶的奋斗精神，讨论问题不搞人身攻击，CASS精神时时影响着我的学术生涯。

《直击商业焦点Ⅲ》也从另一个角度反映了我的学术思想和生活，通过这三本小集子总结我54年的人生，总结我自1986年开始的25年研究生涯，是非常有意义的事情。

我于1975年上山下乡，1978年回城到天门粮机厂工作，1980年进粮食局机关，1993年4月20日晋升为高级经济师，1993年考入中国社会科学院攻读博士学位。特别是1986年我的第一篇论文入选"首届中青年流通经济理论讨论会"，自此，我结识了许多尊敬的老师和优秀的同事。多年来，我得到了博士生导师贾履让教授、陶琲教授的悉心教导，跟随万典武教授参与社会调研，从中学会了许多做人的道理和做学问的方法，在此我衷心地感谢导师。多年来，我也得到了许多同仁的支持和帮助，我衷心地感谢你们。同时，我也感谢我的妻子熊德慧女士无私的奉献。该书也献给我年迈的父母，为了儿子的事业和工作，即使病了也不告诉我，以免影响我的工作，这些我都铭刻在心！

三本小集子是一个总结，又是一个纪念；是一个回忆，又是一个鼓励，它记录了许多难以忘掉的东西，让我拥有许多继续回忆的资料，同时也给我以憧憬。现实是美好的，未来是美好的，永远记住美好的，忘掉不快乐的，使我们的生活充满阳光、充满乐观！

在这里，我也要感谢第一本书的主编——赵煜，第二本书的主编——郭庆，第三本书的主编——潘岩。

洪　涛

2011年9月7日

目 录

第一部分 流通产业与商品交易市场 ················· 1

    第一章 流通产业发展及改革 ················· 3

    第二章 流通创新型人才培养 ················· 11

    第三章 商品交易市场发展新趋势 ················· 17

第二部分 零售业发展与竞争 ················· 25

    第四章 零售行业发展状况 ················· 27

    第五章 商业网点规划 ················· 43

    第六章 零售市场竞争日趋激烈 ················· 61

    第七章 零供关系与物流业发展 ················· 71

    第八章 内外资并购与重组 ················· 85

    第九章 零售市场管理与规范 ················· 105

第三部分 尾货市场管理与规范发展 ················· 123

    第十章 尾货市场管理与规范发展 ················· 125

第四部分 电子商务与网络经济 ················· 149

    第十一章 得网民者得天下 ················· 151

    第十二章 物流配送水平与电子商务发展 ················· 163

    第十三章 网购市场亟须规范化 ················· 167

第五部分 超市竞争与发展 ················· 183

    第十四章 低碳超市成行业发展趋势 ················· 185

2

第十五章　内外资超市并购 …………………………………………… 189

第十六章　支招超市发展 ………………………………………………… 193

第六部分　品牌与品牌竞争 …………………………………… 207

第十七章　品牌运营 ………………………………………………………… 209

第十八章　品牌竞争 ………………………………………………………… 223

第十九章　服务竞争 ………………………………………………………… 235

第七部分　农产品流通体系发展与惠农工程 …………… 239

第二十章　农产品流通体系 ……………………………………………… 241

第二十一章　家电下乡拉动农村消费 ………………………………… 287

第八部分　扩大国内消费与消费转型升级 ……………… 291

第二十二章　加快国内消费转型升级 ………………………………… 293

第二十三章　假日消费 …………………………………………………… 309

第九部分　专题 …………………………………………………… 313

第二十四章　北京打造国际商贸中心 ………………………………… 315

第二十五章　中国经济发展 ……………………………………………… 335

第十部分　综合 …………………………………………………… 359

第二十六章　其他热点评析 ……………………………………………… 361

第二十七章　演讲与观点选摘 ………………………………………… 383

第一部分 流通产业与商品交易市场

流通业被誉为"现代经济的血脉和神经"，历经改革开放 30 多年的发展，流通业已经发展成为我国国民经济的重要产业，在维持经济稳定、劳动者就业、税收等方面发挥了重要作用。

值得关注的是，流通产业"十二五"发展规划已从部级上升为国家级。按规划，我国要在"十二五"期间建立起中国特色的现代流通产业。洪涛教授主要在三方面接受了记者的采访。

1. 流通产业发展及改革

（1）"十二五"流通产业规划方面，洪涛教授认为应该突破部门概念，将规划对象确定为流通产业，而不是商贸业，从流通体系的角度来规划，建立积极、统一的流通产业政策，同时将规划的重点放在城乡、区域和多民族统筹方面。

（2）民资"新 36 条"鼓励民资进入商贸流通领域，有利于为流通业创造公平竞争、平等准入的市场环境。

（3）在经济结构转型过程中，行业协会要加快自身改革，尽快提升服务能力。

2. 流通创新型人才培养

目前流通经济拥有 8000 万~11000 万产业大军，基本上适应了社会发展的需要。但随着社会和流通经济的快速发展，社会需要更多多层次、多类型的贸易经济人才，需要多层次、多规格的培训存在。

3. 商品交易市场创新

改革开放以来，我国商品交易市场已经发生了深刻的变化，不仅仅是摊位制市场，至今已有35种商品交易市场模式，形成了具有中国特色的商品交易市场。2010年我国商品交易市场的模式创新进入一个新的阶段，据不完全统计，现有创新模式有：电子交易市场、园区型市场、街区型市场、城市综合体市场、摩尔型家居市场、商贸城市场、物流园区型交易市场、连锁型市场、集群市场、产业链市场成为当前创新型市场，具有较大的发展空间。洪涛教授认为，我国商品交易市场主题为：规模控制、结构调整、交易升级、管理创新。

同时，针对有人将大宗商品交易划为期货市场与现货市场的中间市场的观点，洪涛教授持否定意见。他认为，大宗商品电子交易是现货，而不是"中间市场"，也不是"准期货"，如果不将其归为现货交易市场，就有可能将其带入歧途，甚至"葬送"大宗商品电子交易市场这种新的业态。

第一章 流通产业发展及改革

文章来源：北京商报商业周刊

题　　目：流通规划需破除部门阻隔

作　　者：洪　涛

时　　间：2010 年 8 月 18 日

流通业被誉为"现代经济的血脉和神经"，但地域分割、地区保护主义等均制约着流通企业跨区域发展，商流、物流、资金流等无法全国流通。日前，流通产业发展被纳入规划，我国要在"十二五"期间建立起中国特色的现代流通产业。

那么，"十二五"期间编制国家流通产业发展规划，需要突破部门的概念。流通规划的对象不应是"商贸业"，而应是流通产业，这更恰当。从产业角度看，流通是指商流、物流、信息流，以及与之相适应的资金流、消费流，但是资金流并不等于金融业，而是指流通产业与金融业相关的业务，流通业与金融业既相互交叉又有不同的边界。因为金融业还包括保险等业务体系，流通的组织载体是流通产业。

将流通产业规划提高到国家级规划的层面，如果采用商贸业作为规划的对象就会明显降低其规划的层次。当前商贸业仅仅指批发、零售业已经不能够反映流通业发展的现状，如我们在制定"商贸物流业"发展规划的时候，将粮食、烟草、食盐等排除在外。甚至冷链也不包括在其中，具有典型的部门色彩与部门性质，是明显的小流通概念。

长期以来，我国缺乏积极的、统一的流通产业政策，快速消费品、粮食、烟草、盐业等产品属于不同的政府职能部门来进行管理，如商务部、国家发改委、粮食局、文化部、药品监督管理局、供销社等部门，商品流通条块分割非常严重，缺乏统一的流通产业政策，这种状况在"十二五"流通规划中应该得到解决。

笔者认为，"十二五"流通规划的重点应放在城乡、区域和多民族统筹方

4

面。中国共产党十七大提出了许多工作统筹，其中流通规划的重点应放在城乡统筹、区域统筹、民族统筹方面。2010年，我国城乡居民收入差距已经达到3.22∶1，社会消费差距已经达到6.52∶1，目前城乡人口差距在减少，农村7亿多人口，但是2亿流动人口，使城市与农村人口数量接近，所以应用动态的观点来研究流通问题、规划流通发展。

具体规划上看，"十二五"流通规划应从流通体系的角度来规划。目前，我国流通体系正由传统流通体系向现代流通体系转变，完善的流通体系由横向流通体系与纵向流通体系构成。具体来说，横向流通体系由7个体系组成现代流通体系：生产资料流通体系、日用工业品流通体系、农产品流通体系、再生资源流通体系、生活服务体系、商务服务体系、信息服务体系。从纵向来说，流通体系由6个层次构成，如流通组织、流通渠道、商品市场、流通管理、流通法律、流通宏观调控构成。

最后，"十二五"流通规划还需要规范概念。比如现在媒体上有消费额占GDP的比重等说法、餐饮销售额占GDP比例的说法、房地产销售额占GDP比例的说法是不规范的，应考虑的是其增加值，按国家统计局的统计规范进行比较。

文章来源：北京商报
题　　目：首届贸易强国论坛开幕　流通业国际化遇起步尴尬
记　　者：王晓然
时　　间：2010年11月2日

10月31日，在北京工商大学主办的首届"贸易强国论坛"上，众多专家纷纷提到我国流通产业在刚起步阶段频遇的尴尬。

我国流通产业的行业结构包括纯商业结构（批发、零售和批零兼营）、餐饮业结构、商业服务业结构、售后服务修理业等居民服务结构、物流配送业结构、电子商务结构等。

广东商学院流通经济研究所所长王先庆认为，外资商业模式不可全效仿。外资商业企业在华享受"超国民"待遇，货款、进场费一路"飞行加油"。但是，此"通道费用"模式能否被国内企业所效仿值得探讨。中国流通业是"小商业"的王国，需要自我自发地转变，零售业需要走出一条规范化的道路，然后进入规模化轨迹。

商务部研究院消费经济研究部副主任赵萍指出，国内流通企业信息化投入远远不够。中国流通业国际化刚刚起步，现代化程度不高，物流水平也普遍较弱。目前，中国的零售企业在国际化上还处于摸索阶段，偶尔通过并购涉足海外市场的，也是使用当地的团队，缺乏自己培养的海外管理人才。中国企业国际化的路还远。并且，从现代化水平来看，国际大企业对信息科技化的投入占销售额的比例为1%，国内流通企业仅为0.4%。

"很多内贸企业缺乏真正的商业精神。"人民大学商学院教授王晓东说，流通领域长期靠出租货架资源和收取高额进场费等低劣的流通方式搞无风险经营。内外贸市场的规则、机制、结算方式等诸多差异令内外贸企业难以对接，未来还有很长一段路要走。

北京工商大学商业经济研究所所长洪涛认为，传统流通业在我国流通领域中所占比重较大。经过近10年发展，配送业务才得以发展，仍面临进展缓慢、设备落后、信息化程度低等状况。配送规模小、物流网点没有统一布局，多镇地区的配送普遍效率低下；配送中心现代化程度、机械化程度低，不能广泛使用发达的交通设施；配送中心功能不健全，信息未得到充分的加工和利用，离信息化还有一定差距。

我国流通产业仍不具备规模优势。以连锁企业为例，我国目前仍没有能与家乐福、沃尔玛等抗衡的大型超市。在流通业较为发达的上海、北京，有着物美、华联等本土超市类企业，但数目多、规模普遍较小。而且流通企业作为服务型企业，单体扩大有一个规模临界点，超过这一点，规模的扩大反而会导致效益的降低，因此流通企业规模效益主要是通过连锁这种组织形式来实现。由于我国流通企业自身实力以及体制性障碍等原因，大多数没有采用连锁经营方式，经营规模受到极大限制。

文章来源：中国商报
题　　目："十二五"流通产业规划重在城乡协调
记　　者：王立勇
时　　间：2010年6月15日

"十一五"规划成绩显著，"十二五"规划令人期待。在日前北京工商大学举办的"走向复苏：中国经济与世界"国际学术研讨会上，北京工商大学教授洪涛撰文指出，"十二五"流通体系发展战略应重在城乡流通业协调发展上。引起了诸多业内人士的共鸣。

改革开放以来，伴随着流通体制的改革，流通产业已经成为引导我国国民

6

经济发展的先导性产业，城乡之间多角度、多环节的联系越来越依靠商品流通的组织模式、管理渠道、基础设施现代化的流通。但 2007 年以来，由于受到国际金融危机的影响，我国出口下降甚至出现连续 10 个月的负增长；2004 年以来粮食 6 年连续丰收，却同时也带来了供过于求的困境；许多产业趋同导致的产能过剩，都需要进一步统筹城乡。

洪涛表示，虽然 2009 年农村社会消费品零售总额迅速增长，并且增速超过城市，但从 1997 年到 2007 年，中国城乡收入差距不断拉大并突破 1 万元大关。据统计，2008 年城乡居民收入差距为 3.31∶1，但到 2009 年却扩大到 3.33∶1，绝对差距由 11020 元扩大到 12022 元。2010 年城乡消费市场为 6.52∶1，城乡流通过程中出现的商品进不来、出不去的"围城"现象仍然十分严重。如何创新城乡流通体系，协调城乡流通产业，应该成为"十二五"流通产业发展战略的重要着力点。

农村流通是当前一个热点问题。近几年来，国家为了促进农村流通先后出台了许多政策法规，如商务部"万村千乡"、"双百市场"、"农超对接"、"信福工程"、"三绿工程"等，农业部"百百万万"工程、"信息化村示范工程"，质量检验检疫总局"5520"工程，全国供销合作总社的"新网工程"，2009 年 5 月 23 日，交通运输部等 6 部委联合下发了《关于推动农村邮政物流发展意见》。但是，农商产业链条没有形成，更不要说实现城乡统筹的目标。

洪涛认为，由于我国政府机构改革需要有一个长期的过程，因此，应充分发挥商务部为主导的宏观调控下的农村流通体系，使许多部委出台的政策连为一个有机整体，当这些政策形成一个整体后，就可以避免部门之间、城乡之间相互对立、不能协同的问题。目前来看，许多单个条例都具合理性，但往往在综合性方面相互抵消，没有形成合力。像农产品进项税政策原本很好，但由于各部门、各地方各归其政，在执行过程中就存在很多问题。

据统计，在 2009 年的社会物流中，农产品物流量较小，远远低于社会发展需求。2009 年全国农产品物流总额近 2 万亿元，同比增长 4.3%，但相比较前两年 17% 的增长率，增幅明显下降。而且，尽管农产品物流总额呈逐年增长趋势，但农产品物流占全部物流的比重却在一直下降。2009 年仅为 2.01%。

洪涛说，当前农产品流通体系面临五大问题：一是小生产走向大市场难，二是生产主体发育难，三是农产品进超市难，四是农产品物流及冷链体系打造难，五是农产品基础设施建设也难。这一方面与目前的体制性障碍有关；另一方面与城乡龙头市场的牵引、辐射作用不强，资源要素流动和农村劳动力转移失衡以及仓储物流企业的整体实力不强也分不开。

　　基于此，洪涛建议，国家和各地方政府应该扶持一批大型流通企业做强做大，支持一批特色商品交易市场集群发展，发展一批规模大、标准化、有品牌的农副产品生产基地，建设一批现代化的物流园区，积极推进流通主体参与网上交易，完善绿色流通环境。当然，健全社会信用体系，建立良好的市场秩序也刻不容缓。

　　另外，也有业内专家建议，发展农村现代流通体系，应以现有流通网络为基础，发展双向流通模式，将工业品下乡和农产品进城对接起来。整合供销社、邮政、粮食系统的网点资源，提高其配送能力，将其作为"万村千乡"工程的基础，提高农村流通网络的利用效率。引导参与"万村千乡"工程的大型企业建立"连锁超市采购联盟"，充分发挥连锁超市团购的作用。

　　不过，洪涛指出，大力完善农产品流通体系。促使城乡流通产业协调发展，就是建立多渠道的流通体系。农产品流通渠道有多种多样，如近两年来商务部所推行的"农超对接"就是一种。但是，农产品流通渠道不仅仅是"农超对接"，此外还有生产企业＋农户、批发企业＋农户、零售企业＋农户、配送中心＋农户、农产品协会（农产品技术协会）＋农户、农产品合作组织＋农户、配送＋分销等多条渠道，目前有70%左右的农产品通过批发市场渠道进入各类渠道终点。

　　城乡经济社会的协调发展问题的关键在于打通城乡壁垒，坚持城乡互动原则，走"以城带乡、以乡促城、城乡结合、优势互补、共同发展"的道路。协调城乡流通产业发展，自然也不例外。

文章来源：中国商报
题　　目：顺应经济转型　行业协会价值重塑正当时
记　　者：胡　斌
时　　间：2010年3月30日

　　改革开放以来，我国行业协会、商会（以下统称行业协会）发展较快，在提供政策咨询、加强行业自律、促进行业发展、维护企业合法权益等方面发挥了重要作用。日前，受国资委委托、由中国物流与采购联合会和北京工商大学联合举办的"行业协会服务能力研讨会"上，与会专家呼吁，在经济结构转型过程中，行业协会要努力适应新形势的要求，尽快提高服务能力。

8

提升服务能力刻不容缓

北京工商大学教授洪涛介绍说，我国目前有 40 多万家社会中介组织，其中有 6 万多家行业协会。洪涛认为，行业协会服务能力是行业协会所拥有的、实现行业协会目标的能力。具体来说，理论上包括：组织能力、要素性能力、协议性能力、影响性能力、获致性能力。实际上包括：代表能力、流通协议能力、监督管理能力、统计研究能力、狭义的服务能力。中国社会组织促进会副秘书长张高陵则认为，行业协会服务能力分为影响力、凝聚力、发展力、公信力四种力量。

会上，中国社会科学院财贸经济研究所副所长荆林波直言不讳地指出，行业协会的服务定位关键是对自己干什么要清楚，要知道服务主体是谁。行业协会发展不能指望政府，要靠自己，关键是要有自己的服务能力、研究能力。

荆林波认为，现在行业协会主要分为三类：第一类，收取会费；第二类，"发牌子"；第三类，有自己独立的产品。

事实上，前两种行业协会的生存发展空间越来越小。最近，湖北省物价局、省纠风办和该省 100 家行业协会负责人面对面，就即将开展的行业协会收费专项检查进行提醒。据不完全统计，湖北省级行业协会大约有 800 家。一些行业协会设立的五花八门的收费项目加重了企业负担。无独有偶，从 1 月中旬开始至 4 月底，山西也首次在全省范围内开展了行业协会收费专项检查。

相反，一些行业协会则拥有了更大的发展空间。日前，广州市举行首批行业协会评估授牌仪式。全市 97 家行业协会（商会）中，首批被授予 4A 级以上的行业协会共 10 家，它们将具有接受政府职能转移、政府购买服务和享受公益性捐赠税前扣除优惠政策等方面的资格。

"有的行业协会为什么强？因为他们有自己的产品，政府要向他们大量购买服务。"荆林波认为，行业协会的制度建设对于服务能力的提升也很重要。

中国连锁经营协会秘书长裴亮介绍说，中国连锁经营协会是靠制度解决问题，而不是靠人解决问题。分为两个层面：一是理事会，在运作方面强调理事会作用，通过理事会做决策，确定工作重点、工作目标，与行业一起走；二是秘书处，一些企业的模式可以借鉴到行业协会，要调动协会人员的积极性，如引进企业平衡计分卡对协会员工进行管理，引进激励机制、用人机制，核心是行业价值问题。

裴亮认为，行业协会的服务能力，主要是发挥桥梁作用，为政府、会员服务。服务包括产业之间关系的服务，会员之间合作的服务。桥梁作用是多角度的，在能力有限的前提下，要知道哪些该做，哪些不该做，需要取舍。

行业协会的地位问题

不过，与会的一些专家则表示，有"位"方能有"为"，我国行业协会面临法律法规不健全，政策措施不配套，管理体制不完善等诸多问题导致行业协会没有应有地位，制约了行业协会的发展。

国家工商行政管理总局市场规范管理司原司长张经提出，提升行业协会的服务能力，首先要解决行业协会的地位问题。"提高行业协会服务能力是一个技术问题，行业协会这几年发展不好，主要原因是法律法规不健全，政策措施不配套。"

洪涛也认为，行业协会存在的问题，当前最突出的问题是"无法可依"，他呼吁应引起社会的高度重视。

谈到政府政策时，张经认为，现在一些政府行政部门认为行业协会是可有可无的社会组织，按照西方国家在市场经济下对行业协会的定位，行业协会应该是与正式组织平行的非政府组织，要意识到行业协会在经济敏感问题中的"缓冲带"作用。

中国物流与采购联合会副秘书长余平介绍说，中国物流与采购联合会研究开发的全国制造业采购经理指数（PMI）已成为监测经济运行的及时、可靠的先行指标，得到政府、商界与广大经济学家、预测专家的普遍认同。"但是，政府这方面并没有资金的支持。"

此外，专家认为，行业协会管理体制还不完善。不过，中国社会组织促进会副秘书长张高陵透露，行业协会现行的主管部门和民政部门"双轨制"管理将改革为"单轨制"管理，即由社团管理机构单独管理。

或许，这将在一定程度上激励行业协会加快自身改革，有利于提高自身地位。

第二章　流通创新型人才培养

文章来源：经济参考报

题　　目：由贸易大国向贸易强国迈进需要创新型人才

记　　者：林　玉

时　　间：2010 年 6 月 18 日

6 月 12 日，在北京工商大学 60 周年华诞的日子，商业（贸易）经济专业的 60 级至 09 级的 400 多名校友代表回到母校，参加了"贸易强国论坛"（校友）。

会议由北京工商大学经济学院贸易系主任洪涛教授与校友刘秀敏（全国家电协会会长、北京工商大学经济学院校友会副会长）主持。

洪涛教授在开场白中说，我国现已成为世界贸易大国，正面临着由贸易大国向贸易强国迈进的时期，今天我们几代贸易（商业）经济教师、校友共聚一堂，可畅谈经济发展、校友友谊，也可对我校贸易经济特色专业的发展献计献策。

原中国商业经济学会副会长、前国内贸易部商业经济研究所所长张采庆研究员发言。他指出，抓紧培养贸易人才是贸易发展改革的迫切需要，是发展现代流通的基础，也是打造贸易强国所必需。要培养高水平商业人才：一要具备有利于贸易发展的社会和家庭氛围；二要在贸易实践中不断进步，边干边学，边学边干；三要有深厚的理论功底；四要提升大专院校教师队伍的素质。

王福成教授重点总结了北京工商大学特色化办学的"基因"。在 1950~1960 年底，先后有 13 位部级领导担任（或兼任）过北京工商大学的校长，其中有曾领导塔山阻击战、后来担任过山西省委书记的程子华将军和时任商业部副部长、后来担任中共中央政治局常委的姚依林同志。程子华同志虽然是拿枪杆子出身的，但他非常强调深厚的理论功底的重要性，非常认真地学习了《资本论》第 2 卷。姚依林同志对当时国内商业经济教学直接照搬苏联的做法非常不满意，指示不能使用苏联引进的教材（这是当时国内的主流教材，由中

12

国人民大学组织编写），必须走自己的路。姚依林同志指示，商品流通研究必须联系中国的实际，因此，他指示商业部的司局长亲自到我校讲课。后来担任北京商学院（北京工商大学前身）院长的贺名仑教授等人当时专门整理司局长的讲课笔记，后来这些笔记整理成册之后成为我校的教材。程子华、姚依林等校长所奠定的传统在北京商学院的办学历史中得到非常好的传承。在 20 世纪80 年代，北京商学院的教师只要没课就跟着中央部委出去调研，学生也经常参与重大经济社会现实问题的调研，其中一些调研报告曾产生重要社会影响。另外，几乎每个专业的学生都有几个月时间深入基层学习，商业经济专业的学生都要站柜台的。因此，北京工商大学的"基因"，可以大致概括为两个方面：一是高度强调规律性的东西和理论的重要性；二是强调理论必须与商业实践真正做到有机结合。

10 多位活跃在我国各行各业的校友就贸易强国问题发了言。最后，洪涛教授介绍了北京工商大学贸易经济专业 60 年来的坎坷发展路程，改革开放 30年是发展最快的时期，1998 年教育部在教育目录上取消贸易经济专业，但是北京工商大学并没有停办这一特色专业，而是坚持下来，这些年来，贸易经济专业先后是原国内贸易部重点专业、北京市重点专业，2007 年以来，流通产业经济学被评为"中国商业科技进步一等奖"、2008 年被评为"北京市精品教材"，2008 年流通经济学成为北京市精品课程，2009 年贸易经济专业成为北京市特色专业。谈到未来贸易经济专业的发展，洪涛教授认为将坚持两个方面：一是"靠主流"，即向主流经济学靠拢，用现代经济学分析方法研究流通问题；二是"创特色"，在继续传统商业经济的基础上不断地创新发展，形成自己的特色专业。

文章来源：中国商报
题　　目：流通专业被边缘　国家级人才培养基地缺位
记　　者：江　蓓
时　　间：2010 年 5 月 11 日

随着我国流通业的快速发展，为解决人才匮乏难题，国内外流通企业纷纷将目光瞄向院校，制定出了各自的校园人才发展计划。"然而，至今我国仍没有一家由国家挂牌的大学流通业人才培养基地。"日前，在"北京工商大学精品课程建设研讨会"上，北京工商大学教授洪涛告诉记者，这种现象的出现与我国贸易经济学专业长期被边缘化有直接关系。

记者了解到，贸易经济学最初叫商业经济学，又叫商学，是研究商品流通领域交换关系及规律的独立的经济学科。毫无疑问，贸易经济专业是培养高级零售人才的对口专业，然而到了1998年，原教育部进行专业结构调整，取消贸易经济专业作为一级学科。

于是，许多高校纷纷取消了贸易经济这个专业，目前仅有中国人民大学、中国社会科学院、西安交通大学、中南财经大学、厦门大学等20多所院校保留了贸易经济专业。"贸易经济应该成为一级学科，取消贸易经济专业是不公平的。"洪涛认为，"20世纪90年代后期，我国流通领域矛盾突出，问题的根源就在于忽视了对8000万流通业员工的教育问题，忽视了对贸易经济专业人才的培养。"

与会专家指出，市场经济不能离开商业，市场经济的实质是交换经济。交换是经济运行的基础，商品是为了交换而生产的，所有经济行为也都是围绕交换展开的。但在我国市场经济中，研究交换的贸易经济专业不但未能加强，反而被削弱了，这是与社会经济的发展极不适应的。

我国著名零售专家黄国雄曾形象地比喻说："由于高等教育缺乏等导致的人才匮乏问题已经成为困扰中国流通业的大问题。目前我国的流通业现状是十个瓶子七个盖，盖子轮流盖，还有三个没有盖。"

之所以形成这种局面，与我国长期以来的"流通无用论"、"流通从属论"等传统观念分不开。洪涛认为，流通产业也是生产性产业，必须打破传统的观念——以是否生产物质产品作为衡量创造价值和生产性、非生产性的标准。流通产业既实现生产部门创造的物质产品的价值，也追加"服务"本身所创造的价值，已经从国民经济的末端行业变成国民经济运行的基础产业。

令人欣慰的是，随着流通人才匮乏情况的出现，无论是企业还是国家都开始越来越注重人才的培养。2003年，洪涛曾接受国务院研究室的邀请，组织进行关于贸易（商业）经济学学科现状的调研，先后组织了多次贸易经济学研讨会。"商务部、教育部为该专业的发展还建立了部级协调机制。"洪涛表示，这是不多见的。

为更好地培养流通人才，洪涛呼吁，商务部与教育部共同建设一批与贸易经济学科相适应的流通人才培养基地，加快贸易经济学精品课程建设、精品教材系列建设。

14

文章来源：国际商报

题　　目：流通经济发展呼唤培育多层次人才

记　　者：胡　渺

时　　间：2010 年 5 月 6 日

随着社会的发展，流通经济发展很快，现在流通经济拥有 8000 万~10000 万产业大军，基本上适应了社会发展的需要，但是社会需要多层次、多类型的贸易经济人才，需要多层次、多规格的培训。4 月 30 日在北京举行的北京工商大学精品课程建设研讨会上，北京工商大学洪涛教授表达了以上观点。

洪涛谈到，现代商品包括实物商品、服务商品以及一系列相关商业活动。流通经济学是一门传统的专业基础课程。北京工商大学的流通经济课程，教学内容也做了不同程度的改革，在全国来讲都具有带头作用，在培养方案上有垂范作用。申报流通经济学精品课程对培育流通经济人才具有重要作用。因为，精品课程申报过程就是一个总结和对过去梳理的过程，对未来的发展具有一定的指导意义，对提高和规范流通经济学教学与科研具有重要意义。

精品课程不仅具有示范效应，精品课程还涉及资源共享的问题。学校引进和建立的平台，把相应的教学内容和视频挂到网上，使得精品课程地位得到了提高，对培养人才发挥出更大的效应。

据北京工商大学教务处副处长周莉介绍，北京工商大学已有 3 门国家级精品课程，13 门北京市精品课程。北京工商大学副校长李朝鲜表示，今后要把精品课程建设好，要完善教师队伍，拥有自己的精品教材，提高教学质量，在方法和手段上要多样化，同时要提高教学管理的水平。

文章来源：中国商报

题　　目：高校取消"商品学" 流通人才培养成无源之水

记　　者：胡　斌

时　　间：2010 年 4 月 23 日

"目前，了解文化用品的大学生员工很少，有的工作了几年甚至还不知道商品的名称。"近日，在"北京工商大学创新型贸易经济人才培养研讨会"上，北京永外城文化用品市场有限公司董事长张军直言，流通企业的员工不研究商品知识已经成为普遍现象。

与会专家表示，产生上述现象的一个主要原因是，国内流通业特别是零售业中，由于企业普遍采用联营的经营模式，员工自然就缺少对商品进行深入了解的积极性；此外，作为人才培养的"源头"，院校也存在较大的创新和提升空间。一个典型的例子是，目前院校几乎都取消了《商品学》课程，几乎都没有与"买手"相关的课程。

目前，我国流通产业飞速发展，在国民经济中的地位越来越高，正在发挥着先导性和基础性的地位和作用，流通产业产值在 GDP 中所占的比例超过15%，从业人员超过 8500 万人，在引导生产，扩大消费，增加就业，促进经济和社会发展，提高人民生活水平方面发挥了重要作用。

2009 年，我国社会消费品零售总额超过 12.5 万亿元，批发、零售、餐饮、住宿、物流与配送、电子商务、商业服务等分工越来越细。

至此，如何对传统贸易经济学进行创新已经成为影响我国流通人才培养和流通业发展的关键一环。

北京工商大学贸易经济系主任洪涛教授认为，贸易经济学是研究商品流通领域交换关系及规律的独立的经济学科。在近几年的专业培养方案制定过程中，北京工商大学贸易经济系多次进行广泛论证，逐步形成了着眼国内贸易市场，强化应用能力培养，在培养方案的制定过程中，注重本专业的"商流、物流、信息流，以及与之相适应的资金流、消费流"融会贯通。即按照贸易经济中的"五流"来制定本专业的培养方案，按照"五流"来设置本专业的课程。

可喜的是，近几年来，许多其他院校也对传统贸易经济学进行了创新，如人民大学在博士、硕士研究方向上设置了流通经济方向，南京财经大学、湖南商学院等院校也进行了贸易经济学创新。

北京物美集团人力资源部经理侯航则看重高校对实用型人才的培养方式。侯航表示，"实习基地是学校和企业结合打造的一条快速通道。"

据悉，北京工商大学贸易经济专业已经拥有物美集团、北京金贸大地贸易有限公司、北京木材节约中心、武汉南国发展有限公司、永外城文化用品市场五个实习基地（现还包括香港利丰集团、北京新发地农产品批发市场）。

当然，社会需要一个培养流通人才的体系，如贸易经济的博士、硕士、本科、专科、中专、技校等多层次人才，这不是某一个学校能够完成的。洪涛表示："现在我国流通人才培养还没有形成体系，大多是在市场导向下自发形成的，培养流通人才体系同样需要创新"。

第三章 商品交易市场发展新趋势

文章来源：中国商报

题　　目：步入质量型提升期　商品交易市场待变

作　　者：洪　涛

时　　间：2011 年 2 月 11 日

2011 年是我国进入"十二五"时期的第一年，"十二五"期间我国商品交易市场进入一个特殊时期，2011 年也是我国进入世贸组织 10 周年，我国商品交易市场进入一个新的发展时期——这就是由数量型扩张转为质量型提升时期。笔者对当前商品交易市场主要有以下五点看法：

当前商品交易市场的总体评价是稳定发展。改革开放 30 多年来，我国商品交易市场进入高速发展时期，由改革开放时期的 3 万个，发展到 10 万个，近几年又调整为近 8 万个，调减了 2 万个。至 2009 年底，我国有各类亿元以上商品交易市场 4687 个，交易额达到 57963.7 亿元，预计 2010 年将超过 60000 亿元，据调研这个数字还是保守的。由此我认为，我国商品交易市场进入稳定发展时期，2010 年许多城市综合体型的商品交易市场成为发展趋势，商品交易市场进入稳步发展时期。

当前我国商品交易市场的地位：亟待转变发展方式。我国商品交易市场面临着许多挑战：①城市化挑战，需要有大量的农民进入城市，城市也面临着升级改造，北京、上海、广州等建设国际商贸中心城市，需要提高商业业态；②连锁经营挑战，许多中小流通企业采取了连锁经营的方式，商品交易市场面临着各类业态的挤压；③商品交易市场自身也面临着"控制规模、调整结构、交易升级、管理创新"的阶段性要求；④城乡居民就业压力的需要，全国近 8 万个市场解决就业按 10 人一个算是 80 万人，按 100 人一个算是 800 万人，按 1000 人一个算是 8000 万人。

我国需要《商品交易市场法》。改革开放 30 多年来，我国商品交易市场得到迅速发展，但是至今我国没有《商品交易市场法》，许多商品交易市场行为

18

无法可依，如商品交易市场是经营商户、管理商户、服务商户的经营组织，与商店自己卖商品不同。但是在有些地方，商品交易市场不能够收取管理费，于是迫使许多商品交易市场建立相应的物业管理公司。近10年来，许多市场已经企业法人主体化，采取公司制等多种形式的组织形态，但是，却不将其看作一个合法的经济组织，从事合法的经营活动市场行为，按经济规律办事。

建设"公益性市场"的呼声不利于市场发展。近几年来，蔬菜、水果等生鲜产品的价格上涨，引起政府对民生问题的重视，但是，许多人将问题直指商品交易市场，提出建立"公益性市场"办法。好像市场价格的上涨是由于商品交易市场引发的。或者有人说，只要建设了"公益性市场"就能够解决当前存在的蔬菜价格上涨问题。实际不然，蔬菜等生鲜产品价格上涨是多种因素决定的，有自然因素、有生产成本上涨的因素、有需求的季节性因素、有进出口因素、有国际市场输入性因素，还有市场改造过程中提高了市场租赁费的因素，也有投机因素等。但不是商品交易市场的唯一因素。如果借以日本的经验模式来改造我国农产品市场，建设所谓的政府投资建设的"公益性市场"，承担市场管理费用，是不符合中国的实际情况的。实践证明，在中国，政府办市场往往是不成功的，20世纪80年代商业部曾建设4个国家投资的蔬菜市场，最后没有一个是成功的，近几年农业部投资建设的陕西礼泉苹果批发市场也是不成功的，而是一个"空壳市场"。但是，国家可以投资控股、参股建设农产品批发市场，作为出资人间接参与对市场进行管理。但是也不是所有市场都需要国家来建设。

外资进入商品交易市场可以控制但不能阻挡。针对当前许多外资投资中国商品交易市场现象，如比尔·盖茨投资购买深圳农产品2000多万股票，黑石集团参股寿光蔬菜批发市场，有人提出要阻止。我认为，根据我国"入世"的议定书规定，我国已经对外开放了批发业，外资进入中国商品交易市场只要不违法经营，政府不能够阻止外资投资，这不符合WTO的基本原则。但是，我国政府可以通过制订相应的《商品交易市场法》进行规范。同时国家政府可以采取投资控股、参股的方式，用现代企业制度来对市场进行管理，并在董事会确定市场的发展战略。

文章来源：北京商报
题　　目：批发市场专业化趋势明显
记　　者：袁　芳
时　　间：2010 年 5 月 19 日

定位专业特色、走专业化之路不仅是商超行业谋求转型的手法，而且批发市场也是屡屡尝试，力图强化自身品牌特色。近日，记者了解到，闲置近两年的红桥市场地下水产厅再次转型，将变成由珍珠主题美容厅、中外餐饮、珍珠博物馆组合而成的综合体。红桥市场办公室乔主任认为，红桥此次转型围绕其珍珠特色而展开，进一步强化其珍珠特色。从红桥的屡次调整中可以看到，批发市场专业化趋势愈发明显。

红桥水产厅转型强化专业特色

据资料显示，目前世界珍珠年产量约为 1600 吨，红桥市场年销售珍珠约 200 吨，占全世界产量的 1/8。在市场内，有一半以上的摊位均在销售珍珠。2005 年，红桥市场被授予"京城珍珠第一家"称号。

红桥市场方面在接受记者采访时透露，自 2008 年 9 月宣布进入转型期的红桥市场水产厅将重新开张。据悉，红桥此次转型将引入中西餐饮、北京珍珠博物馆等项目。同时，一座约占总面积 20% 的珍珠主题美容厅也将在此建设，并定位中低档消费人群。红桥市场方面表示，此次调整主要是围绕红桥市场的珍珠特色、挖掘珍珠衍生品市场而进行。

乔主任介绍，目前正在与合作方开发珍珠系列化妆品，并且该系列化妆品将成为红桥市场的专供商品，而且定位也是主要针对广大工薪阶层，目前化妆品外包装已经基本确定。开办珍珠主题的美容院，一方面由于市场环境通过改造，能够给顾客提供舒适的消费环境；另一方面所使用的产品也是以特有的珍珠化妆品为基础。乔主任还表示，建设珍珠博物馆也是为了营造珍珠文化氛围，从而将自身特色在潜移默化中对消费者产生影响。

北京工商大学商业经济研究所所长洪涛表示，红桥市场此次调整是围绕主营珍珠业务而展开，属于市场对自身产业链条的延伸。相关业内人士也表示，此番调整仍有待市场检验。

批发市场专业化趋势突出

　　综合类批发市场里各类商品应有尽有，着实能让消费者过一把"购物瘾"，但是随着消费者消费需求的不断提高，批发市场将通过各自的市场定位，打造自身品牌特色。洪涛表示，批发市场专业化或者综合化的趋势发展明显，尤其是专业化趋势更加突出。

　　如莱太花卉市场、动物园商圈的服装批发市场等老牌专业市场，其具备的专业特色早已深入人心，一批新兴的专业批发市场，如京深海鲜批发市场、天通苑绿保海鲜菜市场等也迅速崛起。根据资料显示，京深海鲜市场水产品每月交易量平均约为 585 吨，交易额可达 8620 万元。其中，高档海产品销量已占据北京市场 90% 的份额。

　　伴随着批发市场专业化趋势的发展，市场管理者也在围绕专业化特色挖掘附加功能，将市场特色延伸至上、下游产业。京深海鲜批发市场、天通苑绿保海鲜菜市场针对海鲜产品特点，增加海鲜加工、现场品尝等一条龙服务措施，受到消费者一致欢迎。据红桥市场方面介绍，围绕珍珠首饰，市场将增加诸如珠宝加工、设计方面的上游产业功能。

找准市场定位是关键

　　此前，红桥的特色之路并不是一帆风顺。水产曾一度是红桥市场的拳头经营项目。20 世纪 90 年代，红桥市场一度成为北京二环路内最著名的水产品批发市场。

　　2007 年 3 月，红桥市场为维护整体市场环境宣布关闭面积达 3000 多平方米的水产厅。当时，红桥新闻宣传负责人表示，以后红桥主要经营以珍珠为主，兼有丝绸等中国特色的产品，并且升级改造将使红桥市场的珍珠年销量由当时的 200 吨再提高 50~100 吨。水产厅的关张是否为红桥市场的珍珠销售带来了显著提升不得而知，不过，这次关张却让红桥陷入转型困局。公开资料显示，2007 年 9 月，红桥市场水产厅转型销售服装、鞋帽、丝绸、旅游商品等；9 个月后，地下一层再度改造成品牌珍珠销售展览区；3 个月后的 2008 年 9 月，红桥市场表示将对地下一层进行重新招商。市场方面表示，由于招商期间恰逢金融危机，致使招商结果并不理想。而这次招商直到今日才有了结果。

　　针对红桥市场不断地进行调整与转型，洪涛表示，批发市场专业化趋势愈加明显之际，各市场需要找准自身的市场定位，才能提升人气、商气、财气。

　　虽然消费者在批发市场能选购到价格低廉的商品，可是脏乱差的购物环境、商户缺斤少两、"偷天换日"的恶劣行为也引起了消费者的不满。另外，目前以农副产品批发为主的新发地市场为开拓海产品市场，其冷冻海产品交易市场正式开业。综合性市场与专业市场竞争的加剧，使得专业市场面临不小压力。相关专家表示，专业市场为避免陷入"价格战"漩涡，应从理顺内部管理机制上做起，规范商户经营行为，杜绝缺斤少两、掺假制假的行为，完善市场环境，提高诚信度，使"市场商品专而精，市场功能多而优"。

文章来源：中国商报
题　　目：2010年商品交易市场将呈现四大趋势
记　　者：胡　斌
时　　间：2010年1月12日

　　近日，北京工商大学教授洪涛在"2009北京批发论坛"上表示，2010年，我国商品交易市场将呈现规模控制、结构调整、交易升级以及管理创新四大发展趋势。洪涛认为：

　　规模控制。从总体而言，我国8万个商品交易市场的规模已经能够满足经济的发展需要，盲目发展会带来一系列的风险，如果布局不合理可能会带来巨量的同业损害风险。但是，实力较强的市场可以采取兼并重组的方式整合"休眠"市场、"空壳"市场，实行资本重组基础上的"管理模式"输出。

　　结构调整。在总量规模控制的基础上，实行现有商品交易市场存量的结构性调整，减少同质化市场，开办具有特色的市场，发展一些专业性市场，优化现有商品交易市场结构，促进商品交易市场良性发展。

　　交易升级。在以上两个主题的基础上，采用先进的计算机和网络技术，不断地进行商品交易市场交易方式升级，发挥多种市场功能，促进市场的升级和换代。

　　管理创新。商品交易市场是一种业态，而且商品交易市场业态是多样的，需要加强管理，改变现有的"管理就是收费"的陈旧方式，采取先进的理念、先进的技术、先进的管理方式，"经营好商户、管理好商户、服务好商户"。

　　针对把批发交易等同批发市场、商品交易市场等同摊位制市场的观点，洪涛认为，批发交易是一种经营方式，任何主体都可以采取批发交易方式，如生产商、流通领域的经营商。1992 年我国对外开放后，许多跨国零售商进入中国均采取了批零兼营的方式。批发市场是一种组织形态，在我国纯粹的批发市场较少，绝大多数是批零兼营，或者批发兼零售，或者零售兼批发，所以，一般将其称为商品交易市场，国家统计局自 2000 年以来编辑的《中国商品交易市场年鉴》就是采取的这一称谓。

洪涛表示，改革开放以来，我国商品交易市场已经发生了深刻的变化，已经不仅仅是摊位制市场，至今已有 35 种商品交易市场模式，形成了具有中国特色的商品交易市场。

同时，针对有人将大宗商品交易划为期货市场与现货市场的中间市场的观点，洪涛认为，大宗商品电子交易是现货，而不是"中间市场"，也不是"准期货"，如果我们不将其归为现货交易市场，就有可能将其带入歧途，甚至"葬送"大宗商品电子交易市场这种新的业态。

此外，论坛上"北京批发研究基地"揭牌，标志着首个主要以北京批发业为研究对象的研究平台正式启动。

文章来源：北京商报
题　　目：批零市场调整频发合同纠纷
记　　者：任　宏
时　　间：2009 年 10 月 13 日

由于金五星市场业态调整，20 多家店铺租户在租约期未满时被迫改换经营位置。昨日，市场管理方有关负责人表示正在制定解决方案。但近年来类似纠纷事件不断发生，弱势群体商户因受制于市场的"霸王"条款，在纠纷出现后利益多受损，此类问题也给市场经营秩序及稳定带来一定的影响。

业内有关专家呼吁，可推出全市商品交易市场统一标准合同文本，在维护双方利益的基础上，避免市场管理方任意以"霸王"条款损害商户利益。

租户利益受损屡见不鲜

据了解，金五星连锁超市日前突然宣布停业装修，租赁超市外通道铺面的商户们仅提前 3 天得到停业通知，来不及想退路的商户们陷入进退两难的境地。有商户称，市场方面表示将安排他们到市场一楼、三楼的摊位继续经营。"但是我们经营的食品、保健品等产品与其他楼层的服装、日用品不符，很难维系顾客群体，"一商户说，"原本看好超市带来的大量客流，却遭遇突然停业让其措手不及。"

由于市场调整业态而"误伤"商户的事件也屡见不鲜：去年4月，阜成门万通商品市场由于要引进快餐厅升级市场经营业态，临时要求20多名商户解除1~9年不等的租约，商户担心被终止经营却又拿不到违约金而找到市场管理方讨说法；今年初，天通苑龙脉鲜菜农贸市场突然关闭却拒退商户已交租金遭到商户集体抗议；今年9月，望京望湖综合购物广场市场管理方单方面缩减营业时间，该做法无形中造成商户收入减少，众多商户表示抗议。

业内人士透露，类似还有密云建材批发市场、动物园聚龙批发市场等市场临时涨租的情况，在市场变动等波及商户利益的问题上，最后往往是较为弱势的商户利益受损，商户为生存无奈接受市场管理方不断抬高的各项要求。

合同条款多"霸王"

此次事件涉及金五星市场20多家商户，因遭遇营业突被中止，意欲依据双方签订的租赁合同寻找解决办法时却发现，合同条款中明确写道："甲方（金五星市场管理方）可对乙方（商户）经营场所的位置、面积进行调整"。

北京工商大学教授洪涛说："租赁契约签订一般都是市场管理方事先拟定好的条款，商户只能被动接受。"目前商品交易市场中所使用的租赁契约文本普遍是由市场管理方事先拟定，管理方可任意添加利于自身的条款，而绝大部分商户没有机会与市场管理方协商合同内容，这也决定了零散的商户在与市场管理方出现纠纷时注定成弱势局面。

当遇到市场方出现业态调整、经营不善停业等问题时，商户往往被蒙在鼓里，被动接受市场管理方做出的各项决定。不断发生的租赁纠纷，导致了市场管理方和商户间存在的矛盾长期难以化解，酿成市场业态中的"痼疾"。

呼吁统一合同文本规避风险

洪涛认为，市场业态中租赁双方矛盾的根源在于不平等的租赁合同。他呼吁，在规范商品交易市场的管理过程中，亟须设立统一的标准租赁合同文本，以规避"霸王"条款带来的问题。

根据国家统计局公布的数据显示，2008年京城交易额上亿元的商品交易市场有 120 余家，交易额 1779.86 亿元，涨幅 17.69%。

　　洪涛认为，京城商品交易市场在不断扩建的基础上，交易商品项目不断增加，交易额巨大，不仅对北京经济发展做出了贡献，同时解决就业人数达数十万之多，市场业态也成为不可或缺的商业业态之一。为进一步促进其发展，规范市场的管理也成为保护众多从业者利益的重要手段。

　　"允许部分商品交易市场存在一定特性，可根据市场特性在统一合同条款之外，集中提出补充条款，"洪涛表示，面对绝大部分市场商户防范意识较差的现状，全市统一标准合同文本十分必要。另外，他还呼吁有关"商户协会"组织，通过有效渠道帮助协调解决经营中存在的问题，保证商户得到维权。

第二部分 零售业发展与竞争

受国际金融危机影响，2009年全球零售市场急剧萎缩，但中国零售业社会消费品零售总额依然有16%增幅，增长幅度高出GDP增幅近7%。这与国内需求回暖、消费政策利好刺激，以及企业重组并购加快都有直接关系。2010年我国社会消费品零售总额突破15万亿元（达到156998亿元），比2009年增长18.4%。

洪涛教授认为，2011年我国整体经济市场将带动零售业市场出现活跃运转的情况。一是由于国家大力的政策支持，对于鼓励消费、促进消费出台了一系列政策，为我国零售业经济的发展起到了保障作用；二是我国整体经济大环境的变化同样会影响到零售业经济出现变化，持续增长将会是2011年零售业的常态。我国消费结构的升级目前正处于上升阶段，消费结构的变化必会影响到我国整体消费形势的上涨。适度的通货膨胀对于消费的增长同样能够起到积极的作用。此外，低碳、零碳、循环经济等概念也将继续成为我国零售业发展的方向。2011年社会消费品零售总额将达到17万亿元。

在商业网点规划方面，洪涛教授就王府井大街南延规划扩容能否改变"南冷北热"的商业病根、前门大栅栏、新城商圈的培育等问题接受了记者采访；对于新出台的北京《南城发展规划》，洪教授认为南城各区县应协同规划商业布局，在全市统一规划下打破现有行政划分，尝试建立城南经济特区，避免重复性，加速整体发展。

在竞争日趋激烈的零售市场，洪涛教授指出要想在市场中站稳一席之地，要注意培养自身品牌，不仅用价格吸引消费者，更要用

26

诚意、服务打动消费者，做到商品、服务双高端。同时，外资进入国内市场会促进本土百货企业改进。

在零供关系方面，洪教授十分欣赏利丰集团高效分工与合作的供应链管理模式，他建议我国应加快扶持一批"利丰模式"的工业品集成商，形成在全球供应链中具有关键性作用的大型企业集团。

内外资并购方面，洪涛教授就最近炒得比较热的西单商场母公司西单友谊集团与拥有新燕莎集团的首旅集团进行重组一事做了评论分析；对于国内企业收购国际品牌的行为，他建议，中国企业应该发挥优势，在全球产业链中找准自身的位置，不一定要去完全拥有这些品牌；对于国资系的兼并重组，他认为更需要长期的治本之策，短期内迅速组成商业航母有利于整合现有资源，但没有更多的实际意义。

第四章　零售行业发展状况

文章来源：国际商报

题　　目：零售市场将保持充沛动能

记　　者：刘叶琳

时　　间：2011 年 4 月 1 日

面对 2010 年零售业出现的一系列问题，北京工商大学洪涛教授认为，2011 年我国整体经济市场将带动零售业市场出现活跃运转的情况。低碳、零碳、循环经济概念的延续将成为我国零售业大力发展的方向。"2011 年我国零售业市场将是十分活跃的。"洪涛十分肯定地说。

目前业界出现一种观点，认为 2011 年零售业市场的活动能力将出现下降。但是，从目前市场上出现的情况来看，并没有发现影响市场活动能力出现下降的因素存在。洪涛指出，从整体市场活动情况来看，我国市场的经营能力依然处于上升的趋势。

对我国经济市场的活跃能力起到的推动作用主要来自两个方面。洪涛认为，一方面表现在国家大力的政策支持。2011 年政府仍然把消费摆在了我国经济发展的第一位。政府对于鼓励消费、促进消费出台了一系列政策，为我国零售业经济的发展起到了保障作用。另一方面，我国共同经济出现良性的增长态势，整体经济大环境的变化同样会影响到零售业经济出现变化，持续增长将会是 2011 年零售业的常态。

记者了解到，2010 年我国整体经济形势出现变化，特别是农产品的价格一度出现大幅上涨，影响了农民的收入情况。"农民收入的变化势必会反映在消费市场中，同时也预示着 2011 年我国零售业市场将出现活动的状态。"洪涛表示。

洪涛认为，目前，我国消费结构的升级正处于上升的阶段，由于消费结构的变化，也会影响到我国整体消费形势的上涨。适度的通货膨胀对于消费的增长同样能够起到积极的作用。

"低碳、绿色、循环经济的发展将在2011年继续延续。"洪涛指出,2010年低碳、零碳的概念已经在我国零售业得到了普及,特别是外资零售企业的示范效应,对整体零售业的发展做出了积极的探索,同时也引起了业界的高度重视。国家在此方面出台的一些干预性政策,同样会对低碳、零碳的循环经济起到一定的促进作用。

文章来源:国际商报
题　　目:5因素促2011年零售市场继续活跃
记　　者:刘叶琳
时　　间:2011年1月31日

面对2010年零售业出现的一系列问题,北京工商大学洪涛教授认为,2011年我国整体经济市场将带动零售业市场出现活跃运转的情况。低碳、零碳、循环经济概念的延续将成为我国零售业大力发展的方向。

"2011年我国零售业市场将是十分活跃的。"洪涛十分肯定地说。

目前业界出现一种观点,认为2011年零售业市场的活动能力将出现下降。但是,从目前市场上出现的情况来看,并没有发现影响市场活动能力出现下降的因素存在。洪涛指出,从整体市场活动情况来看,我国市场的经营能力依然处于上升的趋势。预计2011年我国社会消费品零售总额将突破17万亿元,名义增长超过20%,实际增长超过15%,"十二五"期间我国将率先实现第一内贸大国目标。对我国经济市场的活跃能力起到的推动作用主要来自五个方面。

洪涛认为:

(1)表现在国家"消费、投资、出口协调发展"的产业政策支持。2011年国家仍然把消费摆在了我国经济发展的第一位。国家对于鼓励消费、促进消费出台了一系列政策,为我国零售业经济的发展起到了保障作用。

(2)我国总体经济出现良性的增长态势,整体经济大环境的变化同样会影响到零售业经济出现变化,持续增长将会是2011年零售业的常态。预计中国2011年GDP增速将放缓至8.7%,全年GDP增长呈现"前低后高"走势,估计在9.5%左右。

(3)农产品价格上涨带来农民收入增长。2010年我国整体经济形势出现变化,特别是农产品的价格一度出现大幅上涨,影响到了农民的收入增长。"农民收入的变化势必会反映在消费市场中,同时也预示着2011年我国零售业市场将出现活动的状态。"洪涛表示。

（4）目前我国消费结构的升级正处于上升的阶段，由于消费结构的变化，也会影响到我国整体消费形势的上涨，适度的通货膨胀对于消费的增长同样能够起到积极的作用。

（5）"低碳、绿色、循环经济的发展将在 2011 年继续延续。"洪涛指出，2010 年低碳、零碳的概念已经在我国零售业得到了普及，特别是外资零售企业的示范效应，对整体零售业的发展做出了积极的探索，同时也引起了业界的高度重视。国家在此方面出台的一些干预性政策，同样会对低碳、零碳的循环经济起到一定的促进作用。

文章来源：中国商报

题　　目：吉林商厦大火暴露零售业经营模式之困

记　　者：胡　斌

时　　间：2010 年 11 月 12 日

"商业大厦火灾事故是近五年吉林省发生的最为严重、人员伤亡最多的一次火灾事故，也是今年以来中国发生的最为严重的一次火灾事故，教训十分惨痛。"吉林省政府副秘书长张大松 11 月 6 日在该省召开的加强冬季消防安全紧急电视电话会议上如是说。

张大松在会上表示，虽然这起火灾事故的原因目前还没有最后确定，但是从中已经暴露出单位消防安全责任制不落实等问题。

专家认为，由于国内零售企业普遍采用出租柜台等"类房东"经营模式，在经营管理特别是消防统一管理上面临新的难题，时常会出现消防安全责任制不落实的问题，以致最终酿成重大火灾。

经营模式是火灾根源

吉林商业大厦火灾后，商场安全副经理佟建波成为大家眼中比较矛盾的人物。他凭借自己的智慧和勇气，救下了不下百人的生命；同时主管商厦消防安全的他也是此次事故的责任人，现已被吉林警方带走。

在接受媒体采访时，佟建波坦言大厦早有安全隐患，存在着消防设施老化的问题，但大厦产权结构较复杂，很难管理，他一直想组织各承包人进行消防演练，"但很难，大家积极性不高"。

据了解，吉林商业大厦始建于 1987 年，1992 年改制为民营企业。该商场

30

共五层，建筑面积约 42000 平方米，其中一层经营家电、化妆品；二层、三层经营服装；四层为家居卖场；五层有一个老人活动中心和游泳池，还有一个舞蹈学校。

记者在采访中了解到，改制之后的吉林商业大厦把一些物业向外租赁，不少下岗职工也开始在商场里二次创业，进行服装、玩具等经营。火灾发生前，商场内共有经营商户 64 户，管理人员 49 人，经营人员 325 人。

现在回过头来分析一下 2004 年发生严重火灾的吉林中百商厦，两者经营模式相差无几。1995 年扩建重张的中百商厦一层、二层为商场，主要经营五金、服装等；三层为洗浴；四层为舞厅和台球厅。商厦营业后没多久就开始改变经营模式，把物业分割成小摊位招租。从 1998 年开始，承租的业主大多是下岗工人，商场的拥挤和占用通道状况越来越明显。

记者了解到，无论是吉林商业大厦还是吉林中百商厦，以前都曾经是当地著名的百货企业，但随着市场竞争日益激烈以及企业内部等多种原因，物业租赁就成了最重要的生计办法，而企业对承租方也没有什么选择余地。"否则，哪个商场愿意租给舞蹈学校、浴池啊？"一位零售企业负责人感慨地说。

"经营模式转变了，但是零售企业却遇到了对经营管理方如何进行统一管理的难题，"北京工商大学教授洪涛告诉中国商报记者，"特别是在消防管理上，计划经济的管理手段如何向市场化的统一管理过渡成为企业亟待解决的首要问题。"

目前，我国大型零售企业基本都制定了有关的消防安全制度，对不同岗位上的人员也确定了职责，但随着经营模式的转变，许多大型商场、超市都把柜台承包或出租出去，其管理能力明显弱化，许多管理流于形式。出租柜台各行其是，人员也不断调换，违章吸烟、货物乱堆、电炉取暖等安全隐患严重。

除摆设在柜台、货架上的商品外，商家往往在柜台后面还设有各自的小仓库。有些大型商场、超市的承租方为了节省资金，没有专门的库房，把货物堆放在商场内，甚至在过道、楼梯间内也堆得满满当当，形成了"前店后库"、"以店代库"的局面。这些商品的存在，无形中增大了建筑物内的火灾荷载，一旦发生火灾，不但会造成严重损失，而且燃烧猛烈，极易造成房屋的倒塌和重大人员伤亡。

吉林商业大厦火灾后，有媒体记者看见，其中四楼通往五楼的疏散楼梯西侧被封死，当成仓库使用，至今里面还摆着架子，堆放着鞋类和各类杂物。

可借鉴的成熟经验

如今，国内零售企业这种"类房东"的经营模式愈演愈烈，由此招来的质疑也越来越多：采购功能缺失，商业资本功能丧失以及流通效率的损失，进而导致自主经营的退化、连锁经营的异化、核心竞争力的弱化。

因此，政府主管部门、行业协会、专家都纷纷呼吁应该对此进行根本性的转变，重建零售价值。

当然，这种转变的难度很大，但是在目前形势下如何完善零售业的管理模式，尤其是建立行之有效的商业消防统一管理体系已成为当务之急。

洪涛告诉中国商报记者，事实上，经过一定的探索和积累，国内零售行业中不同业态都形成了一些比较成熟的经验可供借鉴。

在商品交易市场业态中，浙江中国小商品城在消防安全方面有着非常成熟的经验。据悉，该企业几年前就成立了由总裁为主任的安全生产和防火委员会。制定了消防工作完整的运行管理制度，纳入 ISO9000 质量服务体系管理，层层签订安全责任书，把消防责任落实到每个岗位、每个人。同时，层层开展消防安全教育培训，提高干部职工的消防意识，做到群防群治。

在 MALL 业态中，国内面积最大的金源新燕莎 MALL 消防制度健全，组织结构合理再加上无死角的技术防范，金源新燕莎 MALL 的安保工作非常出色。记者了解到，金源新燕莎 MALL 里的全部员工都接受了消防培训，而且每次大型的促销活动都制定了详细预案，"工作前移"，有力地保障了企业的安全运营，奇迹般地实现了零事故发生率。

洪涛告诉中国商报记者，目前国内大型建材市场也采取了"市场化经营、超市化管理"的模式，有力地保证了消防安全。

洪涛认为：零售企业增强保险意识、及时投保火灾公共责任保险也尤为重要。2004 年吉林中百商厦火灾、2008 年乌鲁木齐德汇国际广场火灾中，企业均没有投保火灾公共责任保险，所以火灾发生后的损失只能由政府和企业支付。

不过，我国法律上对火灾公共责任保险没有作强制性的规定，因此许多专家都呼吁我国应该在商场、超市等公共场所强制推行火灾公共责任保险。虽然吉林商业大厦火灾保险理赔工作已经启动，但商场投保情况目前还不得而知。

文章来源：长江商报

题　　目：商业股大涨　机构疯抢鄂武商

记　　者：崔晶晶

时　　间：2010 年 8 月 6 日

　　商业百货板块昨日走势强劲，鄂武商全天表现抢眼，午后涨停，成为当之无愧的"领头羊"。在其带动下，中兴商业、新世界等个股纷纷跟随飙涨。截至收盘，商业百货股整体上涨 2.43%。

　　对于商业股的不俗表现，记者昨日采访了北京工商大学经济学院教授洪涛。洪涛表示，随着扩大消费等政策的继续深化，在经济复苏大趋势下，加上通胀预期，商业零售企业日子红火，获得快速发展，基本面进一步改善，股价向上很正常。

机构看好鄂武商

　　记者昨日查询发现，鄂武商买入金额最大的前五名全部是机构专用席位，而卖出的则多为"游资"。

　　长城证券武汉营业部分析师许新源表示，这表示机构一致看好鄂武商。最近商业股表现活跃，成商集团等股票已出现连续大涨，相对而言鄂武商出现估值优势，商业股之间轮涨，昨日花落鄂武商。

　　许新源还表示，武汉商业在全国地位日渐凸显，武汉中百、鄂武商作为地域龙头近期备受各路资金关注，未来还有表现机会。

商业股里黑马多

　　许新源认为，商业股昨日大涨的背景就是在通胀预期下大消费概念股整体崛起，近段时间，食品饮料、商业连锁等领域个股都涨势喜人。

　　7 月宏观经济数据已开始陆续公布，预计数据将呈现"通胀走高、增速下行"的趋势。同时，近期天气异常，农产品价格节节盘升，尤其是直接关系到居民生活水平的相关产品价格涨得更加明显，使得 7 月的 CPI 数据可能会高于预期。

　　许新源认为，有通胀预期的存在，就足以带来可观的投资机会，近期机构资金积极配置食品饮料股、农业股，推升这类股票价格上涨，表明机构一直偏爱大消费概念股。

洪涛认为，商业百货领域在大消费概念里是活跃的快马。他认为，下半年，节假日集中，商业股将跑得更快更远。

文章来源：北京商报
题　　目："十二五"破解零售"连而不锁"难题
记　　者：齐　琳　苏　玲　熊海鸥
时　　间：2010年7月9日

一个连锁企业因各地税收不一，不得已在全国设立百余家法人分支机构，年均审核办证所耗费的费用在千万元以上；受地方政府业绩决定，众多内资连锁企业跨区域发展时输给了外资；产品销售也因地方保护甚至在省际都无法流通……

流通业被誉为"现代经济的血脉和神经"，历经数十年的发展，流通业已经发展成为我国国民经济的重要产业，在维持经济稳定、劳动者就业、税收等方面发挥了重要作用。然而，在高度市场化的今天，地域条块分割、地区封锁、地区保护主义等因素制约了流通企业跨区域发展，商流、物流、资金流等不能实现全国流通，走不出去的区域流通企业也饱受小、散、乱、弱的发展困境。

值得关注的是，流通产业的发展已被纳入"十二五"规划。按规划，我国要在"十二五"期间建立起中国特色的现代流通产业。课题专家建言，要促进流通产业一体化发展，其前提就是要打破地方歧视，营造公平的市场竞争环境。

流通业多年难破小、散、乱、弱"死结"

早在2004年商务部发布的《中国流通产业发展报告》中就提出流通产业主体规模偏小、行业零散度过高、内部结构不合理、流通效率以及对国民经济的贡献率偏低等一系列"拖后腿"问题。然而，流通产业的发展问题年年提，年年仍然得不到解决，变成了老生常谈的"牛皮癣"。

负责此次"十二五"流通产业规划专家评审组成员北京工商大学经济学院教授洪涛称，"企业规模低，依靠单体而非连锁的扩张方式，限制了企业规模的发展，同时也导致了产业集中度的低下。"小、散、乱、弱是流通企业的顽疾，并且不同的行业、企业、地域之间条块分割、地区封锁，流通网点分布不

34

合理，组织结构差异性较大。

数据显示，2008 年我国"零售百强"商品销售额 12069 亿元，占社会消费品零售总额的 11.1%，连锁百强企业的总销售规模占社会消费品零售总额比重也徘徊于 11% 左右，而美国这一数据为 40.7%。就企业而言，我国连锁百强前四位的苏宁电器、国美电器、百联、大商 2009 年销售规模不及沃尔玛全球销售额的 1/20。

目前，国内也涌现出了一批连锁化程度较高的流通企业，但是在实现跨区域发展时并不太顺利。曾经几次登上中国连锁零售百强的华普超市则因近几年在青岛、河北、吉林和武汉等省市店面陆续关店而"元气大伤"，在北京本土市场也陷入发展泥潭。2009 年年底，本土零售品牌物美商业集团欲借吞并时代零售全面进入江苏市场时，因临时遭遇"财大气粗"的韩国乐天而再次折翼。据知情人士透露，乐天能够成功竞购时代零售，也可能与当地招商引资的政策有关。

"连而不锁、锁而不强"的发展现状也制约了国内连锁企业供应链的发展。在连接上下游渠道时，往往在资源整合方面显得较为乏力。而沃尔玛等外资连锁巨头，则凭借其国外已经具备的强大供应链优势，在全国扩张开店。对此，经济学家郎咸平曾撰文指出，沃尔玛的战略不在于门店价格竞争，而是在做整个产业链的整合。

地方业绩决定内外资有别

"如果本土零售企业与外资企业同时进入地方市场，当地政府多会考虑外资零售企业，"一位零售企业管理人员告诉记者，这已是业内"秘而不宣"的事实。很多在本地发展不错的零售企业，在进入外地市场时要承受许多不公平的待遇，而这些"内外有别"的非市场性经营环境，让本来资金有限的内资企业外地拓店成本更大。

"一些地方政府有招商引资的任务和考核指标，在引进外资时得分比引进内资得分高。"这已经成为很多本土零售商抱怨的问题。物美集团公关总监富宇介绍，同样的报价，同样的物业条件，即使内资报价比外资报价高，最后地方政府还是会选择外资。此外，一些开发商为了吸引眼球，也对外资提供 3~5 年的免租政策。对此，华润万家公共事务部总监刘岫军认为，内资企业与外资企业在进入区域市场时很难站在同一个平台上竞争。

据了解，2008 年底外资零售门店审批权下放到省级商务部后，一些国际零售企业依靠地方给予的超国民待遇，在部分城市打破合理的商业网点布局大举开店。上海连锁经营研究所所长顾国建曾表示，外资零售巨头以资金实力、管理技术和大型业态在中国缺乏城市商业网点规划的条件下无限制开店，已造成对区域性零售商的伤害，尤其是许多中小零售商。

"内外有别"的不公平待遇也引起了国内零售商的重视。步步高商业连锁股份有限公司董事长王填为此奔走 8 年，呼吁国家出台"大店法"。2003 年"两会"上，时任九届全国人大代表的王填提出建立一部《商法通则》，规范内外资零售企业的违规行为，之后自费 10 万元聘请行业专家草拟"商业大店法"，在 2004 年"两会"上，王填借机把该草案递交给当时履新的商务部部长。今年"两会"，王填再次呼吁出台《城市商业网点规划法》，创建公平的市场竞争环境。但时至今日，相关法律仍未出台。

而家乐福、沃尔玛等外资零售企业在一线城市密集开店后，近两年开始大肆进军二、三线城市甚至县级城市。目前，外资零售企业已经基本完成东南沿海地区的网店布点，正逐步向中西部和东北地区渗透。"外资零售企业在二、三线城市开店一直享受税收减免等超国民待遇，面对这种不公平的市场竞争环境，本土零售企业在进入区域市场时处于劣势。"对外经贸大学教授陈立平担忧，一旦外资零售企业完成二、三线城市布点，就可以打造一条连接生产端和消费端的整个供应链系统，未来中国流通主渠道有被外资控制的隐忧。

中国人民大学博士生导师黄国雄教授建议，地方政府"对外开放也要对内开放"，国家在法律上应该有一个明确规定，国有资本与民营资本、外资资本与内资资本都要一致对待。只有这样才能促进地区之间的发展与沟通，如果地方"内外有别"的现状得不到改变，将会影响到整个流通业的发展。

"超国民待遇是一个方面，统一纳税也制约了企业连锁化发展，"刘岫军给记者算了一笔账，由于各地税收不一，每进入一个城市，都要开设子公司。目前华润万家已在全国拥有 100 多家具有独立法人资格的分支机构，每年花在办证和年审等方面的人力、物力成本就达上千万元。

地区封锁开始在局部打破

"二、三线城市在招商引资政策上对外资倾斜现象较为普遍，但随着一线城市本土零售商的不断壮大，一线城市基本上可以做到公平竞争。"富宇介绍。

36

北京超市发总裁李燕川告诉记者，大约10年前北京地区还存在各城区之间开店税收受限问题，但现在不管连锁总店位于北京哪个区，都可以在本部所在的区域统一纳税。

一位零售业管理人员称，零售业在"统一管理、统一采购、统一结算、统一物流、统一形象"这五个统一方面，目前只在形象方面基本做到了全国市场的统一。

不过，基于一线城市较为公平的市场竞争环境，以及一线城市本土零售商在与外资零售巨头的厮杀中成长，在天津、上海、西安等地出现了当地零售企业市场份额高于外资零售巨头的现象。如西安市场就刚刚曝出家乐福计划撤出当地的消息。

业内人士分析，由于中国市场非常广袤，短期打造出全国性的连锁企业还不现实。但是，产生大区域型的连锁企业则是刻不容缓。在一个大的区域，如长三角等地，如果能够实现城乡连锁商业一体化，就能促进这个大区域商流、物流、资金流的双向流动，构建区域型的流通体系一体化。而这也与当前国家区域经济发展规划相吻合。

不少物流不能跨区域建体系

流通体系的一体化发展离不开商品的跨区域流通。在白酒、啤酒等商品之间也因"排他性"的市场竞争，在一定程度上阻碍了商品流通的发展。

在北京啤酒市场，就曾发生过多起本地啤酒阻碍外地啤酒进京的大战。在燕京啤酒进京时，被诞生于1941年的北京啤酒进行"封杀"，燕京啤酒只能通过"胡同送酒"的渠道一步步打开北京市场，并最终在北京啤酒市场形成强势地位。而当青岛和雪花啤酒在2006年前后杀入北京时，青岛和雪花也遭遇了同样的"排他"尴尬。燕京甚至与北京很多经销商签订"排他协议"，令雪花花费大量人力、物力经营零售终端后销售仍未有大的进展。

在其他商品类别上发生的"地方保护主义"也不胜枚举。出于税收考虑，地方龙头企业生产的商品往往受到"特殊对待"，采取一些措施间接阻碍外地同类商品流入本地市场，个别地方部门甚至帮着推销当地名牌商品。

洪涛表示，由于全国流通还未形成体系，一些商品在地方存在区域分割，一个地方的产品不能到外地去销售，省际流通还未形成，甚至出现了销地到产地、价高到价低的逆向流通，这就给一些投机商以可乘之机。商品流通的区域分割，也影响了商品物流的全国性发展。洪涛介绍，按照我国水果、蔬菜等农副产品在采摘、运输、储存等物流环节上 25%~30% 的损失率计算，每年有 3.7 万吨蔬菜、水果在运送路上腐烂，而这些农产品足可以供养 2 亿人的生活。另外，一般来说，农产品物流成本占总成本的 30%~40%，鲜活产品则高达 60% 以上，由于运输装卸方式落后，"粗放"的流通业致使我国每年粮食损失至少为 800 万吨。

文章来源：北京商报
题　　目：七成零售上市公司业绩飘红
记　　者：熊海鸥
时　　间：2010 年 1 月 25 日

在全球零售市场急剧萎缩的情况下，2009 年中国零售业社会消费品零售总额依然有 16% 的增幅，增长幅度高出 GDP 增幅近 7%。岁末临近，零售企业年报纷纷出炉。截至昨日，发布 2009 年财报或预报的 6 家上市零售企业中，4 家的净利同比上升或业绩实现扭亏。

专家分析认为，这与国内需求回暖、消费政策利好刺激，以及企业重组并购加快都有直接关系，并预计 2010 年中国零售业发展状况将好于 2009 年。

2009 年下半年明显好于上半年

据上市公司财报数据显示，新华百货业绩预告 2009 年净利润同比增长逾 50%。广百股份 2009 年净利润 1.66 亿元，同比增长 2.11%，全年实现营业收入 46.31 亿元，同比增长 8.84%。而在 2008 年净利润双双亏损的北京西单商场和长百集团，分别发布预盈公告，预计 2009 年实现扭亏为盈。

但是，重庆百货与大商股份业绩仍比较难看。重庆百货 2009 年净利润为 1.57 亿元，同比减少 3.28%，但实现营业收入 73 亿元，同比增长 13.88%。而大商股份在去年上半年出现 10 年来最差业绩，净利润下降 73%，2009 年业绩仍旧预亏。

来自得勤咨询地产及商业研究部的相关调查数据显示，2009 年受金融危机冲击，美、日以及欧洲市场零售品牌销售额下降幅度较大。普华永道高级经理周斌华认为，2009 年上半年零售业上市公司业绩增速低于 2008 年下半年，但 2009 年下半年出现好转，说明传统的金九银十消费习惯依然没有改变。

北京工商大学经济学院教授洪涛表示，2009年零售业净利润仍在1%~2%的水平，其中百货业要高于平均水平，而超市则在平均水平以下。

企业并购拉动销售大幅攀高

在已经发布的2009年年报的上市公司中，实现盈利的零售企业主要是因为提高了经营水平，降低了成本；不少企业成功实施了并购，并创下门店开店的新纪录。长百集团宣称扭亏的原因则在于2009年贷款利率降低，加上选择合理的融资方式，财务费用大幅下降。

事实上，2009年我国零售企业加大了区域市场扩张步伐，纷纷抄底二线城市，甚至把触角伸至三线市场。同时，零售企业间的融资、并购、重组进程加快，被业内看成是并购年。如物美商业获得国际私募TPG以及联想系16.5亿港币投资，百联旗下联华超市4.92亿元收购华联超市、重庆百货39.5亿元吞下新世纪百货、广百股份收购新大新、杭州解百收购元华等并购事件不断曝出。而并购往往导致企业直接把市场盘子做大，销售数据会大幅攀高。

记者从多家零售企业获悉，2009年零售企业改善企业内部管理系统增强，加大从基地直采的比例，投入巨资完善物流配送体系，以保证直采的价格等竞争优势。中国连锁经营协会秘书长裴亮表示，2009年北京连锁超市在企业内部提升上下了很大工夫，取得了较好成果。如超市发在提升营运质量、社区营销、生鲜优化方面有较大提高，获得了业绩较快增长。物美在ERP信息化建设升级方面也收获颇丰。

值得担忧的是，为拉动销售额，2009年度零售企业常年促销频率和力度都有所加大，导致毛利率出现负增长现象。周斌华表示，未来毛利的提高还有赖于中国零售业盈利模式的改变，不是短期内能够克服的。

2010年零售业将快速发展

为拉动消费，国家相继出台了很多消费刺激政策。根据商务部发布的数据显示，2009年前10月家电下乡销售额破1100亿元。而来自中国家电协会的统计，去年前三季度全国家电农村市场达到8.6%的增长，80%的销售额来自于家电下乡，冰箱行业甚至摆脱了2008年以来的困境。这还不包括家电以旧换新对连锁家电行业营业额的贡献，以及发放消费券搞活流通企业的作用。

同时，针对城乡的"万村千乡市场工程"和"双百市场工程"大大激活了农村消费潜力，各种农家店、农村连锁便利店如雨后春笋般出现在城乡之间，也促进了地方和企业的投资规模。

据相关渠道透露，涉及"三农"的中央一号文件也将在 2010 年初出台，其财政支农预算达到 7000 亿元，农村经济将继续快速增长。

洪涛表示，2009 年消费信贷、租赁消费等新的消费方式开始涌现，零售企业尝试走出价格漩涡。随着政府搞活流通、扩大消费等政策的继续深化，在经济复苏的大趋势下，2010 年零售企业将有望好于 2009 年，获得快速发展。

文章来源：千龙网
题　　目："中国商业十大热点"发布　消费品零售总额走高
记　　者：郑　涛
时　　间：2009 年 12 月 26 日

今天，中国商业联合会专家工作委员会（ECCGCC）发布了面向 2010 年消费市场及流通市场的"中国商业十大热点展望"。这是综合了 100 多位国内著名经济学家、商业学者和业界一线管理人士认真研究的意见和预测，从国家政策、行业趋势、企业战略、新零售业态、社会责任等角度，全面阐释了 2009~2010 年中国商业流通市场的发展概貌。

"中国商业十大热点展望"发布活动每年举办一次，今年已是第七个年度。此项活动成为对国内外商界具有指导作用的信息服务品牌，中国商业联合会专家工作委员会组织有关专家不断深化对宏观经济和行业情况的研究，不断调整改进十大热点产生的程序和方法，大幅度提高了热点预测的准确性和前瞻性。

2009 年，中国商品零售业绩超出了多数人的预期。1~11 月社会消费品零售总额累计达到 12.5 亿元，同比增长 15.3%，实际增长率接近 17%。专家们认为：这次增长率仅次于 1985 年的第二个高峰，随着国家更多培育和鼓励消费的政策，并且其效力将持续发挥，因此专家预测明年消费和商业仍将保持强劲增长的势头。

很多出口转内销的企业因为营销队伍的缺乏和渠道建设的门槛而转向建立网络零售平台，消费者通过网购来降低支出成本，网络零售将继续成为中国商业的新增长点。

近几年除了消费政策的连续出台，将惠农政策落实到农产品成熟后的"出水口"环节上，专家们建议并预测"农超对接"会广泛铺开。同时，明年在构建新型农村商业网和农产品流通网方面应会有更大的跃升。

如何与供应商"和谐共赢"成为 2010 年中国零售商盈利模式转变的破题之选；与此相比，更重要的是连锁企业，尤其是中小零售企业如何能够提升自己的竞争力问题——近年大型连锁零售企业向二、三线市场挺进，对中小零售企业形成了巨大的威胁。随着 2009 年一些商业老字号的营销创新和经营脱困，2010 年也是它们的乘势做强之年。

内容权威而丰富的"中国商业十大热点展望"专家评审组包括：中国人民大学商学院博士生导师、教授黄国雄，中商商业经济研究中心副主任刘海飞，国务院发展研究中心市场经济研究所所长任兴洲，商务部市场运行调节司副司长李朝胜，香港利丰发展有限公司执行董事、香港利丰研究中心执行董事、全国政协委员张家敏，中国商业联合会副秘书长、专家工作委员会主任刘建沪，中国社会科学院财贸所商业经济研究室主任宋则，中国连锁经营协会秘书长裴亮和副秘书长杨青松，商务部市场体系建设司处长路政闽，中国商报总编辑范识宇，北京燕莎友谊商城有限公司原总经理、中国商业联合会兼职副会长万文英，中国商业联合会研究室主任傅龙成，北京工商大学经济学院教授、中国商业联合会专家工作委员会副秘书长洪涛，中国商业联合会办公室信息新闻处处长、专家工作委员会副秘书长曹进堂，北京烽雅精英企业管理顾问有限公司副总裁、中国商业联合会专家工作委员会副秘书长曾令同等。

据悉，"2010 年中国商业十大热点"在向国内外各大媒体发布之后。香港利丰研究中心也将热点评述报告翻译成英文，向中国香港及海外商界人士发布。

2010 年商业十大热点具体包括如下内容：

（1）培育和鼓励消费的政策多点多面，社会消费品零售总额将再创新高。

（2）出口企业重视内销市场，从制度上探索内外销对接亟待解决。

（3）构建新型农村商业网和农产品流通网将迈出决定性步伐，整合农村市场网络任务艰巨。

（4）"惠农、利民、益商"的"农超对接"将在全国更大范围、更高层次上展开。

（5）中外连锁零售商遵循不同重点提升竞争力，中小商业企业挑战与机遇并存。

（6）零售商盈利模式亟待转变，建立与供应商和谐共赢的关系面临破题。

（7）节能商店建设将掀起热潮，成为零售企业提升盈利能力、体现社会责任的又一制高点。

（8）国内奢侈品消费增势不减，潜力巨大，改革抑制内销的税收政策成为"挖潜"关键。

（9）网上零售继续成为耀眼的商业增长点，成长中浮现健康发展隐忧。

（10）商业老字号创新脱困"春意萌动"，有望绽放"老树新花"。

第五章　商业网点规划

文章来源：新京报
题　　目：商场渐变消费娱乐中心
记　　者：巫倩姿
时　　间：2010 年 11 月 11 日

2010 年 CBD 的东扩、二环内不再建设新商场等政策的出现，《新京报》在 6 周年特刊中预测京南、京西、京东会出现更多新商场，果然，北京的新商场今年依旧在不断增长，而且朝着更加"边远"的城郊地区发展，也形成了不少新的商圈。除此之外，2010 年的北京商场整合为"商圈购物节"的形式出现，不但聚拢了人气，也让消费者们享受到了更实在的优惠。

"全日制"商场的出现也让商场更深入人们的生活中，从早上商场开门一直玩到商场关门并不是那么困难的事情。

在接下来的 2011 年，很多在今年通过创新、联合尝到了甜头的商场还会继续下去，这种在品质上的比拼也将会让更多商场摒弃价格战而来一场品质战，而消费者自然也能从其中得到更多的利益。

"全日制"是不是商场发展未来趋势？

提问人：刘潇，公关公司客户经理
专家解答：周睿（香港司培思商业经营管理集团北京公司副总）

北京的商业市场近年来发展非常快速，城市的商业模式也在经历着从第二代向第三代升级的过程，集购物、餐饮、娱乐、休闲为一体的购物中心也开始得到大家的青睐。北京的天气多风沙，四季分明，冬夏两季更适合在室内活动。"室内空间户外化"的购物中心设计理念能迎合国内消费者对宽敞、舒适空间的向往，又弥补了室内活动的局限性。

当购物已经不再是生活中的一件大事时，人们也不再满足于将节假日时间用于在拥挤的百货商场里挑选服装鞋帽，而开始更多关注消费过程本身的丰富性和趣味性。相对于传统百货来说，购物中心能够提供丰富的购物选择，同时还注重通过多层次的餐饮系统、适合各个年龄层次的娱乐活动让全家老小可以逗留一天却丝毫不觉得疲倦。而购物中心里宽阔舒适的走道、带有漂亮装饰的中庭以及配合不同节日所举办的主题活动让购物的过程也成了一种难忘的体验。

2011年即将到来，北京2007~2008年集中开业的一批购物中心经过三年左右的发展都将在这一年进入调整期，如一直人气旺盛的西单大悦城将更加紧密地贴近年轻潮流一族的消费需求。这种调整也将为整个西单商圈带来新的发展。政府近期倡导的"商圈购物节"也正是希望通过优质项目带动整个商圈的竞争力的提升。相信2011年将会是一个消费习惯整合、商圈发展共赢的机遇年！

商圈购物节会成为商场活动的主流趋势吗？

提问人：苏珊，旅游公司市场总监
专家解答：洪涛（北京工商大学商业经济研究所所长）

北京20世纪80年代的商圈有王府井、西单、大栅栏，它们都属于核心商圈，区域性的商圈比较少，现在，这种区域性的商圈发展得很快，估计已经有十几、二十几个了。伴随着这些区域性商圈的发展，核心商圈的地位也有所下降，商圈呈现出多元化、城郊化趋势，这是非常好的一件事。打破了当年购物就要到核心商业区的不方便，也解决了随着城市人口增加而引发的问题。可以说，北京的商圈已经发展成"点—线—面—流"的大趋势。

商圈现象的出现是好事。以前，商家总是首先考虑自己，以一个企业为核心来决定营业半径；现在，则是商圈的发展带动企业的发展，商圈内的各企业之间也建立了良性的合作关系，打折、价格战少了，避免了企业之间矛盾的激化。而按照区域建设商业设施，按经济规律形成大小不同的商圈，商圈之间则在相互竞争的同时又协调发展。这种和谐的共存发展对商业来说是好事，商圈比较成熟就会发展得比较好，也给消费者带来了更多选择以及更多的便利，让消费质量也在提高。

洪涛认为，从商业区到商圈的发展，不是名字和称呼上简单的变化，而是一种商业发展的规律，是一股"合力"。商圈对核心商业区造成了冲击，也让很多老的商业区看到了危机，并针对此作出了调整，有利于整个商业的发展。所以，这肯定会是以后的趋势。

文章来源：北京商报
题　　目：解析王府井商业街新规划
记　　者：吴文治　袁　芳　李　铎
时　　间：2010 年 7 月 26 日

上周五，区划调整后的新东城党代会上公布了王府井南延的最新规划。虽然具体规划还未出炉，但是外界对老商业街区能否去除多年来南"冷"北"热"的商业病根，充满期待和猜测。

规划：王府井大街拟南延扩容

根据新东城区的发展战略规划，将把从永定门到钟鼓楼的传统中轴线"文脉"、从银街到崇外商圈的"商脉"，实现南北贯通。其中，王府井有望向南延伸至祈年大街，东二环总部经济带也有望进一步向南拓展。

王府井大街南起东长安街，北至中国美术馆，全长约 1.5 公里，素有北京乃至中国经济"晴雨表"之称。由于商贾云集、日进斗金，王府井大街又被称为"金街"。在王府井大街上，既有新中国第一店"百货大楼"，还有香港富商李嘉诚重金打造的国际化地标——东方新天地。除此之外，王府井商业街还包括 APM、乐天银泰百货、美特斯邦威旗舰店等多个大型商业设施。而祈年大街位于天坛北部，此前的定位是"天坛文化街"。

目前，王府井大街与祈年大街之间隔着台基厂大街、前门东大街。如王府井大街延长至祈年大街，长度将超过 3 公里。与现在的王府井大街相比，南延后的王府井大街"扩容"明显。

作为"中国第一商街"，王府井大街的发展亦受空间限制。如果成功南延，王府井商业街将比现在大出数倍，产业布局将更加全面，在北京商业街中的地位进一步提升。同时，王府井商业街区扩容后，也将带动天坛附近的祈年大街等老街区的发展。

东城区相关负责人介绍，原来的东城区、崇文区合并后，新东城提出了王府井南延的发展思路，欲达到南北融合、均衡发展的目的。王府井南延的相应规划正在着手制定，具体的规划有望在年底前出台。

不过，一个无法回避的问题是，台基厂大街道路较窄，两侧是市政府等单位。这段大街改造面临着一定的难题。一位不愿透露姓名的商业研究人士表示，王府井南延有可能遇到改造难题，毕竟，市政府搬迁等问题不是东城自身所能决定的问题。

企业："商气"恐难"南北"贯通

实际上，政府每一个商业规划的披露，都牵动着北京商业企业的神经。尽管具体的产业布局规划将在年底出台，但新东城商业规划初露雏形，还是有商家嗅到了其中的商机。昨日，北京天虹商业管理有限公司副总经理何丽玲在接受记者采访时表示，将北京作为重点发展区域的天虹百货，不会放过任何一个扩张的机会。

不过，在新商业规划带来商机的同时，京城多家知名零售企业的老总也表示，尽管王府井大街向南延伸的规划体现了区域南北经济通盘考虑的发展思路，但仍需要面对商业氛围的延续难题。

当代商城总裁金玉华认为，从战略角度考虑，王府井大街向南延伸是一个发展思路。但在王府井大街南延的过程中，需要经过台基厂大街和祈年大街。由于北京市委和众多政府机构坐落于此，就目前来看，这一区域暂时没有发展商业的空间，王府井大街的"商气"很难向南延续。

金玉华认为，商业的普遍规律是"一步三市"，以西单为例，西单商业街北部凭借中友百货、君太百货、西单大悦城、西单商场等聚集了大批客流，但在西单商业街南侧，拥有众多高端品牌的美美百货，却难以获得与西单商业街北部同等的"商气"，最终只能接受离开的命运。

在金玉华看来，王府井大街南扩后聚集的商业设施应以城南居民的需求作为依托，与王府井商业街的客流进行区分。

燕莎奥特莱斯销售策划部部长李波也认为，王府井商业街南延后，形成的新商街不宜以王府井商业街为模板。目前，王府井大街周边的商业设施都难以获得顾客的青睐。"打造王府井南部区域商圈应从特色商业的角度入手，可以借鉴牛津街等国际上知名商业街的发展轨迹。"李波向记者举例道，当消费者推开某一胡同的大门后，看到里面是某一高端品牌的门店，这种历史与现代商业的结合将会成为吸引客流的"利器"。

在业内纷纷表示王府井商业街向南延伸将面临商业氛围不足的考验时，作为王府井大街的商业地标，王府井百货集团的一位负责人则表示，王府井南部与目前王府井商业街在商业氛围层面存在较大落差，除非台基厂一带能够为商业进行重新规划，否则王府井南延计划面临的困难重重。

而一位不愿透露姓名的业内人士也认为，包括崇文门、西单等北京市场中较为成熟的商圈，其周边都没能形成大型商业带，王府井商业街南延后的区域要想成为大型商业带，需要在这些区域内打造大量密集的商业设施，而实现这一计划的基础是对该区域进行大面积的改造。

此外，金源新燕莎MALL总经理傅跃红指出，一个新的商业区域需要很长一段培育期，是一个市场的过程，并非规划可以决定。

专家观点：打造立体商业生态圈

北京工商大学商业经济研究所所长洪涛表示，王府井南延规划需要因地制宜、符合实际。由于南延区域街道不是较为宽敞、方便，再加上王府井商业街的特殊性，南延街区与王府井商业街结合应该是有特色的有机融合。南延街区除了政府机关所在地以外，还有一些文物保护单位，因此可供商业开发的面积小，受到一定限制，商业开发还需要考虑到传统与现代的融合。

北京财贸管理学院副院长王成荣表示，根据世界各国商业街发展经验，商业街道应该是贯通的、四通八达的。王府井南延计划对于打通商路、贯通商脉而言，有利于未来发展。但是要注意到，不能人为"造街"，要遵循商业发展规律，使其循序渐进、自然发展，而不是简单地开几家百货商场就能够繁荣发展起来。政府在商业街的发展过程中充当推动力量，如改造基础设施、提升服务质量等。另外，在未来南延后的业态发展方面，王成荣提出"商业生态圈"概念。他表示，仅仅打通一条街是不够的，而是要形成商业区域，把平面化的"商业街"打造成为具有立体效果的商业生态圈。在这个生态圈中，良好的商业生态项目既功能齐全，又可以相互补充，而不仅是单一生态的罗列与堆加。

北京商业经济学会秘书长、北京财贸职业学院商业研究所所长赖阳表示，街区可以跨界发展，以解决发展空间不足的问题，并进一步发挥聚合效应。同时，赖阳指出，新东城在规划中要用更开放的事业发展商圈，不要盲目整合资源。应尊重经营品牌的特色、历史、文化，不同的发展道路和定位，否则不是强强联合，反而会"1 + 1 < 2"。另外，"老东城和崇文区交界处的发展要引起重视，商圈只有互相扩大，才能实现融合发展"。

中商商业经济研究中心研究部主任姚力鸣也表达了立体化开发的观点。他表示，在保证南延的纵深长度基础上，还不能忽视东西方向的副街建设，与此同时也要重视立体建设，例如地下空间的开发，真正做到从点到线再到面的整体立体化开发建设。而目前王府井商业街虽然街道两边百货、专卖店林立，但是街道两边的副街规划与王府井大街的发展不相符，还需要进一步建设。南延后也面临同样的副街建设问题。

关于南延后的整体规划，姚力鸣表示，由于南延街区存在文物保护单位，还须考虑到文物保护工作与商业开发相融合的问题。在整体规划上可以考虑与王府井大街完全不同的风格，只要更具特色、更加合理的业态配置才能吸引客流向南流动。例如商业街南部全部开发为北京老字号，或者全部引进世界顶级商业项目，而不仅仅是引进国际一线品牌商品。另外，还需要足够的餐饮场所。

文章来源：北京晨报
题　　目：北京劝业场有望重新开张
记　　者：王　萍
时　　间：2010年7月14日

记者昨天获悉，清末民初在南城颇具名声的老北京劝业场有望还原旧有建筑格局，回归原址——前门外西河沿街与廊坊头条之间。相关商业专家表示，在商业聚集的前门大栅栏地区考虑劝业场重张，一定要找准定位和消费群，要将商场和"博物馆"区别对待。

专家观点：重张要考虑定位

劝业场目前所处的这一地区，已被标记为"大栅栏C地块"，在它的南边，位于煤市街尽头、丰泽园东侧，还有一个"大栅栏H地块"，这两个储备多年的地块将是今年大栅栏地区重点修缮、提升的区域。负责开发的北京广安控股有限公司董事长申献国告诉记者，大栅栏C、H地块规划总建设用地面积6.86公顷。作为京城曾经的地标性建筑，老北京劝业场当仁不让地成为C地块的战略核心。

2009年年底，同是处于大栅栏的青云阁也是本着"原汁原味"重装开业。老字号小吃云集，媒体争相报道。但时隔不到一年，老字号纷纷撤摊，青云阁火爆不再。可见这碗"原汁原味"的"怀旧饭"并不那么容易吃。

　　北京工商大学商业经济研究所所长洪涛表示，前门大栅栏地区是北京传统的"商脉"，老劝业场的恢复，体现了政府在对老城区的改造和建设中对历史文物的尊重。但还应重新找好定位。"老劝业场恢复经营既要保持传统，又要将其延续的历史文化与现代商业的需求融为一体，要考虑消费对象。""劝业场重张，要考虑它不是一座简单的博物馆，这种活的历史不是简简单单就可以复制出来的。

　　文章来源：北京商报
　　题　　目：朝青板块新商圈崛起　多社区构成潜在购买力
　　记　　者：曾婧娴
　　时　　间：2010年6月2日
5月28日傍晚，朝阳大悦城开业。地铁八通线高碑店出口处，的士司机在一个短短下午拉了四五趟去那里的活儿。此情形在一年前曾出现在城西石景山万达广场。舍西单、王府井，逛家门口新商场正形成潮流，它已改变了人们的消费习惯，也影响着京城商业版图。

城区新商圈
设施分散有碍商业氛围

　　在建设世界城市的背景下，北京的城市版图正在日新月异，随着人流、物流、商流的会聚，北京新商圈呼之欲出。

　　朝阳大悦城，这个23万平方米的大型购物中心从规划到建设到封顶，再到试营业、营业，都吸引了足够的目光。记者粗略地分析了朝阳大悦城的顾客构成，下班过来的上班族占60%左右，而拖家带口逛商场的周边居民大约为40%。不过，来这里的上班族也大多住在附近。

　　朝阳大悦城地处朝阳北路和青年路交叉口，处于"朝青板块"的核心位置。北京财贸学院黄爱光教授说，由于CBD的规划和建设，朝青板块也逐渐发展起来。"这个区域将逐渐成为CBD中央商务区的补充区域。"黄爱光教授表示。黄爱光教授所说的"补充区域"包含多层意思，其一，这个区域的商业办公楼是CBD写字楼的补充；其二，这里大量的住宅楼盘是CBD上班人群的居住区；其三，商业也将依托CBD的发展而繁荣。"从最早的十里堡华堂到朝阳大悦城，朝青板块的商业丰富度在提高，商圈的形成也在加速。"黄爱光教授说。

在北京城八区，受益于城市规划和城市扩张的商业区还有不少。

自 2005 年石景山区提出建设 CRD（首都休闲娱乐中心区）开始，一些商业设施逐渐被引进。万达广场的进驻给周边的居民带来了便利，家乐福、万达铂尔曼大饭店、万千百货、万达国际影城、国美电器等商家的引进，再加上周边沃尔玛、当代商城的进驻，石景山 CRD 商圈的雏形正在逐渐形成。

而随着南城发展进程的推进，丰台区也在雄心勃勃地打造高端商圈。商业巨头银泰百货将落户大红门地区。年初丽泽金融商务区规划综合方案出台，其中关于商业的规划也备受瞩目，新商圈的形成值得期待。

同时，《中关村科技园海淀园商业发展规划》（2001~2010）中明确提出要为园区居民建立生活服务区商业系统，中关村购物中心、家乐福的进驻几乎在一夜之间改变了中关村商业的面貌。

随着北京城的不断规划与发展，各个地区的商业需求不断增多，"原来的成熟商圈，例如王府井、西单已经不能满足不断发展的城市版图需求，因而城区新的商圈在消费者的期盼中处于蓄势待发的状态"。黄爱光教授表示。

然而，这些孕育中的新商圈依然存在着许多不足。商业专家认为，这些地区交通状况普遍有待改善。比如朝阳大悦城，地铁 6 号线要到 2012 年开通，这意味着两年之后这个区域才能与 CBD 商圈实现快速交通的对接；丰台区商业中心的成熟还要期待两三年后地铁 9 号线、14 号线的开通，甚至是远景规划中的地铁 8 号线南延线的建设。

而由于规划的原因，在一些区域已经没有地块供商业地产开发利用，因此很难形成多个购物中心集合的商圈规模，如朝青板块；这势必导致商业带密集度不够，比较分散，如十里堡的华堂和朝阳大悦城相距虽然不远，但绝不算近，这样分散的商业设施对于形成浓郁商业氛围势必产生一定的影响。

新城商圈
商业配套存短板

从双桥出发，继续乘坐地铁八通线往东走 5 站，就到了通州九棵树。这里是通州新城的商业地标，引进了家乐福、国美、新生活广场，商业面积不过 6 万平方米。

九棵树地铁附近有瑞都国际、蓝调沙龙、旗舰凯旋、翠屏南里、世纪龙鼎等几十个大型社区，居住人口以数十万计，而成规模的商业设施只有一家家乐福和一家物美大卖场。几年前家乐福入驻通州虽然填补了通州商业的空白，但这种单一的社区商业远远满足不了人们的生活需求。

在关于新城区业态分布的调查中发现，经营日用品的超市通常作为入驻的最早业态，其揽客能力在住宅区得到充分发挥，但是餐饮、商场等综合性的大型配套设施进驻则相对迟缓。针对这样的情况，黄爱光教授指出，"这种滞后的商业状况需要政府在规划的过程中做好充分调查，地产开发以后如何进行完善的商业配置，都是需要提前做好充分准备的"。

今年年初，在建设世界城市的大背景下，通州新城规划出台：未来通州新城将承担北京一部分功能——也就是传说中的"北京副中心"。有人评价："通州之于北京的意义，如同曼哈顿之于纽约。"有专家提出，随着通州规划发展的进一步深入，原本单一的社区商业和低水平的"县城商业"必然不能满足发展的需要。

根据规划，通州核心区域运河商务中心成为今年北京新城建设的重点任务，这里将建设包括高端商场在内的商业区和金融服务区；而通州北苑一带也将进驻万达广场等商业，形成综合性商业区，打造"现代化国际新城"。

同为北京新城的大兴新城，去年7月，宜家宣布将在这里建设一座30万平方米的大型购物中心，包括宜家亚洲最大旗舰店在内的400多家商户将进驻。与此同时，业内盛传日本永旺集团、英国超市巨头TESCO乐购也在伺机而动，而乐购已经先行一步，签约入驻位于黄村的火神庙国际商业中心。宜家、乐购这样的主力店带动的商圈效应使周边楼市迅速火热。

一位地产经理表示，在项目开发中，商业配套一直是短板所在，制约着购房人对项目价值的认可。"房子本身不错，但住起来不方便，买件衣服要从五环跑到长安街，一旦建起一座购物中心，带动一个新商圈，京南区域许多楼盘价值会有一个新的定位"。

专家观点

北京工商大学商业经济研究所所长洪涛提醒，尽管新城发展给商业企业带来了发展空间，但是商业发展要遵循城镇化规律，商圈的培养是一个渐进的过程，商业企业要有长期投资规划。另外，新城区的业态结构要合理，防止出现

"重复过剩"和"超前"现象。

文章来源：北京商报
题　　目：华尔街与商业街能否一线游到底
记　　者：任　维
时　　间：2010 年 1 月 21 日

日前有消息显示，西单商业街目前正在考虑申报 A 级景区，西单商业街未来将与金融街形成综合的旅游线。到西单购物的游客将可直接到金融街参观银行和证券交易所等。有人称，金融街要打造中国的"华尔街"。那么，该旅游线打造的发展前景如何？应如何进行具体规划？对整个北京旅游业乃至商业又会产生怎样的影响？带着这些问题，记者分别采访了北京商业经济学会秘书长赖阳、北京工商大学经济学院教授洪涛和北京交通大学旅游系主任张辉，就让他们来为大家解决这些疑问。

西单和金融街定位不同

洪涛：每年北京都有大量的国外游客和国内游客，除了传统的旅游项目之外，到王府井、西单、前门多地购物的游客都不在少数，西单商业街如果能获得其中 1/3 的量，就已是一个巨大的市场。但对于金融街的打造，具体内容还应从实际出发。

张辉：将西单商业街打造成一个旅游商业街区没有问题，但金融街能否被游客接受很重要，西单商业街中加入一定的休闲元素，进行打造不难，但金融街在很大程度上只是一个概念，如何借概念打造旅游街区应是思考的问题。

赖阳：金融街是一个高端商务场所聚集的区域，聚集在这个区域中的人群也多为一些高端商务人群，这部分人群大多对环境要求高，希望安静甚至是有些私密的环境，而西单商业区是年轻时尚的聚集地，两者的定位完全不同。

洪涛：很多人都不知道北京其实是期货市场的发源地之一，证券交易萌芽最早在北京也有所体现。金融街的现代化色彩浓厚，但在打造金融街的时候，不应只是纯观光，还应挖掘其背后的历史沉淀。

赖阳：金融街一带交通形势复杂，而提及北京商务中心，还有国贸一带，那里也有很多有特色的建筑，金融街作为旅游线路的打造，其盈利点何在是需要好好考虑的。

西单周边业态也要以青春时尚为主题

张辉：西单商业街作为旅游目的地兼具休闲、商业因素，在未来，西单商业街应承担可看、可游、可逛、可玩的责任，形成有一定文化底蕴和认知度的商业街区。

赖阳：西单作为一个年轻时尚的街区，其经营模式也在逐渐变化，现在已经形成了以 ZARA、H&M 等品牌为代表的国际流行快速时尚趋势，是青春时尚的聚居地。在对西单的旅游规划中，应该更加丰富其内容，加强休闲娱乐等方面的建设。

洪涛：过去购物常常是很多游客"游"之后的行为，在旅游疲倦之后到商业街区购物，而现在将购物和旅游结合成为一体，让游客在购物的过程中得到精神享受，有助于整体旅游消费。这就意味着旅游不仅仅是纯参观，而是形成以购物为主题的旅游形式。

张辉：将西单街区打造成为景区需要从三个方面进行规划，首先根据街区门面、项目、范围进行调整，增加一些小剧场、茶社、酒吧之类的设施，创造旅游氛围，为旅游者提供更加全面的服务；其次对于西单商业街区的植被进行调整，种植一些观赏性较强的植被，增加一些小品雕塑；最后在建筑、夜晚灯光上进行设计，形成一个开放式的景区，并最终形成一个带有景区性质的商业街区。

赖阳：在对西单商业街的打造上，应注意同王府井、前门等街区拉开差距，将西单打造成一个以青春、平民时尚为主题的街区，增加一些小型店铺，将其商业形式更加丰富化和多样化。

张辉：西单商业街旅游的打造将会是西城区的一个重要旅游品牌，而这也同时说明，北京旅游目的地已从传统观光向有多重需要的休闲景区转变，旅游概念也逐渐走向休闲，将传统的购物场所转变为供北京人和外地人休闲的旅游场所，对北京"大旅游"目的地的升级，具有一定的积极意义。

旅游街区打造体现国际商贸城市功能

赖阳：从长远来看，将旅游和商业结合是一个趋势。将西单打造成为一个特色旅游商业街区，同王府井大街、前门大街并列，三个不同特色、不同定位的商业街区的形成，对北京商业的整体提升将产生一定影响。

张辉： 北京已经逐渐进入"后工业化社会"，工业化已经逐渐完成，以服务、消费为主题的第三产业越来越受到重视，而金融街作为生产性服务行业、西单作为生活性服务产业，其转型方向也代表了城市转型的方向，与国际商贸城市建设是一种呼应和调整。

洪涛： 打造西单—金融街旅游线可以将北京作为国际商贸城市的功能逐渐表现出来，虽然北京目前已具备国际商贸城市功能，但其表现形式还比较含蓄，很难引起消费者关注。而西单—金融街旅游线的打造则可反映出北京城市功能的创新、升级，以及对旅游、购物场所的打造都可以体现出北京更强的城市功能。

文章来源：中国房地产报
题　　目：南城商变　解读未来商业发展大方向
记　　者：刘筱晨
时　　间：2009 年 12 月 14 日

毫不夸张地说，目前北京南城稍具规模的大商场，用一只手就能数得过来，新世界百货、菜百、SOGO、国瑞城……过广渠路再往南，基本没有像样的购物中心。多年来，提起南城商业，人们首先想到的就是脏乱差的服装批发市场、参差不齐的建材市场。

对于北京南城来说，2009 年无疑是一个转折之年。上月，酝酿三年之久，由北京市 34 个部门和城南五区共同参与制定的《促进城市南部地区加快发展行动计划》（以下简称《城南发展计划》）正式对外公布，未来三年，宣武、崇文、丰台、大兴、房山五区将得到约 2900 亿元投资。南城商业地产由此搅热，而其缺"商"的窘境或将随之改写。在政策南倾、住宅市场火爆的拉动下，敏锐的地产企业及商家早已闻讯而动，一场土地与商业地产的"南城大戏"已拉开帷幕。

商家掘金京南

今年 11 月，韩资商企乐天玛特位于南四环公益西桥的北京首家标准店开门纳客，这是城南五区发展规划公布后开业的首个商业项目，由此拉开了南城商业设施的争夺战。

由于深谙中国人购物心理，每天均推出会员特价、买赠等颇有力度的价格让利，乐天玛特开业以来颇受附近居民追捧。乐天玛特中国区相关负责人表示，城南商业总体情况虽不如主力城区，但消费水平和整体购买力值得肯定，市场发展空间巨大。

在马家堡—公益西桥商圈，乐天玛特与北面的美廉美超市，加上即将开业的家乐福马家堡店，形成了大卖场"三足鼎立"的局面。记者了解到，TESCO乐购也将在大兴和丰台地区再开2家门店。除此之外，一直以海淀区为根据地的社区型超市企业——超市发，今年6月开始南下，在丰台大成路开出了近万平方米的旗舰店。而华润万家明年也将重点考虑在城南布点。

不过，乐天玛特上述人士也表示，公益西桥附近并不缺乏商业配套，最大的问题是业态分布不平均，区域内大中型生活类超市接近饱和，但其他高品质零售、餐饮娱乐业态则严重匮乏，急需引进更为丰富的商业业态。

除了超市业态以外，在南三环、南四环附近，还有首地·大峡谷、城南大道两个在建的大型购物中心。首地·大峡谷是南三环边上首个高档商场，这是一个约10万平方米的项目，由首都机场地产集团投资打造，其意图在于要在南城商业崛起之时抢得头筹，并跻身于北京中高端商业地产项目的前列。

在西南板块，位于西南四环丰台区总部基地旁的国美商都正在筹备中，宜家亚洲旗舰店选址大兴西红门。除此之外，还有不少特色商业项目正在加紧入市，如丰台区丽泽金融商务区打造的"中华万丰全国小吃城"正对外招商，小吃城面积达1.2万平方米，是目前国内最大的专门经营小吃的商业设施。

两大难题待解

记者了解到，在进驻南城的商业项目中，首地·大峡谷预计于2010年8、9月开业，宜家购物中心计划2014年开业，万丰小吃城将于2010年1月8日正式营业。

商家选择此时扎堆南城，诱惑在于南城地区商业地产的增值空间、人口结构调整带来的消费潜力。早先制约南城商业发展的交通问题、公共服务设施缺乏的两大"瓶颈"问题，随着2900亿元的投资到位，无疑将得到有效缓解。然而，如何依托现有产业格局进行升级，区域内商业业态如何合理布局，是有待当地政府和开发商合力解决的两大难题。

负责首地·大峡谷项目招商运营的香港司培思商业经营管理集团执行董事

总经理司徒文杰，曾成功操作过上海正大广场、北京西单大悦城等商业项目，他对记者坦言："大峡谷项目真的很难做，周边啥都没有。"

业内观点

事实上，各自为政、分散发展是南城商业生存现状，以专业市场、产业科技园为主的现实结构也为区域商业升级带来了难题。商业地产专业人士表示，南城商业在老的商业品牌已成特色、新兴商业需要发展的背景下，让新兴业态与传统业态在关联区域内互动发展，形成传统业态、主题商业和新型时尚购物中心互动发展的格局，政府有意识地在市政建设方面进行引导支持，才是出路所在。

业内一致认定的是南城业态不均衡，而南城究竟适合何种商业类型发展？戴德梁行华北区董事张家鹏认为，就商业形态而言，南城目前相对缺乏的是针对区域人口提供服务的综合性购物中心，其中不仅应有服装，还应更多考虑餐饮、休闲及娱乐业态。另外，针对南城年轻化家庭人口居多的特征，也应考虑到儿童消费市场的机会。

专家观点

北京工商大学经济学院教授洪涛认为，南城各区县应协同规划商业布局，在全市统一规划下，如果能够打破现有行政划分，尝试建立城南经济特区，城南商业会避免重复性，加速整体发展。比如宣武和崇文两区毗邻，商业有很大的相似性，应强调细分。

洪涛建议，城南商业发展潜力巨大，未来购买力可观，但前景转化为购买力还需要一个过程，应与城市中心区进行无差异建设，高品质、高水平开发可带动当地商业整体发展和升级，因此当地政府应对各类产业发展有较好的规划，在招商上进行严格筛选和引导。

文章来源：北京商报
题　　目：城南商业　踏上升级之路
记　　者：吴文治　齐　琳
时　　间：2009 年 11 月 9 日

未来三年，市区两级财政对城南地区的投资将超过 500 亿元，加上其带动的社会投资，总投资额可能达到 2900 亿元。北京城南发展计划正式公布后，城南成为继 CBD、亚奥板块后的又一热点区域。

两大"瓶颈"制约城南消费释放

"交通的相对不便阻碍了该地区商业的发展。"在戴德梁行华北区董事张家鹏看来，目前制约城南商业地产发展的因素中，首当其冲便是基础设施。"虽然地铁 5 号线、4 号线相继开通，但与城北、城东轨道交通星罗棋布相比，城南大部分地区的快速公共交通尚处于起步阶段，道路交通还不够通畅。"他表示。

不但是交通设施相对不便，目前城南大型、优质的公共服务设施更是相对缺乏。在市政协此前关于亦庄教育的调研中显示，亦庄经济技术开发区核心区内的居住区共有 20 个，不含农民新村和亦庄镇开发的房地产项目。按照开发区规划指标，约有 2 万户、5 万余人口。按人口比例计算，小学和初中段适龄儿童约为 2700 人，高中学生约 900 名。此数尚不包括外来流动人口和区内企业员工子女。但该区域内却未建设公立义务教育学校，严重影响了投资环境。

来自北京市人大的调研也表明，目前城南的医疗卫生机构数量不到城市北部地区的 1/3，其中 50 家三级甲等医院中，城南仅有 11 家；公共图书馆藏书仅为城市北部地区的 1/14；全市 50 家大型博物馆分布在城市南部地区的只有 6 家。

基础设施的不完善也制约了城南房地产市场的发展，大多数购房者在"价格比对"后所作出的选择，也让城南置业者们的平均消费能力打了折扣，并且使得该区域的常住人群存在不稳定性。

改善居民结构方能促成消费均衡

新加入的居民"忠诚度"低，再加上区域内旧有中低收入居民，对城南的总体消费水平形成了相对限制，这种影响一直持续到现在。

在今年北京市人大的一份关于城南的集体调研中显示，就经济总量的比较来说，去年北京城南五区 GDP 总量为城北五区的 1/5；人均 GDP、全社会固定资产投资额、社会消费品零售额相当于城市北部五区的 1/3；财政收入仅相当于城市北部五区的 1/4，但享受低保的人口比重却比城北高 2.5 个百分点，而在常住人口中，城南每万人本科学历以上人数仅相当于城北的 46%。

此外，城南的商务氛围也略显不足，高端商务访客较少。全市高端产业功能区主要分布在城市北部地区，城市南部地区相对较少。城南地区的企业总部少，国务院国资委直接监管的大型央企、在京投资的近 200 家世界 500 强企业近九成分布在城市北部地区。城南现有人群更多是以居住人口为主，同时居住的人口又大多不在此区域工作，对商业难以形成全天候的消费支持。

期待依托现有格局升级

商业发展与其他产业有关联作用，从被动角度讲，商业发展须有其他产业做依托。其他产业高端就业低，高层次消费比例就低，具有一定规模的商业服务业就很难发展。从主动角度讲，商业投入可以构建好的工作和生活平台，对其他产业入驻有吸引力。

对于城南以专业市场、产业科技园为主的现实结构，北京商业经济学会秘书长赖阳指出，城南商业可升级的余地比较强。举例来讲，永外到木樨园地区是以服装、小商品批零为主，如果能把简单的集聚区、批发企业变成生产企业时尚设计、研发以及展示的营销区，那么广告、融资机构等也会入驻。南方企业也可以把总部的营销部门转移到城南，木樨园商圈会变成生产企业的时尚传播基地，而不再是简单的服装批发市场区域。

此外，亦庄科技园内的企业不断增多，绝大部分员工白天在这里工作，但晚上坐班车回市区居住。随着生产企业密集化发展，一些商务活动会在当地进行，商业需求也会有所提升。

"城南商业可发展的潜力巨大，在政府大力支持下，相关区县应有全盘考虑，形成有特色的产业集群。"赖阳同时强调，城南商业应与城市中心区进行无差异建设。高品质、高水平开发可带动当地商业整体发展和升级，因此当地政府应对各类产业发展有较好规划，在招商上进行严格筛选和引导。

服务性商业综合体可成突破口

戴德梁行华北区董事张家鹏认为，就商业形态而言，城南目前相对缺乏的是针对区域人口提供服务的综合性购物中心，其中不仅应有服装，还应更多考虑餐饮、休闲及娱乐业态。另外，针对城南年轻化家庭人口居多的特征，也应考虑到儿童消费市场的机会。短期内，相对强调购物功能的大型百货在此区域可能会面临较大压力。而对于面积不大、近距离有较多人口的底商类物业，如进行餐饮、服务等行业经营，将会有较大的成功机会。

打破区域界限建城南经济特区

正在崇文区考察的北京工商大学经济学院教授洪涛向记者表示，在政府政策导向性发展城南区县基础上，各区县应该打破现有的行政区县划分，协同规划商业布局。

洪涛指出，商圈的发展成熟并不受行政区县的划分，而且可以跨区发展。比如城南的宣武和崇文两个区在地缘上毗邻，这两个区的商业有很大的相似性，除了前门—大栅栏老字号聚集区外，特色商业街也是崇文、宣武以及丰台商业的特点，比如宣武区的马连道特色商业街、琉璃厂特色商业街，崇文区的红桥市场、永外文化用品市场，丰台区的木樨园一带的服装批发市场、家居建材市场、花卉市场等。

"在全市统一规划下，如果能够打破现有行政划分，尝试建立城南经济特区，城南商业会避免重复性，加速整体发展。"洪涛建议。

第六章 零售市场竞争日趋激烈

采访集萃：

文章来源：北京商报

题　　目：西部迅速崛起　京城高档百货重新洗牌

记　　者：李　铎

时　　间：2010 年 3 月 31 日

上周，翠微的高端商业项目翠微广场与国际大牌 Burberry 签约，一同进入商场的还有乐途仕、肯迪文、都本、布其兄弟等 20 多个国际品牌，这家于去年年底率先一期开业的商场将在今年"五一"期间全面亮相。不久前，同样位于京西的华熙乐茂购物中心也签约了一批高端品牌。此外，最早实现"一站式"退换货，以优质的服务打出品牌的当代商城近年来快速发展，其去年在石景山又开了一家新店，提升了京西高端商业的层级。再加上早就将 LV 等品牌旗舰店"揽入怀中"的金融街购物中心，京西高端商业崛起的势头迅猛。

清华大学经济管理学院教授李飞分析认为，北京西部区域的高端购买力与需求较大，且一直没有得到彻底释放。高端品牌落户以后，不仅可以引领追踪品牌的客户，而且可以凝聚和提升地源性的高端客户。

东部高端商场新老交替

同时，记者近期多次走访东部高端商场发现，以新光天地、国贸二期、乐天银泰百货等为代表的新兴力量，因品牌和环境等方面的优势，已经对燕莎、赛特等老牌高端百货店形成了冲击，大有"抢班夺权"之势。

自 2007 年被财大气粗的巴黎春天收于麾下后，赛特购物中心的发展一直未见起色，而周边王府井商圈和国贸商圈的快速发展更是让赛特的老态尽显。

当年 7 月被巴黎春天百货收购后，赛特购物中心出现了人事动荡。担任赛特购物中心总经理 10 年之久的池洋于第二年年初投奔金融街购物中心，随之变动的是整个赛特购物中心的中高层管理团队。池洋离职后，赛特购物中心总经理一度陷入频繁更迭，最后，巴黎春天起用曾从赛特跳槽的张岩松接替池洋出任赛特购物中心总经理，赛特的人事动荡才逐渐平息。

除了人事变动导致的内耗外，记者走访发现，赛特与不少新兴商场相比，其品牌和硬件环节已经拉开了一定差距。

不仅是赛特，燕莎在 2000 年初时曾经是北京高端商业的一面旗帜。但随着越来越多的新兴商场崛起，燕莎在营销、硬件、品牌环节不再具备明显优势。

高端商场尚欠高端服务

2009 年，全球高端消费品市场面临 6 年来首次衰退，与此形成鲜明对比的是，中国市场率先走出国际金融危机的阴影，成为顶级品牌的避风港。商业专家认为，目前北京的高端商场数量不少，但一些商家只重视引进国际品牌，在服务和硬件环节存在短板。

数据显示，到 2015 年，中国奢侈品消费总值将达到 2480 亿元人民币，成为全球最大的奢侈品市场。足见北京的奢侈品消费具备很高的增长潜力，但北京的高端商业领域并非十全十美。

目前，北京的高端商场林立，无论是东部还是西部都新崛起了一批高端商场，但这之中的一些项目不乏"短板"。金宝汇购物中心在招商时花费了很大力气引进了不少国际大牌，但店内的人气极为低迷，记者多次走访发现，店内经常只有零星的几位顾客。

专家观点

中国百货协会副会长金玉华认为，服务的高端能够使一些坏事变成好事。当代商城在 2007 年 6 月启动的"一站式"退换货就是如此。当年，当代商城集中一批经验丰富的服务人员专门办理退换货，受理完成后再由商城与品牌协商退换，协商不妥的情况下则由商城承担，当代商城为此专门设立了先行赔付基金。这项服务消除了顾客在退换货环节产生不愉快经历的可能。尽管商场可能因此蒙受一定的经济损失，但却能换来顾客的口碑和信任。

还有业内人士分析认为，提升 VIP 顾客的忠实度对于高端商场的生存极为关键。一些商场依靠 20% 的 VIP 顾客创造近八成的销售就得益于服务忠实顾客的环节得到了认可。

北京工商大学商业经济研究所所长洪涛表示，高端商场除了首先要做到品牌和商品高端外，在服务方面也要做到高端。在洪涛看来，服务的高端体现在商场员工的素质、对供应商的服务，更要体现在对待消费者服务上。

除了具备精准化的服务和高端的品牌外，高端商场的硬件环节也必须符合这部分人群的需求。洪涛认为，硬件优质不单是商场的大堂或者停车场装修豪华，而是从细微处使消费者感到商场环境的舒适。

文章来源：北京晨报
题　　目：南锣鼓巷小店上演《暗战》
记　　者：刘映花
时　　间：2009 年 11 月 30 日

昨天，美国《时代》周刊精心挑选出了亚洲 25 处最好玩的地方，南锣鼓巷榜上有名。而要在南锣鼓巷立足做生意，资本退居二线，创意才是王牌。不过，当一座崭新的牌楼在北京南锣鼓巷胡同南口竖起，早期的创业者们也开始面临新的挑战。对于众多的创意小店而言，如今比成本飙升更"危险"的是同质竞争。

困惑：南锣鼓巷遭遇"麦肯现象"

位列 25 片旧城保护区之中的南锣鼓巷，近几年成为时尚杂志报道的热点，国外旅行者把其列为必游景点，小资们也乐于在青砖灰瓦、高树矮墙间消磨金钱和时间。

但是，这个能吸引大批中外游客而且消费档次较高的地方，也同样吸引着越来越多做着创业梦的年轻人。东城区政府的统计显示，已经有超过 40 家工艺小店和创意工作室挤进了这条小巷，当人们在越来越多的门脸里看到似曾相识的搪瓷缸子、创意火柴，生意可能就不再那么好做了。

就像麦当劳与肯德基总习惯于一个路口比邻而居那样，创意小店也遭遇了"麦肯现象"，定位相似的小店在南锣鼓巷的同质竞争，给李波的"兴穆手工"店和黄鹏的"火柴语录"店带来了困扰。

"一朵一果"已经在南锣鼓巷上开了两家店面，这家主打线装设计记事本的小店，和"兴穆手工"有着相似的客户群，也同样有意突出产品的文化包装和定价的平民路线，售价30多元的产品颇有销路。

更为直接的较量则在火柴店间上演。黄鹏显然还没法"垄断"这条街上的火柴生意。在巷子的西侧，一家同样以火柴为主题的小店和"火柴语录"默默对峙。黄鹏告诉北京晨报记者，这家店的老板曾在他的店里做过，后来另立了门户。可能由于这层关系，两家的产品相似度也颇高。只是，后者不少套装火柴标价10元，比"火柴语录"低了5元。

突围：疯狂扩充产品线

这些创意小店的产品，虽然原创含量高，但是制作成本却不高。较低的"门槛"让后来者更容易进入。不少创意店主已经意识到了问题的存在。

"兴穆手工"打的是手工制作的招牌。但是，虽然一共只有30多个员工和一个小小的四合院作坊，店里的产品线却以惊人的速度扩充。因为商品越是单一，被复制的风险也就越高。

与一些小店只是把一些人头、图案印到产品上的做法不同，"兴穆手工"的原创彻头彻尾，甚至不少产品都达到了发明创造的水平。现在，在保持自己审美理念的基础上，店里的产品种类已经达到上千种，从最便宜的1元钱书签，到200多元的手工皮面本子，用废旧水管做成的水管灯，等等，几个股东还对开发更多运用牛皮纸、木材、废旧金属等作材料的家具用品兴趣浓厚。"兴穆手工"还提供定制服务，顾客可以自己选择或者提供图案，比如把自己的照片做成本子的封面或者鼠标垫。

搞连锁成"集团"

除了产品"升级"，"连锁化"也初露端倪。

黄鹏的"火柴语录"在北京已经有四家店，在外地还有不少加盟店。

为了"让顾客在错过了第一家店的时候，还有第二次消费的机会"，"兴穆手工"也在南锣鼓巷700多米长的街道里开了两家店。事实证明，虽然店面离得很近，但是，消费者并没有被分流；相反，销售量出现了成倍增长。"兴穆手工"此后还进入了上海的潮流地标"田子坊"、周庄和乌镇。最近，李波又在上海古镇朱家角拿下了两个店面，争抢世博商机去了。这些地方的共同特点是旅游人流大，文化气息浓。

除了能扩大规模效益，店主们认为，连锁化也在很大程度上帮助创意店打出了品牌。模仿者们要追赶一个"集团"，毕竟不是易事。

专家看法：理念、文化是小店的利润屏障

北京工商大学教授洪涛表示，主打创意的"迷你店"容易被模仿，即使在国外也是普遍现象。为此，小店们应该为自己树立起利润屏障。

洪涛认为，即使是天马行空的"迷你店"，也应该明确自己的盈利模式。而盈利模式除了包括价值创造这一核心点，还被分解成五个基本要素：利润点、利润对象、利润源、利润杠杆、利润屏障。

洪涛表示，利润屏障是指企业为防止竞争对手掠夺本企业的利润而采取的防范措施，利润屏障是保护自己的"奶酪"不为他人所动。不过，现在很多小店在前四点上并不清晰，利润屏障也往往缺失。"通常的做法是，树立特有的文化、理念，可以帮助小店建立自己的利润屏障。形式容易模仿，但是理念、精神等实质的东西不好学。"洪涛还提醒创业者们，在扩张的过程中，保持统一的基本理念、品牌形象非常重要。

文章来源：北京商报
题　　目：跳出价格战成百货业新课题
记　　者：吴文治
时　　间：2009 年 10 月 26 日

上个周末，新世界的"夜间不打烊"、满额送手机等活动进入很多人的生活，淘到便宜的有之，被闹哄哄的环境吓走的有之，冲动过后感觉不过如此的也不在少数。在促销"腕级"的新世界"不打烊"上演之后，君太百货、晨曦百货以及翠微大厦等接踵而来的店庆促销以及年末促销，如何更实惠或价格之外另求新意，是京城消费者更期待的。

入账额是平时 10 倍

"午夜购买服饰类满 4880 元或珠宝名表等 6380 元赠诺基亚 E63 手机，买

服饰类满 7580 元或珠宝等 10880 元赠联想上网本，"成为新世界店庆午夜的最大卖点，很多老顾客提前"踩点"、开好购物票，等到午夜 12 时排队交款领手机或上网本。

到上周六凌晨 1 点，记者在现场注意到，新世界商场人流如织，众多希望满额返分领手机的顾客购物正酣，试衣间、收款台等排了数米长队。许多顾客都在用手机或计算器，跟同伴算怎么买可以使返积分更划算。

昨日，新世界方面表示，此次"不打烊"的整体业绩将达到 1.3 亿元，客流总量超 80 万，销售额大约是平时周末正常销售额的 10 倍。

来自香港的新世界，将港台流行的满减返券等促销手段示范给了北京商家，并且保持多年未见后来者。新世界商场曾以"60 小时不打烊"、"客流 150 万"、"销售额近两亿"等数字和人满为患的火爆场面，成为京城商业界的一大创举。新世界"不打烊"促销享有一定的口碑，但如何保持住原有的影响力也是商家应该研究的。

促销认可度下降

满减、返积分等促销活动让新世界赚足了人气和财气，但是有不少顾客在这场"耐力 + 体力 + 智力"的游戏中败下阵来，商家促销伴随而生的道路拥堵、交钱排队、卫生间爆满等，这些往年既有的"败笔"今年也未能改进。

上周五 20 点左右，任女士在新世界商场周边转了一个小时左右，硬是没有找到车位，索性开车回家了。"感觉没有太大优惠，满 99 减 50 或者 5 折在其他商场也有。"一位专程来购物的消费者认为，不同时段有满减、返积分等不同活动，实在搞不太清楚哪种更合适，许多现场跃跃欲试的消费者一番算下来，都大叫"脑壳疼"，不少人逃之夭夭。

午夜 12 点还在等着购物赠手机的顾客在开购物单时发现，同一品牌（如 Esprit）男女装不能开在一张购物单上凑足 4880 元获赠手机。另外，并不是全场购物满额都可以获赠手机，有些柜台没有可以领的紫色购物单，而这是顾客满额后可以领取手机卡的唯一凭证。

今年"不打烊"促销还缺失了新品的参与，令不少消费者失望。与今年几乎所有百货商场拉动消费使出的新品大力促销背道而驰。

一位午夜血拼后收获颇丰的顾客感言，"以后再也不参加这样的活动了"。商场里通道处通行都很困难，导购员的吆喝声震得耳膜难受，商场内空气也很差。

其实，在这场商家制造的"数字"游戏中，最得实惠和活跃的是黄牛，在新世界商场门口、各收银台前，都有多位黄牛向来往顾客低价买卖积分卡和手机卡，为不愿意再费体力花掉积分的顾客"解围"。

专家观点：价格之外探求聚客之法

近年来商家以满减、满返、打折等价格战竞争为主，在拉动消费的大环境下，促销手段亟须突破目前"瓶颈"。在价格成为撬动市场的唯一利器后，消费者对打折活动已司空见惯，频繁打折造成整体行业进入微利时代。

前段时间，有的商家开始尝试一些新的营销手段，试图打破单一的价格促销。赛特奥特莱斯结合业态名品与打折的特点，在国庆前夕通过奢侈品拍卖的形式，通过消费者对中意商品举牌叫价的促销模式，以略低于实际折扣的价格销售出去。另外，当代商城还针对担当陪逛的男顾客无处休息的现实问题，开辟出男宾寄存处，为男顾客提供舒适的休息区，同时也侧面增加了女顾客在店内的购物时间。

北京工商大学商业经济研究所所长洪涛认为，商家不仅要以价格吸引消费者，还要用诚意促销、服务打动消费者。"不打烊"促销理念可以为购物中心挖掘消费亮点提供借鉴，购物中心可以利用现有的娱乐场所，增加夜间消费的入座率。

文章来源：北京商报
题　　目：零售新战在二、三线城市引发
记　　者：吴文治　于士凯
时　　间：2009 年 2 月 27 日

昨日，普华永道的最新调查结果显示，中国是跨国公司在亚洲最主要的投资目的地，这份报告涉及 100 多家跨国企业。该调查报告还显示，中国巨大的国内市场也吸引着众多跨国公司，超过 33%的受访者在中国设有地区总部，78%的受访者将中国列为最主要投资地。

在去年金融危机席卷全球后，跨国公司本土经济频频告急，相对稳定发展的中国成为不少外资投资的避风港。

来自北京市商务局的消息显示，新加坡、英国的百货品牌目前正在北京考察，将首次进京开店。与此同时，日本高屋岛百货、来自瑞典的时装零售业巨头 H&M 等也都将进入中国市场。而已经进入的外资零售企业也纷纷开始追加投资开店布局。

外资零售企业拥有雄厚的资金实力、成熟的管理经验以及物流配送能力，其进入国内市场，是一把"双刃剑"，在带来先进管理经验的同时，也在抢占既有的国内市场。国家统计局数字显示，外商连锁零售企业的单位营业面积创造的月销售额和门店月均零售额，都远远高于内资企业。不少关心国内零售市场发展的人士担忧，在市场出现萎缩不利的情况下，又面临外资"大兵"压境，国内零售业以及零售市场是否会受到新一轮的冲击？

业内看法：市场竞争更为激烈

"外资零售企业资金雄厚，在店面选址、商品采购等方面都占有优势，其品牌知名度高，门店的客流量较大。"某内资超市负责人表示。此前公司曾洽谈好一处物业，但由于外资品牌知名度和商圈带动力更大，最后本已谈妥的商铺转"嫁"给了外资。

一位不愿透露姓名的商场经营者告诉记者，目前准备在北京开店的新世界百货、BHG 百货等与本土传统百货定位相同，"增加一家零售企业就会分流走一部分客流"。

与上述"危机论"不同，部分商家则静对外来竞争者。"内外零售企业可以把市场做大。"联华快客北京公司总经理杨爱国表示，本土企业在竞争中会比外资企业更熟悉顾客的消费习惯和国情，外资零售企业的商业理念和营销技术可以为内资企业借鉴，双方在竞争中各有优势。

专家观点：
黄国雄　竞争推动中等城市商业面貌改进

中国人民大学商学院黄国雄教授认为，目前一线城市市场相对饱和，二、三线城市区域广阔且拥有更多市场空白，外资零售企业已开始向此进行战略调整。对于中国整体市场而言，内外资零售企业的竞争开始转向中等城市，这将引发新的竞争格局。

针对目前沃尔玛、家乐福等外资重点进入二、三线城市的扩张局面，黄国雄认为，外资的进入可以推动中等城市商业机构和市场面貌的改进，但对于当地零售企业来讲，不仅有外资零售企业的竞争，还有金融风暴的考验。而内资企业也早于外资企业进入二、三线城市。

洪涛　竞争能力差的商家必然被淘汰

北京工商大学商业经济研究所所长洪涛表示，外资进入国内市场经营，将会按照其在国外的经营模式进行，这样一来在经营上会出现新的特点，而这些新的特点恰恰是国内商场缺乏的。比如像外国百货促销方式，直接减价，不搞"满减"、"打折"；还有带来忠诚度较高的会员服务等。

与此同时，外资进入国内市场会促进本土百货企业改进，也会淘汰掉部分竞争能力差的商场，如商品更新慢、购物环境差、服务质量低、促销手段老套的商场。

第七章 零供关系与物流业发展

采访集萃：

文章来源：北京日报
题　　目：长期零供关系有利于多赢
记　　者：舒芳静
时　　间：2011 年 2 月 18 日

　　针对一直以来闹得沸沸扬扬的家乐福进场费问题，商务部发言人姚坚昨天表示，商务部正会同商业企业的行业协会，起草制定零售商、供应商商品购销合同的规范，希望通过规范化的合同，来解决零供关系中突出的矛盾，包括进场费等问题。

　　"进场费等问题确实是非常突出，也对价格上涨产生一定的负面影响。"姚坚表示，家乐福所反映出来的进场费等零供关系的问题，在这一阶段表现比较突出。该问题的核心矛盾就在于制造业发达、服务业落后，造成了供货商要有求于大型零售商。商业企业是市场化程度最高的，政府可作为的空间就是提供进一步的规范。

　　据了解，在规范零供商方面，商务部从 2006 年就已经开始关注这个问题，并会同相关部门出台了两个规定，一是《关于零售商、供应商公平交易管理办法》，二是《零售商促销行为管理办法》。此外，商务部还会同中国连锁经营协会，利用行业协会的平台，来建立零售商、供应商的投诉应诉协调仲裁机制，应对零供商矛盾。

　　对此，北京商业经济学会秘书长赖阳认为，进场费问题的存在是由于双方地位不平等引起的。零售商竞争有限，家乐福等少数零售商一家独大，供应商没有更好的销售渠道。而供应商自身品牌竞争力不强，品牌同质化程度高，没有形成自己的独特优势。

北京工商大学教授洪涛表示，如今零供之间的关系模式比较复杂，既有突出的"店大欺客"、"客大欺店"现象，也有部分零售企业对供应商免收进场费，最近又出现了纯本百货"007"模式——"零租金、零扣率、7天一结账"的新模式，[①]很多新问题也随之出现，旧有的管理办法已经不适应形势的变化，有关部门在制定新的规范时，应该主要着眼于保护弱势一方的利益，在面临零供双方地位不等时，有灵活的规范来区别对待。

"除了政府的规范，零供双方也应意识到，长久的交易是要建立在双方互惠互利的基础上，因此进场费等问题应该是双方协商的结果，而不是一方说了算。"洪涛表示。

文章来源：北京青年报
题　　目：家乐福收费模式遭遇强力挑战
记　　者：李　佳
时　　间：2011 年 1 月 20 日

家乐福和康师傅的纷争还没有结束，供货商里再度曝出中粮集团食用油品牌福临门发生合同摩擦。尽管双方极力回避关系恶化，但接二连三的纠纷，剑指零供关系越来越紧张，与以往零售商强势话语权不同，如今供应商也在就渠道收费获利模式进行斡旋。

进场费引发零供关系恶化

身为"零售教父"，家乐福的商业模式一度非常成功，其通过银行贷款、向供货商转嫁成本收取"进场费"以及延期回款实现盈利。

从传统意义上看，零售商的收入应该来自于购销差价，而不是"进场费"等非零售业务。但由于竞争激烈，目前零售商主营利润在减少，非零售进账增加。业内人士表示，像家乐福等一些大零售商，供货商进场费能占到营业额的50%以上司空见惯。而岁末年初，正是零供关系胶着时期，在新一轮签约中，进场费往往被单边拉高或压制。

据供应商披露信息显示，与家乐福等大型卖场谈判，从合作的返点、进场

---

① 纯本百货"007"模式是首个低价值销连锁百货商场——"纯本百货"首推"零租金、零扣率、7天一结账"的模式，但不久就以失败而告终。

费用，到具体海报促销、货物上架摆放等细节，都需要一一敲定。一方面作为人流量极高的传统型卖场，大多数供应商无法放弃这个主营渠道；而另一方面，卖场也需要依靠大品牌来支撑销售业绩。

零售商独霸江湖优势不再

来自供应商的讨伐之声此起彼伏，零售商为何继续一意孤行？有业内人士指出，对家乐福而言，因在很多国家的败退导致其必须加大在中国的吸金力度。

截至去年年底，家乐福中国内地门店总计 176 家。

反观家乐福的竞争对手，作为世界零售业头号，沃尔玛去年在内地新开门店 47 家，国内门店总数更是达到了 224 家。家乐福供应链既没有沃尔玛用信息化打造的垂直供应链的优势，也很难与好又多、永辉等企业的"草根供应链"竞争。

进入内地市场较晚的大润发和乐购也大有后来居上之势。据中国连锁经营协会公布的信息显示，2009 年，大润发以 404 亿元的销售额超越家乐福的 366 亿元，成为中国销售规模最大的外资超市。

零供关系矛盾已久　互相压制

从去年开始，以中粮为代表的大型供应商，开始在上海、大连、成都布局自营店铺，这无疑显示出中粮大举进军终端销售市场，摆脱传统零供关系的信号。

北京工商大学贸易经济系主任洪涛表示，在零供合作中，再强势的零售商遇到大品牌供应商也是一场博弈，卡夫和联华以及家乐福与康师傅、中粮的事件都是很好的证明。而目前一些实力还不够强的小型供应商只能通过联盟的方式，增加议价能力。

其实在零供合作中，再强势的零售商遇到大品牌供应商也是一场博弈，卡夫和联华以及家乐福与康师傅、中粮的事件都是很好的证明。而目前一些实力还不够强的小型供应商只能通过联盟的方式，增加议价能力。

中国人民大学教授黄国雄昨天表示，家乐福要改变现状，必须从盈利模式和战略营销等方面同时进行调整。"因去年以来行业生产成本提高，在通胀环

74

境下,供应商已无力承受。家乐福要转变观念,充分考虑中国国情,而不是一味从自身利益着眼。双方应携手面对,相互让利,共同为流通市场稳定作出贡献。"黄教授说。

文章来源:《光彩》杂志
题   目:轻公司是交响乐团的指挥
记   者:高 境
时   间:2010 年第 3 期

《光彩》: 为什么会出现轻公司?

洪涛: 轻公司这样的形态最早出现在欧美国家。在技术的汇集、全球化等因素的影响下,制造业和服务业的工作方式产生了转变,印度、中国大陆等地区在全球供应链中的地位越来越重要,成为世界的制造基地。

地理位置已经不再是障碍,企业可以将生产线、客户服务以及其他各种商业过程延伸至全球。这种供应链的散布过程创造了许多惊人的商机,改变了现有的商业模式。

新兴企业如微软、戴尔跟老牌企业通用、石油公司相比,并没有投入很多实物资本,但市场占有率非常高。以前,企业注重比较优势,人、财、物投入越多,产出就越大;现在,企业注重竞争优势,科技、知识、管理逐渐成了重要的生产要素。一些制造企业保留了自己的核心业务,把一些非核心业务剥离出去——外包,于是产生了轻公司。

《光彩》: 那么轻公司未来会呈现怎样的发展态势?

洪涛: 轻资产是大势所趋。发展下去的话,未来的竞争不是一个人和另一个人之间的竞争,不是一个企业和另一个企业之间的竞争,而是一个企业群体和另一个企业群体之间的竞争,也就是一个供应链和另一个供应链之间的竞争。每一个企业处在当中的某一个环节,和链条上的其他企业紧密相连。大家共担风险、共享利益。因此未来的公司之间已经不是一种竞争关系,而成为一种竞合关系,需要寻找一些新的盈利渠道。这恰好印证了《维基经济学》所提到的开放、协同、共享、全球化的理念。

利丰集团的模式可能是未来的一个缩影。它之所以能在那么轻的情况下,还做得很有竞争力,就是因为它利用了这个时代给它创造的有利条件——地球是平的,可以全球配置资源。

《光彩》: 能否说,重公司这种传统的公司模式最终将被轻公司取代?

洪涛：公司形态的发展，第一阶段是重公司为主的阶段，第二阶段是轻重并行的阶段，第三阶段是轻公司为主的阶段。大的趋势如此。现在，我们有些企业若还坚持大而全、小而全，固守一成不变的商业模式，这样是逆时代潮流的。将来，许多重公司也会逐渐转向轻资产。

不过，短期看，传统的模式不会消失。因为人们的观念、消费方式和习惯还不可能一下子转变过来。但它会受到轻公司的强大冲击，必须改变。

《光彩》：您对利丰集团的模式有过长年的深入研究，请您介绍一下这家企业。

洪涛：在轻公司的经典案例中，利丰集团是一个绕不过去的企业。

它是以中国香港为基地的跨国商贸集团，1906年于广州成立，是中国最早的对外贸易公司之一。2007年，营业额超过135亿美元。它的特别之处在于：在全球40多个地区中建立了80多家分公司及办事处，拥有几百个品牌，但却没有一家工厂。这个建立在无边界全球市场上的企业，被称为在"平的世界上竞争"的楷模和"全球网络整合者"。

《光彩》：它为什么被称为全球最有效的公司？

洪涛：它拥有庞大的、运作有效的全球性采购网络，这个网络有利于利丰各产品小组为特定的客户制定最优化的产品供应链，以最低成本向顾客提供最快捷的优质服务。客户需要什么，利丰集团就可以生产什么。它像一个大交响乐团的指挥，全球的资源都听它指挥，由它调配。这种模式值得我们参考和借鉴。

《光彩》：利丰集团覆盖全球的网络具体是怎样运作的？

洪涛：举个例子，当获得来自欧洲一个零售商的1万件成衣订单，利丰集团可能这样做：从韩国买纱并运往中国台湾进行纺织和染色；同时，由于日本的拉链和纽扣是最好的，而大部分又是在中国内地生产，因此，到日本的YKK（一家大型拉链厂商）在中国内地的工厂订购拉链；之后出于配额和工人状况考虑，利丰认为在泰国生产是最好的，便把纱和拉链等运到泰国进行生产；又由于客户要求迅速交货，因此它会分别在泰国的5家工厂下订单。这样，利丰便能有效地为客户订造一条价值链，尽可能满足该客户的需求。

收到订单5个星期后，1万件衣服就放在欧洲客户的货架上，它们看起来完全是在一家工厂里生产出来的。该产品的标签上可能会写上"泰国制造"。

《光彩》：利丰是怎么管理这么庞大的供应商网络？

洪涛：利丰集团的成功，很大一部分取决于它对供应商网络的良好管理。

它做到了几点：深入了解各个供应商的生产能力、特殊技能和业务习惯；根据各供应商的强项去分配订单；良好的商誉、互信的关系；与供应商分担责任，协助供应商解决采购及生产问题；占用供应商 30%~70% 的产能。

《光彩》：在您看来，轻公司特别在哪里？

洪涛：别看它们的名字叫服装公司、网上商城什么的，实际它们更多地在提供一种无形的服务。狭义的轻公司在本质上属于第三产业服务业的范畴。

轻公司最大的特点是从消费端的需求出发，对产业链上游的生产制造等资源进行反向匹配和整合，在通畅的双向信息机制下，产品制造链和商品流通链实现快速联动，从而提升产业整体效率。

《光彩》：怎样去衡量一个比较成功的轻公司？

洪涛：我经常提到"5+1"的盈利模式。"1"是轻公司的核心，要能提供一种市场认可的核心价值；5 个基本点——利润点、利润对象、利润源、利润杠杆、利润屏障应该是十分清晰的。"5+1"的盈利模式构成了轻公司生存和发展的关键。

轻公司制胜的核心是它对供应链的管理——指挥整条供应链的运作，并确保每一个环节均达到要求。一个完整的轻公司的供应链管理大致由产品设计、采购、物流、批发零售、信息、内部管理六部分构成。其中任何一个环节出问题，轻公司就会失败。

《光彩》：最近，国内的一些轻公司加大了重资产的投入，引发了很多争论，甚至有观点认为它们不坚持核心价值，会把企业做死。您怎么看？

洪涛：这在今后也是一个常态。因为轻不是企业的终极形态，它只是企业发展中的一个动态过程。凭着技术和商业模式创新，轻公司往往能解构既有的行业规则，甚至重新树立一些新的商业秩序，但是，要巩固在产业链中的地位，轻公司不得不通过拥有实体资源来获得更多的竞争优势。

我认为，只要把握分寸，不因为加大重资产投入就忘记了自己在供应链中的地位，企业的发展是不会有问题的。

《光彩》：请您给轻公司这类性质的企业一些建议。

洪涛：首先，专注。要有明确的目标，要知道自己在供应链中到底处在什么位置，自己要做什么工作，要服务谁。虽然不直接参与生产制造环节，但是不要忘了自己是交响乐团的指挥，在供应链里发挥着关键性作用。

其次，注重合作。跟供应链周边的生产者、经营者等建立一种长期的契约关系。一锤子买卖、打一枪换一个地方的效率肯定远远低于建立长期合作关系的效率，而且也不容易形成风险共担、利益共享的关系。

文章来源：中国商报
题　　目：利丰接下沃尔玛采购　不看毛利看持续增长力
记　　者：王立勇
时　　间：2010 年 3 月 10 日

沃尔玛在中国的业务主要分为两个部分，一个是零售体系，即大卖场；另一个是采购体系，也就是沃尔玛的"全球采办"。但现如今，大卖场发展得红红火火，全球采办却成了"烫手的山芋"。目前，香港利丰与美国沃尔玛签订了一系列采购安排协议，成为其采购代理。沃尔玛将采购业务委托给第三方来经营，在凸显利丰作为全球采购商实力的同时，也在向市场表明，在现代流通体系构建中，代理商的价值。

尽管香港利丰集团的成功已是不争的事实，但此次与沃尔玛的牵手，还是让其在业界又"风光"了一把。

日前，香港利丰有限公司发布公告称，已与美国沃尔玛签订了一系列采购安排协议，成为其采购代理。所有协议均为非排他性协议，不包括对额度或运输的规定，但利丰预期首个营运财年采购货品将达 20 亿美元。

新政受益者

据悉，沃尔玛此前全球采购的主力供应商是美国进口商，而全球采办的设立主要是试图让海外沃尔玛商店的买手能够逐渐越过美国进口商，直接向中国本土供应商下订单采购。但由于种种原因，直到目前沃尔玛总部买手仍然通过美国进口商直接下单给工厂，进口商与工厂也都没有变，相反还多了一个全球采办在中间接洽，徒增运营费用。

为了整合采购供应链效益，控制成本，加大直采力度，沃尔玛从 2007 年便开始对全球采购体系进行变阵了。同年 10 月，沃尔玛全球采办裁员 250 人；2008 年 7 月，沃尔玛全球采购质检工作外包，导致国内 4 个办事处的 180 名员工被裁。随后，沃尔玛还关闭了新加坡、菲律宾、斯里兰卡、土耳其的采购部门。

直到去年 10 月，沃尔玛公司才宣布以新成立的四个全球采购中心（GMCS）为核心的统一的全球采购架构。此外，沃尔玛也正转向在全球直接

78

采购新鲜果蔬，而不通过供应商。"新成立的全球采购中心是沃尔玛公司新的采购战略中最大、最重要的组成部分。"

据莱特透露，沃尔玛全球采购总战略的核心将是不断提高沃尔玛公司自有品牌的直接采购。现在，沃尔玛公司自有品牌年采购额超过1000亿美元，在这些商品中，直接从制造商采购的比例不到1/5。如果转向直接采购，五年内在整条供应链上可节省5%~15%的成本。

值得注意的是，在新政最核心的板块里，香港利丰集团居然扮演了非常重要的角色，甚至也间接成了新政的受益者。据利丰公司内部人士透露："根据协议，利丰代理采购的并不仅仅只是中国的商品，也不是单一的某一类商品，而是为全世界的沃尔玛商店采购所需要的产品"。

利丰集团总裁乐裕民也表示："此项目属于'营业额大、毛利率较低'的交易，但我们看中该采购协议年营业额的持续增长"。

诚然，利丰在去年市况暗淡的情况下业务仍获得20%的增长，达到141.95亿美元。而作为香港最大的进出口集团，该集团的业务网络已扩展至超过80个办事处，分布全球40多个经济体。

受其获沃尔玛采购代理协议刺激，自该公告发布第二天，利丰便逆市上涨8.51%。

沃尔玛新政，为什么利丰就能分羹？对此，沃尔玛方面称：与利丰合作，可以弥补沃尔玛全球采购战略中的薄弱环节，通过利丰的专业水平和强劲资源，帮助沃尔玛在商品采购价格上更具竞争力，同时还会提升沃尔玛自有产品设计，发展沃尔玛综合采购能力。

据中国商报记者了解，除沃尔玛外，另一美国连锁超市Target也是利丰的客户。

总经销总代理模式

沃尔玛与利丰的合作，再次证明了利丰独特模式的魅力。去年10月，商务部也出台了《关于进一步完善日用工业品流通体系的意见》（以下简称《意见》），但具体如何完善，则仍值得探讨。

早在《意见》出台前五六个月，商务部便多次组织"工业品流通体系构建座谈会"，商务部副部长姜增伟多次领衔参与并指出，日用工业品目前已初步形成了"经济成分多元、流通渠道多种、经营方式多样、流通环节减少"的流通格局，但真正具有较强竞争力的流通企业较少，连接生产与销售的功能薄弱；区域间产业结构失衡，应对价格波动与调节供求能力不足；批发体系重建进度较慢等。

商务部商贸服务业司王晓川副司长也认为，在中国的流通产业中，缺少了一个重要的环节，那就是进口商这个角色。国外的进口商都起到了两个作用：对本国市场的评价和对付款的风险分担，而我国目前的流通产业当中这样的角色相当缺乏，因此导致了上游企业和下游企业之间相互断链，中间缺乏一个传递者。

"总经销总代理是发达国家工商企业普遍采用的营销方式，这是新时期完善我国工业品流通体系的一项重要举措"。姜增伟提出，从零售企业的角度看，要大力推行总部采购，对条件成熟的供应商，在城市中心采用集中采购、统一结算、统一商务条件的采购方式，逐步形成"总部对总部"的货源采购模式；寻求自营模式突破口，不断加大自营比重；加强对品牌的经营能力等。

《意见》也指出，以批发企业、第三方物流企业和大型零售企业为基础，培育一批有总经销和总代理能力的龙头企业，推动零售企业提高自营比例，增强应急调控和市场保障能力。只是国内很多工业品大多实行多级地区分销代理制，一旦确立，均是具有排他性的。一个地区的统一购进勉强还可以实现，跨地区的采购就很难实现了。如何培育，还有待相关政策的出台和市场的培育。我们也将拭目以待。

专家观点：重在供应链

北京工商大学教授洪涛认为，利丰签约沃尔玛意义非常重大。洪涛说，沃尔玛是全球最大的跨国零售商，选择利丰集团作为其采购商，是强强联合的典范，也充分显示了沃尔玛现代化的经营理念，将采购业务委托给第三方来经营，能够充分发挥沃尔玛的核心竞争力，充分利用世界最优秀的采购商资源，形成最强的经济实力。

洪涛告诉记者，利丰最大的优势便在于它遍布全球的、高效分工与合作的供应链管理。始终坚持以顾客为中心，以市场需求为原动力；专注于核心业务，建立核心竞争力；与各企业紧密合作，共担风险，共享利益；讲求供应链的信息化运作；讲究系统整体效率的提升；实现按需生产，以减少存货积压的风险；尽量降低在采购、库存、运输环节之间的成本。

洪涛举例解释说，当利丰获得来自欧洲一个零售商的 1 万件成衣订单，它们则可能从韩国买纱并运往台湾地区进行纺织和染色；然后在中国内地的工厂订购拉链，之后出于配额和工人状况考虑选择在泰国生产。这样，我们便能有效地为客户打造一条价值链，尽可能满足该客户的需求。

难怪洪涛认为，随着计算机和网络技术的发展，我国应加快扶持一批"利丰模式"的工业品集成商，形成在全球供应链中具有关键性作用的大型企业集团，而不是重新建设传统的大型批发企业，也不是建设传统的批发市场。现代大型批发企业成为在全球供应链上的大型集成商，并起着关键性的作用，从而形成具有较大的规模，具有较强的运营全球供应链的核心竞争力。

文章来源：长江商报
题　　目：供应商争夺战打响　家乐福出招"示好"
记　　者：万方
时　　间：2009 年 11 月 18 日

"讨好"供应商已经成为零售商的共识。昨日"家乐福合作伙伴日"在武汉举行，家乐福集团副总裁、中国区总裁罗国伟也亲自出席。据悉，这是家乐福首次在武汉与中小企业供应商和农民合作社组织"联欢"活动，在业界看来，这意味着家乐福开始空前重视与供应商之间的关系。

全面扶持中小企业

当日家乐福邀请权威的食品安全专家胡小松、农民直供项目专家等，为200 余名供应商组织专场讲座。罗国伟称，家乐福将对中小企业提供扶持，包括缩短账期、食品安全控制和"扶持中小企业融资计划"。

2007 年，家乐福开始直接向农民采购农产品，减少中间流通环节。罗国伟说，家乐福对直接从农场进入超市的农产品实施"零费用"，和 7~15 天的短账期优惠政策，这样算起来，流通成本将直降 3 成，消费者购买的商品将优惠 16%。

除了取消进场费外，家乐福在国内率先启动中小企业融资项目。罗国伟介绍，和家乐福合作的中小企业供应商，当在账期内资金周转不灵时，可向家乐福签约德意志银行申请提前回收货款。

"家乐福作为担保方，企业无需接受复杂繁琐的审核流程。"罗国伟说，中小企业供应商从提出申请到收到货款最短时仅用 24 小时，仅需支付年息率 9.82%的利息，且可以按天、月结息，以解决短期资金周转难题。

专家：零售巨头谋划改革零供关系

无独有偶，国美在全国部分门店取消供应商进场费，沃尔玛也推出供应商融资新机制，一场零售业争抢优质供应商大战俨然已经打响。

零售商为何纷纷向供应商示好？北京工商大学经济学院教授洪涛分析，金融危机后，整体市场不景气，资金链吃紧的零售企业对供应商的依赖程度越来越高，供应商地位凸显。零售企业想争取到更多优质供应商，保证品质优良并且稳固的货源，为下一轮扩张打基础。

文章来源：中国财经报
题　　目：物流业为扩大内需输送"血液"
记　　者：罗晶
时　　间：2009 年 6 月 18 日

出乎很多人的意料，今年早些时候，物流业低调替代引起广泛热议的房地产业和能源业，成为第十大产业振兴规划的最终"人选"。有人曾形容物流业是国民经济的"血管"，是连接实体经济与市场的桥梁纽带。

物流：国民经济的"血液"

在中国物流学会秘书长、物流与采购联合会研究室主任贺登才的眼中，物流业进入振兴规划之"谜"其实非常简单。

"进入振兴规划首先是基于物流业的重要地位，物流业是一个新兴的，而且是生产性的服务业，涉及国民经济的各个方面，是中国经济发展的一个重要支撑。"贺登才分析说，目前，中国物流业的增加值占整个服务业的增加值约为 17%，也就是说物流业增长 6 个百分点左右，就可以拉动服务业提高 1 个百分点。

还有另外一组数字更能说明问题。据相关数据统计，2008 年我国社会物流总额达 88.82 万亿元，同比增长 18.1%；物流业增加值约 1.94 万亿元，同比增长 14.6%；社会物流总费用约为 5.21 万亿元，同比增长 14.7%。目前，我国物流业占 GDP 的比重已达 6.6%。

有专家认为，物流业是融合运输业、仓储业、货代业和信息业等的复合型服务产业，是国民经济的重要组成部分，涉及领域广、吸纳就业人数多、拉动消费作用大。因此，不管是"四万亿元"的扩大内需的投资政策，还是其他九个要调整和振兴的产业，都离不开物流业的支持。

突破"瓶颈"：激活农村市场

事实上，在我国现代物流体系建设过程中，如何培育和发展农村物流市场，一直是亟待解决的问题，例如农村的仓储设施、农作物的收储设施、加工和运输设施都较为落后。《物流业调整和振兴规划》将如何突破这一"瓶颈"？

"农业生产要通过流通业调整来实现增值。"中商集团直属企业中商流通生产力促进中心主任刘普合认为，在农产流通、农用生产资料流通和生活消费品流通中，最重要的是农产品流通。"因为只有把农产品流通搞好了，农民的收入才能实现，农民的消费能力才能增强，也才能保障下一期的生产投入。"

刘普合认为解决农产品流通首先要帮助农民进行产销对接。"我们不能等东西卖不出去才着急，应该帮助农民建立卖难的预警机制。"刘普合说，与此同时还要建立农产品的流通的主渠道。此外，通过流通实现农产品增值可以把增值加工的一些环节前移，前移到农民专业合作社、村级经济组织，甚至产地批发市场。这样一方面可以实现农产品的加工增值，另外一个方面也可以创造很多农民就地创业、就业的机会。

"9 + 1 > 10"：物流拉动制造业发展

事实上，赶上了末班车的物流业，与之前公布的九大振兴规划所涉及的行业相比，规模要小得多。中国物流与采购联合会副会长兼秘书长崔忠付认为，国家决定出台物流业振兴规划的主要原因，在于物流业的发展对制造业所提供的巨大拉动作用。

"物流业本身就是一个基础的支柱性产业，为制造业提供所需的支撑服务。而之前出台的振兴规划的前九大产业基本上都是制造业，所以物流产业的入选恰逢其时。"崔忠付表示。

九大产业无疑是物流企业服务的主要领域。在专家看来，九大产业振兴要旨在于研发和生产，而对其物流流程进行重组、整合、分离和外包，就会把大量的物流需求释放出来，物流企业必然会获得更多的业务空间。

同样，九大产业的发展也离不开物流业的服务支撑。严峻的经济形势导致九大产业成本过高、业务能力不足，要提高市场竞争力只有压低各项成本。专家认为，九大产业的原材料采购、库存的有效管理、生产流程与销售环节的高效衔接等，没有物流服务体系保障，都将大打折扣。

北京工商大学教授洪涛认为："物流业最终搭上十大产业振兴规划的末班车，主要看重其桥梁和纽带作用。"物流业自身的调整和振兴直接关系到九大产业竞争力的提升。洪涛表示，买方市场已经成了一种常态，以生产为中心已经不复存在了，以需求导向为中心正在逐步确立。在这个过程中，流通起到非常关键性的作用，其他一些产业包括规划中的九大产业最终都需要物流业来实现其价值。

社会物流的深化和精细化是产业核心竞争力的重要体现。以汽车为例，前端的零部件采购、供应，中间的装配、生产，后端的分销与配送，产品制造过程中90%以上的时间处于物流环节。在研发和制造水平相当的前提下，产品有没有竞争力，很大程度上取决于物流成本和供应链速度。从这个意义上来讲，企业和产品的竞争，更多地体现在物流能力的竞争、供应链与供应链的竞争。

与此同时，物流业对电子商务，特别是网络购物的支持也为人津津乐道。目前，金融海啸让以广东、浙江为代表的"世界工厂"出口剧降、库存高攀。与之形成明显对比的是，以淘宝网为先锋的网络销售却热度不减。据统计，广东网购人数已率先突破了1000万，其潜力之大，令市场震惊。

此外，物流产业的发展将有助于我国从外向型向内向型的产业调整。专家认为，转变经济增长方式、调整国民经济产业结构，不仅依赖工商企业在生产制造环节能力的升级，更要依靠优质的物流管理和服务为工商企业降低经营成本，打造扁平化的供应链，充分发挥其在国民经济中的润滑剂和助推器的作用。因此，九大产业与物流业携手发展则是解决上述问题的有效途径。

第八章　内外资并购与重组

采访集萃：

文章来源：中国房地产报
题　　目：西单收购新燕莎："蛇吞象"隐忧
记　　者：刘　晨
时　　间：2010 年 11 月 14 日

悬疑多年的西单商场重组一案终于尘埃落定。11 月 6 日，西单商场公布重大资产重组方案：公司拟向首旅集团定向增发 2.48 亿股股份，用于购买后者持有的新燕莎控股 100% 股权，作价 24.67 亿元。

西单商场 2009 年的资产总额为 18.75 亿元，尚不及新燕莎控股的卖价。公告显示，新燕莎控股 2010 年 1~9 月实现销售收入 47.6 亿元，净利润 1.42 亿元；同期，西单商场营业收入 20.9 亿元，净利润 2681 万元。

可见，今年前三季度，新燕莎控股的净利润高出西单商场 5 倍多。此次收购被业界视为"蛇吞象"式的收购。

2003 年以来，西单商场在转型道路上始终难言顺遂，高层频繁变动致使经营业绩不佳，扩张步伐缓慢。分析人士认为，或许正是因长期经营不顺，最终促使北京国资委下定决心做出变革，提升其竞争力。

此次重组的另一方新燕莎控股是北京市国资委直属企业首旅集团的商业核心资产。新燕莎系注入西单商场后，新西单将成为北京的大型商业航母。

不过，这场由北京市国资委一手主导的婚姻，能否走好、走远，业界不无担忧。北京工商大学经济学院教授洪涛接受记者采访时说："这种由政府主导型的重组，最担心的是重组后，政府依然会以家长制作风包办所有的事情。整合以后，企业有足够的自主权，才有发展的活力"。

西单商场买入新燕莎控股的交易完成后，其总股本将增加至约 6.58 亿股。

其中，首旅集团将直接持有 2.49 亿股，占西单商场总股本的 37.79%；首旅集团下属全资子企业北京西单友谊集团（以下简称西友集团）持有西单商场 1.32 亿股，占西单商场总股本的 19.99%。据此，首旅集团合计持有西单商场 57.78% 的股权，成为控股股东。

北京工商大学洪涛教授说："吸收了新燕莎的品牌和资本后，西单商场业态发展将趋向多元化，资产总额提升也超 1 倍。"

在洪涛看来，西单商场重组是北京市国资委实现旗下商业领域国有资产证券化和增值保值的重要平台，是北京市国资委打造国有商业航母的重点工程，优质资产的注入必将提高新西单的盈利能力。

早前，西单商场一直是北京市国资委的心头病。西单商场是一家具有 80 年历史、享誉京城的老字号商业企业。20 世纪 70 年代，西单商场曾是全北京最好的商业卖场。但由于定位落后、经营不善等因素，逐渐被很多商业企业赶超，至今，西单商场在京只有 3 家店。

2003~2006 年的 3 年间，西单商场共更换了 6 任总经理。其间，西单商场的定位亦从现代精品百货到大众时尚百货几经更迭。

高层动荡、定位摇摆给西单商场带来的直接伤害是：2003 年，西单商场亏损约 1.72 亿元，这对其之后几年发展造成巨大影响。到 2008 年，西单商场全年仍亏损约 3055 万元，12 家控股子公司中有 7 家盈利为负。直到 2009 年，西单商场才扭亏为盈，全年实现净利润约 3020 万元。

在外埠，西单商场的扩张之路走得也较为艰难。2004 年，西单商场集中在西部地区开店，但对外扩张并不成功，糟糕的业绩使得西单商场陆续关停了位于兰州、西宁的几家店铺，关店费用激增进一步拖累业绩。

相比之下，新燕莎的资产规模与盈利能力均优于西单商场。

公告显示，新燕莎控股 1999 年设立以来发展迅速，2007~2009 年，新燕莎控股分别实现营业收入 39.58 亿元、46.47 亿元和 53.79 亿元，年复合增长率 16.62%；分别实现归属母公司净利润 0.65 亿元、1.41 亿元和 1.41 亿元，年复合增长率 47.65%。而西单商场 2007~2009 年营业收入年均复合增长率 8.6%。

目前，西单商场的业态主要为大众时尚百货和专营专卖，新燕莎控股旗下则拥有燕莎友谊商城、燕莎金源 MALL、贵友大厦、奥特莱斯等优秀品牌，其新型的购物消费模式及高端品牌的形象得到市场广泛认同。

在业内人士看来，新燕莎控股近年来业绩表现良好，新燕莎资产进入西单商场上市公司后，能够有效改善上市公司的财务状况，提高上市公司的盈利能力。同时，西单商场和新燕莎控股在市场定位上可以优势互补。

至于新西单的人事调整及未来具体发展战略等事宜，11月10日，西单商场相关人士秉持了一贯的低调对记者表示，一切以公告为准，尚无最新消息对外披露。

西单商场公告称，其与新燕莎旗下品牌的定位存在差异，这些品牌在不同消费客层中都建立了品牌影响力。重组完成后，西单商场将形成多品牌、多业态的立体化商业运营态势，上市公司的客户群体数量、品牌影响力、市场竞争力和抗风险能力都将增强。

西单商场董事长于学忠曾表示，获得优质商业资产注入后，西单商场的发展速度将会提升，但会依据实际情况谨慎把握节奏。3年内，西单商场无论是开店或是调整都会以稳健路线为主。

此前，市场一直盛传西单商场将与王府井百货合并重组，但是今年3月，王府井方面出面表态，曾探讨过整合，但已停止。

对此结果，北京市国资委或许多少有些失望。随后，北京市国资委方面表示，尽管王府井与西单商场的整合未能成功，但国资委对市属商业企业的重组计划不会因此改变。

西单商场一位高层证实，此次西单商场与新燕莎控股重组事宜从7月29日开始操作，在北京市国资委的主导下进行，到达成重组协议，仅用时一个月，过程进展顺利。

洪涛对记者表示，"西单商场重组只是北京市国资委整合其旗下商业资产的一个开始。下一步整合还将会继续，不过整合的方式可能会不一样。"

但政府包办下的资产重组能否发挥"1+1>2"的效应，尚未可知。不过大型国资商业的整合若想取得成功，除了要继续做强子品牌外，最为关键且敏感的则是人事权问题。

在业内人士看来，当地国资委直接把控企业，上市公司的董事长、总经理拥有的是行政级别而非实际经营权，企业难以真正壮大从而自发并购重组。

日前，上海也有一起上海市国资委主导的重组方案，友谊股份换股吸收合并百联股份重组后，新友谊的销售规模突破400亿元，成为国内最大商业类上市公司。

洪涛说："百联重组时，业界寄托了很大期望，它可能会成为我国第一家商业航母。但正是因为高层经常变化，管理团队不稳定，从而未能形成长期可持续的发展战略和机制。这是令人担忧的，如果不解决这一根本问题，企业发展还会受到限制。"一个企业办得好，企业高层都是相对稳定的，否则不利于企业经营理念以及企业文化的形成，使企业核心竞争力大打折扣。

洪涛表示，这是政府主导重组的最大弊端。因为是当地国资委控股，所以企业高层一般都是由政府任命，他们对上级主管部门负责，行为受到很多限制。当地国资委应转变职能，给企业充分的自主权，便于企业进行整合资源，形成市场竞争能力。

文章来源：北京商报
题　　目：10 年传闻终落地　西单首旅即将上演重组大戏
记　　者：李　铎
时　　间：2010 年 7 月 30 日

经过近 10 年的酝酿，北京本土的大型商业航母终将起航。昨日是西单商场因"重大事项"停牌的第一天，记者从可靠渠道证实，"重大事项"正如业内揣测——西单商场母公司西单友谊集团将与拥有新燕莎集团的首旅集团进行重组，这无疑将对北京现有的商业格局产生巨大震动。

西友、首旅谋划联姻

本月 28 日，西单商场发布停牌公告称，因筹划重大事项，公司股票自昨日起停牌 5 个工作日，预计 8 月 5 日前披露相关事项的进展情况后复牌。昨日，记者多方了解到，该公告中所称的"重大事项"，就是近 10 年来一直围绕西单商场的重组传闻。据可靠消息，西单友谊集团的重组对象是北京另一家大型商业集团——首旅。

北京西单友谊集团的官方网站显示，该集团涉足的业态包括商业零售和旅游服务，旗下的主要企业分别是北京市西单商场股份有限公司和北京御都友谊大厦、北京市友谊包装运输公司等。与北京西单友谊集团相比，作为大型国有企业，首旅集团涵盖旅游酒店、商业零售、餐饮、汽车服务等多个业态，旗下拥有凯宾斯基酒店、燕莎奥特莱斯、中国全聚德（集团）股份有限公司、北京首汽（集团）股份有限公司等众多知名企业。其中，首旅集团主要从事商业零售业的是新燕莎集团，该集团目前拥有燕莎友谊商城、贵友大厦、金源新燕莎MALL 等多家百货商场和购物中心。

旅游商业是新集团拳头板块

从 2004 年开始，王府井百货、西单商场、新燕莎集团、城乡贸易中心等主要零售企业轮流成为北京商业航母各种版本的主角。值得注意的是，最近一次涉及这些企业的重组传闻，恰好是新燕莎集团欲投百亿元重组西单商场。此次"首旅、西友版"商业航母的起航，终结了近年来北京商业领域的种种重组传闻。

在业内看来，企业之间的重组，有助于资本在短时间内聚集并形成规模效应，从而保证企业在市场中的优势地位。首旅集团和西单友谊集团也是寄希望于联手增强各个业务板块的实力。

截至目前，西单友谊集团和首旅集团内部子公司的重组计划还未出台，但按照一般情况下相同业态合并的"惯例"，此次重组中，同属于商业零售业态的西单商场和新燕莎集团很有可能携手。西单商场去年的业绩报告显示，公司跳离了 2008 年的亏损阴霾，实现净利润约 3020 万元。旗下子公司和专业店都保持较高增长的西单商场，有助于增强首旅集团商业零售板块的力量。

除了商业零售业外，北京御都友谊大厦、北京市友谊包装运输公司很可能并入首旅集团的旅游板块，成为北京神舟国际旅行社、北京饭店和凯宾斯基酒店等的兄弟企业。

规模效应取决于整合进程

在北京工商大学商业经济研究所所长洪涛教授看来，两家横跨多领域、多业态的企业合并后，将成为北京市场中的商业航母。

目前，北京的零售市场中外资和外埠企业占据较大的市场份额，而以华联、翠微、王府井百货、燕莎、物美、超市发为代表的本土商超企业各自的实力略显"单薄"，很难与百盛、家乐福、沃尔玛甚至是新世界等企业抗衡。而北京商业航母情结的落地，将改变北京现有的商业格局。

不过，组建商业巨擘形成规模效应后，能否达到"做强"的初衷，还需要企业和相关部门的共同努力。值得注意的是，包括大商集团、百联集团、武商联、重庆商社等通过合并组成的超大型商业联合体，整合进程普遍缓慢，不仅没有实现做强，反而出现亏损。而在北京市场，几年前由北京物美、北京亿客隆、北京小白羊等十多家公司组成的首联集团，最终也名存实亡。

北京财贸学院副院长王成荣教授认为，尽管西单友谊集团和首旅集团都涉足商业零售业态，但西单商场和新燕莎集团旗下商场的定位不完全吻合，这为重组后的前景增添了不确定性。在王成荣看来，在两家企业通过合并增强资本实力的同时，应尽可能保持品牌经营层面的独立性。

洪涛评论

最近西友、首旅谋划联姻是北京资本重组的一件较大的事件了，但是，在频繁的兼并重组过程中，北京国有流通企业总是"长不大"，或者没有竞争力，或者大而不强，或者根本上就不大。就国有流通企业而言，没有民营企业（国美）规模大，发展也没有民营企业快。这里有体制的原因，也有机制的烦恼。国有资产管理局管人财物，而商务委管业务两张皮，改革后是否形成或者建立了现代企业制度这是最关键的事情，往往这一目标达不到，令人想到，过去我们所说的产权制度改革"一产就灵"，到"一股就灵"已经过时，超产权理论的出现，使企业改革、发展增添了许多新的思考的变量，如主业定位不清、经营不善一直是西单商场的软肋等，我希望"产权与超产权理论共推重组上台阶"，这是我的建议。

目前，我国流通业正进入结构性调整时期，北京流通业上市公司已经较多，但是，相对而言，北京国有控股的大型流通企业并不多。北京有国美集团、物美集团这样比较大的民营流通企业，甚至国美曾经是全国最大的流通企业。但是，北京国有控股的大型企业不多，相对而言，民营企业发展较快，而国有流通企业发展速度欠佳。北京市国资委一直希望有效配置北京商业资源，经过多年的发展探索，近期首旅集团与西单商场合并的可能性极大。但不管其合并与否，北京商业结构性调整是必然的趋势。

西单商场自身盈利能力有限，对股价形成支撑的就是公司的重组预期。如果没有外力因素，公司后续发展前景不佳。燕莎资产如能注入西单商场，肯定会显著提升后者业绩。如果这次能够成功重组，将大幅提高公司的效益，这对公司是一个很大的利好，因为西单商场的定位是大众商场，而燕莎的定位是高端消费者，这两者互补，重组成功能够给公司带来很大的效益。通过资本纽带，在同一集团下重新进行战略调整，会增进它们的协同性，对二者都有好处，至少可以避免同质化竞争。

文章来源：国际商报
题　　目：中国企业瞄上国际大牌
记　　者：张云中
时　　间：2010 年 7 月 27 日

遵循市场游戏规则　对国际奢侈品"心态放平和"

"哀其不幸，怒其不争，"第一商业网首席执行官黄华军近日在接受本报记者采访谈及代理国际奢侈品的中国企业时感慨道。

他说，前些年，由于中国企业为角逐国际奢侈品代理权而相互倾轧、互挖墙脚的事例不胜枚举，"国际大佬们"在中国乐得看中国人"窝里斗"，坐收渔利；而中国企业最终只能吃"哑巴亏"。

此外，国内一些大型购物中心或其他商业地产，纷纷把国际奢侈品牌当"宠儿"，为邀请其入驻，不惜倒贴装修资金等，极尽献媚之能事。

"别太把国际奢侈品牌当回事。"他的建议是"心态要放平和些"。

至于国内代理商与国际品牌之间的合同纠纷，黄华军的看法是，"生意上的事"不好妄下结论谁对谁错。商业社会就是契约社会，早知今日何必当初呢？

收购品牌非必须之举　在全球产业链中找准位置

北京工商大学贸易经济学系主任洪涛教授认为，商业社会中，中国企业应该学会游戏规则，遵循游戏规则。

国际奢侈品企业在进入中国市场之初，选择开办直营店，或寻求代理商试探商机，最后选择"抛弃"中国代理，掌控市场的主导权，亲自操刀，或者选择将品牌转让或拒绝出售，这些都无可非议。

有媒体引述专家的话说，中国的行业协会应该对跨国公司进行信誉评级，对"毁约"者进行降级处理，以引导国人消费，并惩戒失信洋人。洪涛认为，这样做并不可取。中国的行业协会目前对行业的发展与协调作用发挥有限，经验不足，公信力有待提高。譬如前些年，国际品牌纷纷指责中国国内假冒现象泛滥，而行业协会在支持维护对方利益方面却乏善可陈。

洪涛认为，现在世界经济已进入全球化时代，一些跨国公司实现了在世界范围内配置资源，譬如有些企业拥有数百个品牌，其研发、设计、生产、组装分散在世界各地。目前，绝大多数国际奢侈品牌都已经将生产线转移到中国，说明中国已经具备了世界一流的生产能力。他建议，中国企业应该发挥优势，在全球产业链中找准自身的位置，不一定要去完全拥有这些品牌。

天时、地利、人和　收购国际品牌助结构调整

与洪涛观点相左，第一零售网总裁丁利国认为，中国企业目前面临收购国际知名奢侈品牌的最佳时机，可谓占据天时、地利、人和。不仅如此，收购国际奢侈品牌，对"帮助中国经济结构转型，具有示范意义"。

丁利国指出，国际奢侈品牌进入中国市场之初，处于明显的强势位置，中国企业在谈判签约时不得不接受苛刻条款（如铺货、营销费用完全自理，合同一年一签），甚至被迫接受"卸磨杀驴"的结局，受尽屈辱。但风水轮流转，受金融风暴打击，欧美许多奢侈品企业目前经营惨淡、陷入财务危机，此时出手收购价格具有吸引力。反观中国，不仅已经"培育"出了世界第二大奢侈品消费市场，而且本土企业已经积累了相当资金实力，并拥有了世界顶级品牌的市场能力（一个明显的事实是，目前国际绝大多数奢侈品牌已经将生产线转移到中国）。但可悲的是，没有一个中国品牌的产品能卖到顶级的价格，"一万双鞋顶不上别人一只包"。

他认为，奢侈品属"创意产业"，其特点是拥有历史文化沉淀、产品稀缺性（多数限量生产）、高附加值、以创新为核心价值，这与原先"中国制造"所具特点正好相反。通过收购国际品牌，尤其是吸纳其设计理念精髓，延聘其设计师传授技艺，逐步培育自己的设计师和自我品牌，就可以逐步真正过渡到"中国创造"。

文章来源：中国经营报
题　　目：家乐福并购保龙仓　河北零售业面临"洗牌"
记　　者：赵向阳
时　　间：2010 年 5 月 24 日

2009 年，来自台湾的大润发以 400 亿元的销售额超越家乐福，成为中国销售规模最大的外资超市。如今，丢失"王冠"的家乐福正试图把握一次有望

扳平比分的机会。

记者获悉，家乐福并购河北零售业巨头保龙仓连锁经营有限公司（以下简称保龙仓）的谈判进入实质性阶段。如谈判成功，家乐福将控股保龙仓，从而完成其进入中国市场以来第一笔收购业务。

"家乐福以自身发展为主，如果有合适的并购机会，我们也会考虑。"在记者就此向家乐福方面求证时，家乐福中国区发言人陈波如是表示。

而根据记者掌握的资料，今年年初，家乐福便与保龙仓开始频繁接触。"并购细节基本已经敲定，就等待当地政府表态了。"一位知情人士告诉《中国经营报》记者。

就在不久前，家乐福首席执行官罗盛中表示，将退出其销售业绩排名第三位以后的国家，准备加大在中国和印度的扩张步伐。此次并购，无疑是其最好的注脚。

挺进河北市场

这将是家乐福进入中国以来的第一桩并购案。自 1995 年在中国开出第一家大卖场，家乐福一直自主开店，鲜有并购举措。对此，北京财贸职业学院研究员赖阳认为，当时政府对外资并购有较多的管控，如今政策宽松了，家乐福会寻找更多的并购机会。

目前，家乐福拒绝透露此次收购的细节。上述知情人士称，河北保龙仓曾被多家零售企业所看好，在家乐福之前，华润万家也曾试图并购保龙仓。

"家乐福应该是看重保龙仓的经营团队。"河北惠友集团总经理郝晨曦告诉记者。创建于 1994 年的惠友集团是河北本土零售企业，拥有综合超市、大卖场及购物中心等多种业态。

北京华普超市副总经理刘海斌认为，大卖场在中国发展了十多年，优质的网店成了稀缺资源，收购是获取网点资源的最好方法。

资料显示，成立于 1998 年的保龙仓是河北省最早的大型综合超市运营商。目前，保龙仓已在河北、山东两省的石家庄、唐山、秦皇岛、德州等 7 地市开设门店 14 家。作为河北省重点扶持的龙头企业，2009 年保龙仓销售额达31.56 亿元，并以品牌价值 32.96 亿元进入 2009 年中国品牌 500 强。

分析人士认为，家乐福之所以通过并购保龙仓"曲线"进入河北，一方面，由于保龙仓以仓储超市业态为主，与家乐福的大卖场业态较为接近，为日后整合提供便利；另一方面，这与河北市场的特殊性不无关系。

家乐福收购保龙仓，河北零售业将面临"洗牌"的局面。河北零售业的特点是诸侯割据现象明显。中小规模的企业较多，但比较松散，各自为政。除总部设立于石家庄的北人集团和保龙仓之外，河北其他地市都有当地相对较为强势的零售企业，如唐山的唐山百货、金客隆；保定的惠友集团、时代商厦；邯郸的阳光百货、美食林集团等，家乐福进入河北，必将打破这一格局。

对于零售商来说，河北省是一个异常"排外"的市场。2002~2005 年的短短三年时间里，上海世纪联华、万客隆、易初莲花、深圳人人乐、华普超市、天津家世界等先后到河北市场来"寻宝"。然而，河北似乎并不欢迎这些远道而来的客人，这些外来者的经营状况并不尽如人意。

对此，北京工商大学教授洪涛认为，外来的超市在河北省容易"水土不服"。河北消费者观念保守，对外来事物接受速度慢，当地零售企业经过多年经营已在当地拥有很高的市场占有率和很好的口碑，多年形成品牌影响力，使外来零售企业很难立足发展。因此，并购保龙仓可为家乐福立足河北解决后顾之忧。

"黄埔军校"之惑

家乐福发力中国市场的背景是其全球战线的变化。

从 2009 年开始，家乐福海外市场频现危机相继撤出俄罗斯、日本、意大利南部等市场。而据外国媒体报道，2009 年家乐福全球业绩同比下降 1.4%，包括法国在内的欧洲区大卖场销售额连续几个季度表现低迷，家乐福甚至考虑关闭位于上赛纳省的总部办公楼，以节约办公楼租金。

在全球业绩暗淡的情况下，家乐福中国和巴西市场却"风景这边独好"，2009 年家乐福中国市场销售额同比增长 16%。因此，中国市场自然被认为是"救命稻草"。"中国是家乐福发展重点，家乐福致力于在中国长期发展，计划每年新开门店数 20~25 家。"家乐福中国区发言人陈波告诉《中国经营报》记者。

洪涛告诉记者，即便如此，家乐福在中国依然面临强大的压力。"2009 年是家乐福的'拐点'，不但它国外的发展受阻，在国内，家乐福门店数被沃尔玛超过，而销售额又被大润发超过。"除了沃尔玛、大润发等外资巨头以外，中国本土的区域零售企业迅速成长为新势力。而这些本土超市的"老师"正是家乐福。

中国本土零售企业素有一股浓厚的"家乐福情结"。"本土零售企业经营大部分都是模仿家乐福的。"零售行业观察者陈岳峰告诉《中国经营报》记者。因此，在业内，家乐福有着"黄埔军校"之称——家乐福出来的人才在业内颇为抢手。这些人才为本土超市带来家乐福的管理模式。

当学生们逐渐成熟以后，作为"老师"的家乐福压力增加。

"应该说，从形到神，中国本土零售商学习和模仿最多的就是家乐福，也正是通过学习和模仿，本土零售商迅速成长起来。这时候问题就出现了，当本土零售商在卖场环境、陈列布局、气氛营造、促销手段、管理体系等各个方面都能够从形似到神似后，家乐福在中国市场的优势还会像初期那样明显吗?"陈岳峰说。

此外，家乐福门店权限过大以及过度依赖供应商费用成为家乐福的发展"瓶颈"。为了更好地实现"本土化"，家乐福进入中国之初给予门店充分授权。家乐福"充分授权，以店长为核心"的运营模式，把促销、采购、定价权等下放到各门店。然而，当门店数增多，规模迅速增大的时候，"充分授权"容易导致管理混乱，滋生腐败的现象。

文章来源：中国商报
题　　目：零售业外资并购内资　消化阵痛期有多长?
时　　间：2010 年 3 月 10 日

零售业"跑马圈地"的第一轮扩张结束后，并购整合被视为零售业最有效的扩张方式。遵守此法则的外资零售企业希望通过收购、整合，快速实现规模效应，以在未来激烈的中国零售业竞争中处于优势。但无可逃脱整合阵痛的生命周期。

买过来的"麻烦"

3 年前，沃尔玛是否预料到了今天的"麻烦"?

2007 年 2 月 27 日，沃尔玛宣布以 2.64 亿美元的价格收购好又多 35%的股权，还向其他股东提供了 3.76 亿美元的贷款，换取另外 30%的投票权，实际控制了好又多的经营。据沃尔玛当时的计划，在完成最初 35%股权收购后的 3 年时间内，将对好又多进行资产清理和整合，最终完成整体收购。

而在三年漫长整合大限逼近的日前，沃尔玛却又被曝出收购延迟。沃尔玛中国方面人士也证实，截至目前，沃尔玛对好又多的整合仍然是双品牌运作，尚未有关于股权收购的进展。

这桩牵涉10亿美元的收购一直是媒体关注的焦点。对于沃尔玛延迟收购的原因，有分析指出是因为沃尔玛忙于在自有品牌增加、直采基地扩大以及构建极低的物流成本的完整上游产业链的加速锻造而无暇顾及下游网络渠道的整合。

不过，这个观点很快遭到驳斥。因为在业内看来，产业链上游的加速和下游消费者渠道的扩张从来是沃尔玛不相排斥的"双轨道"战略，即使沃尔玛花大力气在上游产业链的深掘上，也依然不会停止下游的扩张。

因此，很快有另外的观点指出沃尔玛对好又多的整合遭难是收购延迟的原因。还有资料数据为证：据称，比如沃尔玛在整合改造好又多深圳红岭店、广州天利以及广雅店之后，转型后的业绩却比转型前减少了近30%，沃尔玛的改造支出却是达数千万元，沃尔玛派驻好又多参与整合工作的管理层孟永明、张韧等人也相继离职，似乎是一出形象的"赔了夫人又折兵"的大戏。

而广州、深圳的上述门店还并非孤案。据业内透露，沃尔玛先后完成整合的几家好又多店业绩也确实都出现了下滑，最少的10%，最多的超过30%。

据《中国商报》记者的了解，沃尔玛对于好又多的三年整合，在营运部、人力资源部、行政部、公共事务部等诸多部门层面都已基本完成整合，现在尚未完成整合的只剩采购部和财务部。

据知情人士透露，好又多采购部和财务部两部门一旦开始整合，就意味着有一大批人会因为没有足以安插的岗位而转岗或者不得不辞职，这样的人事震荡会比较大。据调查，目前原好又多的台籍中高层管理人员以及相关联的大陆管理层中，近90%的管理职位被沃尔玛的新鲜血液所取代。

实际上，沃尔玛、好又多的目标消费群没有太大区别，两家企业都是主打"低价"优势牌。不过，在管理运作模式、营销定位等深层次方面，差异却相当大。业内认为，正是这些深层次矛盾令沃尔玛对好又多的收购之路变得坎坷。

众所周知，沃尔玛以总部集权著称，无论是商品采购还是促销活动，均"全国门店齐步走"；而好又多实行管理权限下放，尤其在广州、深圳等城市，好又多各个单店甚至都有一定的采购、促销权力。不过，尽管好又多的宽松管理对其产品质量、品牌形象造成过一些负面影响，但挨家挨户发放促销传单等主动营销为其换来了实际成交量。而沃尔玛接手后的好又多，在调动消费者进店积极性方面明显减弱，导致实际成交量的下滑，这也是其单店效益较弱的原因之一。

外资零售业普遭整合难题

实际上，有过"麻烦"经历的并不仅仅是沃尔玛。外资零售业整合大多数经历坎坷，而且异地跨区域的并购整合更加有难度。

中国商报记者在采访 TESCO（特易购）中国区公司事务副总裁庄南滨时也坦言，TESCO 最初对中国台湾顶新集团旗下乐购超市的并购整合也是走了"弯路"。2004 年，TESCO 出资 1.4 亿英镑收购后者全资拥有的顶新集团 50% 的股份，曲线进入中国市场。当时，顶新在国内拥有 25 家名为"乐购"的超市。

按照 TESCO 的预期，原本是想借顶新集团的资源，在中国市场上从熟悉到深入，最后全面出击。然而，TESCO 的这套国际市场标准在中国市场却没能成功复制。

庄南滨表示，在与顶新集团的合作中，双方由于股权对半均等，一直在冲突中磨合。当时，公司分裂成两派，魏派（原乐购董事长魏应交）和英派（英方管理层）。魏派把持超市的采购和运营，英派控制地产、收购、门店设计等，双方在选址、采买以及管理理念等方面时有冲突。这让公司每一次的新店选址和开业都消耗了不少额外成本。严重影响到乐购的决策和发展。直到 2006 年，TESCO 增持股份从 50% 变为 90%，TESCO 才展开迅猛的赶超计划。

同样，韩国零售业巨头乐天集团在收购整合万客隆的过程中也遭遇挑战。

在乐天集团以 12.8 亿元的代价收购万客隆 100% 股权以后，如何对作为仓储批发型超市的万客隆"大仓库"进行有效的改造整合，就一直是影响乐天中国市场持续扩张的关键。乐天玛特超市副总杨晓红就告诉《中国商报》记者，乐天玛特在万客隆会员制的存留上有过困扰，包括对仓储批发业态的场址、货架及店内装修和商品品类是否要转型改造都构成挑战。而也是在一年多的改造中，乐天玛特才找到补短扬长之势，保留了万客隆时代的会员卡服务以及部分团购客户服务，将万客隆的仓储价格优势与韩国人性化、注重顾客消费变化、精细化管理的超市特色相结合。

而尤为值得一提的是，乐天玛特整合万客隆之所以能顺利推进或主要还在于其彻底实现本地化的策略，尽量减少从韩国派来的人员，避免大的人事震荡对经营的影响。

按德勤对并购整合的研究发现，文化冲突经常是整合失败的一大主要原因。如何跨越双方文化的鸿沟，融合各方的优秀基因，形成新的或统一的企业文化一直是兼并收购中的巨大挑战。

恰如沃尔玛整合好又多遭遇的困难，首当其冲的就是文化整合。来自美国的沃尔玛向来以崇尚工业流水线式的企业文化著称，注重标准化的流程；而具有台湾血统的好又多则相对灵活，更具有中国特色的人情味。这就像两个性格不同的人，要很好地融合在一起十分困难。

同时，沃尔玛对于好又多的整合远不如 TESCO 对于乐购的整合，与TESCO 温和、渐进的方式不同，沃尔玛采取的方式更加激烈。

专家表示，企业能否顺利推动整合变革，最关键的因素还是人。一些变革行动失败的案例并不是缺乏正确的过程，而是没有及时处理并解决与人相关的问题。

专家观点：纵深并购整合都有阵痛期

对于外资零售业整合中出现的"麻烦"，北京工商大学教授洪涛在接受《中国商报》记者的采访时指出，尽管遭遇延迟收购、业绩下降、人员离职等诸多传闻，但沃尔玛整合好又多的三年进程不能说是遭遇了失败。"每一桩零售业的并购整合都有一个适应和提升的阵痛期，三至五年的磨合是正常的也是必然的。"

洪涛认为，并购整合中通常会遭遇难题，一是并购资金不能及时到位，二是零售资源的整合中出现文化的冲突，三是技术体系的整合难题，四是双品牌和品牌替代的取舍。这都将使双方整合要面临阵痛，但企业应该通过迅速的推进融合，缩短阵痛期。

在洪涛教授看来，中国市场对于沃尔玛的全球零售版图意义重大，而收购好又多则是沃尔玛将在中国市场实现跨越式扩张的标志性事件。洪涛认为，沃尔玛会将好又多的收购整合进行到底，最终也会成功推进，绝不可能半途而退。

此外，洪涛认为，对于沃尔玛整合后销售出现下滑的现象，洪涛认为，这是因为不同的目标消费群的不同必然会导致有一部分消费者将不接受新"好又多"的营销模式而造成的销售下滑。"今后沃尔玛再整合好又多的门店,销售仍然会下滑,这是可以预见的。但是,只要经过一两年的努力,消费者慢慢地也会接受沃尔玛的营销模式。"

洪涛表示,整合初期阶段可能出现一些暂时性成本上升,比如由于一些变动产生的额外购买需要等,而从长期来看,成本应会下降,"从盈利模式来看,以往沃尔玛在中国的主要获益来自于全球采购,而非店面,今后沃尔玛决心将店面整体扭亏为盈,在中国会更加注重卖场收益。"

洪涛认为,沃尔玛的品牌较为强势,预计沃尔玛整合好又多后将实行单品牌的运营。在洪涛看来,1996 年沃尔玛进入中国以来,一直采取抵制"中国式公关"及生硬地照搬美国的经营模式,因此在中国出现"水土不服"而发展缓慢。但在历经 10 余年的持久战后,沃尔玛通过在中国零售市场的不断适应和调整,包括实施自身采购架构调整等一系列的进步或者说转变都表示沃尔玛已经懂得如何适应中国零售市场的特点,已为完全接收好又多并为进一步整合做好了充分准备。

洪涛认为,沃尔玛整合的最大目标就是扩大市场份额,并将好又多在内地的采购优势,比如生鲜板块等纳入沃尔玛体系。而目前沃尔玛和好又多在全国各有超过 150 家门店,现在还仅是置入沃尔玛标识,一旦未来全面翻牌,沃尔玛的门店数量将翻倍。若沃尔玛此次整合顺利,对本土零售业将是非常大的挑战。

文章来源:北京商报
题   目:"组合商业航母"会强大吗?
记   者:熊海鸥
时   间:2010 年 1 月 13 日

与王府井"否认"并购西单组建北京国资系商业航母如出一辙,在刚刚曝出上海国资委拟推动百联集团合并上海九百、新世界打造又一国资系商业航母后,上海新世界、上海九百立即澄清未讨论与百联集团合并事宜。来自广州、重庆、大连等地商业资源整合后的不佳效果显示,虽然打造全国性的国有商业集团是大势所趋,但相关专家认为必须遵循市场原则。

上海三家国资系百货整合谨慎

公开资料显示，百联集团是具有国资背景的巨型商业集团，由上海原四大商业集团——一百集团、华联集团、友谊集团、物贸集团合并组成，旗下拥有超市、百货等多个业态；上海新世界股份有限公司是一家国有商业公司，旗下拥有购物广场、酒店、文化游艺广场和药店等；上海九百也是上海的老牌商业企业，是上海静安区国资委控股的上市公司，拥有近千家商业网点，其商业地产多处于上海繁华地段，有强大的区域竞争优势。

根据上海市国资委"十一五"国有资产调整和发展专项相关规划，到2010年，上海国资将至少有30%以上的经营性资产集中到上市公司。一位接近国资委的相关人士认为，在整合上实医药3家医药上市公司、东航与上航合并后，百联集团合并上海九百及新世界的预期将被放大。

业内人士称，如果百联集团合并上海九百或新世界成真，百联集团将打造一个百货业整合平台，三家公司百货和购物中心将纳入整合。但从来自上海九百、新世界的敏感反应来看，三家国资系百货的整合略显谨慎。

部分商业航母组建后效果不好

无独有偶，伴随着2009年北京累计批准外资零售店铺达到2500家规模，盛传5年的王府井百货、西单商场等北京商业企业合并组建大的国有流通商业航母的消息去年开始从北京国资委内部传出。

北京工商大学经济学院教授洪涛表示，我国商业正处在结构性调整时期，改革开放30年来，我国在流通领域还没有一家特大型的国有商业集团，国资的兼并、重组有利于整合现有资源，短期内迅速组成商业航母，但没有更多的实际意义。从目前来看，大连、广州、重庆的重组效果并不太好。

广百集团、重庆商社长期面临集团内同业竞争的问题，发展速度比较缓慢，广百集团作为珠三角的商贸龙头企业集团还没有充分发挥出来，重庆商社也没有完成其长江商贸走廊的重要角色；大连的大商集团发展速度也比较慢。在全国，还没有一家零售企业形成像苏宁、国美那样的知名度和规模，能发挥出商业航母的作用。

重组必须遵循市场规律运作

事实上，2003 年组建成的首个国资背景的百联集团经历了"六年重组之痒"，曾三度换帅，人事变动频繁带来企业战略动荡，陷入了子公司业绩下滑、股本结构复杂、股权性质迥异、同业互相竞争的局面。在去年百联旗下联华收购华联后，百联集团的超市业务才开始得到改善。

而重庆商社、武汉武商联的发展经历也让业内人士担忧，西单和王府井重组后，如何进行品牌整合，是放弃其中一个品牌还是双品牌运作？如何融合各公司的股权结构、资产运作都将是一个复杂的过程。

洪涛指出，重组被商业企业当做应急之策，而国资系的整合更需要长期的治本之策，这就必须遵循市场运作方式，在重组过程中深化改革，做到资本重组、人力资源重组、业务流程再造三者有机结合。

专家观点

在北京工商大学经济学院教授洪涛看来，目前我国商业正进入结构性调整时期，同时北京市国资委一直希望有效配置北京商业资源，经过多年的发展探索，近期王府井与西单商场合并的可能性极大。"通过资本纽带，在同一集团下重新进行战略调整，会增进它们的协同性，对二者都有好处，至少可以避免同质化竞争。"

洪涛在接受记者采访时即表示，每年年底，是商业调整最大的时期，经营不善的企业会面临并购甚至倒闭的局面，"王府井集团化运营、百货连锁经营在全国已探索了很多年，积累了一定的经验和教训，加之西单商场的发展一直处于波动状态，业态结构调整也在不断变动之中。两家公司合并，可以资源互补。"

洪涛认为，在未来的发展过程中，王府井一要通过加快资本重组步伐进行扩张，二要利用品牌优势进行扩张。"因为王府井是国有企业，所以相对保守和谨慎。就全国商业企业来讲，按照王府井的资历和实力，应该是我国流通企业的龙头老大，但现在王府井的发展与其应有的地位还相去甚远，发展步伐相对较慢，因此必须加快扩张步伐。"

文章来源：和讯网

题　　目：专家预计沃尔玛收购家乐福可能遭遇政策阻碍

记　　者：李　聪

时　　间：2009 年 10 月 15 日

沃尔玛欲收购家乐福的传闻从来就没有停止过。昨日外电消息指出美国零售巨头沃尔玛向家乐福的亚洲和拉丁美洲业务提出收购。10 月 15 日和讯网电话连线两家公司求证此事。对于上述消息，沃尔玛未给出正面回复，家乐福方面则称传闻没有事实依据。北京工商大学教授洪涛向和讯网表示，沃尔玛想收购家乐福并不令人吃惊，而收购能否最终达成则要看国家政策是否允许。

和讯网：您对沃尔玛收购家乐福的传闻有什么看法？

洪涛：听到这个消息，我觉得并不吃惊，这符合沃尔玛的战略转变和发展需求。近些天对于家乐福各种各样的传闻，包括它的市场的发展情况来讲，这项收购也是有可能的，商业开发方面，家乐福在中国占上风，而沃尔玛在国内来讲比较稳健和规矩，并注意研究政府政策。

和讯网：这个收购最后实施可能性大吗？

洪涛：从实施的角度来看，最主要的问题是要看政策层面是否符合我国的反垄断法。实际上可以进行整体收购或非整体收购。我认为整体收购的可能性只有 50%，很有可能达成部分收购协议，把中国市场的所有资产转让的可能性不大。

兼并收购部分门店是可能的，整体收购涉及反垄断法。另外还要看家乐福的意愿，要看家乐福在中国的撤出，会不会引起在世界范围内其他国家市场的震荡，是否愿意放弃中国这么一块"肥肉"。中国市场非常巨大，家乐福大卖场这些年来在中国做得也很成功。

和讯网：如果沃尔玛收购家乐福，对目前中国连锁业的格局会造成怎样的影响？

洪涛：如果收购成功，会对国内企业形成较大的竞争。目前外资还没有对中方构成势均力敌的竞争，从总量上来看，国美集团，在国内企业所占的比重较大，外资只在局部地区和城市，某些业态上有一定优势。局部地区是指沿海地区，局部城市指的是一线城市，业态主要是大卖场、综合超市，在这些方面外资占了绝对优势。但总体上来看，外资在市场份额、企业数量和交易额数量规模依然较小。所以即使家乐福被收购，对中国的流通业或商业的走势影响也是有限的。一旦沃尔玛对家乐福实施整体收购，那么沃尔玛短期内交易额会与国美抗衡。地域范围变广，业态变为多业态，这样来讲在中国影响力变大，可能会左右整个市场，对整个国家经济安全会有影响。

第九章　零售市场管理与规范

采访集萃：

文章来源：北京日报
题　　目：积分"只返不收"　商场促销被指忽悠消费者
记　　者：实习生边凯
时　　间：2010 年 10 月 26 日

25 日笔者在崇文门新世界百货看到，"满 100 送 100 积分"的活动吸引消费者蜂拥而至，然而当消费者拿着手上的积分去购买商品时，却发现存在着"只返不收"或"需搭配现金使用"等各种令人头疼的限制。北京工商大学教授洪涛认为，商家"只返不收"涉嫌欺骗消费者，而积分搭配现金使用则与有使用限制条件的 B 券类似，有强迫消费的嫌疑。

只用积分不花钱"基本不可能"

"最后一天了，满百送百。"昨日下午，笔者赶往新世界百货，在一层鞋区，一眼望去，"满 100 送 100"、"满 100 送 60"的招牌布满整个鞋区，但走近一看，几乎每个招牌上都贴上了"只返不收"的小条，"昨天还收，今天都不收了，不是我们店不想收，是因为收得太多了，商场规定今天不让收了。"在多个专柜，笔者都得到了一致的回答。

在服装区，少部分商家也提前一天停止了收积分，而同意收积分的商户却设有诸多限制：在满 100 送 100 的商户区，多数只能收整不收零，如 528 元的商品只收 500 元不收 600 元积分，28 元得用现金支付；部分商户还设定只能收同额度的返积分，如只收满 100 送 100 返的积分，不收满 100 送 80、60 等的积分；多数商户表示商品每 100 元只收 60 元、40 元积分……这些限制都意味着，消费者要购得一件商品，想用积分全额换取，"基本上不可能"。一家服装店的售货员表示，必须贴付部分现金。

消费者为花积分逛商场三天

消费者喻先生为了花掉手中的积分，"三顾"商场才完成这个"艰巨"的任务。上周六他在新世界商场兑换了 360 元的积分，但是在当天和随后的两天内，都由于上述苛刻的限制屡遭挫折，最后只好不断妥协才花掉。

在一个服装品牌店，挑好一条裤子却被告知不能用积分，原因是"大部分新款服装不能用积分，只有前面两排旧款服装才能用"；在店员指引下，挑了一件可以回收积分的上衣，却发现如果用积分，则不能打折，而且积分也不是全部能用，只能是满 100 收 40；最后，为花掉这 360 元积分，喻先生从一楼一直逛到四楼，终于找到一个卖童装的好心服务员帮他细细"算账"，加付 168 元现金，买回一件 528 元的衣服。"太能折腾人了。"喻先生气呼呼地说道。

政策明令禁止临时"只返不收"

其实，针对商家促销行为，相关政策早有规定。针对商家临时"只返不收"，2007 年出台的《北京市实施〈零售商促销行为管理办法〉细则》明确规定，促销活动期限内，零售商明示的内容不得随意变更或终止；消费者办理积分优惠卡后，零售商不得变更已明示的前款事项。2008 年出台的《北京市商业零售经营单位促销活动管理规定》则进一步明确规定，商业零售经营单位不得举办购物返券的促销活动。

北京工商大学教授洪涛认为，新世界百货的有限制使用积分，已经类似于禁发的 B 券。而且商家积分返券相对于明折明扣已经削减了消费者的利益，而有限制条件的积分返券对消费者而言，更是折上再打折扣，消费者难以获得实惠。洪涛建议，商家既然明确表示让利给消费者，就不应变相收回给消费者的实惠，对此，相关部门也应出台更加明晰的规则来规范商家行为。

文章来源：中国经营报
题　　目：老百货转型　不是没有自己的位置
记　　者：姜　蓉
时　　间：2010 年 9 月 4 日

经历了两年三次转型，位于北京南城的天桥百货再次开门迎客。据悉，此次转型改变了民俗路线，定位时尚运动为主打路线，不过，天桥百货这个创立了近 50 年的品牌是否能在此次开业中成功转型还要拭目以待。但是老品牌百货商场如何转型才能成功，却是个值得深思的问题。

转型困难是普遍性问题

8 月 31 日中午，天桥百货的一层人流量并不大。在一个打折的布鞋柜台前围着十几个老年消费者。记者在一层鞋类区转了一圈，发现大多数都是不知名的品牌，价格多在 200 元以内。一层的化妆品区基本没有专柜，货品陈列看上去像是超市的化妆品陈列，各种品牌挤在一起。不过，有趣的是，在这些化妆品品牌里，记者看到了友谊护手霜、蛤蜊油、安安洗面奶、奥琪增白粉蜜等已经是记忆中的国货名牌化妆品。一位满头银发的老太太在挑选 3 元钱一个贝壳形状的蛤蜊油。

在商场的二楼，经常出现于各种百货商场的知名品牌几乎没有，记者看到的是些二线品牌的服装。比起北京其他中高档百货商场，这里的价格普遍在 100~300 元。

天桥百货开业于 20 世纪 50 年代，80 年代以股份制改造先锋而闻名，90 年代初曾是老北京人心目中的金字招牌，红极一时。但从 2000 年开始，经营每况愈下，一直挣扎在亏损的边缘。

2008 年，为配合天桥地区的民俗特色，商场转型打起了"民俗牌"，经营起了民俗工艺品、老北京特色小吃、旅游工艺品等，将摊位出租给商户，摊位租金为每天每平方米 8~9 元。然而，民俗牌打了不到一年，经营依然没有起色。商业专家梁吉良认为，天桥百货商场距离前门、大栅栏、天坛等景点较远，不适合销售民俗商品。2009 年下半年，天桥百货再次转型，引入各地特色食品，直到今年春节前，依然无力扭转冷清的业绩。只好再次转型。

老百货转型困难并不是天桥百货一家的问题，在全国范围内，类似的情况非常普遍。这固然与其他业态的冲击、经营手段陈旧和定位雷同有关，但从根本上讲，近些年各地大型百货商场的过热开发，造成供大于求的现状是根本原因。

据资料统计，我国千人平均拥有零售网点已达到 15 个左右，高于许多发达国家，目前在建和待建的大型百货购物中心有近 2000 万平方米，远远超出目前我国的经济发展与居民需求的增长。这些因素直接导致百货零售企业的效益下滑。如曾在东北地区赫赫有名的沈阳百货大楼，老沈阳人习惯称之为北市百货，曾经有过年营业额近 2 亿元的良好业绩，但是随着沈阳零售行业竞争的愈加激烈，在 20 世纪末走向衰落，直至 2003 年关门歇业。曾经被称为济南零售业"五朵金花"的济南第一百货、百货大楼、山东华联、人民商场、大观园商场，在计划经济时代，曾经拥有济南零售业 95% 的市场份额。但是，在 20 世纪末期，由于新兴业态的崛起以及零售业竞争的加剧，目前"五朵金花"在济南所占的市场份额不足 5%。曾经在计划经济时代垄断上海零售业的第一至第十百货，目前仅剩第一百货和第二百货，其他 8 家全部倒闭。

成功需要更低的毛利率和更快的周转

20 世纪 90 年代中期，中国大卖场和超市等现代零售业态开始崛起，对百货业的冲击是非常大的。从表象上看，大卖场和超市只是改变了一下货架的展示方式，把柜台式改成了开架式，并且大量压缩了导购人员。但是从现代零售业态的总体战略看，它们对百货商店发起的攻击实际上主要着眼于两点：更低的零售毛利率和更快的存货周转。

在提供全面服务的百货商店的商业模式中，存货一般能在一年内周转 3 次左右，在这样的成本结构下，它们就需要一个比较高的毛利率。如果它们的毛利率达到 40% 的话，存货的年资本报酬率就可以达到 120%。

在 20 世纪 60 年代，沃尔玛开始进攻美国百货商店的低端市场——比如五金器具、厨房用具、玩具和体育用品，他们采取的第一个措施就是先降低毛利率。由于上述产品都是大家非常熟悉的，所以，沃尔玛撤去了店铺销售人员改为自由选购。并且，沃尔玛的存货政策和订单操作流程也能使得存货在一年内周转的次数超过 5 次，这样，他们就获得了超过 120% 的年资本报酬率。

所以，我们看到的大卖场并不是简单的价格比百货商店便宜这么简单，他们用一种新的商业模式打击了百货商店，并且也获得了可以接受的利润。综观现在的中国零售业，凡和大卖场、超市产品冲突的百货商店，的确很难维持生计了。

管理是比转型更重要的问题

北京工商大学教授洪涛在接受记者采访时指出，传统百货业经历了100多年的历史，按理说应该进入衰退期了，但是再看城市里的百货业态却呈现出蓬勃发展的态势，细分出了一些诸如专业店、特色店、社区店等业态。但是老百货转型的关键不在于业态，而在于即将转型的模式是不是与其区域特点相符，其管理模式是否适合这个业态。以天桥百货转型民俗商场为例，实际上不是经营商品的变化，而是业态上的根本变化，商场是整体经营，而民俗商场是摊位出租，前者是百货业经营，后者从某种意义上更像商业地产经营。这两种业态所需要的管理模式是完全不一样的。

老百货的转型实际上首先要符合时代发展的潮流，其次要将整个公司人员和管理都能跟转型结合起来。以距离天桥百货不远的菜市口百货商场（以下简称菜百）为例，1985年，菜百就获得了黄金经营许可，但是那个时候菜百依然是以百货为主营业务。直到1990年，北京的百货商场竞争日益激烈，同时，中国人的第一轮消费升级开始，菜百开始逐渐转做黄金饰品。而且菜百在管理上也配合这种转型，内部的优秀人才都向黄金首饰专业领域聚集。在商场的装修布局上也更加配合这样一种转型。到了1997年金融危机，人们认识到黄金的保值性，菜百经过几年打造的"北京黄金第一家"的称号已然在消费者心里生根。

另外一个转型成功案例是万通商城，位于北京阜成门的万通商城开始也是定位于高端百货，与对面一路之隔的华联商场形成激烈的竞争。后来转型做小商品市场，被称为用五星级物业做小商品市场的中国第一商城，当时许多专家认为它必死无疑，因为在当时这样的转型方式，看上去太像是一个"退步"的决策了。但实际上，万通商城用高级的管理重塑了小商品批发这样一个"低级"的业态，并且取得了成功。万通商城的成功说明，管理是比转型更重要的问题。

文章来源：北京商报

题　　目：老字号小吃管理费矛盾僵持不下

记　　者：吴　颖

时　　间：2010 年 8 月 9 日

因为不认可市场管理方今年增收管理费的行为，小肠陈位于九门小吃的门店已于上周末停业。昨日，记者连线当事企业发现，双方仍未就管理费问题进行协商。

据小肠陈餐饮公司负责人张英反映，今年 7 月初，九门小吃开始张罗续约事宜，然而合同中一项新增的"3 万元管理费"让她没敢签约。"费用具体内容没写，而且爆肚冯等 7 家老字号只需交 1 万元。"

由于不满意这项收费，小肠陈迟迟未与九门小吃续约。于是九门小吃给小肠陈下了 8 月 5 日前"搬迁"的最后通牒，并于 8 月 7 日早晨收回了"小肠陈"档口的收款机。

张英表示，"我们也不愿意事情发展到这种地步，但我还是认为管理费收得不合理"。在她看来，九门小吃在 2006 年开张时，是邀请小肠陈去经营的，小肠陈也看好九门小吃将老北京传统小吃捆绑一起发展的优势。过去没有管理费，为什么现在要增加这项费用，而且一年 3 万元的管理费对于小吃商户来说是笔不小的费用。

对于今年新增的"管理费"项目，九门小吃方面称有据可依。九门小吃总经理助理、办公室主任王荣浩表示："九门小吃顺利开张，并且生意越来越红火，是靠着三位股东的投资支撑，而股东们没有收到应有的效益。"王荣浩表示，今年开始收取管理费，主要是因为房租、税收、人力等多项成本上涨，并且是经股东会研究决定的。"目前，九门小吃里十六七家老字号摊位除了'小肠陈'一家都无一例外地交了'管理费'。"至于收费标准不一，王荣浩解释说，具体收多少也是股东会统一商议的。7 家交 1 万元的老字号是 2004 年就跟随几家股东一路走来的"难友们"，当初成立九门小吃时，公司与这 7 家有过一些承诺。

对于这次纠纷，北京工商大学教授洪涛认为，任何一方谁都没有错。小吃城按有偿服务方式收取管理费合情合理；经营者从本位出发，要求小吃城给予政策优惠也在情理之中。但是，从市场管理角度来看，如果管理方提供了造市营销活动，为商户的经营创造了效益，商户应该缴纳一部分费用。从管理者来说，也要对这笔费用的收取进行规范，制定标准，定期公布账目，这样才能服众。①

文章来源：中国消费者报
　题　　目：兑奖不易感觉被忽悠　饮料揭盖有奖促销活动有点儿乱
　记　　者：郑梦超
　时　　间：2010 年 5 月 24 日

夏季是饮料销售的旺季。入夏以来，饮料厂家纷纷推出以揭盖有奖为主要方式的促销活动，奖品包括赠饮、旅游等。连日来，记者在北京市调查发现，在此类活动中，中奖细则多由厂家单方制定，兑奖难、夸大宣传奖项内容、活动过期后不明示等问题普遍存在。有关专家建议，厂家应引入第三方机构进行监督，以保障此类活动的公正透明。

消费者反映　兑奖不易感觉被忽悠

"看到瓶盖上注明'再来一瓶'后，我要求超市兑奖，对方却告诉我只卖饮料不兑奖。"7 月 3 日，北京消费者田先生对记者说，不久前，他在一家超市买了一瓶外包装上注明正在进行揭盖有奖活动的"娃哈哈"呦呦柠檬茶饮料，发现中奖后，他把瓶盖拿到超市要求兑奖，遭到拒绝。随后，田先生又去了附近五六家经营饮料的商家，兑奖要求均被拒绝。商家拒绝兑奖的理由包括"无购物小票"、"本店不是指定兑奖点"等。田先生说，看到这么麻烦，他最终放弃了兑奖。

北京市民苗先生也向记者反映，6 月底，他在华润万家超市北京西单中友店购买了两瓶"可口可乐"零度饮料，其外包装上标示正在进行"喝零度饮料有机会获赠原叶茶饮料"的有奖活动。"我打开瓶盖后发现两瓶都中了奖，在找超市兑奖时，对方说活动已经结束了。"苗先生说，在超市人员的提示下，

---

　　① 北京老字号小吃管理费纠纷已是一个老问题，2006 年前门拆迁，小肠陈等 11 家老字号告别前门，集体入驻后海，成立九门小吃。2010 年爆肚冯、奶酪魏、德顺斋、豆腐脑白、炸糕辛、羊头马、月盛斋、年糕钱 8 家老字号败走前门青云阁，2011 年 9 月又出现在后海的纠纷，与新闻报道的纠纷有共同点，就是"高租金、低利润"的双重压迫，让小本经营的老字号小吃不堪重负。2011 年 9 月 5 日《北京商报》"北京老字号小吃缘何一再颠沛流离，祸起租金"一文中，洪涛教授接受记者采访说："老字号小吃具有特殊性，在北京打造国际化大都市的过程中，品牌的提升及地位的上升，因此看似火爆的生意不一定赚钱。这对企业而言是一个双重矛盾。而老字号小吃、传统工艺等行为更具有特殊性，利润的微薄或许导致所在商业区的'空心化'发展。因此，老字号小吃作为北京的特色餐饮，无论从政府角度还是市场角度，都应投入更多关怀。"

他看到瓶盖内用极小的字注明了"活动结束日期截至 2009 年 6 月 15 日"。"商家销售揭盖有奖活动已经结束的饮料，为什么不向消费者进行提示呢？"苗先生说，空欢喜过后，感觉自己被忽悠了。"现在，越来越多的饮料在进行揭盖有奖促销活动。在饮料口味类似的情况下，消费者购买时往往根据其有无奖项、奖项大小来选择。但一些饮料设置的大奖更像是在玩文字游戏。"北京市消费者付小姐告诉记者，不久前，她在一超市购物时被一瓶"乐天"芒果汁饮料外包装上标示的"开盖有奖韩国之旅"吸引，购买后查看中奖细则时才发现，所谓的"韩国之旅"是赠送一张韩国某公园的入园门票和部分现金，共计 4999 元。

记者调查　多数饮料销售商拒兑奖

7 月 15 日，针对消费者反映的上述问题，记者在北京市部分超市、零售店进行了走访调查。在超市发阜成路店，记者看到饮料货架上摆放着十余种不同的饮料，其中外包装上注明正在进行揭盖有奖活动的有 8 种，其中包括可口可乐、百事可乐、乐天芒果汁、统一冰红茶等。

"我在店里买了饮料中奖后能不能直接兑奖？"记者找到该店当日值班店长询问。"我们这里不兑换任何饮料。如果您中奖了，请直接和厂家联系。"该值班店长说。

在崇文门新世界商场地下一层超市，记者看到百余种饮料产品中半数以上的外包装上注明正在进行揭盖有奖活动。对于兑奖问题，超市有关负责人对记者说："我们这里只能提供康师傅品牌饮料的兑奖服务，其他的则需要消费者直接向厂家咨询。"

走访中，规模较小的零售店普遍直接拒绝消费者的兑奖要求。在公主坟城乡贸易中心一家零售店内，记者看到其在显著位置标明"本店不是任何饮料指定兑奖点，不兑换任何饮料"。

厂家解释　在部分大超市设点兑奖

饮料随处可买，兑奖却是难觅去处。记者就此采访了部分饮料厂家。

可口可乐北京分公司市场部有关工作人员对记者说，每个周末，该公司都会在北京市内部分大型超市设置临时的兑奖点，消费者只要拿着标有中奖标识的饮料瓶盖就可以兑奖。

乐天澳的利饮料有限公司北京办事处工作人员孙丽晶对记者说，"乐天"系列饮料兑换赠饮，只能选择到美廉美连锁超市、首航连锁超市及百旺商城进行兑奖，"我们只和这些连锁超市进行兑奖合作，其他经销点可能考虑人工成本过高，不参与我们的活动"。

娃哈哈公司北京办事处工作人员裴女士则对记者说，消费者只要找到厂家设在超市内的促销员与理货员，便可以要求兑奖，"但我们厂家的员工不会在某个超市内长期工作，消费者在兑奖时最好提前拨打中奖咨询电话，和他们约定好时间、地点后再去兑奖，以免白跑一趟"。

公众质疑　有奖促销公信力谁来保障

记者从北京市工商局了解到，6月，该市工商局共接到有关饮料兑奖的申诉9件、申诉电话28个。在申诉过程中，不少消费者对饮料揭盖有奖活动的公信力提出质疑。

记者在查看一些饮料生产企业揭盖有奖活动的中奖细则后发现，不少细则在最后都注明活动"最终解释权"为厂家，并称活动由公证机关进行公证。

"我们的活动是由公证机关进行公证的，对消费者来说是公正透明的。"7月16日，可口可乐北京分公司公共事务及传讯部工作人员陈翊告诉记者，负责对其揭盖有奖促销活动进行公证的是北京信德公证处，至于公证哪些信息，他表示并不清楚。

乐天澳的利饮料有限公司市场部部女士则向记者坦言，"乐天"饮料"韩国之旅"揭盖有奖活动从方案策划到最终兑奖均由厂家自己制定并实施，公证处只是在消费者来兑奖时进行公证。"中奖细则的解释是由厂家负责，与我们无关。我们只是负责对大奖兑奖过程进行监督并留下中奖人的信息，至于厂家如何生产中奖瓶盖、如何解释中奖细则，我们不清楚。"7月20日，北京信德公证处公证员杜世国对记者解释说。

专家建议　引入第三方机构对促销活动进行监督

针对记者采访了解到的情况，7月20日，北京中银律师事务所律师董正伟分析认为，饮料外包装上标示的有奖促销内容往往会诱导消费者选购商品，而注明活动最终解释权归厂家的条款属于霸王条款，涉嫌侵犯了消费者公平交易权。

北京工商大学经济学院教授洪涛认为，第三方监管的缺失是造成饮料揭盖有奖促销活动存在诸多问题的主要原因。"目前的法律没有在细节上对有奖促销行为进行规范，导致这类活动的公正性、透明性主要靠厂家的自觉性来保障。从操作上来说，引入第三方机构对企业的有奖促销进行监督，能够保证活动的公正、透明。"洪涛说，饮料行业竞争激烈，不排除一些不良商家采用虚假促销手段来占领市场，这既会损害消费者的合法权益，也会对其他守法经营的企业造成不正当竞争，不利于整个行业的健康发展。

文章来源：北京商报
题　　目：贵州茅台新政引市场断货担忧
记　　者：王晓然
时　　间：2010 年 5 月 21 日

昨日获悉，经贵州省政府批准，贵州省工商行政管理局日前成立了国酒茅台分局，专职负责保护国酒茅台的知识产权。业内人士对此表示，真品茅台年产量极少，且大部分假茅台出自贵州本省，此次打假如果力度大，可能引起全国茅台酒供货断档。

这也是全国首例工商部门为一家企业单独设立工商分局。据悉，国酒分局成立后，将专职负责查处各种假冒、仿冒或"傍"茅台的违法和侵权行为。国酒茅台分局局长高广明表示，目前针对茅台知识产权的具体保护措施尚在制定中，分局对国酒茅台的执法行动将更强调专业性、协调性，力度也会更大，不仅要查处违法行为，还要追根溯源，一举查出假酒的真正来源地。

据了解，尽管国家、省、市、地工商等各部门经常开展各种专项整治行动，但对国酒茅台的知识产权侵权行为还经常发生，市面上的假冒茅台也屡禁不止。"茅台知识产权的保护不能仅靠几次专项行动，需要保持连续性。"高广明介绍说，"因为牵涉省外、国外的相关部门，茅台公司所在地的贵州省仁怀市工商局，作为县级局，在与全国各相关部门的协调合作中存在一些难度。这次省工商局成立茅台分局，作为常设机构，专职保护茅台的知识产权，能保持监管的连续性。"

北京一位白酒业内人士透露，由于茅台酒的酿造工艺及产地水土具有特殊性，假冒、仿冒或"傍"茅台多数出自产区本地，当地酒厂以近似工艺酿造的

"茅台"才能在口感上近似正品。据他介绍，同样的酿造工艺流程，只要出了茅台镇，产出的酒品将很难出现现有茅台酒的味道。外省市也有类似情况，但数量和酒品接近程度均有限。他说，"实际上，真正的茅台酒，仅凭口感，很难有人说一尝便知，即便是从事茅台经销几十年的业内人士，也很难辨别仿冒品"。

此外，这位业内人士还表示，如果此国酒茅台分局真的严打假茅台、仿冒茅台，做到杜绝假酒流出，以目前茅台酒的产量，全国茅台酒供应必将出现断档。"日后茅台酒购销可能回到计划经济，一定级别和层次的人才能喝到。"他说，因此茅台酒价格可能出现继续上涨。

商务部市场运行调控专家洪涛认为："成立工商分局，将有效地规范市场，保护国酒的知识产权和驰名商标。但是在市场经济体制下，政府应尊重市场的自行运营机制，如果政府过多的参与，将产生很大的负面效应，不利于维护统一、开放、有秩、公平的竞争环境。成立这个分局只是国家在提高对市场规范管理方式的探索，至于决策的正确与否，只能交给市场来检验"。

文章来源：北京商报
题　　目：药企借"药箱"甩开零售药店
记　　者：王晓然　袁　芳
时　　间：2010 年 5 月 5 日

专家提示　高利润高风险可与社区医院合作避险

医药零售环节的高利润一直被上游药企看好。生产企业除收购连锁药店吸纳这部分利润外，最近又尝试大规模利用"家庭药箱"的模式，进一步吞吃终端销售的蛋糕。陕西一家医药企业计划三年内投入 1.6 亿元在全国 100 座城市赠送"药箱"，以后期"续药"的方式进行更低成本销售。然而专家提示，抛开医院和药店面向消费者，药企高利润也高风险。

药箱入户替代零售药店

记者日前在某医药论坛上获悉，陕西世强实业集团正在力推一项"家庭药箱"计划，把消费者家里的药箱变成其开进家庭的"小药店"，直接向消费者提供药品配送、药箱管理业务。

该集团董事长李昆在接受记者采访时表示，此药箱的营销模式采取先用药后付款的方式，让消费者免费得到药箱，日后根据需求更换、补齐长期服用的药品。"续药"的药品价格均低于零售药店，并向使用药箱的家庭收取每月5元钱的管理费。

此外，企业注意到了药店专业药师对消费者购药的专业指导，尝试实现此服务的替代。李昆计划，在药箱管理上加入"智能自助系统"，建立家庭健康档案、网络视频咨询、定时提醒吃药、网络新医药信息和订购药品等功能。让专业人士进行管理，根据用户家庭不同、用药不同以及意见不同，录入、改编信息并定期检查和维护。

业内人士指出，对于企业而言，入户的药箱相当于抛弃了零售药店的售卖环节，假设药箱模式被广泛复制并生出多个衍生品种，如糖尿病药箱、儿童常见病药箱等，那么零售药店的空间将变得尴尬。

利润大风险也大

以一个小小的药箱替代零售药店，其节省成本和获取利润不言而喻。但是业内专家提醒，医药销售业务不同于其他商品销售，其利润之大，也体现出风险之大。

中国民间中医医药研究开发协会会长沈志祥称，尤其是中医医药产品，存在特殊性，需在医生的指导下服用。例如老人发生常见的消化不良症状，可能是肿瘤前兆；病人感冒成因也不同，有的是肺病早期症状。药箱的方便优势，也可能埋下延误治病时机的隐患。

因此，沈志祥认为，制药企业不宜直接面向患者，在中间过程中应加入专业的支撑。制药企业的职责是病人的安全、治疗效果为先。"一旦出现一次用药事故，患者损失不可想象，企业的赔偿与形象受损将得不偿失。"

一位业内人士直言，此类药箱的营销模式是结合了网络与实体店的营销模式，将网络直销与实体店服务融合在一起，给药箱上增加附加服务，并且将药学服务更进一步深入到各个家庭中，但是消费者是否接受还需要市场检验，另外他也对需要建立庞大的配送队伍与药箱管理员的专业性提出了疑问。

可与社区医院合作避险

药箱的营销模式在国外部分欠发达地区有所推广，而发达地区普遍的模式是私人医生。

沈志祥建议，国内药企可以将两者结合起来，与社区医院寻求合作，在药箱入户的尝试中，让社区医生介入，指导选药，并根据实际病患来变换用药，形成一个中国模式的"私人药箱"。

据介绍，部分欠发达地区使用国外医药企业捐助的药箱时，均通过卫生部门实现进入家庭，并由类似于社区医院的部门来统一管理，采购主体也是这些公立部门。

"实际上，国外企业捐赠药箱的行为也是一种商业推广，前期免费进入社区、家庭后，其质量、疗效得到认可，逐渐实现与当地医疗部门合作，形成长期采购关系。"一位业内人士说，这与上述医药集团的药箱营销模式相类似，但采购主体应落在社区医院，对企业、消费者来说风险更低。

对此，北京工商大学商业经济研究所所长洪涛表示，由于药品的特殊性，企业在具备药品经营企业 GSP 认证的前提下，只有规范化经营才能保证消费者利益。同时他也提出，政府相关部门应及时对此类药品销售模式进行监管，避免出现监管漏洞，保证市场规范化运行。

文章来源：北京商报

题　　目：防止优惠政策过分对外资倾斜　专家呼吁法规出台

记　　者：熊海鸥

时　　间：2010 年 2 月 11 日

零售业作为最先对外开放的行业，吸引外资零售企业进入一度成为当地政府业绩之一。扩大内需已成为我国长久国策，但国内的中外零售企业发展不平衡、不公平的市场境况引发了专家担忧。记者昨日获悉，上海连锁经营研究所所长顾国建抛出"内需国策下需建立零售市场法制秩序与管控"观点。尽管有部分专家认为过分夸大了外资零售带来的冲击，但相关专家仍一致表示，外资零售商在中国过于享受超国民待遇，我国迫切需要建立更加规范的零售市场秩序。

外资决定游戏规则

相关研究数据显示,一家外资大型综合超市可替换掉 20 家小型超市,每一家家乐福大卖场开业,周围 3 公里将有 50~100 家中小型超市、杂货店、便利店等同业态店铺倒闭。北京 2009 年外资零售店达 2500 家,远大于 2004 年的 32 家。国内最为传统弱小的零售业 1995 年在向现代连锁商业转型中,一开始就遭到世界零售巨头的打压。而外资零售巨头经过 15 年发展,基本上成为国内市场全国性连锁公司,国内零售巨头除家电连锁外一般都是区域性或有限区域发展的连锁公司。

外资零售在销售规模上也占主导地位。上海外资零售占大型综合超市数量的 55%,大型综合超市销售规模前五位都是外资零售企业。

顾国建指出,目前零供交易规则也是由率先进入国内市场的外资零售巨头制定,如名目繁多的"进场费"、严重拖欠供货商货款等,造成零供关系极为紧张。处于弱势地位的本土零售商只能按外资零售巨头带来和制定的交易规则行事,否则无法生存。国际奢侈品把持国内百货零售业话语权,外资零售商和品牌商主导的"寻租"现象盛行,这些都造成现代连锁经营方式异化,零售市场秩序混乱。

专家观点:外资零售享受超国民待遇

零售市场是国内开放最早和最为彻底的市场,根据 WTO 承诺,2004 年中国完全开放了零售市场。国内零售市场将继续向全世界开放。

北京工商大学经济学院教授洪涛表示,2008 年底外资零售门店审批权下放到省级商务部后,地方政府为打造区域性国际商业城市,纷纷对外资零售商提供了优惠政策,如低地价、租金和优惠税收等条件,外资零售享受超国民待遇,外资零售大举开店。

出台"三大法规"迫在眉睫

中国人民大学商学院博士生导师黄国雄教授坚信国内零售商能抵御外资零售的冲击,地区性零售商仍有一定竞争优势。但他强调,目前中国还缺乏国内、国际双向开放的零售市场，倡导建立平等、公平的竞争环境，防止优惠政策过分对外资倾斜，造成对国内企业过分冲击。

"如果中国没有对内需市场切实的管控权，国内消费的终端市场将存在利益旁落的可能性。"顾国建呼吁，国家有必要建立与内需市场直接相关的"流通产业振兴规划"，尽快出台更加有效的零售市场交易规则法制建设——《零售商与供货商交易管理条例》、零售市场发展规划法制建设——《城市商业网点规划管理办法》、中小零售商保护法制建设——《大型零售商发展的规制（规范）》这三项法律。

洪涛表示，我国零售业相关法律严重滞后，中小零售企业长期处于弱势地位。国外零售业《大店法》值得借鉴，我国反垄断法涉及零售方面还比较抽象，酝酿十多年的《商业网点管理条例》也没有出台，零售市场健康有序的发展必须建立在法规规范的基础上。

文章来源：北京商报
题　　目："零售业态分类"国标修订　连锁超市将快速发展
记　　者：熊海鸥
时　　间：2010 年 1 月 28 日

随着零售业的快速发展，现有的《零售业态分类》国家标准已无法满足市场发展需求。记者昨日获悉，由中国连锁经营协会承担的《零售业态分类》国家标准修订已进入公开征求意见环节。本次修订首次对超市业态进行了细分，便利超市、社区超市、大型超市作为单一业态获得认可。专家表示，如同2004 年新零售业态分类标准把无店铺销售方式纳入零售业后，进一步激发电子商务繁荣一样，连锁超市也将进入快速发展时期。

顺应市场发展　超市业态细分

零售业态分类是按照店铺的经营方式、商品结构、服务功能，以及选址、商圈、规模、店堂设施、目标顾客和有无固定营业场所原则进行分类的。此次标准是在 2004 年版本基础上的又一次修订。

从大类上来看，此次修订零售业态由原来十八大类缩减为十六大类，但细分业态增多。把原版的大型超市归类在超市业态大类下，家居建材店并入专业店中；将专业店划分为"专业市场"和"专业超市"；在无店铺零售中增加了

120

直销业态。

此次修订最大的亮点是对超市业态进行细分，划为便利超市、社区超市、综合超市和大型超市，并对这四类超市营业面积和目标顾客规定了具体标准。

参与此次修订的中国连锁经营协会副秘书长杨青松表示，零售业差异化趋势已越来越明显，业态细分越来越具体，进行零售业态分类修订非常必要，也更加方便政府分档定级管理。

国标修订将带来行业升级

20 世纪末，我国零售业经过长期积聚，开始迎来快速发展时期。为跟上零售业发展步伐，2000 年，国家制定并颁布了《零售业态分类》。4 年后，国家质量监督检验检疫总局、国家标准化管理委员会联合颁布了新的国家标准《零售业态分类》。该标准对购物中心的种类进行了细分；增加了折扣店业态。最重要的是，零售业态从总体上分为有店铺零售业态和无店铺零售业态，无店铺销售方式被我国零售业承认。

20 世纪末，全国各地的无店铺销售业进入飞速发展时期，淘宝商城等无店铺零售商悄然崛起，造就了如今网上零售业蓬勃发展。根据相关研究机构的最新调查数据显示，在金融危机时期，传统零售业销售额增速放缓，但 2009 年电子商务交易量近 2500 亿元，同比增长 100% 以上。电子商务的快速发展，也带来了点击消费、秒杀等新的消费方式。

近几年便利性服务带来了超市业态进一步细化，便利超市、社区超市、大型超市等各种细分业态普及发展，迫使"零售业态分类"重新规范。

便利、社区超市将迎来大发展

随着一线城市商圈逐渐扩展至郊区，中西部地区城镇化进程加快，24 小时便利店无法覆盖到商业区和社区，16 小时以上的便利超市和社区超市开始不断冒出。商业集团也加大了对社区超市、生活超市的升级改造，沃尔玛首次在华增设"惠选"社区便利店。

业内人士称，国民收入和个人可支配收入的发展是零售业最重要的市场驱动力。一般人均 GDP 在 800~2000 美元，是连锁超市诞生时期；人均 GDP 达到 4000 美元，是便利店、专卖店、专业店批量发展时期；人均 GDP 超过

4000 美元，高级专卖店、精品店、奢侈品开始流行。

数据显示，2009 年我国相当部分城市人均 GDP 达到 3000 美元，北京、上海、广州人均 GDP 达到 1 万美元。这也激发了高端精品超市在上海、广州开始大量涌现。

专家观点

相关专家表示，连锁便利超市目前尚处于初级发展阶段，因其选址灵活、投资额少、货物周转快、毛利高等特点成为亟待开发的黄金渠道。

北京工商大学经济学院教授洪涛解读此次修订的重要原因是"超市是近年来零售业发展最快的业态，各细分业态相互嫁接趋势明显，一家零售企业经营多种业态也较为普遍，原有的标准已经不适合现实发展需要"。

洪涛认为，修订后的零售业态分类标准，将大大助推连锁超市的整体升级。随着城镇化进程的加快，以及国民收入的持续增长，连锁便利超市和社区超市将获得飞速发展。

第三部分 尾货市场管理 与规范发展

根据《尾货市场经营管理技术规范》，尾货（Tail Commodity）是指在生产和流通环节中产生的，在功能、安全性等方面符合国家相关标准的库存积压产品，包括企业订单外生产的产品、由于某些原因取消企业订单的产成品、在流通过程中销售剩余的商品等。

从2007年创办天兰天尾货服装批发市场至今4年多来，我国尾货市场在北京、济南、广州、郑州、常熟、上海等地形成了许多的尾货交易中心、尾货市场、尾货超市，尾货及其尾货市场已经是时尚的一个商品名词。

洪涛教授认为，尾货是一种客观经济现象，尾货市场是市场组织形态的创新，也是一个潜力巨大的特色市场。他在接受采访中强调，对于消费者，首先需要从观念上改变，使其明确尾货不是旧货，不是假冒伪劣产品，不是低质产品，不是洋垃圾。对于商人，则一定要有尾货观念，只有分清了正货和尾货商品，才有可能经营好买卖。

2009年7月1日，由洪涛教授主持制定的《尾货市场经营管理技术规范行业标准》（标准编号SB/T10505—2008）正式实施。这一标准在2008年12月由商务部颁布。标准界定了什么是尾货，什么是尾货市场，并且对经营、管理、设施都提出了相应的要求，也避免了尾货市场盲目的发展和尾货概念的滥用。尽管是行业推荐执行，但是对尾货行业的经营者和管理者仍然有约束作用，具有重要意义。

第十章 尾货市场管理与规范发展

洪涛观点：

国际商贸中心城市不能没有尾货市场[①]

一、尾货随时到处可见

（1）尾货是一种市场经济的客观经济现象，在市场经济条件下，订单经济会留下很多的尾货、批发环节也会出现尾货、零售环节也会出现尾货、进出口环节也会出现大量尾货，特别是在国际贸易出现波动时期更是如此，撤单、毁单等现象经常会出现，形成大量的进出口尾货。

（2）尾货作为一种经济现象也具有常态化趋势，这是因为，科技的发展在不断地变化，消费者需求也在天天发生变化，因此，产品生命周期在不断地加快，周期在不断地减少。总是有一些商品先进入市场，具有时尚性，后进入市场则相对滞后而过时，于是在价格上就反映出较大的差距。

（3）所以，我们将尾货定义为是"在生产和流通环节中产生的，在功能、安全性等方面符合国家相关标准的库存积压产品，包括企业订单外生产的产品、由于某些原因取消企业订单的产成品、在流通过程中销售剩余的商品等"。

二、北京、上海、广州建设国际商贸中心城市不能没有尾货渠道

国际商贸中心城市是品牌云集的城市，是时尚变幻的城市，是商品丰富多彩的城市，因此，也应该是一个不同商品流动的城市，在消费者心中今天是品

---

① 洪涛教授在 2010 年 7 月 31 日中国尾货商户联盟俱乐部成立大会上的发言。

牌，明天可能就不是品牌了，今天是时尚，明天可能就不是时尚了，今天商品这类消费者钟爱，明天商品又有不同消费者钟爱。这种变化，使得同一的商品也在不断地变化，正货、尾货，有些商品过时了，可能在某一时间它又时新了，正如我国唐装，在古代曾经时尚过，在现代上海分会上，许多国家的首脑重新穿上古装，从而引起了又一次唐装消费浪潮。正因为如此，城市就出现了名品百货后，又出现了奥特莱斯，销售名品尾货。许多个性消费者在尾货市场淘宝尾货成为时尚。

三、正货与尾货混杂经营不利于市场秩序经营

正货代表时尚，尾货代表过时和表现个性，正货价格较高，尾货价格较低，如果正货价格较低不符合价格法，但是批发尾货则可以低于成本价销售而不违法，零售尾货低于进货价格也不违法。如果在同一个商场，在其中开特卖场销售过季的尾货，必然会导致百货店原有的顾客会流失，这是我在给许多老总上课时所作出的调研成果。

实践证明，正货与尾货相混杂经营必然会导致市场经营秩序的混乱，这也是我们制定《尾货市场经营与管理技术规范》提出尾货市场必须标明尾货市场，而不将尾货与正货相混杂经营。

四、尾货与正货在质量上没有什么不同，只有上市先后区分

在经营正货与尾货的过程中，顾客会经常问尾货与正货有什么不同，我们应该说，在质量上没有什么不同，所不同的主要表现在进入市场的时间先后而已。否则尾货与正货在质量上不同，或者出现不安全的因素，尾货应不会有存在的空间，应会被驱逐市场之外，这是我们必须充分认识的问题。应该向消费者讲清楚、说明白。

五、尾货市场类型可以多样，层次也可以有所不同

尾货根据其来源不同可以分为生产订货尾货、批发尾货、零售尾货、代理商尾货、品牌商尾货、出口尾货、进口尾货等，正因为如此，尾货市场可以根据不同的来源有不同的类型；同时不同的商品也有不同的尾货，如服装尾货、箱包尾货、手机尾货、家电尾货、房屋尾货甚至机票尾货、球票尾货、影剧票尾货等服务产品尾货。

从尾货层次来讲，尾货也可以分为名品尾货，如万文英承认，奥特莱斯就

是名品尾货，此外还有品牌尾货、一般商品尾货等。丰富多彩的社会使尾货市场变得丰富多彩。

这样一来，尾货市场的类型也就多种多样了，如尾货批发市场、尾货零售市场、尾货超市；尾货总部基地、尾货采购基地、尾货物流园区、尾货集散中心、尾货订单交易中心等；在此基础上，尾货供应链就产生了，只有形成了尾货产业链，大家的利益联结在一起，大家就与财富紧密地联系在一起了。

六、商人一定要有一些尾货观念

随着经济和社会的发展，科技进步，商人应该有一些尾货的概念，这就是哪些商品是正货市场，哪些是尾货商品，哪些尾货商品过一段时间又可能成为正货商品，这些需要我们去研究，不研究这些问题，就不可能经营好自己的买卖。有时正货按尾货来经营，必须遵循《反不正当经营法》、《价格法》、《消费者权益保护法》等。可以说，有尾货概念的商人是最时尚的商人。

论坛观点：

加快尾货市场规范与升级
——尾货市场规范与升级研讨会会议纪要

2011 年 5 月 7 日，尾货市场规范与升级研讨会在裕龙大酒店举行，参加会议的有商务部市场体系司胡剑萍处长、国务院发展研究中心市场所任兴洲所长、中国市场学会副会长郭冬乐、北京工商大学贸易系主任、商务部市场运行调控专家洪涛、北京工商大学贸易经济系主任龚晓菊、副主任李丽、中央财经大学教授周卫中、北京交通大学教授冯华、北京社会科学院研究员杨松、北京天兰天尾货服装批发市场董事长侯续江、北京天兰天尾货服装批发市场总经理曾群海、北京尖点国际营销策划有限公司总经理梁吉良、天兰天尾货鞋城董事长吴大局、北京市场协会秘书长国杰、《经济日报》记者张慧萍、《国际商报》记者傅莲英、《中国商报》记者胡彬，以及研究生 20 多人参加了会议。研讨会由洪涛教授主持。

洪涛教授发言，2006 年 12 月底在北京建立第一家尾货市场——天兰天尾货市场，这一历史性事件标志着尾货市场这一新的业态形成了。尾货市场作为新生事物在社会上有很大影响，2007年针对尾货市场召开过很多次研讨会，截至2011年4月23日，共召开10次研讨会议。2008年12月4日国家颁布了尾货行业标准，2009年7月1日实施，这在国家有很大影响。这几年，北京、南京、广州、山东、郑州、沈阳等一些地区问世了许多尾货市场，形成批发、零售、精品尾货等多种经营模式。尾货市场的发展得到了国家和老百姓的好评，但发展中仍存在一些问题，尾货市场的发展需要规范，同时也需要升级。

曾群海经理首先介绍了天兰天尾货市场的基本情况。天兰天尾货市场是于2006年12月28日在北京开业，如今已开业近五年，市场每逢周六、日的客流量达到5万人以上。广东、浙江、广西等地客商在天兰天尾货市场进货批货，和以前相比，市场中的货源更加充实。金融危机过后，市场中的尾货商品的价格出现普遍上涨，几乎很少有5元的商品，现在有些商品的价格最低保持在20元左右；商品质量也有较大的提升；外贸尾货数量有所下降，许多制造商的订单尾货的比例有所减少，金融危机使得商家订单外的产量降低。天兰天尾货市场在近几年的发展过程中也遇到以下四个方面的问题：

（1）尾货品牌。在市场中有些尾货商品来源于厂家，但是这些商户在经营过程中却不敢说自己的商品的来源，他们在卖商品时会进行剪标。之所以这么做，是因为工商局在检查商品时会对产品产生质疑，还有一点就是品牌商家认为在尾货市场经营自己的品牌感觉丢脸。任兴洲所长指出，在出现这种情况后市场应主动将尾货市场进行细分，这方面应向奥特莱斯学习。过季的名品尾货在尾货市场中要严格细分，不要和5元、10元的货物混杂销售，给人们或品牌商家不好的印象，应将品牌产品单独销售，因此在这个问题上我们还需要进行深入探讨。

（2）货源的严格检查。尾货市场就是要经营尾货产品，市场管理人员每天对商户的货源进行三次严格审查，以保证货物的货源。天兰天尾货市场在建立时就严格定下了经营目标，尾货不要冲击正货市场，必须注重尾货货源。市场中无论是货物、还是消费群体都有高中低端，市场中有600多个商户，商户的库房比摊位卖得还要多，市场中还是有许多时尚尾货。因此，如何规范货源也是市场面临的重要问题。

（3）货物登记难。工商局会定期对市场中的商户进行检查，工商局要求每个商户进行其经营品牌的登记，这一点的实行可以说有一定难度。每个商户的经营品牌不固定，商户经营的品种也很多，所以不易进行登记。

（4）天兰天尾货市场在不同位置有不同的经营分支，名称也有所不同。针对不同的消费群，市场进行不同的定位，并划分不同的经营特色，有批发为主、零售为主、精品尾货等。因此，如何正确定位是重要问题。

天兰尾货鞋城董事长吴大局：天兰尾货主要是以国内二、三线品牌为主，提供审批书和产品质量报告，处理自销产品，要求明码标价，统一收银管理、统一品牌检验、统一售后服务。同时我们准备在华南和郑州建几个物流基地，加强与上游厂商的合作，并加强电子商务的发展。我认为当前尾货市场存在的问题有"远程管理问题"、"擦边球"等。

手拉手尾货市场执行总经理邵仁英介绍了手拉手尾货市场的基本情况。手拉手尾货市场于2010年4月8日开业，是以批发为主、零售为辅的一种经营方式，经营对象主要以服装和鞋为主。手拉手尾货市场建立在北京赵公口长途汽车站附近，属于泛大红门商圈的边缘位置，大红门是以服装鞋帽为经营对象的一个商圈。所以，"手拉手"的经营在此商圈中并无太大的优势。因此，"手拉手"在建立之时就明确了其经营目标，那就是以外贸尾货为特色的，突出价格优势的，以避免同质化经营的一种经营方式。

邵经理提出"手拉手"在经营时遇到的三个问题：

（1）如何控制尾货的货源。手拉手的管理层方面有一支非常有经验的管理团队，在管理经营方面有一些经验，并且掌握着商品的属性，了解着商品的进货渠道。

（2）"手拉手"逐渐走向多元化复合式尾货经营。现在市场中已成立了2000平方米左右的箱包城、1800平方米左右的电子商品城。但是电子商品城不是"完全"尾货，而是借助尾货市场实行低价策略。另外，市场开业以来，无重大投诉案件。市场实行的是先行理赔制，每个商户有一部分钱放在市场中，当遇到纠纷问题时，市场会先用这部分钱赔付给消费者，让消费者感到满意，市场通过这种方式吸引消费者的关注。

（3）工商管理部门的索证索票制度。这一制度使得商户处于比较尴尬的地位，工商局要求的进货证明商户无法拿出，从源头起就无法提供证明，这是遇到的问题。

北京尖点国际营销策划有限公司总经理梁吉良：2006年底，侯续江、曾群海提出了尾货的概念，经过四年的发展，尾货市场发生了很大变化。但是近两年我发现北京尾货市场存在很多问题，作为独自的策划公司无法解决，希望今天与大家共同交流。

当前北京尾货市场存在的问题有五点：

（1）趋同问题。北京尾货市场之前倒闭了7~8家，现存15~16家，其中天兰天尾货以批发为主，通州、天通尾货以社区服务为主。总的来说，北京尾货市场接近饱和。

（2）盲目跟风。很多企业没有货源信息，就盲目跟风，可见尾货市场需要规范管理。

（3）尾货市场与正货市场冲突。有的尾货市场找不到货源，于是找一些低廉的正货，结果冲击了尾货市场。

（4）消费者的公信力。同种产品在不同的尾货市场，价格的不同引起了消费者对尾货市场的公信力很低。

（5）假冒伪劣问题。一些假冒伪劣产品不是产生于尾货市场，而是产生于仓库。

发展尾货市场的建议有三点：

（1）构建良好的尾货市场体系。

（2）吸取成功经验，努力创造尾货经营环境。

（3）尾货企业、主管部门和行业协会建立良好的沟通平台。

冯华教授对流通业的转型升级问题有较深的研究，冯教授的发言分为三个部分。第一，他从两个层次谈尾货市场的转型意义。一方面，我国"十二五"规划指出，我国发展正处于经济转型升级的阶段，尾货市场的出现正是经济循环的重要方面，是有助于经济转型升级的重要体现。另一方面，构建现代产业体系。国家强调建立现代产业体系，商贸流通业的发展有助于现代产业体系的建设，而尾货行业是该体系的重要组成部分。第二，冯教授谈到了尾货市场如何规范发展。如果市场的发展不规范那么就不能进行大的升级发展，任何一个行业的升级的前提都是规范发展。规范包括两个方面：一是强制性规范，也就是要遵守国家的相关规定；二是道德自律规范，行业内和企业内都要进行自律规范。第三，尾货市场如何升级。这包括以下三个方面：

（1）我国的流通发展方向是逐渐从流通业向现代商业服务业升级发展，并伴随着商品、技术、业态、服务、产业结构的升级。具体到尾货市场，就要伴随着国家、消费、技术升级而发展，并和现代流通发展方式相适应。企业要有明确的定位，尾货市场要进行适应性经营，具体要考虑到是选择综合经营还是差异化经营。如何选择经营方式要适应消费升级的要求，适应信息化、物流化、特色化、品牌化、规模化等方面的发展，要突出尾货市场的市场品牌。

（2）按成熟的市场经济规则升级。要尊重消费者、生产者、国家法律等方面，并要求参与主体都按成熟的规则各尽其责。

（3）从解决当前问题入手加快升级。加快升级发展必须立足于当前问题，针对尾货市场来说，货源、质量的问题都是急需解决的问题。从货源来说，没有正规的渠道就不能经营，这是规范的第一前提。总的来说，只有重视当前问题，才能让尾货企业经营的时间更长。要高度注视细节的划分问题，体系化、规模化才是走得更远的基础。

胡剑萍：尾货市场在北京发展得很不错，得到了消费者的认可，但也存在一些问题，经过几年的发展，需要对尾货行业规范标准进行修订，以前主要是批发，现在应该加入零售等新的业态。目前尾货市场还未受到国家认可，尾货市场商业规划网点条例由政府制定比较困难。但是可以考虑建立北京市尾货市场协会，尾货市场的范围可以适当扩大一些，比如新销产品、床上用品等。同时建立尾货市场的相关协会，加强尾货行业自律。

任兴洲所长首先对天兰天尾货市场的经营给予了肯定，并对尾货市场的发展给予了肯定，任所长的发言分为以下几部分：第一，强调尾货市场的发展需要明确的定位，并要适应生产、消费、流通发展的方式。在我国目前国情下，尾货市场的发展要实行转型，要从外贸尾货向扩大型尾货发展。他指出，外贸尾货在实际生产方面还是存在一定的侵权行为，在严管下还会存在不合规行为。因此，发展方向是国内的一些品牌尾货的销售，包括滞销的、断码、断号的产品。总体来说，尾货市场还需进行细分，商品的经营对象还需进行细分，尾货也要分出层次。细分商品是尾货市场的特色，也是适应我国国情的发展，要将商品分为高、中、低端，不要混合经营。第二，强调尾货市场的品牌管理。天兰天尾货市场还创建了天汇、淘宝城等品牌，这在一定程度上，分散了经营的风险。第三，尾货的货源。现在的尾货市场只是提供一个经营销售的平台，这在一定程度上无法有效地控制货源。因此，尾货市场要加强供应链的管理控制，不仅是搭建平台，还要控制货源，这才是尾货市场发展的核心所在。第四，借鉴奥特莱斯的经验。好的商品和折扣需要好的运营商，运营商是企业运行的核心，运营商可以拿到国家的品牌经营。所以，要致力于成为尾货市场的运营商，这才是未来的发展趋势。我们的尾货市场要从搭建平台开始，向上游发展，逐渐控制货源，拿到商品的授权，这样才能摆脱单纯靠租金方式生存的状况。第五，各尾货市场要同心协力，一起发展，共同分享市场果实。尾货市场的经营还需要重视安全经营，并把消防安全放在第一位。另外，要重视知识产权，不要给消费者留下尾货市场是侵权市场的观念。

郭冬乐：尾货市场应该定位于中低收入阶层，在规范中升级发展，在发展升级中规范。同时尾货市场应该搞业态创新，但是不同业态的尾货市场不可混为一谈，尾货市场的概念应该界定清晰。尾货市场不能越来越多，应该有一个合理的规划布局，另外还要考虑尾货市场能否把商户组织起来，让他们进行自我教育。

周卫中教授讲到，尾货市场是一个企业，要想实现长远的发展，必须从商业模式创新方面入手。

（1）要从提供商品转向提供服务。无论是从国家还是从社会来讲，尾货会越来越少，因此，要向提供服务方面发展。

（2）从市场交易到线上线下互动发展。企业家要充分发挥才能，突破实体店的禁锢。

（3）突出低碳环保。借鉴时装表演的方式，宣传低碳环保，为将来的收益打下基础。

国杰秘书长指出尾货市场是一个新兴概念，并存在一些问题。第一，商品交易市场相对过剩。1995年北京市拥有945个交易市场，在减少市场数量的政策下，2000年减少到786个市场，直至2011年有1071个市场，其中农副产品市场598个，排名第一，建材市场160个，服装市场86个，电子市场21个。从数量上来看，尾货市场现在的20多家的发展速度很快。北京市总体市场过剩，现在的一个市场是以前几十个甚至是几百个市场的总和。因此相比较而言，北京的市场总量过剩，市场的竞争很激烈。尾货市场在这种情况下的发展必须要有新的经营管理方式，所以说，现在的尾货市场是要积极规范升级的必须阶段。第二，尾货市场的进入必须设置很高的门槛，不能让尾货品牌变得不值钱。商务部出台的技术规范必须强制实施起来，并与工商部门联手合作来规范尾货市场。比如说，尾货市场在登记注册时，要交可行性分析报告；要保证相对稳定的供货渠道，较大的仓储设施等，只有这样，才能有效控制。第三，加强管理，严格自律。尾货市场在一定程度上和别的市场会有边缘化竞争，因此，将消费者认为尾货市场是二手市场等的观念打消的唯一措施就是市场必须严格自律，不能什么商户都招入。和其他市场相比，尾货市场的商户的招入审查要更加严格。可以将末位淘汰等引入商户管理中，只有管住商户才能让市场有好的发展。

杨松：今天尾货市场规范与升级研讨会的举办非常重要并且很及时。我谈两个方面的问题：

（1）北京尾货市场的特点：①行业发展：由快速盲目走向理性回归。②行业管理：2008年颁布了尾货市场经营与管理技术规范行业标准。③市场品牌效应：尾货行业形成了天兰天特色的品牌。④加强尾货企业自律，如尾货商户俱乐部的成立。⑤发展趋势：尾货有望成为一种新的业态。总的来说：尾货市场发展迅猛，问题不少；规范很早，需要落实；竞争激烈，前景可观。

（2）尾货市场的规范措施：①加强指导，积极引导。②规范经营，提高效率。③诚信经营，增强服务。④协调发展，形成品牌。⑤加强宣传，准确报道。⑥深入研究，服务实践。

龚晓菊教授发言，尾货市场那么多人去，肯定是品牌和价格吸引了消费者。在一定程度上，尾货可能越来越少，因此，要适应长期发展必须进行有效的规范和升级。具体的升级方向就是要优化购物环境和品牌的发展。尾货市场的发展必须以品牌的建设为基础，卖品牌也要有特色，要自律发展才能让尾货市场更有生命力。

最后，洪涛教授宣读了《关于加强尾货市场规范管理的倡议书》，并提出了未来尾货市场的五个发展趋势：

（1）尾货是市场经济的客观经济现象，在中国的市场体系中不能没有尾货市场。

（2）尾货市场的范围需要扩大，在现有服装尾货的基础上，许多其他多种尾货产品也应给予其合法的空间等。

（3）尾货业态创新将是一种趋势，批发、零售、总部基地、集散中心、信息中心等，都应有一些创新发展。

（4）建设尾货集散中心。

（5）修订尾货市场行业标准的规范条款。

采访集萃：

文章来源：经济日报

题　　目：尾货市场：应运而生　规范发展

记　　者：谢慧　赵燕

时　　间：2010年9月6日

对生产企业来说，随着产能不断扩大，库存积压产品导致资金回笼困难，

134

正成为不少企业面临的发展瓶颈。

对消费者而言，如果能以低廉的价格购买到质量有保证的正规厂家服饰，又何乐而不为？

正因为如此，尾货市场应运而生。三年前，国内首家尾货市场——天兰天服装尾货批发市场在北京正式开业。随后，北京相继诞生十余家尾货市场，南京、常熟、广州、上海等地也迅速形成服装服饰尾货交易中心。

2009年7月，随着《尾货市场经营管理技术规范》的正式施行，以及尾货商户联盟俱乐部的成立，尾货市场正走上规范化发展之路。

平衡内销
库存积压商品"消化器"

走进北京的任何一家服装尾货市场，都可以看到悬挂在各处的"外贸尾货"、"正宗尾货"、"尾货专卖"等招牌。在北京天兰天服装尾货市场，记者发现，60%以上的服装售价都在80元以内，有的衬衣只要5元一件，牛仔裤也仅要10元，价格十分低廉。

北京工商大学洪涛教授解释说，"尾货，是指在生产和流通环节中产生的，在功能、安全性等方面符合国家相关标准的库存积压产品，尾货通常为过季、断码的产品，但并不是假冒伪劣产品、洋垃圾和旧货"。从来源上看，尾货包括企业订单外生产的产品、由于某些原因取消企业订单的产成品、在流通过程中销售剩余的商品等。尾货市场是对正规商品市场的一种辅助，是商业经济发展到一定阶段的产物。

据了解，我国库存商品数量巨大，在服装、鞋帽、饰品、箱包、家电、手机、家具等不同行业都会产生尾货。据洪涛教授在课题中统计，在服装尾货市场方面，我国每年生产的服装不少于500亿件，以一批服装原单生产中会产生3%~5%尾货的比例来计算，可正常产生50亿件库存。

数量巨大的尾货给厂家的库存和资金周转带来压力，小规模、分散经营的尾货商户并不具备足够的消化能力。因而，成立专门的尾货市场，为从事尾货交易的买卖双方提供经常性的、固定的、具有配套设施和相关服务的场所成为迫切需求。

2007年北京天兰天服装尾货市场正式开业后，短短三个月，客流量就达到2.8万人次，不仅吸引了众多消费者，而且还吸引了大量批发商。"随着招商的进一步扩大和功能的不断改善，天兰天效益日益明显。2009 年 8 月下旬，天兰天接待顾客超过 18 万人次，10 天出货量超过 120 万件，交易额超过 2000 万元。"天兰天总经理曾群海说，如今，天兰天尾货市场内共有 930 多个摊位，兼具零售和批发功能，并与珠三角、广州、常熟、青岛等地的厂商以及大型尾货批发中心直接建立了供货关系。

天兰天的率先起步，带动了尾货市场的全面发展，天通尾货市场、回龙观尾货社区淘宝城等也相继成立，鼎盛时期北京尾货市场最多达到 15 家以上。广州、武汉、济南、常熟、上海、天津、保定、郑州、青岛等城市也纷纷兴建尾货市场，根据管理模式的不同，大致分为三类：市场经营模式、商城经营模式，以及以库房批发、品牌折扣店、工厂店为主的经营模式。在武汉市汉正街多福商城服装尾货市场，有 1500 多位汉正街小老板投身其中，一年的销售额达 2000 万元以上，而拥有 5 万平方米的建筑面积、7000 多个铺位的汉口北外贸尾货市场 2009 年开业后，一跃成为华中地区最大的尾货贸易市场。

"尾货市场的优势集中体现在两点：一是价格便宜，更加符合大众的购买能力；二是品种齐全，能够满足更多人的需求。"洪涛教授说，尾货市场弥补了我国市场体系的不足，为平衡内销市场提供了有效的解决方案，是流通产业的新一轮"升级"。

创新升级
打造货源流通"大网络"

从天兰天尾货市场开始起步，历时四年的发展，不少尾货市场保持着旺盛的生命力，也有许多尾货市场难以为继，以北京为例，就有九龙汇川尾货市场等七八家市场相继关闭。

实际上，依据《尾货市场经营管理技术规范》，诸多尾货市场已经开始自我整顿。一方面采取措施保证市场的纯粹，减少"正装商户"，着力维系"尾货商户"；另一方面积极探索经营策略的转变，加强监督以保障尾货产品的质量。2010 年 7 月，由 550 余位商户组成的尾货商户联盟俱乐部在北京成立，为进一步规范尾货市场运作做出了有益尝试。

目前，国内尾货货源主要集中在服装加工厂商云集的广东、福建等东南沿海地区，而尾货的主要需求分布在我国中部、北部、西部等广大地区，尾货商户联盟俱乐部通过会员构成流通网络，直接连接以上两大供需方，促成南北货源的流通。为帮助会员发掘货源信息，打造尾货行业发展新平台，尾货联盟俱乐部已与国内千余家服装厂商，广东、福建大型尾货批发市场签订了尾货货源直供对接协议，会员不但可以免费共享这些货源大户提供的货源信息，在货源采购方面，更具备价格优势。

"尾货市场的发展总体上仍处于黄金期。"洪涛指出，随着消费者需求的变化，产品的生命周期不断缩短，市场上会存在大量尾货。此外，成熟规范性的市场必须要有完善的产业链做支持，应借助成立尾货商户联盟俱乐部的契机，形成聚集与传播货源、客源等情况的信息中心和尾货集散中心，发挥规模效益。

"当然，物流、信息传递速度、资金融资渠道、基础设施的建设也是影响尾货市场健康发展的因素。"廖涵表示，从长远发展上来看，尾货市场仍然需要思考如何创新升级。

据了解，尾货市场的专业人士也正在酝酿成立尾货行业专业委员会，专业委员会将把尾货行业的专家学者、经营管理者和商户集合起来，讨论和解决各种问题，并对行业标准进行不断的修正和完善。

规范发展
质量提升市场"竞争力"

"一直以来，尾货市场的发展还没有一个完整的规范来进行约束。在很多消费者心目中，尾货市场就是鱼龙混杂的形象，甚至是廉价与低档的代名词。"中国人民大学商学院教授黄国雄指出，尾货市场遍地开花，导致许多新投资尾货的商户由于缺乏稳定的货源而陷入困境，产生质量问题。

"虽然服装尾货市场前景可观，但是真正进入一个尾货市场并不是那么容易，其中最大的瓶颈就是货源信息。"天兰天市场总策划梁吉良认为，对于尾货商来说，质优价廉的尾货信息就是其赚钱的关键。此外，尾货主要是原单交单之后的剩余货、以往的库存积压货，质量上难免或多或少存在问题，因此，销售商家把好质量关尤为重要。

为促进尾货市场的有序发展，商务部发布的《尾货市场经营管理技术规范》（以下简称《规范》）已于 2009 年 7 月 1 日起正式施行。《规范》不仅明确了尾货和尾货市场的概念，而且制定了经营环境、设施设备、经营管理三大方面的标准，并提出了严格的质量要求。《规范》建议尾货市场应该与同类正货市场保持一定的空间距离，而且对入市尾货实行质量审核准入制度，对质量安全不合格的尾货实行市场清退制度。

洪涛认为，质量是尾货市场的生命，这个规范虽然只是行业推荐的性质，但是却为尾货市场的管理提供了一个合法公认的标准和依据。"发挥《规范》的作用主要是通过市场管理方，各个尾货市场的管理部门可以按照《规范》对商家的行为进行约束和引导。"

"为了更好地规范经营，天兰天尾货市场统一营业时间，并实行限价管理制度，拒绝非尾货商的进入。"曾群海表示，尾货市场不卖尾货会导致恶性循环，非尾货所占的份额太大将导致总体价格的提升，从而降低市场的竞争力。

文章来源：新华网
题　　目：尾货商户联盟俱乐部在京成立 促进货源南北流通
记　　者：张　旭
时　　间：2010 年 8 月 2 日

由 550 余位商户组成的尾货商户联盟俱乐部 7 月 31 日在北京成立。尾货商户联盟俱乐部主席梁吉良在成立仪式上说："我们希望通过行业自发的力量，规范尾货行业发展，引导其走向一个健康的、提供更多社会价值的发展轨道"。

在尾货商户联盟俱乐部成立仪式上，中国商业联合会专家委员会委员洪涛教授以及参与制定《尾货市场经营管理技术规范行业标准》的梁吉良等业内专家表示，尾货商户联盟俱乐部的成立，因应了市场发展需求，是在市场形成一定规模的时候，对尾货市场运作进一步规范的积极举措。据了解，尾货商户联盟俱乐部目前有国内各地正式会员 550 余人，储备会员已超过 2000 人。

梁吉良说："商户自发成立这个联盟俱乐部，不但是为了更好地引导、规范尾货行业发展，同时，也是为了帮助尾货商户实现更好的经营，解决尾货商户关切的问题，货源问题就是其中最重要的一项"。

据业内人士调查，尾货货源主要集中在服装加工厂商云集的广东、福建等东南沿海地区，而尾货的主要需求分布在我国中部、北部、西部等广大地区，尾货商户联盟俱乐部通过会员共同构成的流通网络，直接连接着以上两大供需方，促成南北货源大流通。

据了解，为帮助会员发掘货源信息，寻找货源，打造尾货行业发展新平台，尾货联盟俱乐部已与国内千余家服装厂商，广东、福建大型尾货批发市场签订了尾货货源直供对接协议，会员不但可以免费共享这些货源大户提供的货源信息，在货源采购方面，会员也具有价格优势。

服装尾货是尾货市场的重要组成部分。梁吉良表示，尾货联盟俱乐部将促成会员与服装加工厂商实现直接对接，由此改善市场信息不对称局面，以利于消化服装尾货库存，从而让服装加工厂商的尾货库存商品快速进入全体会员共同构成的销售网络，形成一个网络覆盖全国范围、永不落幕的"尾货展销会"。

洪涛介绍，尾货是相对于正货而言的，尾货是订单的剩余，是仓库的积压，是一种过季的产品，是在正货产品之后进入市场的。"尾货是市场经济一种客观存在的现象。即使经济发展到一个很高的程度，尾货也还将存在。"洪涛说："尾货不是假冒伪劣产品，也不是旧货。以服装而言，旧货是不允许进入市场的"。

洪涛认为，尾货市场是一种市场组织形态的创新。2007 年北京天兰天尾货市场的建立，以及随后在全国范围内逐步建立的多个尾货集散中心，弥补了我国市场体系的不足。但是一直以来，尾货市场的发展还没有一个完整的规范来进行约束，在很多消费者心目中，尾货市场就是自由散漫、鱼龙混杂的印象，是廉价与低档的代名词。洪涛说："这从另外一个角度说明，尾货市场的发展到了一个亟待规范的十字路口"。

文章来源：服装时报
题　　目：2009 年服装业十大新闻备选条目
记　　者：陶璐璐
时　　间：2009 年 12 月 30 日

尾货市场行业标准实施

7 月 1 日，《尾货市场经营管理技术规范行业标准》（标准编号 SB/T10505—2008）正式实施。这一标准由北京工商大学洪涛教授、北京天兰天服装尾货市场以及一批尾货市场的专家，在商务部的指导下，共同制定完成，并于去年 12 月颁布。《标准》界定了什么是尾货，什么是尾货市场，并且对经营、管理、设施都提出了相应的要求，也避免了尾货市场盲目的发展和尾货概念的滥用。尽管是行业推荐执行，但是对尾货行业的经营者和管理者仍然有约束作用。

点评：这是我国商品交易市场领域内的一件大事。自 2007 我国第一家尾货市场在北京诞生以来，至今已经两年。这两年我国经济形势已经发生了巨大的变化，2009 年以来，我国进出口贸易连续五个月出现负增长，上下落差相差 40 多个百分比，许多出口尾货进入国内市场，丰富了国内市场，在全国形成了北京、广州、济南、常熟、上海五大尾货基地。我国目前需要进一步规范尾货市场秩序，做到正货与尾货互相联动，共同发展。

文章来源：中国产经新闻报
题　　目：尾货市场未来六大发展趋势
记　　者：高莹莹
时　　间：2009 年 12 月 17 日

记者在采访中发现，服装尾货市场的品种不仅仅是订单尾货，还出现了很多品牌尾货，这些新鲜的元素为尾货市场的发展提供了有力的来源和保证。

北京工商大学教授洪涛在接受采访时说："随着市场的发展和市民多元化的需求，尾货市场未来发展主要有六大趋势：服装多样化、市场规范化、尾货多品种化、多业态发展，多中心发展和升级化市场"。

对此，中国尾货市场的策划人梁吉良则认为，拆分细化是未来尾货市场的趋势之一。北京的尾货市场分布得较多，基本饱和，尾货市场势必要向多种商品线并存的模式发展。"老百姓的吃、穿、住、用、行这些生活元素中都有尾货商品的存在，商品只有细分化才能让消费者淘而所用。"梁吉良在接受记者采访时表示。

随着《尾货市场经营管理技术规范行业标准》的实施，尾货市场已经进入一个规范化的发展时期。而且在尾货市场体制逐步完善后还会建立起多业态的发展趋势，如尾货市场、尾货专卖店、尾货总部基地、尾货 MALL 或者尾货商城等。

洪涛表示，"尾货市场的发展是一个长期而浩大的工程，需要逐步完善尾货市场的经营管理使其不断地升级化。而且要形成北京、济南、郑州、广州、上海等多中心的发展趋势，这样既有利于尾货的平均分配，更有利于市场运行的合理布局。我们未来的尾货市场，将是一个集服装、鞋帽、饰品、箱包、家电、手机、家具、住房，甚至服务等多元化的市场"。

140

文章来源：中国产经新闻报

题　　目：服装尾货市场繁荣背后暗藏隐忧

记　　者：高莹莹

时　　间：2009 年 12 月 16 日

"你看，我刚在天兰天尾货市场买的外单毛衣，质量还不错，才 20 块钱！"一位酷爱逛尾货市场的刘小姐兴致勃勃地对记者说。

2007 年初，国内首家服装尾货市场天兰天尾货市场在京开业，在短短三个月内累计营业额近 20 亿元，日均客流达 2.8 万人次，如此不俗的业绩更让越来越多的投资商把目光投向尾货市场。如今，北京的专业尾货市场已有 10 余家，其有增无减的发展趋势，成为近两年来服装商业的新渠道。然而，貌似巨大的市场商机后却潜藏着诸多问题。

鱼目混珠　接近饱和

虽然尾货市场自成立以来已造就了数百位亿万富翁，但不是所有的尾货市场的业绩都如此乐观，由于没有规范化的运作和专业性的管理，尾货市场所存在的弊病依然不容忽视。

"首先，面对尾货市场遍地开花的现象，其'含金率'却有减无增，一些小市场和路边店也开始打出尾货招牌，趁机低价促销商品，甚至打着尾货的旗号销售假冒伪劣产品。"中国尾货市场策划人梁吉良在接受《中国产经新闻报》记者采访时表示。这些鱼目混珠的行为不仅侵害消费者的权益，而且对于整个市场的发展也潜藏着名誉扫地的隐患。

其次，尾货市场其实是市场交易模式的有益补充，但现在"遍地开花"的现象已然证明了尾货市场已经趋于饱和状态。"如果任由其随意发展，势必会冲击传统百货部门，甚至影响部分地区市场主流渠道的健康发展。"梁吉良表示。

再次，对于尾货市场，其最大的亮点莫过于超低的价格，但令人失望的是，一些打着尾货旗号的市场价格并不低。"我来这就是为了淘到物美价廉的好东西，可没想到价格有的却那么高，白跑这一趟了。"一位消费者在接受记者采访时无奈地表示。

"最后，其实这种价格高的现象是由于货源的缺乏，商品分配不均，这也是尾货市场当前整体运营的不规范性所导致的。"梁吉良强调说。

规范市场 迫在眉睫

伪货、饱和、价格高等诸多问题似乎已经敲响了行业"警钟"。

2009年7月1日，商务部开始执行国内贸易行业标准《尾货市场经营技术管理规范》，"但这只是推荐性的标准，并没有真正落实到尾货市场的管理中，且诸多问题仍然存在。相关行业专家最近也在向有关部门申请建立一个尾货市场行业协会，其目的就是行之有效地实施尾货市场的管理制度，合理安排，顺应市场发展的需要。既然叫尾货市场，它就应该不同于一般服装市场、百货商场，它应该有相应的规范和标准。"梁吉良说。

北京工商大学教授洪涛在接受记者采访时表示，尾货市场应该进行规范化的运作和专业性的管理，不是谁都可以来经营和管理尾货市场的，它需要有管理的经验，需要有一定的资质条件，市场中的商户也不是谁都能够经营尾货的，商户应该了解什么是尾货，应该了解尾货的渠道，商户应和厂家、供货商保持良好的关系。同时市场的经营和运作尾货也需要一定的素质。从管理者的角度来讲，整个管理的模式不同于其他的商业形态，它有着特色的管理模式，还有它经营环境的要求，对于商标的要求，还有许多一般市场所没有的要求，所以从这个方面来讲，我们说尾货市场是一种组织形态的创新。

"当初我办尾货市场的目的就是要避开与其他市场的竞争点。由分散经营转为集中经营，将服装批发专业市场的特点向专业化过渡，从而形成新的概念商圈。这不仅容易让百姓接受，更有利于政府的管理。"梁吉良补充道。

据中国服装协会产业部有关专家表示，作为行业协会，并不提倡大规模兴建尾货市场。临时的甩货可以理解，然而大规模、密集的以低于生产成本的价格抛售服装尾货，势必会给服装市场本来的秩序造成一定的冲击。其实，这些尾货服装卖价低对老百姓来说本身是一件好事，因为它既便宜又实惠，对生产商来说也解决了库存积压。问题的关键在于，管理者对这一市场要加强监管，避免出现不正当竞争的行为。

文章来源：中国经济周刊

题　　　目：尾货市场行业自救　行业标准能否成"救命稻草"？

记　　　者：周海滨

时　　　间：2009 年 7 月 27 日

7 月 1 日起开始实施的《尾货市场经营管理技术规范行业标准》（以下简称《标准》）被看成是拯救尾货市场的"救命稻草"。然而，这一期许能否实现尚存悬念。

起步仅两年多的尾货市场如今正匆忙进入发展"瓶颈"期：尾货商场盲目跟风，一批尾货市场相继开业；尾货商品不纯，尾货商品仅占所售商品的 30% 甚至更少。尾货市场走在了倒闭还是重生的十字路口，行业内部亟须整顿。

虽然《标准》的支持方是国家标准委和商务部市场体系建设司，《标准》也设置了诸多关卡，力图抬高进入尾货市场的门槛，但是，由于《标准》是行业推荐执行标准而非强制性执行标准，其实质性作用饱受质疑。据《中国经济周刊》了解，有关部门正在酝酿成立尾货市场行业协会、尾货行业专业委员会，试图避免尾货市场的昙花一现。

模式细分是出路？

一半是海水，一半是火焰。

众多尾货市场难以为继，触礁撤离；而令人吊诡的是，一些尾货市场仍然在一年内获得了超过 30 亿元的销售额，并依然保持扩张的姿态。

据梁吉良统计，自去年夏天至今，北京天兰天服装尾货市场、天兰尾货鞋城、天汇尾货商城、天通尾货市场、回龙观尾货淘宝城等八大尾货市场销售额已超过 30 亿元，加上品牌尾货折扣店、库房批发、零散的商户在内销售额将突破 50 亿元。另据调查，北京 5000 平方米以上的专业尾货市场已超过 15 家，今年前四个月就开张了三家以上，目前还有三四家超万平方米规模的尾货市场、淘宝城正在招商。

而现有的尾货市场也在没有停止前进的步伐。今年 4 月 30 日，打着"名品＋低价"招牌的天兰尾货奥特莱斯开业，宣称价格比大商场品牌低 50%~60%甚至更多。这个号称是"升级版"的尾货市场，已有红豆、鄂尔多斯、恒源祥、乔丹、绅士、花花公子、太子龙、361°、特步、达芙妮等 40 余个国内品牌进驻，同时买断了 50 余家国内二、三线品牌独家处理折扣库存权。

诞生于美国的"奥特莱斯"（OUTLETS）英文原意是"出口、出路"的意思，是由工厂店逐渐发展为专门销售过季、下架、断码品牌服饰商品的一种商业业态，又称品牌直销购物中心。而天兰尾货奥特莱斯这种新型尾货市场的出现，在尾货行业内部也引起了争议。争议集中在这种模式是尾货市场的升级还是细分？

"天兰尾货奥特莱斯可以说是新型模式的探索，也可以称之为尾货市场的细分。"梁吉良解释说，天兰尾货奥特莱斯区别于传统摊位市场，这里100%主要经营品牌商品，厂家和区域代理商直接铺货，非联营模式，因而比大商场更能争取最大的折扣空间；此外，执行统一收银，统一管理等一系列尾货主体升级后管理措施。

专业委员会正在酝酿

细分也好，升级也罢，《标准》的伺机而动，让尾货市场终于进入了"标准时代"。

7月1日起开始实施的《标准》对尾货市场的设施、商品质量管理、商品陈列、进货管理提出了具体要求，还要求尾货市场销售商品必须滞后于正货市场以及商场超市渠道，并与正货市场存在空间的距离。

据介绍，一些品牌服装公司为了保护指定代理商的利益，两年之后才允许库存产品流入市场，因此尾货的款式较正品要陈旧一些，而那些外贸出口剩余的尾货，也要半年之后才能进入市场。

"大家普遍认为尾货市场进入了一个新阶段，尾货市场已经从探索阶段进入到发展阶段了。"一直参与《标准》制定的北京工商大学教授洪涛向《中国经济周刊》解释为何在此时实施《标准》："尾货市场经过两年多的发展，目前已经形成了北京、上海、广州、南京、常熟五大尾货中心，郑州、河北也成立了一些尾货市场和交易中心。经过六次研讨会的商讨，我们对尾货以及尾货市场创新与规划及发展形成了比较成熟的理论。简言之，尾货市场在理论和实践上已经成熟，所以我们适时出台并于7月1日起实施这个行业标准"。

但《标准》的实施并非如想象中的一帆风顺，因其是行业推荐执行标准而非强制执行，其实质性作用一直众说纷纭。

"这个标准给两年来一直'自行其是'的尾货市场定下了'规矩'。"参与《标准》制定的梁吉良告诉记者：因为《标准》对尾货市场前期的商圈定位、商品定位、服务管理、货品、货源、物流、信息、平台都做了规定。

"《标准》的意义很大。"洪涛向《中国经济周刊》分析了《标准》的作用："《标准》界定了什么是尾货，什么是尾货市场，并且对经营、管理、设施都提出了相应的要求，也避免了尾货市场盲目的发展和尾货概念的滥用。尽管是行业推荐执行，但是对尾货行业的经营和管理者仍然有约束作用"。

但仅有《标准》这个"紧箍咒"似乎还并不能完全约束尾货市场，参与《标准》制定的商务部市场体系建设司标准处处长胡剑萍表示，尾货行业仍旧呼吁建立尾货市场行业协会，以推动该标准的实施。中国商业联合会副会长万文英也透露，中国商业联合会开始酝酿成立尾货市场行业协会。中国市场协会副会长郭冬乐则认为，尾货市场发展到现在，也可以考虑建立行业协会，这样有利于更好地贯彻执行这个标准，更好地研究尾货市场的发展。

但洪涛和梁吉良均表示单独成立一个尾货行业协会可能性较小，"我觉得成立一个尾货商会是比较好的选择，"梁吉良对记者说："现在尾货市场有几个不等，规模不等、档次不等、商户资源也不统一。你开你的，我开我的。如果长此以往，尾货概念会逐渐淡化、混淆，体现不了尾货这一创新模式。尾货商会会实现信息共享、货源共享，但这个商会一定不能以营利为目的"。

洪涛向记者透露："我们计划成立一个尾货行业专业委员会，已经酝酿很久了，现在基本成熟。这个委员会会把尾货行业的经营管理者和商户集合起来，大家一起讨论问题，解决问题。而且《标准》每两三年要进行修正或完善，也需要有机构或组织来完成这个工作"。

文章来源：中国纺织网
题　　目：尾货："一条美丽的长尾"
记　　者：邵泽坤
时　　间：2009 年 1 月 12 日

拯救市场"冲动"

现在的临沂白云服装城，就是曾经的中侨国际服装城，其定位为临沂第六代品牌服装专业批发市场。提起这个项目，不少业内人士都曾对其寄予厚望，但由于诸多原因，项目的招商运营工作一直开展得不怎么顺利，几经周折后市场也没有完全开起来。

"位置这么好，设施配套又很完善，但为什么市场就开不起来呢?"市场冷清的经营局面让不少普通市民甚至是业内人士都感到困惑和惋惜。不见起色的经营形势同样也深深刺痛了市场投资方，怎样才能把倾注了大量心血的服装城红红火火地开起来呢? 经过几番痛苦的尝试，市场投资方找到了问题的根源，那就是过于雷同化的产品在一个成熟市场区域里是很难做起来的。要想从根本上"救活"市场，那就必须要走差异化经营、错位发展之路。

找到了问题所在，就要寻求解决之道。几经考察，临沂白云服装城的投资方中侨集团和广州汇迪与中国市场学会的市场运营专家们发现了具备差异化经营的服装尾货市场的巨大发展潜力。自 2007 年出现后，服装尾货市场就以其独特的魅力迅猛扩张，在北京、广州、济南、常熟、上海、天津、保定、郑州、青岛等城市都有较好发展，并初步形成了北京、上海、济南、常熟、广州 5 大尾货交易中心。同时，服装尾货市场也还是临沂市场的一个空白发展区域。经过深思熟虑，众多的成功案例加上市场空白机遇，最终使得投资方决定借鉴"天兰天"尾货市场发展模式在临沂白云服装城建设"白云OUTLETS 服装尾货淘宝城"，从而通过产品错位经营及市场空白填补来从根本上拯救市场。

"天兰天"之虞

"在发展白云 OUTLETS 服装尾货淘宝城时，我们将充分借鉴北京天兰天服装尾货批发市场的成功经验，同时，在此基础上结合临沂实际情况进行完善、创新。此外，我们还想借助于临沂发达的物流市场，把这个项目打造成北方至少是覆盖鲁南、苏北地区的尾货标杆或者说旗舰市场。"临沂白云服装城方面运营尾货淘宝城项目的有关负责人表示。

看得出，临沂白云服装城的投资方对这一项目充满了期待。但是"天兰天"模式真的很好吗? 真的能够实现如期的"救市"效果吗?

要回答这个问题，需要先来看看北京天兰天服装尾货批发市场究竟是个什么样子。据去过该市场的工作人员描述:5 元钱的衬衫、10 元钱的裤子、30元一件的羽绒服……满场都是便宜得让人不敢相信的服装。市场里 60% 以上的产品都在 80 元以内。价格便宜、质量不错、种类齐全是天兰天市场最大的特色。名字为"地狱天使"的网友这样表达自己对天兰天的感觉:"去过几次，每次都会有收获，去得多了，有了经验就知道直接去哪家店就好了，还是可以买到如意的东西的。"从网友的描述中，可以大致看出，北京天兰天是个比较不错的服装尾货市场，但也不能否认，作为一个新生事物，天兰天服装尾货市场还存在不少需要改进、完善的地方。

北京工商大学教授洪涛认为，既然临沂白云服装城的投资方决定在临沂"复制"天兰天尾货市场发展模式，那么就一定要结合临沂的实际情况进行完善，其中特别要注意的就是，要确保尾货市场的规范化经营，确保尾货产品的质量和种类。"因为这决定了一个服装尾货市场能不能有条件实现足够的交易量，进而可以说是决定了整个市场运营的成败。"

北京天兰天服装尾货批发市场的有关负责人也曾经这样表示："以专业市场的形式集中经营尾货，单纯从商业业态角度来讲是值得提倡的。只要所经营的商品确实是过季、积压货，售价低于成本的销售方式是无可厚非的，关键就在于尾货市场作为新兴的商业模式，如何监管尾货市场并保证其销售的商品无质量问题、非假冒产品和洋垃圾，需要各有关部门做大量工作。"

如何洗掉破烂之嫌？

尾货到底是什么？"一定要首先明确一个概念，尾货不是旧货，更不是破烂。"作为国内贸易行业标准——《尾货市场经营管理技术规范》的主要起草人，洪涛教授首先强调指出。他表示，作为市场经济发展的一种客观存在和必然产物，尾货是在生产和流通环节中产生的，在功能、安全性等方面符合国家相关标准的库存积压产品，包括企业订单外生产的产品、由于某些原因取消企业订单的产成品、在流通过程中销售剩余的商品等。它是相对于正货而言的，是在正货产品之后的一个"时滞"进入市场的。尾货不能是假冒伪劣产品、不能是洋垃圾，也不能是旧货，因为旧货有旧货市场。

"简单点说，服装尾货大致就是品牌服饰库存和外贸尾单。"中国市场学会商品批发市场发展委员会副理事长范国鹏对服装尾货的看法简单而明确。

尽管在一些专家和市场运营者眼里，尾货的定义和内涵是明确的，但是普通消费者的知晓才有意义，因为他们的购买与否最终决定了尾货市场的成败。那么，普通市民是否真的也明白"尾货"是什么呢？记者在采访中发现，现实的情况是，普通市民确实是对尾货知之甚少。不少市民觉得，尾货要么是质量不合格的次品货、破烂货，要么就是大路边上的地摊货，没有什么好东西。由此，要在临沂开拓性地创办一个尾货市场，一个必须要首先解决的问题出现了，就是要让市民明确知道尾货到底是什么，从消费心理上矫正市民尾货观念中的破烂之嫌。

怎样抓住"美丽的长尾"？

在洪涛教授看来，依据克里斯安德森的"长尾理论"，当成千上万家服装尾货被集中在商品交易市场进行销售时，众多的尾货集中起来就形成了"一条美丽的长尾"。

由于某单一长尾产品的销售量很低，甚至长期无人问津，致使传统的实体批发商或零售商不屑于经营。但是，一旦把这些非主流的产品汇总起来，尾货市场是一个潜力巨大的"利基"市场。

"长尾"固然美丽，能抓住才有实际意义。那么怎样才能抓住呢？在洪涛看来，首先，保持纯洁定位是生存之本。服装尾货市场的定位是"尾货"，目标顾客是"追尾族"。尾货可能意味着"剩余"或"款式过时"，但并不意味着"仿冒"或"质量低下粗劣"。尾货的价格定位不能简单理解为绝对低价。就每一个品牌来讲，其尾货和在商场的正货相比价格要低很多，但绝不是服装尾货市场的所有商品价格都绝对低。

同时，追求品种数量是收入之源。传统商场或专卖店由于有限的货架空间，主要收入来自少数热门流行服装的巨大销售量。服装尾货既然是尾货，单品数量就不是很多。但是，每种品牌都会有一些"尾货"。所以，尾货市场的收入模式是：巨大的尾货品种数量乘以较小的单品销量再乘以低廉的价格。服装尾货市场的最大卖点不是单品销量，而是品种数量。一个去过北京天兰天服装尾货市场的淘宝者称，"某个牛仔裤品牌很喜欢，但就是不合身，而且仅此一条"。这种情况是正常的，并且这条牛仔裤总会等到自己的主人。尾货市场的总体发展趋势应该是"琳琅满目"，而不是"千店一面"。"市场管理者要引导广开进货渠道，多样化采购，防止不同摊位争相出售同样的服装，形成"热门尾货"，那样的话就不是真正的"尾货"了。"范国鹏也表示，临沂白云OUTLETS服装尾货淘宝城目前正在进行商户遴选工作，正是基于选择实力雄厚、拥有更多进货资源商户的考虑，以确保服装产品种类的多样和质量的过硬。

此外，降低销售成本是获利之道。尾货市场最诱人的地方是低价，要支持

148

低价又要获取利润，就必须想办法降低销售成本。降低销售成本一方面要抓住供货商急于抛售商品的心理，降低采购价格。另一方面就是降低物流成本。服装尾货不能无限增加品种，要把有限的空间充分利用，才能最大限度地降低物流成本。

第四部分　电子商务与网络经济

洪涛教授在 2003 年对电子商务（E-Business）的概念作了阐述，指出电子商务是通过各种计算机和网络技术进行的一切商业活动，如经济组织内部的商业信息共享、经济组织之间的商业数据交换、网上交易等电子商务活动。

2009 年我国电子商务交易额达到 3.85 亿元，网上购物达到 2483.5 亿元，占社会消费品零售总额的比例为 1.98%。2010 年，电子商务交易额达到 4.5 亿元，同比增长 22%。2010 年网上购物达到 5131 亿元，较 2009 年同期增长 109.2%，连续三年超过 100%，占社会消费零售总额的比例为 3.32%。B2C、B2B2C、C2C、C2B（C2T 团购）等多种形式业态十分活跃，到 2011 年 8 月，网络团购超过 5000 个，形成少有的"井喷现象"，麦考林转型网店、国美收购库巴网、顺丰、宅急送、申通快递——快递三甲进军电子商务。但是，2010 年"十一"黄金周电子商务交易活跃，快递业的"打烊"使物流配送成为瓶颈。2006 年洪涛教授在人民大会堂提出的"得网民者得天下"已经成为现实，他强调商家不仅要做到保证产品质量，更要注重服务质量的提升，才能得到消费者的口碑。

伴随着网购市场翻倍的增长速率，网上交易对网店如何管理、如何保障网上购物消费者的权益不受侵害等，成为备受关注的问题。国内初具规模的网络团购企业大多数集中在经济较为发达的一、二线城市，其中北京、上海、深圳团购企业数量居前列。因此也有 50% 的团购网站存在批量用户投诉的问题。我国目前有关网上交易的相关法律仍不完善，洪涛教授认为，如果要进一步规范网购市场，在目前发展的基础上就势必需要出台全国统一的法律法规，否则将在实施上受到阻碍。虽然目前实施还有一定困难，但这是随着网购市场发展的必经之路。

在网络规范方面，洪涛教授主要就网络购物诚信危机、网络安全、法律法规及标准、物流和金融服务质量等方面接受了记者的采访。

第十一章　得网民者得天下

采访集萃：

文章来源：北京日报

题　　　目：传统商店超市"上网"顾客难买账　不应放弃网购阵地

记　　　者：王飞雁

时　　　间：2011年5月3日

郭小姐平日最爱逛商场，可最近工作忙一直挤不出时间，昨天她实在憋坏了，抽空到几家大商场的网上商城逛了一圈，却什么也没买。"东西太少了，连衣恋、小熊这种常见的女装牌子都没有，有的网店还不卖衣服，没得可买啊！"

记者调查了20位和郭小姐一样喜爱购物的消费者，均表示没有在商场超市网店购物的经历。其中7人称曾浏览过，但由于商品少、配送限制多、折扣不给力等问题，还不如跑一趟商场。但20位被访者均表示，如果网上购物方便将很愿意尝试。

怪相一：超市网不卖菜

"本想图个方便，但却发现网购一点优势也没有。"赵女士平常下班的时间，超市都关门了，总是没时间买菜，她看到有些超市在宣传自己的网店，就打算在超市的网站上买菜。可上网一看大失所望，商品特别少，还没便利店的种类多，而且根本就不卖蔬菜水果。

记者浏览了几家商场超市的网站，发现大都商品种类少，有的网站连服装都不卖。比起实体店，网店品牌少得可怜，甚至点开一些品牌后，一件商品也没有。而且，还有很大比例的过季货。

一些商家解释说，实体店内商品太多，一一放到网店上工作量非常大，有些品牌也不同意上网销售。双安商场网站客服表示，目前主营化妆品，以后会逐步增加商品。即使商品相对丰富的当代商城网站，客服人员也表示，网上商品更新速度慢，无法和店内做到同步，只汇集了七成品牌。物美超市解释说，蔬菜水果等毛利低、不易配送，所以不在网上卖。

商家纷纷表示，网站创建时间不长，尚处于摸索阶段，先搭起架子，今后会逐步丰富品牌和商品。但据记者了解，部分网站已上线四五年，改进速度非常缓慢。

点评支招

北京工商大学教授洪涛认为，有网购业务的商场超市还不多，已有的也不太成功，这和商家不重视网购有关系，长期以来没有花太多的精力，不怎么积极。传统零售商发展电子商务，意识转变上有一个过程。网店不是分流实体店顾客，而是扩大顾客群。实体店有场地限制，而网站没有，所以网上的商品应该比实体店更丰富，以此吸引更多的消费者。

但是，传统零售商的网店人力比不了纯电子商务企业，仅凭网站的工作人员把商品一件件放上网，需要很长时间，很难跟上实体店的更新速度。洪教授建议商家多发挥供货商的作用，搭建好平台，让供货商负责商品的上传和更新，网站统一监管。"实体店也是这么经营的，各品牌都是各自备货。"

怪相二：网店比商场贵

伍先生看中一件POLO衫有一阵子了，逛了几家商场都没舍得买。昨天，他灵机一动，决定到商场的网站看看。没想到，网上比一些实体店还贵。网购吸引他的一个重要原因就是便宜，"不能试穿还比商场贵，谁会这么大头在网上买？"

记者在网上选了几款冬靴和冬衣，发现虽已过季却不打折，但实体店的过季产品均有不同程度的折扣。

网站客服表示，商场的促销活动一般与网上一致，但有时品牌专柜着急甩货或独立搞活动，有可能比网上打折狠。也有网站表示，线上线下促销并不统一，消费者要向门店客服咨询，或者亲自到店内对比。

点评支招

"网上不能试穿，没有体验的乐趣，有天然的弱势，应该用价格优势来弥补。"洪涛认为，网上商城的价格绝不能高于实体店，相反应该更便宜，这样才有吸引力。网购吸引消费者的一个原因是便宜，网购没有场地等开销，运营成本相对较低，也有条件卖得便宜些。

此外，传统商业企业做网店，线上线下结合是优势，不要实体店和网店各做各的。促销活动可以不一样，但网上要有全面的信息，便于消费者选择。

怪相三：送货"朝九晚五"

王女士想在网店买点日用品，看完送货条款，她彻底打消了网购的念头。五环外不送，工作日早9时至晚6时之外的时间及节假日不送。"这个时间都在上班，家里没人啊，如果送到单位，还得自己拎回家，还不够受累的呢！"王女士无奈地摇摇头，"最好能延长送货时间，毕竟，大部分人只有非工作时间才在家。"

虽然各网站还推出了自取服务，但接待时间也大都设为"朝九晚五"。"如果去店里取，何必还在网上买，直接去店里买不就得了？"王女士觉得这项服务形同虚设。

记者调查发现，网购不提供货到刷卡付款，而且五环外送货的订单大都不支持货到付款。一些商家表示，五环内通常由商场自己配送，但是顾客下班了，负责配送的员工也下班了。一家网站的客服解释，五环外能不能送要看有没有员工住附近，因为是员工回家捎过去的。

"如果是我们的员工送货，能顺便把钱带回来，就可以货到付款，可五环外是委托快递公司送货，就必须提前付款。"大部分网站表示，不能支持刷卡付款，是因为没配备移动POS机。

点评支招

"移动POS机已经很普遍了，商家如果足够重视，问题就不难解决。"洪涛说，配送等后续配套服务要跟上。传统商业做电子商务观念、服务都比较落后，这样迟早会被淘汰，转变观念最重要。"商场的配送能力毕竟有限，同样可以发动供货商，让他们直接发货。"洪涛说，除了主观上重视，还要运用更加科学高效的运营模式。

文章来源：中国产经新闻报
题　　目：家电巨头发动"网购革命" 软肋犹存
记　　者：高莹莹
时　　间：2011 年 3 月 18 日

日前，苏宁电器发布 2011 年发展计划，将以电子商务为发展重点，对苏宁易购实施独立化运作，并设定了全年销售规模翻两番的目标。与此同时，国美电器也宣布将电子商务列为今年重点关注的领域，国美电器自己的网上商城也将于 3 月正式上线。

"从传统渠道向新型渠道渗透将是大势所趋，由此催生的网络购物方式有巨大的发展空间与潜力。"北京工商大学洪涛教授在接受记者采访时表示。统计显示，2010 年家电网购全年的销售额突破 1000 亿元，占据了国内家电销售市场的 3 成左右。

当然，中国网购市场规模的快速增长离不开产业链的成熟，互联网已经逐步成为中国核心消费人群更为重要的消费渠道，网购用户更多的消费习惯逐步从线下迁移至线上。

洪涛表示，构建完善的渠道分销体系，能够快速响应市场的需求，减少库存，提高渠道利用率，增强厂商的竞争力，将是家电厂商考虑的关键点。

此外，价格优势也帮助网络零售渠道争夺更多市场份额。由于网络零售平台省去了传统卖场在空间和人力上的诸多成本，因此，其产品具有一定的价格优势。低价优势将帮助网络零售平台抓住对价格敏感的消费者，和传统的连锁卖场长期竞争。

然而就在网购家电商们铆足劲要大干一番的同时，家电网购的隐忧也不断凸显。

"可以说，家电网购短期内不足以撼动传统渠道。家电网购存在多重瓶颈，制约家电网购快速发展的原因除人们的消费观念外，还有网络诚信、售后服务、支付安全等多重瓶颈亟待破解。"洪涛说。

中国社会科学院互联网发展研究中心最新调研报告显示，产品质量和售后服务是家电网上交易的软肋，用户投诉比例高达 43%。中国消费者协会的统计数据也印证了这一点，目前网购家电的投诉比例正呈快速上升趋势，而主要原因就是质量和售后服务没有保障。

据称，32.8%的消费者对网上商城送货不及时表示不满，而网购产品遭遇山寨及售后问题在厂家和网站间"踢皮球"等现象也大量出现，这让家电网购在全力展示花哨招数的同时，亦反映出家电网购供应链水平较低、售后服务不完善的问题。

提升物流服务无疑是解决上述问题的重要砝码，但业内专家表示，要建立与家电网购相配套的物流服务投入太大，且在短期内很难见到效果，这也是制约其发展的一大软肋。

尽管家电网购存在多重瓶颈，但是中国巨大的市场规模仍然足以使人心驰神往。很多大型网购家电商们已经开始为自己增添筹码，即"网购＋实体"模式最受青睐。

洪涛认为，目前网上零售与网下零售、虚拟零售与现实零售呈现出了融合的趋势，电子商务的发展如果没有传统零售企业的加盟，电子商务热只能是停留在纸面上的炒作；而传统零售企业如果不顺应新经济的潮流，加入电子商务，也会很快被市场所淘汰。

文章来源：互联网周刊
题　　目：团购网站死期
记　　者：童妮燕
时　　间：2010 年 6 月 21 日
Groupon 在美国的巨大成功，拉动了全球范围内团购模式的创业热潮。

从 3 月初到现在，短短三个月内，国内团购网站已多达 400 多家，[①] 有网友戏称"百团大战"。团购作为电子商务、网络营销融合的产物，对于具有特殊营销需求的商户具有较大的价值，如新店开张、新品推介等。

然而，火热背后，乱象丛生。事实上，作为日渐普及的消费方式，团购火热的同时，其优越性也存在贬值的趋势，漏洞与陷阱毕现。不断急速扩张下，团购网站出现的问题也越来越多。

2010 年 5 月底，1288 团购网因发货及退款与消费者发生纠纷。面对客服屏蔽不利留言、客服不回答消费者提问等情况，引起越来越多消费者的质疑。不少消费者认为，该网站存在蓄意欺骗消费者的行为，根本没有可低价提供给消费者的团购商品。一时间，激起网友的大量投诉。

①　到 2011 年 7 月底团购网站达 5000 多家。

北京工商大学商业经济研究所所长洪涛表示，由于团购一味追求低价，商家要避免掀起新的价格战，并且在商品打折时，商家要做到产品质量与服务不打折扣，才能赢得消费者口碑。

"由于团购交易仅限于同城本地化生活服务，这样可以在短期内形成天然的壁垒，为企业赢得了发展的时间；这也要求企业通过区域扩展使其快速成长。"艾瑞分析师苏会燕认为。同时，团购网站抽佣的营业方式，难以对商户形成持久的吸引力。"这样，随着市场竞争的全面加剧，未来必然有一批团购网站将倒闭，全国性的综合性的团购网站数量不会超过五家。"

除此之外，经历了初期的发展，团购网站还面临着难以做大的局面。

"团购网站若要真正做成一个很大的企业，做成一个很大的平台，确实存在很多挑战。适合团购的商品具备一个共同点，就是有很高的毛利，而且非标准化。对消费者来说，在任何一个行业，往往卖得最好或质量最好、最抢手的东西未必适合放到团购的平台上；而适合团购促销的东西，因为种种原因本来就没有吸引足够多的顾客。"易凯资本首席执行官王冉认为，99%的团购网站一定会倒闭，肯定会被淘汰掉。剩下最优秀的三五家，他们各自会找到适合自己的一个更大的平台。

那么，什么样的团购网站才能在未来生存下来呢？

"未来能够壮大的团购网站，是能够快速提升网站的品牌认知度和影响力、快速进行地域扩展的网站。因为，这样的网站既可以提升商户对他们价值的认可度，也可以迅速积累大批消费者资源。"苏会燕认为。

此外，与移动互联网结合，也是团购网站赢得生机的重要途径。

Four-square（四方网）是眼下美国另一个备受好评的网站，用户可以通过移动互联网与好友分享自己的位置，随着他标注某个位置的次数增多，该位置的商家会奖励给用户消费折扣。目前，已经有数家风险投资公司加入对四方的争夺。国内团购网站拉手网已把"四方"模式也借鉴过来，希望凭借另一种方式冲出重围。

"Groupon 一眼看到头，Four-square 让你琢磨一个月。"互联网资深人士刘兴亮认为，也许 Groupon 团购网站更具有价值的是其拥有的庞大的用户订阅系统，它可以成为一家依靠广告模式的公司。然而，这类网站并不是一个纯粹的电子商务网站，它是电子商务、Web2.0、互联网广告以及线下模式的结合体。

所以，单纯的模仿和复制最终要走上创新之路。

文章来源：北京日报
题　　目：凡客诚品的成长传奇
记　　者：饶　强
时　　间：2010 年 1 月 8 日

凡客速度：三年间从日均 10 单增至两万单

凡客诚品（以下简称凡客）的诞生，最初是模仿的结果。

2007 年 10 月，一个衬衫品牌在网上卖得风生水起。一批来自卓越、当当、金山的 IT 精英花了两天的时间，把它的经营模式整个儿梳理了一遍。得出结论："我们应该能比它做得更好。"

这成为凡客起步的开始。10 月 18 日，凡客正式上线。

凡客的创建团队把经营方向定为服装。"因为吃够了在网上代理卖图书、日用品、小电器，靠低折扣走销量却没利润的苦头。而服装可以自己生产，毛利会高出很多。"助理总裁许晓辉说。

和它的模仿对象一样，凡客也选择了以经典款的男装衬衫作为进入市场的头炮，因为它的标准化最强，设计感最弱。即使一时销售不佳，存个把年也照样能卖。

凡客的元老级员工周瑞依然记得，创立之初，她是怎样费力地跑木樨园布料城，向商户要一小块样品，并艰难地谈判代理价。对于这些已经在电子商务领域摸爬滚打多年的人来说，寻找服装代工厂反而成了他们最生疏的环节。那段时间，公司高管天天往木樨园跑，一家家代理商挨个面谈。不少人由此成了布料鉴定专家。随着订单的不断增加，凡客主动寻找代工厂的情况已经倒了过来，浙江有四五十家出口加工厂都成了它的定点外包企业。现在，凡客的产品线逐渐扩充到女装、童装、鞋帽和家居纺织品。

和代工企业的不断壮大相映衬的，是凡客销量的几何级数剧增。

2007 年 10 月 18 日，凡客上线当天，十几名员工挤在中关村一套 150 平方米的商住两用房中，紧张地等待着网络端传来销售数据。10 张订单、15 件商品，这是凡客开张首日的营业战报。

在凡客诚品公司物流仓库内，工人们根据客户需求信息将服装分类包装并发货。

85 天之后，凡客的日订单已从 10 单增长到 1000 单；不到一年，凡客已搬出蜗居的商住两用房，进入高档写字楼，员工超过 400 人。

现在，凡客的日均订单量稳定在 2 万件上下，年销售额从 2007 年的 500 多万元迅速增长到 2009 年的 6 亿元，28.4% 的市场份额更使它稳稳地坐在自主销售式服装 B2C（商家对客户）网站第一名的位置上。

U 型结构　两头在线下　营销靠网络

两年过去了，当年的效仿对象已从市场上消失，凡客成了网销服装的"老大"。许晓辉表示，这要归功于凡客"全互联网"的营销模式。

在凡客 5000 平方米的仓库里，使用着一套独特的管理软件，拣货员每次出发前都先扫一眼电脑，屏幕上能够显示出他在仓库中穿行的最佳线路。每次，拣货员一趟能拣十个订单。用这套软件，平均每趟少走的冤枉路可以节省出三至五分钟。

在电话服务环节，一百多名电话接线员组成的声音此起彼伏。一台即时反馈的液晶显示器，实时显示出正有多少坐席在接听电话，多少坐席在处理业务，多少坐席在空闲……部门经理能够由此及时地进行人员调配，实现各种工种的合理配置。

最体现"全互联网"营销模式的还要数市场推广。从一上网，凡客就把重点放在了互联网推广上，采用广告效果计量分成的方式，只有客户通过点击广告而购买了凡客的衣服，公司才会"返点"16%~18% 的费用，否则不用支付一分钱。这样就把推广成本压缩到了最低。

不过，和全部依靠互联网进行营销不同，凡客的生产和物流环节全被牢牢掌握在自己手里，而这也构成了它和很多前端做代理、后端靠外包的电子商务网站的本质性不同。

相比于自建物流的庞大成本投入，将送货业务外包给快递公司，是绝大多数电子商务网站所采取的方式。然而，凡客在成立不到半年、资金周转尚不顺畅的时候，就决定成立自有物流。CEO 陈年的解释是，网购衣服客户摸不到也穿不着，因此警惕度会更高，一次不满意将导致客户再不光顾。而物流是整个网购过程中与客户最近距离接触的一环，因而必须重视。

凡客为此付出的代价，是运营费用提高了 20%，换来的则是超过 50% 的二次购买率。这个数字几乎是电子商务网站平均水平的两倍。

"24 小时之内送货"、"30 天内包邮费无偿退换"都是凡客凭借自主物流推出的特色服务。2009年，凡客又进一步地推出了"当场试穿"服务——的确，很难想象一家外包快递公司的业务员会抱着五花八门的包裹在门外等待用户试穿衣服。没有自己的物流，做不到这一点。

研究电子商务十余年的电子商务专家洪涛表示，"电子商务最重要无非三大要素：品质、价格和用户体验。"在竞争对手竞相压价的形势下，电子商务网站首要的就是提升用户体验。

从今年开始，凡客又将出现新的"噱头"——在晚7时至晚9时的快递"盲区"时段送货，这无疑将吸引更多上班族。

不断"试错"　下一步目标致力于打造品牌

近日，凡客刚刚迎来创办以来最辉煌的时刻——在全球会计师事务所德勤评选的2009年度高科技、高成长亚太区500强企业中，它以三年内收入增长率达到29576.86%的业绩名列榜首，领先第二名四倍之多。

作为行业领头羊，凡客的下一步目标引人注意。

北京工商大学教授洪涛表示，"得网民者得天下"。电子商务市场的模式具有不可复制性，千店一面的模式很难在电子商务领域持续发展。"广告、客户和资源，最终都会向品牌大企业那里集中。"

而凡客的下一步目标与洪涛的观点不谋而合。打造品牌，已经成了凡客目前最关心的内容。2009年10月，一个客户来信问："为什么不把凡客诚品的商标绣在衬衫胸口呢？"这封邮件在公司内部广泛传阅，引起了凡客高管的一片雀跃。在他们看来，这代表客户的需求已经从"方便地买便宜衣服"向"方便地买品牌衣服"迈进。

"我们不会急于实现盈利，在今年还将继续加大投入，进一步提高品牌效应。"许晓辉透露。

同时，凡客的高管们并不讳言公司具体业务的随机性。2009年以来，凡客诚品先后上线了鞋帽、女装、饰品等产品，但许晓辉坦言，每次新产品的上线都是一步步试验得来的。

"凡客一次就推出10款鞋来，但每款鞋就只做100双，再从中选销售得好的，签长期订单。"陈年说，"试错"的成本对于电子商务而言甚是低廉。现在，新增产品的销售量已经占据了10%的比重。

文章来源：法人
题　　目："老字号"冲浪互联网
记　　者：吕　斌
时　　间：2009 年 7 月 2 日

自 2009 年 5 月 31 日起，包括全聚德、同仁堂、稻香村在内的近百家北京老字号商家，联合开通了网上商城，开始尝试利用电子商务的模式开展销售业务。

此次老字号们联合开展电子商务业务，无疑是迈出了积极的一步，但面对互联网的瞬息万变，老字号们还需灵活应对。

老字号开网店

登录老字号网店，全聚德的烤鸭、吴裕泰的茶叶、瑞蚨祥的绸缎……一应中华老字号商品立刻映入眼帘。网店的电子商务模式，很好地解决了空间和地域的限制问题，使北京老字号商品的销售渠道，从有限的地面店延伸到北京以外的全国各地 2000 多个市县。同时，老字号网店也整合了老字号企业的资源，对进行整体营销十分有利。

北京老字号协会专家委员会成员洪涛教授在接受记者采访时表示，"我们现在很多老字号正在逐渐消失，之前商务部在全国颁发的老字号企业现在有一部分已经没有了，对这些老字号和非物质文化遗产的保护非常重要。"一般来说，老字号商家绝大部分是中小企业，他们的科技含量比较低，此次老字号协会通过网络平台为老字号们进行营销服务无疑是一种很好的创新。

对于老字号的保护分为两个方面：一是政府方面，二是市场方面。作为企业，这些老字号也希望可以通过现代科技来整合提升。

北京中华老字号企业，以生产巧克力、糖果、面包闻名的北京义利食品有限公司也在此次联合开网店的老字号之列。义利食品科技质量部部长张斌在接受记者采访时表示，北京老字号协会组织老字号联合网上开店，目的就是想向公众、消费者提供一个老字号民族企业的销售平台，让大家更方便、更快捷地购买老字号的这些产品。

"目前老字号网店运营还不到一个月的时间，在销量上还没有准确数据能说明经营效果如何，但是我们对网店的发展还是很有信心的。"张斌表示，现在已是互联网时代，众多消费者已习惯在网上购物，通过电子商务这种现代化的销售手段，老字号一定能焕发新生。

守旧与创新

长期以来，老字号们一直给外界一种因循守旧、扩张步伐缓慢的印象。此次联合开网店能给老字号带来什么？鉴于互联网上内容的鱼龙混杂，老字号网店无疑也面临着相应的问题。

"这种情况是存在的，因为老字号普遍在管理模式上都比较守规、守矩，一直都是严格按照国家的相关要求来从事产品生产。"义利食品科技质量部部长张斌对记者表示，老字号往往非常重视自己的工艺传统及产品质量，甚至一些国家还未制定质量标准的产品，老字号企业都会有严格的质量标准控制。

"假如有一点不合格我们也不会上市，所以在扩张的速度上会受到一些影响。"张斌表示。

由于历史及传统原因，大多数已走过百年历史的老字号商品的消费族群基本都在四十岁以上，而年轻族群从一出生就被洋品牌包围，看到的电视广告和各种宣传皆以洋品牌产品为主。

"四十多岁的人一般在家里做家长，他们会在超市或商场买东西，而年轻人则喜欢在互联网上买东西，所以通过网店这个销售模式，老字号能吸引这些年轻人，开发年轻族群这块市场。"张斌对记者表示。

北京老字号协会专家委员会成员洪涛教授对此也提出了相似的看法，他表示，老字号企业跟其他企业有所不同，他们遵循老的工艺、老的方法，需要手把手的口传身教，确实很难像其他企业发展那么快，因为受到一些技术上的限制。

当然，洪涛教授也承认，老字号发展缓慢也有其自身的观念因素，存在一些老的思想、老的理念、老的经营模式。随着消费群体的变化，一些老的消费群体在逐渐地丧失，这样一来对老字号的影响是比较大的。

"毫无疑问，老字号们要想发展，就必须得创新，虽然在制作方法和工艺上有些传统的东西是需要传承的，但也可以运用新科技，在产品上引入一些新元素，比如比较时尚、比较合乎潮流的，从而来吸引年轻的消费群体。"洪涛教授表示。

过去老字号都是靠口碑在相传，而现在市场环境发生了截然不同的变化，就不能仅仅靠"酒香不怕巷子深"，也应该做宣传、做推广，老字号的网站、网点恰恰给他们提供了这些东西。

"比如全聚德，通过上市获得资本、建立现代企业制度，在工艺上也增加了科技元素，所以老字号也在变。"洪涛教授告诉记者。

接受挑战

鉴于互联网的销售模式和传统的销售模式有很大区别，在产品包装、运输、保鲜、退换货等售后服务上都有更高的要求，能否胜任这些要求对老字号们来说也是一种挑战。

"这些问题确实是存在的，但我们也做好了准备，本身我们在互联网上销售的产品都是有包装的，而且我们和配送公司签订的协议要求从客户在网上下订单开始，七天之内把货送到顾客手中，在配送时效上规定了比较高的标准。"义利食品科技质量部部长张斌对记者表示。

北京老字号协会专家委员会成员、北京工商大学经济学院贸易经济系主任洪涛教授告诉记者，"对老字号来说，开网店就是传统企业利用计算机和网络技术以及现代物流来进行商务活动。而老字号利用了这种新的科技，从业务流程来讲，肯定跟以前不一样，那就需要相应地做一些适应性调整。"

资料显示，截至 2009 年第一季度，我国网民的数量已经达到 3.16 亿之多，其中绝大多数是中青年。这就要求老字号企业在市场营销上必须考虑网络目标消费者的年龄因素。

"我们说现代商业'得网民者得天下'是丝毫不为过的，作为老字号企业，要赢得生存和发展，在维护老的消费群体之外，如何抓住中青年这部分新的消费群体是很重要的。"洪涛教授表示。

但是，鉴于互联网上内容的鱼龙混杂，也充斥着不少假冒品牌。有专家表示，老字号企业开网店，也有可能面临假冒伪劣产品的袭击，从而对品牌带来负面影响。此外，很多中小规模的老字号企业在经营网站上也存在一定困难，网站运营在人力、物力和财力等方面都有较高要求，同时也需要专门的技术人才和服务人才。在这种情况下，老字号们采取借用第三方平台的方式开展电子商务显得更为适合。

"其实没有必要所有的企业都自己开发网站，这和过去讲的'大而全、小而精'有什么区别？"洪涛教授表示，没有必要中小企业都花钱重复建设，这次老字号联合网站的建立，一方面综合了众多老字号商品，为消费者的不同需求提供了便利。另一方面也为众多的老字号企业节约了资源，为他们的进一步发展创造了条件，一举两得。

第十二章 物流配送水平与
电子商务发展

文章来源：北京日报
题　　目：物流瓶颈卡住网售"黄金周"
作　　者：耿　诺
时　　间：2010 年 10 月 11 日

如火如荼的电子商务业，原本被业内人士看做是商业购物新的增长点。然而，在刚刚过去的黄金周，记者调查发现，无论是已发展多年的网购业，还是方兴未艾的网上团购，都未能在长假中交出满意的"答卷"，反而成了消费者投诉的热点。究其原因，或是物流制约，或是筹办欠妥。在多家商场"十一"期间客流滚滚之际，要想从传统购物业间杀出一条血路，电子商务业还真得再思量思量。

长假期间，本市实体商业企业再度赚了个盆满钵满，大小商场人头攒动。平时红红火火的网络销售本该同样以几何数字增长，但记者了解到，在网络交易、电子支付和物流配送整个电子商务交易环节中，"拖后腿"的物流配送成了电子商务交易目前无法突破的瓶颈。

小店"半打烊"丢掉上万元生意

"国庆节当天，问我快递什么时候到的客户得有 30 多人，一看我说保障不了，人家本来都放在购物车里的货都不要了。"作为一家淘宝皇冠店的客服，小崔在国庆当天加了一天班，却只换来了比平时还少的成交量，"后几天我们干脆歇了，这几天也得丢了上万元的生意。"

国庆节当天上午，记者拨打口碑一直不错的顺丰快递公司电话咨询，客服人员称，如果发外地快件，平时都是第二天下午能到，但在长假时交通运输难以保证，不但不承诺快递第二天抵达，甚至连三天、五天都不能承诺。

164

"不仅是网店丢客户、我们同样也丢了客户啊。"圆通快递公司一名业务员说，长假期间，很多网店店主知道无法保障快递时间，也使得快递业务有所减少。"往常我每天下午都能从双桥一个客户那儿领 10 多个包裹，长假这一周他一个也没发，等于这一周我就少了 100 件快递。"

大企业同样受害于"没谱"快递

"长假才 7 天，但是快递服务延迟的时间前前后后得有小半个月。"记者昨日从圆通、申通等快递公司营业部了解到，由于很多快递人员提前休假了，过节请假还没回到岗位上，长假前后，快递服务也会缩水。

以一单从湖南郴州快递出的货物为例，7 日一早发单，记者查询时发现刚刚到了长沙，而平时这只需要一天。

一名快递公司中层管理人员对记者表示，快递人员相对松散，拿的是计件工资，孩子回家过暑假了要回家，过年过节也要回家，往往打个招呼就走了。由于很少签合同，有些快递员甚至丢了件就一走了之，公司再去找也找不到人。

不仅是小网店，一些大型网购企业同样受制于快递服务。京东、当当等名声赫赫的网络销售平台就不止一次因为节假日期间快递服务不到位而被人投诉。

"没办法，我们的快递服务是外包的，我们只能通过平台帮您催催，没有别的办法。"当记者询问当当网客服人员时，他无奈地说。

低门槛物流拖累电子商务链

"长假期间居民都在消费，物流和配送也应该像其他窗口行业一样提供必须的保障。"北京工商大学教授洪涛表示，在网络交易、电子支付和物流配送构成的电子商务链中，物流配送的发展远远落后于前两者，导致其已经成为电子商务发展的瓶颈。

洪涛披露了一组最新的电子商务数据：2010 年 1~6 月，全国电子商务交易额超过了 2.2 万亿元，网上购物超过了 2200 亿元，预计全年电子商务交易额超过 5 万亿元，网上购物预计将超过 5000 亿元。但在这组庞大的数字背后，却是很多送货时间无法保证的"草台快递"。

北京是全国电子商务发展的前沿，但在"十一"期间，互联网服务成为百姓节日消费投诉的热点。7 天假日，两条热线受理互联网服务类投诉 41 件，同比增长 71%，其中多数都与配送不及时有关。

"电子商务不重视物流配送，将会因为其缺失和不完善带来消费市场的混乱。"洪涛称，市民的消费习惯已经向网络倾斜，但现在物流水平过低，不适应发展现状。

文章来源：超市周刊
题　　目：零售企业谋划开设网店
作　　者：曹子奕
时　　间：2010 年 1 月 13 日

日前，上海农工商超市集团斥资亿元打造的便利通网上商城正式开业。该集团董事长杨德新称，便利通网上商城 2010 年销售额争取达到 30 亿元，两三年后，网上商城将超过目前实体门店年销售额 260 亿~270 亿元的规模。

无独有偶，就在前不久，苏宁、国美等家电连锁巨头也开始加码网上商城。苏宁电器总裁孙为民更是给"苏宁易购"定下 2010 年销售额 15 亿~20 亿元的新目标。

网上零售已成为大势所趋。崇百、新世纪百货等零售企业也都在谋划开设网店。

不过值得注意的是，尽管试水者不少，生意也算红火，但效益却难以匹配。即便是交易额超过 40 亿元的京东商城，到现在还是亏损的。

有专家指出，差异化商品的选择、价格体系的重造都很重要，但高成本的物流配送一直都是一个大硬伤。这对于刚开始试水的零售企业而言，更显得重要。

成立于 2000 年、被称为"中国超市第一网"的联华 OK 网，经过 9 年发展成长为一个构架完善的专业电子商务公司，拥有各类生活用品 1.5 万多种，发展会员将近千万，目前网店已成为其重要的盈利增长点。

相比之下，家乐福网上商城则有点形同虚设，商品远不如实体店丰富，还要求购物金额必须达到 500 元才能下单。和家乐福情况差不多，很多超市名义上有了网上超市，但多数更像是赶时髦，跟面子工程差不多，收益不佳。

作为较早"试水者"之一的浙江人本超市，虽然已经运营了七八年，目前还只能作为一种辅助。营销部经理张少武告诉记者："开店之初影响力真不小，但因商品和价格都和实体店一样，消费者渐渐失去了兴趣。"

河北国大 36524 的网上商城于 2000 年开始运行，在行业中首创电话网、互联网、物流网、店铺网"四网并行"的新商业模式。总经理于树中表示，目前效益虽然也不乐观，但电子商务仍是一个颇具有成长性的新模式。

红旗连锁超市宣传部负责人也坦承："网店价格和实体店一样，还不能成为主流，送货上门还要收取服务费。"

即便如此，苏宁电器等连锁零售企业仍在积极触网。

实体受损？

网络销售作为一个新兴的商业模式，诸多零售商跃跃欲试。有数据显示，2009 年电子商务仅占了消费总额的 1%，预计 2010 年会占到 2%，电子商务会以每年 1% 的速度递增，到 2020 年可能达到 10%。

一些业内人士甚至认为，随着人们便利消费、个性消费的要求的提高，网店会对实体店造成很大冲击，而便利店可能是受影响最大的业态。对此，北京工商大学教授洪涛认为，目前网上超市并不会对便利店造成实质冲击。相反，超市尤其是便利店开网店是有优势的，可利用便利店的店铺渠道进行商品配送，这正是网店不具备的。网店只有在便利店发达的情况下才能做得更好，两者结合才能更好实现对市场的无缝覆盖。

"年轻人钟爱网购，'80 后'、'90 后'这些人善于接受新事物，消费能力较强，一些零售商担心未来网店会完全取代实体店，其实完全不必担心，这是不可能的！不可过分夸大网络的作用。"洪涛表示，实体店铺与网络商铺各有优缺点，只有将两者有效结合，才能达到利益最大化。

"网上有了订单，国大总部会立刻搜索离顾客最近的 36524 便利店并送货上门。"于树中说："便利店和网店缺一不可，便利店为电子商务插上翅膀，网店等于给电子商务安上了轮子，让它走得更远。"

"京东商城今年交易额已经非常大了，但它到现在还是亏损的，而超市做网店利润点会更低，并且可下降的空间不大。"洪涛提醒，零售商不宜盲目跟风，不是所有的零售企业都适合做网购，要根据自己的实际情况而定，做网店需要企业具有强大的配货能力。

金融危机对传统店铺尤其是百货业态等产生了一定的影响，很多人转向价格更具优势的网上购物。金融危机的冲击在一定程度上促使零售业寻求变革。

第十三章　网购市场亟须规范化

洪涛观点：

文章来源：北京现代商报［商业评书］
题　　目：线上商业　有诚信者得天下
作　　者：洪　涛
时　　间：2010 年 7 月 14 日

据《广州日报》7 月 12 日报道，网上药店全国仅 12 家合法，黑药店却有上万家。这一现象令人触目惊心，网店管理成为当务之急。药品是一种特殊商品，涉及人们的身体健康和生命安全，因此它要求各类药店特别是网上药店具有较高的安全度，不能有半点马虎，是药品特殊性所决定的。

自 1993 年电子商务概念进入中国，至今已有 17 年时间，1998 年我国出现第一笔电子商务交易，2002 年我国网民仅有 5910 万人，到 2009 年底我国已是第一网民大国。截至 2010 年我国已有网民 4.57 亿人，网站 191 万个，网商 1.6 亿户。10 多年来，电子商务已经在我国政治、经济、社会、文化、生活各个方面发挥出重要作用，网上购物也越来越普及，对于企业而言，得网民者得天下；对消费者而言，享受便利的服务和便宜的价格，有诚信者得天下。

如今，网上药店越来越多，店主越来越多样化，有药品生产企业、批发商、零售商、网络公司或药品物流公司等多种第三方公司举办的网店。就网上购物而言，网上购物、网上支付、网上物流等众多环节都不能够出现问题，否则，某一个环节出现问题就有可能出现天大的事情，对于消费者而言，就意味着灾难，对于网店而言也是灭顶之灾。

近几年来，我国出台了大量的法律、法规、标准，使电子商务进入了一个前所未有的时代。但是，诚信问题是一个亟待解决的重要问题，是当前电子商务存在的八大问题之首。

　　网店的资格"门槛"问题较早引起政府注意，近几年来，对于网店注册登记、实名制也引起人们的关注。具有资格的网上药店较少，没有资格的网上药店超过 1 万家，这不得不引起人们的高度重视。分辨哪些是合格的，哪些是不合格的，完全靠消费者自己去甄别，政府管理职能缺失，难免会给消费者带来巨大的购物风险，因此必须加强、加快诚信管理。

　　我认为，网上药店诚信管理包括 6 个方面的内容：药品诚信管理、药品配送诚信管理、药品支付诚信管理、药品售后诚信管理、药店特色诚信管理、药店后台诚信管理。

　　我将一个优秀的网店总结为"1 + 5"、以消费者为中心的电子商务盈利模式，这就是：一个核心——以消费者顾客价值创造网店结构体系；五个基本点——五个基本构成要素：

　　(1) 利润对象——指网店提供实物产品或服务的购买者和使用者群体，他们是网店利润的唯一源泉，网店需要解决的是向哪些用户提供价值。

　　(2) 利润点——指网店可以获取利润的产品和服务。好的利润点：一要针对目标客户清晰的需求偏好；二要为构成利润源的客户创造价值；三要为网店创造价值，它解决的是向用户提供什么样的价值。

　　(3) 利润源——指网店的收入来源，即从哪些渠道获取利润，解决的是收入来源有哪些。

　　(4) 利润杠杆——指网店将企业生产的产品或服务以及吸引客户购买和使用企业产品或服务的一系列相关活动，必须与企业的价值结构相关，它回答了企业能够提供的关键活动有哪些。

　　(5) 利润屏障——指企业为防止竞争者掠夺本企业利润而采取的防范措施，它与利润杠杆同样表现为企业投入，但利润杠杆是撬动"奶酪"为我所用，利润屏障是保护"奶酪"不为他人所动，它解决的是如何保持持久盈利的方法。

采访集萃：

文章来源：北京日报
题　　目：促网购平台担责将有进一步行动
记　　者：董长青
时　　间：2011 年 4 月 29 日

针对阿里巴巴集团董事长马云"网购打假应先打掉制假基地"的说法，商务部商贸管理服务司有关人士昨天表示，商务部等 9 部门日前联合发出通知，严打网购领域侵犯知识产权和制售假冒伪劣商品，对严重违规的网络购物平台将断网，这样做的目的之一就是让网购平台切实承担起监管责任。马云的这番言论，说明他的意识和认识还不够到位，下一步需要有更进一步的认识和行动。

消协律师：为售假者提供平台必须担责

马云 27 日在杭州表示，淘宝能够很容易地查出谁在销售假货，因为有坚实的交易记录和交易数据，"但我们只是一家公司，我们能做什么？我们明知道这是一个骗子，这家伙在造假，但我们一点办法没有，因为我们没有权力把他关起来投进监狱。"他认为，如果不把制假基地打掉，很难打假。

中消协律师团团长邱宝昌律师认为，马云给出的理由有点牵强。"淘宝等网购平台本身并没有直接卖假，但网购平台为卖假提供了一个平台。"邱宝昌说，仅凭这一点，网购平台就必须负起责任。

"根据《侵权责任法》，网络用户、网络服务提供者利用网络侵害他人民事权益的，应当承担侵权责任。"邱宝昌说，如果网购平台明知道网店在售假却不采取删除、屏蔽、断开链接等措施，要承担连带责任。当消费者从网购平台上买到假冒伪劣商品后，可以通知网购平台，网购平台接到通知后未及时采取必要措施的，对后来扩大的损失要承担连带责任。"互联网给人们带来便利的同时也出现了很多问题，对于网购平台来说，应该正视问题，而不是回避问题；不是一遇到政府的监管，就找一些借口和理由。"邱宝昌说。

专家点评

对此，商贸专家和律师昨天表示，网络打假确实不能仅靠网购平台，但是网购平台作为流通渠道载体不能推卸责任。

北京工商大学洪涛教授表示，"网购平台最清楚哪些是假货，因为有交易数据，还有消费者和正规厂商的投诉。"对于这些售假的网店，网购平台自己有能力关闭这些网店，而政府部门反而没有能力关闭这些网店。"就怕一些网购平台为了自己的利益，罔顾消费者和厂家的投诉，对一些网店售假行为听之任之，"洪涛说，"网络平台担责制是电子商务可持续发展的关键！"

文章来源：北京日报
题　　目：遭遇"团购"欺诈　导航网开"先行赔付"先河
记　　者：沈衍琪
时　　间：2011 年 1 月 17 日

春节临近，网络上各类诈骗高发，尽管手段翻新，但都是抓住了消费者图小利的心理。

"原价 100 多元的自助大餐团购价只要 30 元，正好部门要聚会，我们就'团'了二十几份，没想到被骗了！"愤怒的消费者韩女士在网上一连发了十几个帖子控诉名为"得利团购"网。

遭遇这起团购欺诈的并非韩女士一人。本月 14 日上午，一百余名消费者在"得利团购"网上完成交易并支付款项，短短数小时后便发现这网站"不翼而飞"。提供团购商品的几家餐厅均表示，并没有和这家团购网进行合作，证实这是一起打着"团购"名义的网络诈骗。

据团购业内人士分析，从此次团购诈骗可以看出，不法网站非常熟悉市场规律，选在春节前夕餐饮团购火爆的时机开"团"，短时间内就可达成高额交易。同时，选择周末组"团"，案发时间让相关监管部门的处理有一定难度。

不过，对受骗者而言还算是个"利好"的消息是，记者从"得利团购"网站的"入口"——团购导航网站"团 800"获悉，通过"团 800"进行团购的受骗用户可以得到全额先行赔付，这一赔付方式在团购业内开创先河。

据"团 800"和支付宝相关部门介绍，受害消费者大多通过支付宝完成交易。而不法网站在消费者支付后已进行了两次支付宝账户间的资金转移，冻结账户和款项追查则需要警方正式立案后才可进行。

在尚未追回款项的情况下，"团800"发表官方声明表示，团购消费者需提供支付宝的支付明细清单，以配合警方、支付宝与"团800"的核查对账和破案。网站同时承诺，在5个工作日内，为每位核对无误的通过"团800"导航而受骗用户提供全额赔付。

团购导航网站与百度、谷歌等搜索引擎相类似，每日自动"抓取"各个团购网不断更新的组"团"信息，呈现在自己的页面上，这样用户可以方便地从一个"入口"进入各团购网。

不过，目前团购导航网站在甄别各团购信息方面仍存在不足。"我们在收录资质审核上已经不断收紧门槛，但是很难验证每个团购站内每天每个活动信息的真伪，而且也不能实时验证各团购网都在良性运营。""团800"的一位负责人颇为无奈地表示。据他透露，"得利团购"网在资质申请时是提交了"完备"的公司执照、工信部备案域名信息等材料的。

截至2010年底，我国团购网站已达到近2000家，团购行业成为2010年中国互联网上最火爆的新兴领域。

专家："先行赔付"应成行规

有专家提出，"得利团购"诈骗事件的出现，或将催生团购行业产业"先行赔付"安全链条机制的成型。

北京工商大学教授洪涛表示，"消费者通过团购导航网站来访问各团购网站很大程度上是出于对团购导航品牌的信任。在这种情况下，团购导航网站应该对消费者负起一定的连带责任。"团购导航网站就好比实体卖场的经营者，一旦"租摊位"的商户出现问题，卖场也难辞其咎。

电子商务专家安承海同时认为，目前对团购网站的真实性和诚信评级认证仍是空白，需要相关政策制度的规范。较为可行的办法是，由政府部门牵头制定一个权威性的团购网站认证体系，使得消费者在选择团购网站时有据可依。

文章来源：北京日报

题　　目：餐厅层层设坎儿　团购消费"兑现难"

记　　者：沈衍琪

时　　间：2010 年 10 月 11 日

"我是一个月前团购的餐券，结果中秋、国庆双节都过了，却始终订不上那家的餐。"许女士本打算将团购来的便宜用在假期全家吃顿自助"大餐"，可是便宜餐没吃上，还让心里添了不少"堵"。眼看着再有一周这团购的餐券就要过期了，许女士心急如焚。

"双节"前夕，各家餐厅的"低价"套餐成了团购网上"团"得最火的产品。许女士购买的团购券价格平均每人 129 元，比该餐厅晚间正常价格便宜了近一半，但随之而来的团购餐厅苛刻的预订条件却让团购餐券面临无法兑现的难题。

团购客"抢位"难

"您是参加团购的？对不起，只能提前一天订餐。"在许女士团购消费的自助餐厅，服务人员告诉记者，"团购客"和正常消费的普通消费者"待遇有别"，不能提前两天或更长时间订餐。

记者多次拨打该餐厅服务电话了解到，在中秋、国庆节假日期间，许多单位和个人都是提前一周早早就预订了餐位，节前几个订餐密集的工作日则已经被订满。

许女士表示，自己连续几日一早 10 时打电话给餐厅预订第二天的餐位，餐厅均表示"已订满"。记者获悉，和"先吃饭后买单"的普通消费模式不同，消费者在团购网站上购买餐券时均已缴纳了费用。这意味着假如许女士直到团购券到期还未能订上餐的话，那她花费 300 多元购买的三张团购券也就"打了水漂"。

用餐时间和座位双双"受限"

记者走访多家团购餐厅发现，各家餐厅对"团购客"消费设置了层层"障碍"。据一家自助餐厅服务人员介绍，团购前来的消费者只能在中午时段或 19时 30 分后就餐，而正常的晚餐时段则是从 17 时 30 分开始。

"要是按照正常用餐时间，团购的消费者晚上来还能翻两次台，现在只能接待一轮团购客人，这样的规定又给我们团购的消费者订餐增加了不少难度。"持团购券前来的消费者王女士说。

在另一家知名上海菜餐厅，服务人员则表示，如果是团购的消费者只能坐大厅散座，不能在包间用餐。尽管当日散座已被订满而包间尚有空位，"团购客"们也只能"望洋兴叹"。

热门团购不限人数致混乱

"其实网站完全可以通过控制团购产品数量的方法来控制人数。"一位团购网站负责人私下向记者表示。

记者在"来优"团购网站上看到，中型餐厅推出的团购产品中最终购买人数上千的不在少数。某团购网上一家海鲜自助餐厅的团购成功人数竟高达 2 万人，而团购券的有效期仅为 40 天。照此算来，假设所有消费者在有效期内"平均分散"用餐，该餐厅每天也要接纳 500 人。而根据餐厅提供的数据，每餐最大接纳人数可达 700 人。不过，遇到节假日等用餐高峰期，团购客户就难免一座难求了。

专家观点：
网站和合作商家需对团购"双负责"

"团购网站推出的产品如果不能兑现，网站和合作商家都负有责任。"北京市电子商务协会秘书长林亚表示，作为设计团购产品的网站，首先应该考察合作商户是否具有接待团购消费者的能力，然后再根据接纳能力合理设计每一份团购产品的购买人数上限，而不是不负责任地"吸金"。

北京工商大学教授洪涛认为，目前针对团购这种新兴营销模式的监管法规尚属空白，这也令一些不规范经营的商家钻了空子。

"团购的本质是商家通过加大供应量实现低价，在电子商务盈利模式中属于集合竞价模式，即将消费者的需求集中起来，形成给厂家的批量订单，从而给消费者相应的低价。在短时间内聚敛人气。但如果商家无法实现承诺的供应量而虚开'空头支票'，或是供应的产品名不符实，都应该受到处罚。"洪涛表示。

文章来源：法人

题　　　目：近年来兴起的网络代购为何会遭到一些商家的抵制

记　　　者：吕　斌

时　　　间：2010 年 8 月 9 日

作为商家，应该十分欢迎自己的产品被消费者购买——不论是何种用途。但是著名家居生产商宜家似乎并不这样认为。6 月底，有媒体报道宜家上海店对于涉嫌"网络代购"的消费者采取了抵制措施，将频繁、大量消费的消费者列入黑名单，并拒绝向其出售宜家商品。一时间，对于宜家拒售事件的探讨引发了众多人的关注。

近年来，网络代购越来越盛行，对于此种行为的争议也一直存在。一方面，有消费者认为，网络代购使得自己能够购买自己心仪却又购买不方便的商品，给自己的消费行为带来很大便利；另一方面，也有人认为，网络代购行为涉及诸如消费欺诈、避税、售后服务、冲击实体店等问题。

目前，针对网络代购尚缺乏完善的、系统的规范与监管，其中隐藏的法律漏洞的确令人担忧。

但对于宜家的拒售，还是有专家表示了不同的看法，宜家进入中国市场12 年，目前只开设了 8 家分店，应该说销售渠道相对较窄。那些尚未开店地区的消费需求如何来满足？网络代购的兴起自然也有其原因所在。

宜家"拒售门"

许多代购网店的店主表示，通过网络代购，消费者既可以买到心仪的产品，又可以节省费用，而且现在网店大都开在淘宝、拍拍这样大型的电子商务平台，在他们的监管下，大多数网店在诚信方面是没有问题的。

"买家一般都是挺认可的，出现纠纷的情况也有，大都是因为出现商场缺货等状况，一般和顾客解释一下退款就可以的，现在网上的顾客还算是比较成熟的吧！"拍拍网一家网络代购店主对记者表示，找代购的买家 90%是当地没有宜家商场的客户，无论加价还是原价出售，他们都会从网上购物而不会千里迢迢地去商场购买。

这位店主认为，正规的网络代购并不存在售后服务的问题，如果买家有需要，他们会连发票一起提供给买家。至于冲击宜家售价，她认为更不可能，"现在网络信息这么发达，顾客也不傻，你加价多了没人会买的。"

针对"拒售事件"，北京宜家在给记者的书面回复中表示，宜家家居对任何在宜家商场内从事国家相关法规不允许的行为的人员都会拒售，例如，私下延揽顾客安装及运输服务等。"对于在宜家商场内正常购买的大宗购买顾客，宜家从未也不会拒售。"

尽管宜家有自己的顾虑，但网络代购却受到了相当多消费者的欢迎。而随着市场需求的增长，宜家网络代购的网店已为数不少。

宜家的"拒售"行为遭到了一些消费专家的质疑，有消协的负责人甚至认为，宜家涉嫌侵犯消费者权益。

"按照消法规定，消费者是享有公平交易的权利。"在接受记者采访时，北京隆安律师事务所尹富强律师如此表示。

在回复"网络代购对宜家有何影响"的问题时，北京宜家表示，"网络代购属网络间的私人行为，我们不予评价。我们建议消费者不要通过其他渠道，而从宜家店内购买产品，以保证得到最低价格的产品及相应的服务保障。"

代购影响几何？

作为全球最大的家居生产商，宜家的粉丝遍布全球，但自 1998 年进入中国后，12 年来仅在北京、上海、广州、成都等地开了 8 家分店。随着人们生活水平的提高，对于生活必需品的要求也有了大幅改变，以设计简洁、美观实用著称的宜家产品在全国则拥有大批的粉丝。但宜家在中国店面过少，且到目前为止宜家并没有开展网络销售，那么其他地区的消费需求与宜家的店面覆盖率之间的矛盾，就显得有些突出。在这种情况下，一些极富商业头脑的网络销售者便抓住了这一机会，大批宜家代购网店应运而生。

在接受记者采访时，北京工商大学贸易系主任洪涛教授表示，"从流通经济学的角度来看，宜家的销售渠道的确比较窄。但宜家的品牌效应比较好，很多地区的消费者都希望购买宜家的产品，那么网络经济的发展使这种比较窄的渠道得到了补充。"他还表示，尽管宜家目前在中国尚未开通电子商务服务，但通过网上、网下相结合，其销售渠道在一定程度上得以拓展。

那些宜家代购店的开设者，大都位于宜家已开店面的所在城市，相当一部分开设者甚至家就住在宜家卖场附近，他们本身也是宜家忠实的粉丝，对于宜家产品的设计风格、价位等信息非常了解。

在网络代购交易中，只要购买者挑选好商品，将名称、尺寸、型号、数量等信息告知代购者,他们会在第一时间将物品清单及价格列出来,经买家确认并付款后,代购者会去宜家商场购买这些商品,并通过快递的方式将其寄送给购买者。

通常,代购者会在原价基础上加5%~10%左右的服务费,这也是代购者所需的报酬。在解决了宜家销售渠道过少与消费需求之间的矛盾的同时,许多代购者因此获利颇丰。当然,由于代购行为缺乏有效监管,也出现过诸如消费欺诈、假冒伪劣甚至走私等负面情况。

"网上、网下两种销售渠道虽然有互补的作用,但有时也会相互冲突。"洪涛教授告诉记者,比如网上渠道有可能会降低网下渠道的销售额,这种现象不单单会发生在宜家身上,很多零售企业都会面临这样的情况。此外,如果消费者在网络消费时遇到欺诈、仿冒品或者退换货方面的问题,可能会在一定程度上影响宜家的品牌形象。

或可收编?

网络代购一方面弥补了商家零售渠道狭窄的不足,另一方面又可能存在不规范的行为,这种巨大的市场需求与监管难之间的矛盾如何解决?对于网络代购行为来说,又该如何弃其糟粕、取其精华?

"宜家家居的体验式营销方式,使得消费者在店内可以得到更好的消费体验。因此,目前宜家家居在中国没有计划任何网络销售行为,所有产品只通过8个零售店销售。"北京宜家在书面回复中表示。

"我个人认为不但不应完全堵死,而且根本就不应该堵。"北京隆安律师事务所尹富强律师对记者表示,网络代购是网络科技带给人们的又一便利的服务方式,从整体来看,这种服务可能更经济、更环保、更低碳。不能"因噎废食"的因为网络代购存在消费欺诈、走私就全盘否定。

洪涛教授也表示,对于网络代购来说,与其直接拒售,不如宜家将这些代购者作为特定级别的经销商来对待,允许其代购,但对其商品定价及售后服务应有一定规范,这不失为一种好的解决之道。

"跨国企业在其他国家进行扩张的时候,应该充分利用社会网络的力量。"洪涛教授认为,社会网络的力量包括网上和网下的渠道,商家可以通过特许经营、加盟等形式"收编"这些网络代购者,将其纳入自己的销售渠道内。

"宜家对于扩张可能有点过于谨慎了,我们经常从事有关商业零售的研究,像宜家这种国际性的知名品牌，其扩张速度之慢是难以想象的。"洪涛教授告诉记者，这一方面可能和宜家的企业文化有关，另一方面也可能与前几年出现经营风波的欧倍德、百安居等几家外资建材零售商的失败案例有关。

洪涛教授认为，现在的市场竞争已不是单个企业之间的竞争，而是供应链和供应链之间的竞争。像宜家这样的大型企业所要发展的不仅仅是自己的单一门店，如果能够在整个供应链上加强其文化的渗透和传播，宜家的竞争力会更强。

文章来源：北京电视台
题　　目：转券互利互惠　网购防范风险
记　　者：王怡
时　　间：2010 年 7 月 14 日

记者在很多网站上都看到，转让或者交换优惠券的帖子比比皆是，这些优惠券不仅有时下流行的美容健身卡、电影票优惠券，还有今年全年的肯德基学生卡、麦当劳优惠卡等，甚至连公司内部福利券都能在网上以 3~9 折的折扣淘到。

王小姐是一家公司的会计，平时过节的时候单位发了一些优惠券，但是有些自己用不着，就会放到网上转让。

公司员工王小姐："比如说像公司会发一些商场的购物卡或者超市的购物券之类的，我觉得自己可能用不了这么多，那么有些人可能需要，所以我就会转让，但是有时候自己也想买一些书啊或者有一些物品我想要购物卡或者购物券，我也会去网上购买。我觉得这样双方都获益，资源得到最大化的利用。"

让优惠券在网上流通，不至于让券过期作废，同时还可以变现回收，这给消费者带来了实惠。

街采市民："会更实惠一些，比直接去购物要方便一点。"

街采市民："我觉得很合算，互惠互利嘛，还是挺好的。"

当然，选择在网上交易，还需注意风险。转让优惠券或者是个人物品的时候一定要确认交易款项是否到账，最好双方当面交易。此外，还要留下交易凭证，以备日后维护自己的权益。

北京工商大学经济学院商业经济研究所所长洪涛："这几年我们网上交易发展比较迅速，网上交易正处于发展初期，最需要的是我们培育市场，对于网上交易所出现的各种违法乱纪行为要惩处、要规范，否则消费者利益会受到损害"。

文章来源：名牌时报·超市周刊
题　　目：传统零售业进军网购切忌"打酱油"心态
记　　者：杨朴宇
时　　间：2010 年 6 月 1 日

传统零售商上网"圈地"如今已经成为业界的一大夺人眼球的看点，不论是内资外资、国企民企，大有开始在"电子商务"这条新战场上血拼一番的架势。

业内人士分析认为，零售商超触网，"打酱油"者却不在少数，"到此一游"几乎成了众多传统零售商的通病。然而，面对汹涌而来的"网购"市场，零售商超企业不得不匆忙应战。

触网"打酱油"

风起云涌的"圈地"风波背后是一块巨大的蛋糕。

据商务部统计，2009 年，我国网购销售总额达 2500 亿元，同比增长 90% 以上，网购市场成长空间非常大。年轻人，特别是 16~32 岁的人群占网购用户的 83%，他们对网购消费需求旺盛、愿望强烈。而我国目前的网购业务仅占社会零售总额的 1%~2%，远远低于发达国家。在巨大的网购市场面前，许多企业都想"分一杯羹"，但是"打酱油的"比较多，能够做得顺顺当当的却少之又少。

"触网失败的传统零售商很多，这是必然的，坚持传统的零售经营思维，用电子商务的手段做传统零售就是触网，这种思维方式太窄，因此必然会失败。"河北国大连锁商业有限公司总经理于树中直接点中了众多"打酱油"者的命门。

还有另一个严酷的现实：在传统零售商纷纷"触网"、攻城略地的时候，先前发展起来的网络零售商也并没有束手待毙，他们以攻为守，华丽"下线"，向实体店市场加速迈进。

此前，京东商城等网络零售商纷纷布点实体店，淘宝更是高调宣布进军线下零售，授权副食店、超市等为淘宝网官方指定代购店，为不会或不方便上网的消费者提供网购、充值缴费等电子商务服务。

有业内专家指出，上网也不是万事大吉，卓越、当当起源于网上商城，现在又都不约而同地开始拓展线下供应及配送渠道。除实体店面外，他们在物流、仓储等传统零售行业的流通环节中投入的人力、财力都在不断地增大，他们在多年的网络销售历程中发现，飘荡在虚拟世界中的互联网 B2C 模式并没有太大的生存优势。

顽疾亦重重

"传统零售商触网与网络零售商下线相比，传统零售商在品牌和资源方面拥有巨大的优势。"北京工商大学教授洪涛向记者详细对比了两者的优劣。然而，在拥有如此巨大优势的传统零售业为何在"触网"之后频频出现"打酱油"的情况呢？

纵然传统零售商不愿做互联网革命的"过客"，但业内专家却普遍认为，物流配送体系这一"致命"软肋严重阻滞了传统零售商的"上网"步伐。

"传统零售商借助网络进行扩张是一股潮流，也是零售业今后的发展方向，但从实际情况来看，采购和物流是制约其壮大的最大瓶颈"。国内某大型零售企业的负责人有着自己的看法。

对物流配送体系并不完善的一些传统零售商而言，线上订货、线下配送的模式可能令很多零售商不适应。

上海商学院管理学院教授周勇指出："零售商超网店的订单要实体店铺的物流去送货，实体店又没有什么利益可得，怎么会积极？这样下去，顾客服务做不好，满意度降低，导致网店没有任何优势。反之，网店卖得好，实体店销售额就减少，两者是相矛盾的，又怎么能合作"？

比物流配送顽疾更可怕的是"打酱油"的心态，抱着"打酱油"的心态去"触网"，结果很自然地就成为一种"打酱油"的状态。

中国连锁经营协会副秘书长杨青松指出，"物流配送并不是传统零售'触网'不顺的最重要的原因，最重要的是传统零售商们的心态，尝到了规模化开店甜头的传统零售商并没有重视起网络这个渠道，而是把主要的精力放在了不断开店上，即使有一些零售商尝试了网络销售，但所用的精力仍明显不够，资金投入更不足"。

洪涛分析了传统零售商"触网"心态："一是传统零售商在网络销售这个渠道上的投入不够，更重要的是，传统零售商坚持传统的零售思维模式，在选择网络销售模式上想法很不符合实际需要。传统零售商把实体店销售和网络销售当做了'两张皮'，建网店就是单纯地建网店，完全把网络销售和实体店销售分割开来，使得网店渐渐地流于形式。更有甚者，把网店销售和实体店销售对立起来，处理不好二者的关系有时会拖累了实体店的业绩"。

庄周梦为蝶

"未来的传统实体店和网上商城将会是一种'庄周梦蝶'的关系，分不清是庄周还是梦蝶。传统实体零售和电子零售并没有严格的主次之分，会不断地模糊双方之间的界限，是一种相辅相成的关系。"于树中形象地描述零售商"触网"的未来。

洪涛对此也表示完全赞同，在他看来，"多渠道营销"将会是未来的必然趋势，不管是实体店还是网络都只是"多渠道营销"中的一种营销方式。"一些零售商担心，未来网店会取代实体，其实完全不必担心，这是不可能的，不要过分夸大网络的作用。"

实体店铺与网络商铺各有优缺点，只有将两者有效结合，才能达到利益最大化。洪涛进一步提醒零售商，不宜盲目跟风，不是所有的零售企业都适合做网购，要根据自己的实际情况而定，做网店需要企业具有强大的配送能力。

在业内专家看来，网络平台的价值越来越被传统零售商所认可，虽然大规模的"触网圈地"仍在不断上演，但传统零售商的"触网"还处在刚开始的试验阶段。只有坚持科技创新和理论创新，摒弃传统的零售思维模式，摆正心态、重视和加大对这个平台的利用，才能真正地把网络为我所用。

零售商超"触网"，不是一个"打酱油"的传说，而是在寻找未来市场中的自我。

文章来源：北京商报
题　　目：88%网友认为网店执照≠信誉
记　　者：王皓然
时　　间：2010 年 1 月 25 日

针对《网络商品交易及服务监管暂行办法》即将颁布实施，规定个人在网上开店须实名注册，具备条件的还应办理工商登记注册等消息。虽然国家工商行政管理总局表示是"误传"，但有关网店实名制还是引起广泛争议。昨日一项最新调查结果显示，超过 88% 的网友不认为网店有执照就有信誉。

网购市场处于培育期

将网络购物纳入监管范围，除了对目前网购市场出现的种种不规范进行规范外，许多人还将实名制解读为国家将对卖家征税等后续管理。有业内人士指出，目前我国的网购市场仅仅处于初级阶段，整个市场尚处于培育期，应该设法降低门槛、提升便利性来吸引更多的交易方和消费者进入这个市场。对于99%以上企业都是中小企业的我国，不能为了规范秩序，就把所有中小企业和网商拦在门外。

七成网友不支持网店办照

某门户网站昨日对"个人网店需进行实名注册调查"进行投票，共有两万余名网友参与投票，其中69.8%的网民表示不支持"个人网店须实名注册，且具备条件的还应办理工商登记注册"，26.4%的网民表示支持，另有3.8%的网民表示"不好说"。该网站的另一项调查结果显示，80%的网店店主认为"办理执照及其后续费用必然会增加交易成本"，超过88%的网友不认为"买家会因网店拥有执照而增加信任"。

对网店实名制赞成者以实体企业和规模较大的网店店主为主，他们希望提高网上开店的门槛，将一批不规范的竞争者拒之门外，以保证市场健康有序的发展。而反对者多为依靠目前门槛低而开店走"薄利多销"策略的小规模网店，也有一部分热衷于网购的网友担心办理执照和缴税等增加网店运营成本，使网店产品不再拥有价格优势，而选择反对。

专家观点：网购市场未来必然要规范

庞大的网购市场正在以翻倍的速率增长，消费者对网购的安全性、品牌、服务也都提出了更高的要求。然而目前，网上交易对网店如何管理、如何保障网上购物消费者的权益不受侵害，在我国法律上仍是空白。

北京工商大学经济学院教授洪涛表示，如果要进一步规范网购市场，在目前发展的基础上就势必需要出台相关的法律法规，而且必须是全国统一的，否则将在实施上受到阻碍。虽然目前实施还有一定困难，但这是网购市场发展的

182

必经之路。

　　同时洪涛认为，对网购市场的管理不可能做到"一刀切"，对于一些在网站上处理私人二手物品、交易量很低的卖家，并不需要过多地对其作限制，交给网站自己去管理就足够了；对于一些营业额已经达到国家对中小企业设定标准的网商，则可以要求其办理执照并交纳一定的税款。

第五部分　超市竞争与发展

2009 年 12 月，在丹麦首都哥本哈根举行的世界气候大会掀起了全球节能减排的浪潮，打造专业的节能店也成为外资零售实施节能减排的重要举措。"低碳超市"的概念就是在这个大环境下诞生的，它首先由沃尔玛中国区总裁陈耀昌提出。随后，乐购、家乐福等外资零售企业在新店拓展中，纷纷打出"低碳超市"的口号，不惜投入巨额资金建设节能店。

相比外资企业大力推行"低碳"的同时，本土超市似乎相对处于被动地位。对此，洪涛教授指出，"低碳超市"是行业发展的必然趋势，内资超市要在行业标准制定上抢占话语权，以防日后被外资超市牵着鼻子走。

1992 年我国对外开放零售领域，外商经历了合资——独资两个阶段的战略选择，第一个阶段，是政策环境下必然的"无他选择"；第二个阶段，当政策放开后，许多外资全面独资必然会成为其在中国的一种市场战略。目前许多外资零售商选择了独资，并购，二、三线城市战略，洪涛教授认为应引起内资零售商格外关注。面对沃尔玛、家乐福、麦德龙等超大型国际零售巨头进入中国，本土超市与外资超市间的竞争愈加激烈。如何使内资超市在全球化的大背景下打造出自有品牌、进行差别化的市场定位以及经营的规模化，进而取得竞争中的优势地位，是值得关注和探讨的问题。

洪涛教授时刻关注超市的发展，对超市间的内外资并购以及超市经营等方面都具有自己客观、独到的看法。

第十四章　低碳超市成行业发展趋势

采访集萃：

文章来源：长江商报

题　　目：内资超市玩"低碳"　须抢话语权

记　　者：万　方

时　　间：2010 年 1 月 4 日

哥本哈根会议掀起的低碳经济之风，吹遍了世界各地。近日，福布斯首次发布低碳经济人物，沃尔玛中国区总裁陈耀昌因提出"低碳超市"概念上榜。近来，众多零售商争相布局"低碳超市"，只因为零售业是排碳大户。

当外资超市沃尔玛、乐购、家乐福、麦德龙等掀起低碳风潮时，本土超市还处于"懵懂"阶段，"低碳"怎么玩？是不是又要被动地等待外资将规则制定后，再被动应对？

上榜福布斯

近日福布斯首次发布低碳经济人物，沃尔玛中国区总裁陈耀昌因提出"低碳超市"概念而上榜。

沃尔玛强调低碳经济背后的商业逻辑非常清晰：作为零售商，沃尔玛的使命就是为顾客省钱。金融危机也给沃尔玛提供了一个实践的机会，在这一背景下推出的绿色模式，将带动产业链上下游的升级，令沃尔玛的中国本土化进一步升级。

在沃尔玛中国的绿色价值链中，重要的一环就是在全国推广"农超对接"，以减少中间流通环节，为消费者提供更质优价廉的农产品。

此外，沃尔玛不惜重金建设低碳节能店。截至 2009 年，沃尔玛已在北京、广州开设两家高效节能旗舰店，通过采用 LED 灯照明等高效环保设备，与普通门店相比，节能店能节约 40%的用电量。沃尔玛计划到 2010 年底，使其在中国的所有店面水资源消耗减少一半。

对陈耀昌来说，在绿色价值链打造成功后，沃尔玛得以通过环保店和供应链方面的成本优势，令"天天低价"的概念深入人心。

争食"碳糕"

据中国连锁经营协会调查显示，零售企业能耗约占总成本的 10%~20%。减少碳排放，成为零售商新一轮的争夺焦点。

早在 2005 年，乐购超市（TESCO）在苏格兰迪斯开出了全球首家低碳环保店，TESCO 力争从原材料采集、制造到配送、零售、消费以及废物弃置等整个产品生命周期的各个阶段都减少碳排放。

家乐福等零售巨头，在不到一年时间里新建或改造了数百家"零碳"未来超市，并加大农超对接力度。罗国伟说，直接采购减少了中间环节，降低了流通成本，能让消费者买菜便宜 10%~20%。

沃尔玛提出"碳揭露计划"，将公布 6.8 万家供货商的温室气体排放量。目前，沃尔玛已与 30 家供货商试行该计划，包括 DVD、牙膏、香皂、牛奶、啤酒、吸尘器、汽水等项目。

"低碳"怎么玩?

先到者先得。目前，TESCO 在全球共有 50 多家节能店，其中在中国有 15 家，能源总消费同比减少 9.1%。家乐福、沃尔玛等节能店，每年每店平均省下近百万元电费。

在哥本哈根全球气候峰会召开前夕，TESCO 中国公司副总裁庄南滨曾解释"零碳消费"：运输车辆产生的碳排放量 5 年降低 50%；250 多家供应商提供的 3600 多种商品碳排放量减少 30%；半价销售节能灯等价格因素鼓励消费者购买低碳产品。

中百仓储总经理程军认为，洋超市所鼓吹的低碳概念，本土超市很多年前已经在做，只是没有用"低碳"这个专属名词。

程军说，比如对节能店的改造，目前卖场的灯管、冰柜、空调灯都已换上节能产品，在超市招标中，节能是硬标杆。对于农超对接，中百等超市 2005 年就推出农产品进超市零门槛政策，并在湖北有直采基地。

对于"低碳超市"，程军说，"低碳超市"包括哪些因素，这需要行业来研究，并制定出具体的标准。

专家观点：
内资超市须抢话语权

北京工商大学经济学院洪涛教授说，低碳超市是行业发展的必然趋势，十多年前我国开始推行绿色商店，只是没用"低碳"这个词语，目前一些企业早就形成"低碳"的意识。

但在洪涛看来，目前所谓的低碳超市并没有一个行业标准，很多企业在推行中有很大的随机性和盲目性，缺少一个约束的行规。

洪涛说，这也是因为过去对超市的考核多是"粗放型"，更看中销售额、店铺数、VIP 客户数量，以后将转向"集约型"，更多考虑能耗与营业额比重。

洪涛认为，目前"玩低碳"，外资超市已走在内资超市前头，若内资超市再不重视，可能失去先机，让外资超市在行业标准制定上抢占话语权，内资超市只能被牵着鼻子走。

第十五章　内外资超市并购

采访集萃：

文章来源：北京商报
题　　目：港佳好邻居押宝北京便利店市场
记　　者：熊海鸥
时　　间：2010 年 3 月 25 日

继收购内地超市告吹后，港佳拟加大北京及全国便利店投入。昨日，港佳控股公布，付出预亏 1400 万港元的代价，向百联集团出售华联吉买盛 60% 股权，甩卖吉买盛位于江浙地区的 18 家大型超市，并计划用收益的约 4.42 亿元人民币增加北京及其他城市便利店数量。

资料显示，去年 8 月，港佳控股拟通过非全资附属公司上海华联吉买盛收购内地某连锁超市业务，但最后告吹。

港佳表示，上海零售业竞争激烈，集团应投放更多时间及资源加强在北京及其他城市的便利店业务，维持甚至提升市场占有率，而出售江浙超市则是集团将部分投资套现的机会。目前，港佳只在北京拥有 170 多家好邻居便利店。

来自北京市商务委的数据显示，2008 年北京市便利店逾 1300 家，而上海则逾 6000 家，北京便利店规模远未饱和。目前，除北京本土超市所拥有的便利店外，北京的专业便利店呈三足鼎立的格局。好邻居、快客和 7-11 店数分别约 170 家、150 家和 93 家。

尽管 7-11 在店面数量上稍逊一筹，但因其高密度集中开店的政策，以及便当即食品和拉卡拉信用卡还款、自助 ATM 机等便利服务，占据着海淀与朝阳区大部分的便利市场。

而今年 2 月，联华快客一改不温不火的发展态势，在朝阳麦子店开设首家以常温商品为基础、便当即食品为核心、金融服务功能为依托的三位一体概念店。北京联华快客总经理杨爱国称，此次新概念店尝试与便当经营商、房屋产权方联合经营，以突破便利店的困境；以后快客新概念店都将直面 7-11 竞争。而对于港佳甩卖江浙综超的消息，杨爱国感到很惊讶，称不便给予评论。

对于这场愈演愈烈的便利店争夺战，北京工商大学商业经济研究所所长洪涛表示，有序竞争有利于北京便利店水平的整体提升，在经历了早期网点竞争和市场培育期后，北京便利店市场已进入多元化服务层面的竞争。

文章来源：超市周刊
题　　目：吞下天津易初莲花　物美加快并购步伐
时　　间：2010 年 1 月 21 日

"这很有可能对中国内资零售企业起到一个表率作用，在与外资零售巨头的竞争中增强自信。"北京工商大学洪涛教授这样评价物美收购易初莲花。

2009 年 12 月 30 日，天津易初莲花连锁超市发布公告"暂别天津市场"。正大集团将天津易初莲花超市有限公司股权出售给物美集团，前者在天津开设的 4 家大型连锁超市，将由物美集团接盘，至此，易初莲花正式退出天津市场。

"此次并购易初莲花只是集团 2010 年并购业务的序曲，今年我们将有更多的并购计划。"物美集团公关总监富宇的这番话预示着并购将是虎年物美扩张的主旋律。

布局天津

在外资超市连锁巨头觊觎收购国内零售企业之时，物美集团对外资在中国市场业务的再次收购引起轩然大波。2009 年 10 月，物美与江苏时代零售走过浪漫的三年恋爱后，在走进婚姻殿堂的最后关头，被韩国第二大超市连锁集团乐天集团"横刀夺爱"，以 6.35 亿美元高溢价"抢走"了江苏时代。

此番收购易初莲花，让几个月前惜败乐天的物美终于在与外资零售巨头的较量中扳回一局，当然这也是物美布局天津的重要举措。

易初莲花给记者的回函中如是说："易初莲花在中国已拥有 70 余家门店，2003 年入驻天津至今已有 6 年。为了更好地推动行业的健康有序发展，近期正大集团与物美集团达成了优势互补、资源重整的战略合作伙伴关系，以期双方在各自优势城市，进行战略重组，正大集团将天津易初莲花超市股权出让给物美，以支持物美集团在天津的发展。同时，正大集团也将整合、优化总公司的资源以集中在北方地区（尤其北京地区）的发展。"

富宇也肯定了双方的此次合作。

易初莲花北方区一位不愿透露姓名的负责人称，选址不当是易初莲花在天津亏损的主要原因，管理、资源、规模等，都是次要因素。而物美给记者的回函中则是这样表述的：易初莲花在天津的 4 家门店基础条件良好，由于店铺数量少，无法实现规模效益。

记者再三求证，双方也没有透露此次交易涉及的金额。有消息称，物美的收购金额不超过 2000 万美元，折合人民币约 1.5 亿元。

物美集团表示，已对易初莲花股权转让后的相关工作做了妥善安排，主要包括：双方负责股权转让后的交接工作和现有职工的安排；将继续履行具有法律效力的相关合同；对于现有的易初莲花礼品卡，消费者可以选择余额退款或转换成物美卡等。

并购格局

洪涛进一步分析说，"物美经过几年的发展现在已经有了一定的规模，经过连续的兼并重组，物美正逐步地从城市走向农村，但物美集团现有的网络并不够，急速扩张的物美亟须通过扩大网点、增加店面的方式扩大市场规模，相对于自建店面的高昂费用，兼并重组已经拥有一定网络资源的企业便成为物美扩张的重要手段。有一个现象很值得注意，那就是现在不管是外资还是内资零售巨头都更多地选择在 2004 年以前成立的企业作为并购对象，这主要是因为这些企业经过几年的发展已经具备了比较完善的销售网络和布局。"

在肯定了物美对内资零售企业在竞争中增强信心的作用的同时，洪涛强调，"物美此次收购的意义不在于收购的这四家店，更显示出了中国本土零售企业正在逐步变强变大，并且形成了一定的规模"。

这个观点跟中国人民大学黄国雄教授不谋而合，黄国雄分析，"中国内资零售企业正逐步成熟，并且具备了较强的并购实力，这其中尤以物美首当其冲，发展壮大的物美集团有实力完成这样的并购。当然中国其他内资零售商发展也很快，比如庆客隆在纳斯达克的上市，这都在显示着中国本土零售企业的成熟。"

洪涛认为，"现在在中国的零售行业中，内外资企业这个属性并不能成为

192

划分强弱的标志，应该用强势企业和弱势企业来划分。在以后的零售兼并重组中内资并购外资企业或者外资并购内资企业都会成为常态，最终形成，你中有我，我中有你，外资零售企业占一定比重的中国零售业格局。"

黄国雄则强调，"去年开始，内外资零售企业的兼并重组成为一种趋势，内外资企业的发展的重点都不会集中在某一个点上，而是通过资本运作、兼并重组等手段从全局出发来布局"。

商圈较量

"在现在中国零售行业，零售商的强弱更多的是表现在同一业态在同一商圈内的对抗，其成败取决于在这个商圈内门店的经营能力，而不仅取决于企业的整体规模和企业所有制问题上。"

黄国雄强调，从物美的此次收购中，国内零售业应该有更深的思考："现在零售企业的竞争已经细化到同一业态在某一商圈内的竞争，零售商应该更多地去关注同一个商圈内的同业态竞争，在每一个商圈内培养本企业该商圈内优势业态的核心竞争力。"

洪涛也认为，"在外资零售企业存在文化融合问题、业务重组调整的时候，本土零售企业应该更快速地增强自身的管理和经营能力，在发展战略上做好布局规划的同时应该用更多地精力关注在同一地区的布点工作，做好同一业态在同一商圈中的竞争也是一种取胜之道。"

随着零售业的发展，零售企业的竞争深入到商圈内同业态的竞争已经是不争的事实，这对中国本土零售企业在与外资零售企业的竞争中提供了一条比较新的思路。

据了解，目前在天津，市场份额最大的是华润，其次是物美，排第三位的是家乐福。富宇透露，在收购易初莲花之前，物美在天津有 9 家大卖场、50 多家便利超市。易初莲花的 4 间门店都不在物美现有的竞争商圈内，物美收购这 4 间门店后，将与物美自身网点形成合力，提高市场份额。显然，收购这 4 间门店后，物美在天津的市场份额将得到提高，其商品采购量和采购商品的议价能力也将增强。"天津一直是物美重点发展的地区，2010 年，物美还将在天津开五六间门店，使物美在天津的规模优势进一步得到显现。"富宇这番话是对商圈内同业态竞争的最好注解。

第十六章 支招超市发展

采访集萃：

文章来源：名牌时报·超市周刊

题　　目：温州军团策动乡村"秋收起义"

记　　者：曹子奕

时　　间：2010 年 8 月 4 日

在我国广大农村，一场看不见的"势力"风暴已经形成，这是"不差钱"的温州人在广袤乡村策动的一场商超"秋收起义"。

温柔一刀

在投资领域，温州资本向来无孔不入。记者调查了解到，在国内很多县城都遍布着温州人开的中小型超市，虽然这些超市的名字并没有全国百强企业那么响亮，有的甚至堂而皇之地偷用了知名超市的牌子，但不管怎样，这些草根超市正在逐渐覆盖整个农村，并有进一步深入的趋向。"大型连锁企业触角不能伸到的领地，我们温州人的超市就在那里开花。"敏锐的温州商人最早发现了这个市场机会。

李伟是温州商人，他早在 2000 年就把超市开到了贵州农村的小县城，多年来，他的超市已经遍布浙江、贵州、云南等地。李伟告诉记者，"这些欠发达地区县城市场就像一张空白纸，发展空间十分宽广，虽然消费力差些，但百姓的需求同样不小，经济不发达但商机并不差，投资前景好，缺少的只是市场的培育。"

朱建军是温州的一个皮鞋商，他告诉记者，自己是在 2004 年才开始进军零售业的，因为对超市一窍不通，他只负责投资，经营交给懂行人做，期望值并不高，但有商机就不能放过。朱建军表示，目前他名下的超市大大小小已有几十个，农村的市场广大，不担心有人抢，下一步将继续深耕农村。但朱建华也表示，截至目前，优质的点已被占去了很多，但机会还有很多。

正是在知名零售企业所不重视的农村，温州军团逐渐成势。目前，知名零售企业并没有真正进入县城市场，他们还忙着抢夺中心城的核心地盘，对农村市场一是无暇顾及，二是市场机会远不及一、二线城市，因此县级城市成了温州投资团的"香饽饽"。

青睐中小

一个投资人对记者分析，温州人做超市是非常常见的现象，温州人看到什么市场前景好就会立即去投资。从擦皮鞋到理发到现在的服装、建材、陶瓷、灯具等，一个温州人可以涉足数个不同的领域。资本具有逐利性，头脑灵活的温州人一是有钱，二是有一双"市场眼"。

据业内专家分析，农村超市门槛低，投资可控性强。一般只要有资金投入就可以开店，资金投入规模可根据营业地点、面积来决定，原始资金从几万元至几十万元，有较强伸缩性。一般为一次性投资，只要能正常运营基本不用追加投资，固定资产折旧率低。刘军还告诉记者，县城的百姓不是很挑剔，做起来也会容易些，基本没有什么风险。

专家一致认为，小型超市投资小，易操作，效益稳定，安全性高。因为主要经营快速消费品和生活必需品，且大多数资金都是投放在商品上，货币回笼容易，一般都有固定客源，无季节性淡旺季。但投资人做超市也有一点麻烦，投资人李伟表示，"超市的利润比较低，在管理上也不够完善，虽然引进了一些管理人才，但大型超市的运作经验并不完全适合于农村，如果有志于品牌化运作，困难也不小。"

谁来招安

目前，中国三、四线市场并没有引起业界过多的关注。很多专家表示，市场是有分别的，对大型连锁零售企业而言，三、四线市场目前还不是重点，所以暂时不作考虑。

据悉，国内的很多超市，并不只是零售企业在投资。在未来，温州人组建起来的这些不规范的超市农民军，会不会遭到正规军的剿灭？或者谁来招安收编这些"泥腿子"？

业内专家认为，比起一、二线城市的大型连锁企业，这些小超市还存在规模不足，或虽有规模但毛利水平不高的状况，所以未来一旦大型连锁企业的触角伸向农村，这些企业是无法竞争过这些知名零售巨头的。

北京工商大学教授洪涛表示："中国的国情十分特别，零售网点资源非常多，多达几千万个，区域之间发展严重不平衡，市场是只无形的手，会自动调节，网点少的就要增加，所以，在大企业无法顾及的领域，温州商人就填补了这个空缺的市场。其实这些投资极大地补足了市场不均衡的状况。"

据记者调查，目前国内这些县城小超市良莠不齐，存在散乱的情况，有很多也并没成军，没有规模，就是散兵游勇，但在短期内生存状况也都不成问题。

洪涛认为，这是因为农村的网点太稀少了，还没有被真正的开发。随着未来零售战场竞争的日益激烈，尤其是城市化的进一步推进，生活品质越来越高，老百姓会越来越理性，所以品牌化一定是不可阻挡的。如果温州人的超市要获得长远发展，一定要走品牌化路线。

投资人朱军表示，自己当初投资的是空白的市场，目前他所占的农村市场已经不小，因为最终追求的是投资回报率，所以如果有一天，大型零售军团杀到了农村这片市场，给的价钱比较好，卖给他们也不是不可能。

温州人的超市虽然进入农村时间早，并且发展形势不错，但更多业内人士认为，温州民资的根本出路，还在于整合转型。

在未来，温州超市会不会在零售巨头的招安下消失掉，仍属未知。

文章来源：北京商报
题　　目：把电影院开进超市
记　　者：郑　洁　王　可　李　雪
时　　间：2010 年 7 月 5 日

新闻事件

中影携手"红旗"将影院开进超市、星美 12 亿港元收购 12 家内地影院、华谊兄弟创业板上市募资建设影院……眼下，各路资本正像"饥饿的狮子"猛扑向影院建设"这块肥肉"，影院业投资持续火热升温。今年就新增加了三四十家影院投资公司投入"战斗"。

影院投资必须结合商业业态
购物、娱乐、餐饮组成全服务链

近几年，内地电影业取得了持续、高速增长，核心动力来自市场终端建设的迅猛发展。购物、餐饮、娱乐等城市生活若干功能在空间上进行组合，形成针对目标客户的全服务链，在各部分间建立一种相互依存、相互补益的关系，从而形成一个多功能、高效率、复杂而统一的综合体。

北京华夏新华大地电影院线有限公司副总经理杜嵘认为："电影投资比较热，各行各业都想做电影。中影做社区院线有它的道理，能够存在就有道理；万达院线有家影院也是建在沃尔玛超市上面的。电影现在已经作为商业的一种业态出现。建影院的三要素，第一是选址，第二、第三还是选址。在超市建影院不奇怪，超市本身也是商业聚集地，有人流量保证。但也得看超市的规模，还有能否跟周边商业业态结合"。

北京卢米埃电影院线公司老总胡其鸣认为："虽然感觉上超市跟电影的交叉人群不够，但如果能够结合餐饮、购物等多种商业功能，在国际上还是有很多成功案例的。如当初美国派拉蒙曾经在一个只有几万人口的小城市建了30多座影院，人们的购买力足，这是获得保障的原因。社区院线、超市里建影院，是对市场的一种补充，但不能说是建影院的趋势。小厅影院需要在观影体验上做足工夫才行。"

APEX国际影院投资公司合伙人之一、总裁刘志广认为："超市也属于商业性的地产，但业态比较单一。影院和商业业态结合，还必须考虑双方是否是互补拉动型的，消费群体是否一致。"

超市确实是个人群密集、人流量大的地方，也是个固定消费场所。但超市里改建影厅还有一个难度，就是眼下超市一般只留一个出入口，不可能让购物者绕一大圈出去的时候才去看电影，也不太可能背得"盆满钵满"地去看电影。而且超市购物主力都是女士，"大包小包的"居多，可能会影响人们的停留时间。在人群上，跟影院观影主力人群，可能不是一个群体。但不否定这种模式，还要看那个超市的选址和业态，如果它能够兼具购物、休闲、餐馆等商业功能，那也是可以投资的。说到底，一座影院终究是依托于商业地产来发展的。几年以后，像一些发达城市的商业布点会非常密集，通常周末人们出门，不一定只看电影，也许在电影院附近就能休闲一整天。商业和电影是互相借势的。像北京，影院最集中的就是长安街沿线，而丰台几乎没有影院就是这个道理。

北京工商大学经济学院教授洪涛认为：现在商家在满足消费者的消费需求时通常会在文化角度做出努力，在我国人均 GDP 超过 4000 元之后，消费需求就开始升级，从促销过程中体现文化因素也就成为了商家满足消费者需求的一种合理手段。商业与文化的一体化是一种趋势，而作为超市来讲，打造院线有其一定的局限性。超市的经营特点决定了消费群体的花费不高，因此，将影院和超市两种不同业态结合就要充分考虑这一特性，选择合适的产品，同时，也要求电影的票价和超市的消费水平相吻合。如果影片的价格超过百姓日常承受，那有可能百姓一年也不会进一次电影院，但如果相应的价格降低，有可能会有更多的人走进家门口的电影院，这就是文化产品的消费弹性特点，因此红旗连锁打造影院一定要注意价格因素在其中所起到的关键作用。

文章来源：中国合作时报
题　　目：内外资超市问卷调查　零售企业营销有"术"
记　　者：赵晓娟
时　　间：2010 年 6 月 29 日

外资企业偏爱形象路线

家乐福超市虽然总是"绯闻缠身"，却也是最懂得中国消费者心思的外资超市。在公交车内壁上，经常会看到家乐福的促销广告。此外，家乐福也不惜花大价钱在新浪网的"风水宝地"大肆招徕顾客……

沃尔玛也另辟蹊径，为中央电视台二套的"超市大赢家——快乐主妇"提供录制场地，赚足了中国三亿主妇的眼球。

然而并非所有的外资超市都会步合创的后尘，相反，大部分外资超市的中国路走得格外小心翼翼。不论是走渠道下沉路线的大润发，还是致力于限购自运的麦德龙，还有以城乡结合为目标的欧尚，以及鲜为人知的法宝超市，不约而同地保持了一种低姿态。他们深信"酒香不怕巷子深"，尽量少参加行业会议，也不愿意通过行业媒体宣传自己的形象，更不会在地方媒体上做促销广告，欧尚超市甚至连会员卡都没有。他们中的大多数认为超市的产品促销比形象宣传更重要，产品卖得好，形象自然就会好。

有业内人士指出，有的外资超市门店数量少，相应地覆盖面也很小，这样的话，根本没有必要在全国性的媒体或通过其他媒介宣传形象，而家乐福和沃尔玛这样覆盖全国大部分地区的超市，在有影响力的媒体上进行宣传才更有意义。

但是中国商业联合会副秘书长王耀却不这样认为，他指出，外资超市凭借其规模大、知名度高的优势，一有风吹草动媒体都会去报道，哪怕是负面性的报道，无形之中就为其做了软广告。如此反复，他们的名气会越来越大，受关注程度越来越高，这时候，他们当然不会傻到主动花钱去做硬广告。

内资企业注重信息传递

和外资超市的低调相比，本土超市则显得更喜欢实打实地做一些企业信息商品信息的传递。

从遍布全国的华润万家，到呈片状分布的福建永辉超市、山西美特好超市，再到偏安一隅的山东全福元超市、河北惠友超市，他们乐此不疲地通过地方电视台、广播、报纸等媒体进行促销、宣传。

山东全福元超市营销策划部副部长张秀树告诉记者，全福元经常在寿光市电视台、《寿光日报》、《潍坊晚报》等媒体上促销，有时也会组织各种员工活动和公益活动。

王耀对此的解释是，内资超市，尤其是区域性超市，急于提升自己的知名度，再加上地方性媒体的门槛比较低，区域性超市就利用这个得天独厚的优势与其合作，既扩大了超市覆盖范围，同时向消费者传递了自己的实力和信心。

服务营销是趋势

在形象方面，超市除了利用媒体、公益活动为自己宣传外，他们也会在公交站牌和公交车、购物班车、配货车等交通工具上展示自己的形象。

利用配送车辆以及购物班车来回穿梭在城市中间的特点，加上车身广告，本身也起到了一种品牌营销的作用。免费送货到家、提供免费雨伞等这些服务都是体现企业服务营销的重点。

娄向鹏坦言，与工业企业不同，超市企业属于商业企业，而服务是商业企业的生命，所以超市的服务对超市生命力的打造有很大的作用。

娄向鹏还强调，不论是现有的营销手段，还是今后出现新的营销手段，其中心永远只有一个，那就是围绕着服务来进行。

公众印象都很重视

除了 DM 海报，外资超市唯一愿意"露脸"的时候就是参加一些公益活动，如捐款、低碳活动等。

在捐款方面，内外资不相上下；而在环保方面，外资超市优势明显，而内资超市多因技术、规模等方面原因；其他的公益活动则是内资超市大显身手的地方。

内资超市的公益活动被称之为"不玩那些虚的"，其公益活动更贴近民众，有特色。例如，华润万家经常参加敬老活动、慰问留守儿童、慰问残疾人等公益活动；河北惠友超市为家乡修路，为学生捐赠课桌、椅子；西南旱灾时，全福元超市组织"杯水南调"抗旱救灾活动……

北京工商大学教授洪涛指出，相较于"捐款"这种比较空洞的公益活动，地方超市贴心的公益活动会让老百姓感受到了实实在在的好处，也使超市品牌深入消费者的内心，可谓芝麻换西瓜——真值。洪涛强调，这也是外资超市本土化过程中值得借鉴的方式。

文章来源：中国企业报
题　　目：外资超市布局下乡
记　　者：赵向阳
时　　间：2010 年 2 月 11 日

1 月 25 日，英国 TESCO（乐购）超市无锡锦绣广场店开业，至此，TESCO 在华门店数目已突破 76 家。

联商网资料显示，2009 年全年，TESCO 在华总共开出 13 家门店，其中除上海万达周浦店以外，其余门店均开设在二、三线城市。

其实，除了 TESCO 以外，沃尔玛、家乐福、大润发、易初莲花等大型超市都将二、三线市场作为今后发展的重点。资料显示，2009 年家乐福在华新增门店 18 家，其中仅有 4 家位于北京、上海等一线城市。

目前，一个明显的趋势是，自 2008 年商务部将外资商业网点审批权下放到省级商务主管部门以后，外资零售企业加快了在二、三线城市扩张的步伐。

"外资零售企业的布局开始发生变化。"零售行业观察者胡春才认为，"之前，外资零售企业是在区域布点，现在它们要连成线、形成面了，规模效应更加明显。"

以 TESCO 为例，TESCO 以"店群"来发展据点，即每到一个城市开出一家新店，并以此为中心向四周辐射。据了解，TESCO 的发展战略是由沿海向内陆延伸，目前 TESCO 已经进驻华北、华东、华南三大区域。

对此，北京工商大学教授洪涛认为，"外资零售商由商业网点饱和的区域向不饱和区域移动。"一线城市商业网点资源稀缺，是外资超市向二、三线城市开进的主要原因。

文章来源：超市周刊
题　　目：规模远不及上海　北京便利店遭遇寒冬尴尬
记　　者：杨丙寅
时　　间：2010 年 2 月 9 日

2009 年年末，盘踞北京 5 年的"7-11"高调宣布进军上海后的扩张战略，统一企业集团总裁林苍生放出豪言，"7-11"三年将在上海开出 165 家"据点"，四年开始获利、五年要开出至少 300 家分店。

据北京市商委统计数据显示，2008 年北京市各种社区超市便利店达到 1300 多家，同样是便利店连锁企业，2008 年上海的门店规模已经达到 6000 多家。仅仅是数量上的对比，目前，北京便利店规模远远不及上海。

便利之窘

从便利店的发展规律看，每 3000 人就需要一家便利店。据统计 2008 年北京市人口近 2000 万人，如此计算，北京至少需要 7300 家便利店。按北京统计局的统计数据直观地来看，北京便利店远没有达到饱和的程度。据北京市商务局相关人士介绍，现在北京社区商业更多的还是夫妻店、小日用百货店数量众多，这些不属于便利店，却承担着便利之责，成了北京便利店发展的强大竞争对手。

如今的北京便利店不仅数量上难说"便利"，就是盈利上也陷窘境。据北京市统计数据，2008 年北京规模以上便利店年营业额达到 18 亿元，910 家门店的平均面积有 120 平方米，年平均营业额只有 198 万，基本处于无利或微利状态。尤其是 24 小时便利店情况更甚。

记者调查的 18 家 24 小时便利店中有 5 家不能坚持 24 小时开业，尤其是冬天，关门更早。24 小时开业的 13 家便利店，其盈利情况也不容乐观。团结湖社区一家便利店的负责人告诉记者："一个月基本固定收入有 3000 多元，如果是名牌加盟店，每月还要向总部交钱，挣得更少"。这很能代表了众多 24 小时便利店的经营状态。

尽管如此，仍有不少社区常住居民抱怨："便利店还是不够，很多小区都没有便利店。"

消费者抱怨便利店太少，而便利店却经常"吃不饱"，京城便利店遭遇"市场不对称"的窘境。

生存之困

对此，中国连锁经营协会信息部主任杨青松主任是这样看北京市场的："北京便利店目前发展的不温不火有其外部原因，包括生活方式、消费习惯等。北京冬天冷，室内外温差大，室外活动不方便，与便利店发展相对较成熟的上海市场相比，北京顾客夜间购物的习惯还基本未成气候，这样的条件阻碍北京夜生活氛围的形成，也就使便利店发展条件缺少了一块。再加上便利店商品价格普遍偏高，比一般超市高出 10%~15%，许多居民难以接受"。

他进一步分析说："目前北京的便利店大部分采取通过自有配送体系完成货品配送的运营模式，一般便利店网点设置较远，不少便利店配送体系只对一些经营状况较好的店采取每日配送，对一些店址较远、经营状况一般的店面则多采取'隔日'送货的方式，这离便利店'一天两次配货'的物流要求有着很大的差距，物流跟不上对于全中国的便利店来说都是一处硬伤，不只是北京"。

北京工商大学教授洪涛认为："北京便利店的致命弱点，就在于缺乏特色"。

便利店卖的不仅仅是商品，而是服务。让人更方便快捷地选择所需商品，提供更为人性化的服务才是便利店的最大优势。尤其是针对 24 小时便利店来说，这种影响更加突出，一位业内专家曾指出："冬季的寒冷和夜长令便利店 24 小时的营业时间很难达到，所以现在快客、7-11 都在考虑'变种'"。

突围之道

对于北京便利店今后的发展情况，杨青松认为现状暂时不会有大的改观。"在欧美，24小时便利店是夜间唯一正常营业的零售场所，但是在国内，晚间各种大卖场、超市、百货店都在争夺24小时便利店的客流。"

当然也不能就此判定北京便利店的发展前景。中国人民大学商学院吕一林教授说："连锁便利店能在北京发展起来就说明有这个市场需求，随着市场规模的扩大和人们生活水平的提高、时间观念的增强，这种不用排队且为人们的生活提供便利的小店，会有发展空间。"

洪涛认为，便利店行业也开始出现细分现象，今后专业化、特色化将成为便利店的一个发展方向，特色是便利店必须补上的一课。

深耕北京市场五年的7-11选择进军便利店已接近饱和的上海市场，却暂搁了规模尚不足上海一半的北京便利店市场，这不得不让北京的便利店思考如何突围，环境影响固然很大，自身条件改善才是下一步发展的重点。

文章来源：超市周刊
题　　目：Olé 百佳等高端超市"曲高和寡"经营难盈利
记　　者：曹子奕
时　　间：2009 年 12 月 16 日

高端超市最近开得有点火。上月，百佳在华南地区开出首家高端超市"International"，近日，华润万家高端超市 Olé 也开进上海。两巨头的举动引起业界的观望和猜想：这是不是零售业的下一个主战场？

一个相反的情况却是，走进这些高端超市，店内显得颇为冷清。高档的装修，不菲的费用，稀落的人流，这不禁让人猜想，国内零售业这么"玩高端"能不能赚到钱，这是不是赔本赚吆喝？

毛利虽高客源稀少

面包几十元一个、进口水果上百元一斤、牛肉200多元一斤。高端超市的毛利要比传统超市高出20%。很多零售商开高端超市的原始动机就是高毛利，但是，真实的盈利情况却不是很乐观。

华润万家 Olé 门店，目前已经进驻北京国贸、双子座、金融街等高档商圈。华润万家 Olé 在开店之初做了多次调整。比如，降低一些进口货品的比例，并对当地的高消费人群培育市场，但是，开在东莞的华润万家 Olé 店还是被迫在 2007 年关门了。华润万家曾定下的三年开 20 家分店的目标，时至今日也未达成。无独有偶，同业态的和记黄埔属下 TASTE 超市扩展多年，门店数量也仅仅停留在几家。高端超市为什么步履蹒跚？

同属高端超市的上海城市超市在上海有 9 家门店，去年 7 月首次把店面开进北京。上海城市超市副总经理刘杰向记者透露："运作高端超市虽然利润高，但经营成本也高，负担的是黄金地段的高额租金，损耗也特别大"。他告诉记者，由于进口食品很多，所以外国人更容易光顾。尽管对上海城市超市来说，目前外国顾客和中国顾客数量基本持平，但刘杰认为，中国人接受高端食品需要时间，就像可口可乐、比萨被中国人接受也经历了相当长的过程一样。

北京商业经济学会秘书长赖阳指出，零售商只考虑了高毛利，但高端超市的前期投入是传统超市的 2 倍甚至更高；盈利水平虽然高，但却面临客流和成本的巨大压力。更多专家学者认为，我国消费水平还没达到西方中等发达国家水平，因此高端超市现阶段在中国不可能有太大作为。高端超市是市场细分的结果，这种业态本身并没有错，但是国内零售商的经营模式和方法却有点不对路。

产品结构需再调整

针对高端超市发展步履艰难的状况，很多超市想了很多办法聚客。比如，在华润万家 Olé 万象城店，中午售卖 13.8 元一份盒饭，两荤一素一汤，跟外面的快餐几乎没什么区别。一位管理人员坦言，这完全是为了吸引附近白领和居民，几乎没有什么利润可图，只起一些聚集人气的作用。

这当然不能从根本上解决问题。一方面是高成本、低收益；另一方面是网点少，无法形成规模，连锁经营没有规模就没有优势。另外，以进口食品为主的商品结构，受限于无法直接进口。因此，毛利空间及价格竞争力远不及一些外资卖场。

北京工商大学教授洪涛指出，就目前以进口为主的商品结构而言，高端超市必须从根本上做调整，才能适应高端人群的消费需求。如果没有与众不同的商品而一味寻求高价，很可能就是自寻死路。

"高端超市的出现不是偶然，它是适应市场需求而产生的一种新业态，这无可置疑。但这个高端消费群体有多大，却很值得探讨。"洪涛向记者分析道。目前，高端超市盈利水平欠佳，一方面是因为供大于求，供需之间严重不对称。还有一个原因，就是中国的高端超市在品质上并没有真正实现高端化。洪涛指出，目前中国的高端超市更多地停留在概念炒作和营销的层面，要做出具有品质含量的精品超市，还有很长的路要走。

关于专家学者对高端超市的不看好，华润万家公共事务部总监刘岫军有他自己的解读："在一些大城市，尤其是北京、上海、广州、深圳，已经出现新兴中高消费阶层。这些城市精英必然会对自身的生活品质提出更高的要求，这是高端超市应运而生的基础"。

"企业的创新、企业的'试错'是非常值得鼓励的，而且只要是不对社会有害，不危及消费者的利益，不对环境产生破坏就值得尝试和探索。目前，零售市场企业同质化现象十分严重。总体定位、经营模式、促销方式等趋于一致，导致零售企业间竞争压力很大，经营起来也比较累。因此，创新业态，开展错位经营，对零售企业来说是至关重要的。超市精品化、高档化是业界的一个潮流和趋势，试水高端超市，无论结果如何都具有积极的现实意义。"上海商学院教授周勇对高端精品超市的到来给予了积极肯定。

市场培育需 3~5 年时间

尽管高端超市的盈利前景被普遍看好，但目前的发展情况还不容乐观。

中国的高消费人群到底需要什么样的商品？这一点高端超市的运作者应该去了解清楚。据记者了解，在欧美很多国家，高端超市发展得已经很成熟。国外高端超市的核心理念是有机、健康和安全，品质是其真正的灵魂，而国内高端超市却没有提供足够丰富且有品质的商品。高端超市对消费者要求高，消费者对它的要求同样也高。国内一些高端超市也有少量有机食品，但很多顾客却持观望态度。有顾客向记者表示，无法确定有机食品的真假，不知是不是名副其实。对消费者来说，花那么高的价钱却不能保证是不是真的，这是他们不愿购买的另一个理由，说到底还是品牌可信度还不够高。这也是高端超市的另一个病症。

洪涛表示，从生命周期来看，高端超市还属于引入期。要把高端市场培育成熟，首要的是在定位上突出自己。市场要培育，商品也要转型，要打破旧有经营模式，进口商品只能作为补充，要大量增加本土商品，并实现商品的多品种和多层次。高端超市要真正为顾客提供精品，把绿色、有机、健康的商品提供给顾客。

专家提醒企业，从中国的国情来看，中国的消费能力和观念都还不成熟，高端零售商要从观念上打破人们的消费习惯，需要时间和宣传手段。市场的细分使一些有实力的零售业开始抢占先机，先走一步不能说走错了，但国内高端超市一定不能盲目求量，要把每一步都走稳。

第六部分 品牌与品牌竞争

随着世界经济和全球一体化的发展，已经由价格竞争、质量竞争发展到品牌竞争，由产品需求、质量需求发展到品牌需求。管理大师彼德·德鲁克关于品牌竞争说过一句话："21世纪的组织只有依靠品牌竞争了，因为除此之外它们一无所有"。虽然有些绝对，但一语道出了对企业而言，品牌建设的重要性。

洪涛教授多年应邀出任北京十大商业品牌评审专家，他认为，充分认识到品牌是一块金字招牌，是一种无形资产，是一个巨大的精神财富，应该充分利用并进行品牌运营。对品牌市场的理解，洪教授认为品牌≠名牌≠价格昂贵。完整的"品牌交易市场"的内涵应包括五个方面：建设品牌的市场（硬件与软件）；引进品牌的商家；消费品牌的商品；提供品牌的服务；经营品牌的管理。

第十七章 品牌运营

采访集萃：

文章来源：经济视点报
题　　目：北京华联：怎么运作"BHG"
记　　者：梁　燕　实习生：田彩华
时　　间：2011 年 4 月 21 日

2002 年，北京华联商厦入驻河南市场，并雄踞郑州市最核心的商圈——二七商圈。如今，刚刚进入 9 个年头的北京华联，变身 BHG 时尚百货，改名换装的背后带来了什么？

"夜场 + 返券"促销

北京华联进入郑州市场时，郑州商业还是"丹金"配时代，也就是金博大与丹尼斯两家对抗。在北京华联进入前，金博大坚守抽奖营销，丹尼斯青睐玩赠品；北京华联来了，带来了返券。北京华联以近乎固执的"夜场 + 返券"的促销利器，以"短、平、快、狠"的操作手法，屡屡在重大节日促销中创下佳绩，并吸引了一批相对忠诚的消费群体。

北京华联入驻河南以来，河南商业领域发生了较大的变化，比如业态不断增多，商圈不断扩大，国际国内连锁企业不断地关注和进驻郑州等。

北京华联身处郑州传统商业空间的重心所在——二七商圈，这里紧临火车站，人流量极大，当年由于亚细亚的建设曾繁荣一时。

在这种激烈的氛围中，北京华联作为一个外来连锁商企，开始有些水土不服了。北京华联商厦总经理张晓霞曾在接受媒体采访时感叹："一是受本地成熟百货市场的挤压。二是与供应商的贸易条件，因是第一家进入河南的连锁商企，与供应商有磨合期。三是来自北京的管理理念与本土的碰撞。四是没有适时地调整步伐"。

新品牌难题

与北京华联一路相隔的郑州华联，两个商场的定位都是以流行时尚为主，这不免让消费者迷惑。2010 年北京华联变身"BHG 时尚百货"，但这一品牌认知度不强，以至于很多时候需要用"BHG 时尚百货（北京华联）"来称呼北京华联。

从有点老土的"北京华联"到优雅洋气的"BHG"，并没有过多的宣传和造势，突然低调转身，都让人有些摸不着头脑。

BHG 的出现，作为北京华联重树品牌形象、创造新形象的契机，希望给消费者一个新的形象。

而北京工商大学教授洪涛认为，急于转型、突出重围，树立新品牌、新形象的背后，如果服务、定位还停留在以前的标准上，只能是新瓶装旧酒，毫无意义。企业在保持基本特色服务的基础上随需应变，提出新的特色和内容才是真正的提升，仅换标牌无济于事，企业创新显示出来的不仅仅是品牌的变化，更应该是服务、商品结构等实质内容的变化。

文章来源：北京日报
题　　目：老字号推新菜　价高遇冷
记　　者：董　德
时　　间：2011 年 1 月 4 日

"九万大山乳猪脸"、"黑猪肉干炸丸子"、"小炒脆骨肉"、"双味鳜鱼"……随着餐饮行业竞争的不断加剧，"老字号"们也纷纷推出自己应时的"新菜品"。但笔者近日走访多家老字号发现，老字号推出的新菜虽然大部分定价都在普通市民可接受的范围内，但像标价百元的羊肝、269 元一盘的鸵鸟肉、近300 元一条的鲑鱼却让很多消费者望而却步。

在曲园酒楼就餐的杨先生点了一份最新推出的冬季养生菜——"九万大山乳猪脸"，心里盘算着这份标价几十元的汤怎么也够三个人喝的，但服务员一端上来他就傻了眼。汤也就六七勺，服务员点菜时强调的云南原生态乳猪肉只有两三块，"这么点儿汤就好几十，也太贵了！"杨先生后悔地说。

"这些菜的价格太高了，我们根本吃不起。"在烤肉宛，和几个同学一起庆祝生日的小张表示，"这些新菜和特色菜贵的两三百元，便宜些的也要七八十元，我们八九个人吃饭哪怕只点其中两三样，最后也要花近千元。"小张说道。

北京工商大学洪涛认为，老字号推出新菜品是适应市场的积极表现，但推出的新菜不但应面向商务酒宴等高端市场，也要适合普通市民。"老字号代表的是普通市民的饮食文化，价格定位应更尊重市民需求。"

文章来源：北京商报
题　　目：大牌假货回流秀水市场　5年转型努力重回原点
记　　者：李铎
时　　间：2010年7月21日

2005年的品牌官司让秀水街迷途知返，踏上了长达五年的转型之路，不过，尝尽改革酸甜苦辣的秀水街再次迷失了方向。昨日，记者在秀水街地下一层看到，LV、GUCCI等国际大牌的假冒商品再次现身，秀水街似乎又回到了转型原点。

秀水街重回原点

昨日，记者在秀水街市场地下一层看到，不少导购在向顾客兜售国际大牌皮具。"要不要LV包？GUCCI的也有。"销售人员人手一本LV产品画册，这两句话成为导购向路过的顾客推销这些国际大牌皮具的标准口径。

一位商家向记者介绍，只要出现在产品画册里的LV、GUCCI等产品，均有销售，并且可以在5分钟之内取货。当记者表示只需要一个LV钱包时，销售人员打开抽屉，里面摆满LV品牌的各款钱包，销售人员介绍，这些钱包价格在150~200元不等。公开资料显示，这类LV正品钱包的市场价通常在4000元上下。此外，记者还在秀水街一层看到标有COLUMBIA、POLO等国际名牌的外衣正在销售。这些高端品牌往往会进驻高档百货商场，而不会选择小商品市场。

秀水街市场副总经理胡文莉表示，对于售假现象并不知情，她认为，可能是一些游商在秀水销售这些国际品牌的假冒商品，需要进一步核实后再作回应。

5年4次转型

实际上，自2005年秀水街大楼正式投入使用后至今，秀水街市场在5年内已经完成4次改造。

2005年9月，因涉嫌售假，路易威登马利蒂公司、香奈儿有限公司等五家国际品牌联手将秀水街市场告上法庭。同年12月，5名曾在秀水街市场售假商户和北京秀水街服装市场有限公司被判共同赔偿五大名牌各2万元人民币，共计10万元。

此后，秀水街便踏上了转型之路，试图扭转以前的假货集散地形象。2006~2007年间，秀水街集中引进瑞蚨祥、盛锡福、内联升、全聚德等18家老字号，并形成了以中华老字号为特色的千平方米服装定制区、精品丝绸专区等。同时，从2006年开始，秀水街便不断开展清理易涉假商户的行动。

北京奥运会几乎成就了秀水街的正名梦想。从2008年8月8日北京奥运会开幕至8月22日，秀水街总共接待顾客53万余人次，其中80%为外宾，销售额总计超过了2亿元，秀水街在世界面前展示了打假改造的成绩。

而秀水街的最近一次转型发生在今年4月，这次秀水街共清理了易涉假的近400个摊位，这些摊位占到市场总摊位数的1/3，并且新建120家精品店，同时引入苹果、骆驼等品牌精品店。

秀水街长达5年的转型之路崎岖坎坷，假货的反复回流、前任高管的漏税丑闻让秀水街历尽沉浮，而每次在打假一点点接近成功的时候，秀水街总是前功尽弃，让不少零售业内人士惋惜。

名牌心理产生市场需求

"消费者中有一批人追求名牌，但消费能力不够，正是这批人的存在，培育了假名牌消费的土壤。"在北京财贸管理学院副院长王成荣看来，在国内消费者品牌意识增强的大背景下，一批消费者追求"假冒不伪劣"的心理，给了假名牌足够的市场空间。

北京工商大学商业经济研究所所长洪涛认为，提高商户素质，加强品牌管理意识，也成为目前经营者继续解决的问题。目前秀水街市场商户素质偏低，对品牌认识程度不高，导致了目前售假现象的再次发生。

另有业内人士表示，秀水街作为早期摊贩市场的升级，虽然经过多年改造，目前管理仍然有很大难度。他指出，由于有大量消费者追求假名牌，如果完全将售假商户全部清除出市场，销售额可能会下降，从而导致市场经营方、商户利益均受到影响，这也为秀水街的彻底转型造成困难。

文章来源：法人
题　　目：王府井南宁折戟：百货巨头如何维护形象
记　　者：王磊磊
时　　间：2010 年 5 月 4 日

败走南宁给急于扩张的王府井敲响了一记警钟。如何维护形象，重塑其品牌价值，现实正考验着这个高傲的百货巨头。

3 月 29 日，在前两次庭审未能顺利进行之后，广西桂建房地产开发有限责任公司（下称"桂建公司"）诉北京王府井百货集团（下称"王府井"）一案于南宁中级人民法院开庭审理。开庭的前几天，王府井的代理律师第四次找到了桂建公司的董事长黄国培，并把王府井解决问题的价码从原来的两千万提高到了三千万，但黄国培并没有答应，"如果王府井早来找我的话我还能够接受，非要等到事情闹到今天这个地步，已经不是这些钱能解决问题的时候了。"

转眼间九年过去了，在无数次北京和南宁的往返之中，黄国培和北京王府井的关系也在不断地变化，从慕名已久到寻求合作，又从合作伙伴变成如今法庭之上的对立方，这其中的恩怨纠葛倾注了他九年来的几乎所有精力。

停业两年惹官司

与当年风光无限的进驻南宁相比，2008 年 2 月南宁王府井突然停业也同样引起了轩然大波。

2008 年 2 月 25 号，南宁王府井百货门前突然贴出了停业整顿的公告，在接下来的几天里，南宁王府井商场里排起了长队，这其中有持 IC 卡兑换现金的顾客，也有办理退工手续的商场导购员。同一时间，商场内的品牌供应商也接到了通知，要求立刻将商品撤柜。

一时间，王府井即将退市的消息传遍了整个邕城，商户和群众众说纷纭，甚至流传出了"南宁王府井老总携款潜逃"、"经理贪污受贿"之类的传言，业内人士和媒体也纷纷展开了讨论，一些当地媒体甚至用"溜号"、"败逃"等字眼加以形容。在撤柜期间，南宁市政府的相关部门也纷纷介入，在了解情况的同时协助王府井进行清算和撤柜等工作，并担任起维护公共秩序和现场安全的工作。

对此，南宁王府井给出了这样的说法，由于商场面临严重亏损，公司决定进行停业整顿。然而，这一"整"便是两年，时至今日，南宁王府井百货仍没有任何重新开业的迹象。

这一"整"也整苦了黄国培，当初合同规定，经过三年的市场培育期后，从第四年开始按照当年销售额的4.4%计算租金（如所计算出的租金少于1200万元，承租方按1200万元/年的标准支付租金）。虽然在停业的这两年时间里，王府井每年仍支付桂建公司1200万元的租金，但由于桂建公司给小业主支付的返租比王府井的租金每平方米高出了60多元，是以在王府井停业整顿期间内，桂建公司仅在租金方面每月便亏损30多万元。

此时，由于对王府井经营和项目后续发展的失望，公司前期的一些股东早已退出，桂建公司也在产权交易所做了挂牌转让，黄国培则由于对华星时代广场仍有信心而买下了桂建公司的所有股权，完全接手了这个"烂摊子"。

在和王府井进行了多次沟通未果后，2009年11月，黄国培一纸诉状将王府井告上了法庭。黄国培认为，当时签订合同的根本目的在于用租赁物设立大型商业项目，由租赁方开展经营活动，而南宁王府井的停业整顿不仅停止了项目的经营，还使租金的给付没有了依据，已经构成违约，要求南宁王府井继续履行合同恢复营业，并赔偿经济损失共1100万元。

2010年2月3日和3月9日，南宁市中级人民法院先后两次开庭，均被王府井以原告变更诉求为由申请了延期。直至3月29日，"王府井案"一波三折之后终于开庭审理，目前此案正在审理中。

王府井去意已决

随着越来越多人对该案件的关注，究竟王府井是否还会卷土重来已经成为众多人士关注的焦点，而这一问题也是庭上双方争论王府井是否构成违约的主要问题之一。

在3月29日的庭审中，王府井方面曾表示由于前期经营存在问题，南宁王府井注册资本全部亏损，不得不进行停业整顿，一旦条件成熟便准备继续开业。但黄国培却不以为然，"说是准备重新开业，但他们除了拿出一份装修方案之外，对于以后如何恢复经营却一直没有一个具体的策划。其实王府井早有去意，商场里的东西拆的拆、卖的卖，根本没有一丝准备重新开业的迹象。"

"一个商场的成败要看前三年，如果第三年能够略有盈利说明市场培育已经完成，但南宁王府井由于经营不善，到第三年还是大幅亏损，所以可以说王府井对这里也已经失去了信心，照我个人来看王府井卷土重来的可能性并不大。"在接受记者采访时，南宁百货大楼的一位经理说。

"法庭上的说法只是王府井的拖延策略，因为我们签的是不可撤销合同，王府井只能拖下去。返还银行贷款、小业主返租加上公司内部开支，公司每个月要亏损几十万，王府井也正是看中了这一点，才和我们一拖再拖。"对于公司面临的压力，黄国培坦言道。

王府井一面在"拖"，另一面也在通过各种途径给黄国培做工作，王府井的律师和管理层不止一次找到黄国培。去年年底，王府井一位高管以"朋友"的身份来到南宁，希望从中调解，但由于双方的价码相差太多，所以一直没有达成协议，而在多次的商谈中，王府井方面不止一次告诉黄国培，南宁王府井已经做不下去了。

"合同期还有 10 年，这么拖下去我是赔我自己的钱，可作为这么大的一个上市公司，知名度极高的国有企业，王府井赔的却是股民的钱，是国家的钱，所以他们才有底气如此软磨硬泡。"谈及此事时，黄国培有些愤愤不平。

邕城败局之后

败走邕城给急于扩疆的王府井敲响了一记警钟，这场败局之后，如何维持形象、重塑品牌、摆正位置，调整战略等诸多问题正在考验着这个高傲的百货巨头。

"从邕城退出之后，王府井在整个广西市场的形象和声誉可以说都受到了不小的影响，随着事件的不断发展，王府井企业的良好形象和品牌影响力都在慢慢被削弱。"南宁地产界一位资深人士说。王府井事件发生后，广西一家媒体对消费者作了一项调查，其中 60% 的人表示南宁王府井如果重新开业，也不会选择去那里购物。

在接受记者采访时，北京工商大学贸易经济系主任洪涛教授谈道，"类似于王府井这样的百货连锁企业想要向外扩张，所面临的环境和困难要比其他连锁企业复杂得多，这就要求其能够适时地不断调整战略。可以说失败是正常

216

的，成功是不容易的。"

南宁败局，是王府井继石家庄、南通之后的第三次失利。对此，洪涛教授认为，王府井在外埠市场的失利是正常的，但其中也反映了很多问题。"作为一个老字号国有企业，王府井在体制、经营、创新以及长期战略等诸多方面都存在一些问题。从战略上来说，王府井的问题在于对外埠市场过于依赖，而对北京本土市场的重视度不够。北京市场是王府井的发源地，其品牌发展和延续都在北京，对外扩张首先要保证大本营的稳固。"

随着中国百货零售业竞争格局日趋复杂化，王府井的金字招牌在为其带来品牌优势的同时，国企所特有的弊病和傲慢也在阻碍着王府井进一步发展。洪涛教授认为："与外资企业和民营企业相比，机制不灵活、决策缓慢、创新能力不强和人才的流失是王府井现在所面临的最大问题。这也导致了王府井无论是在区域扩张还是全国扩张的过程中，都慢了别人一步。"

无论是自身存在的弊端，还是复杂的竞争格局，都对王府井提出了新要求，如何放下自己国字号的身段，适时调整战略参与到竞争中，已经是当务之急。

"在坚持百货店主业的同时，要加快多业态的融合和创新、除了百货店外，在扩张过程中根据特殊的情况灵活采取不同的业态扩张战略。"对于如何改善经营管理，洪涛教授认为，在加快多业态发展的同时，要做足市场调研，在调研过程中根据市场的变化，进行结构性调整和转变发展方式。"转变发展方式来讲，王府井要改变现有的营业模式，提高自营的比例，加强联营和代理的管理和规范。通过统一采购，给供应商提供超值的服务，通过渠道网络的建设获得利益。此外，还要给消费者提供更多的增值服务，目前来看这几点王府井做得都不到位。"

"王府井要想永葆青春，让自己的一团火精神在全国燃烧开来，还有很多路要走，但如果王府井不尽快改变自身的现状，其在零售百强的排位势必越来越靠后。"洪涛教授如此总结。

文章来源：北京商报
题　　目：真功夫上市前夜再曝内讧　"去家族化"成为发展瓶颈
记　　者：熊海鸥
时　　间：2010年2月23日
继"真功夫"承认欲收购副记食品，为"真功夫"借壳上市冲刺前夕，又曝出"真功夫"家族两大股东内讧升级。广东有关法院就"真功夫"股东知情权纠纷作出一审判决，原告大股东潘宇海有权委托会计师事务所对"真功夫"进行账目审计，"真功夫"应提供财务报告、财务账册、会计凭证和银行对账单。与其他家族式企业上市如出一辙，传统家族企业再临现代企业管理挑战。

"真功夫"频曝家族纠纷

从 1994 年创业至今，"真功夫"已在全国拥有 300 多家门店，被认为唯一能叫板麦当劳、肯德基的中式快餐店。然而，从 1996 年"真功夫"董事长蔡达标和另一创始人潘宇海之姐潘敏峰协议离婚，潘敏峰原持有 25% 的公司股权归蔡达标所有后，各占 50% 股权的"真功夫"两大股东蔡达标和潘宇海之间关系发生了微妙变化，从郎舅关系重归为生意伙伴。

据了解，2007 年"真功夫"引入香港今日资本和中山联动创业投资两家风投后，两家机构各持 3%"真功夫"股份，蔡达标与潘宇海所持股份仍旧对等，各持 47%"真功夫"股份，为日后矛盾再加剧埋下隐患。

2009 年"真功夫"加紧筹备上市，长期纠纷不断的家族矛盾问题凸显。从"二奶风波"索要 5000 万元抚养费，紧接着潘敏峰状告蔡达标欲拿回 25% 股权，再到潘宇海委派副总经理引发人事冲突，到如今潘宇海获准"查账"。上市前的"真功夫"难脱家族企业内讧老路。

"去家族化"成为发展瓶颈

消息人士分析，"真功夫"当初引入外来资本时，蔡达标如果能够重新分配股权，可能不会出现如今局面。"真功夫"此次内讧风波实则是蔡达标"去家族化"的一个缩影。事实上，沿海城市有半数民营企业是家族企业，在企业发展到一定规模后，如何"去家族化"也成为这些企业获得进一步发展的瓶颈。

北京工商大学经济学院教授洪涛指出，"企业不是一'股'就灵，上市不仅仅为了圈钱，更重要的是传统企业如何向现代企业转型"。

无独有偶，香港新鸿基地产郭氏三兄弟内讧事件曾让公司股价几度跌宕；远东皮革家族的"内讧风波"使这家温州企业濒临倒闭。上市近 6 年的国美电器，在黄光裕出事后，以往的家族式企业机制让国美一度危机重重，陈晓接手国美后，首次引入了股权激励计划，国美电器开始进行战略转型，回归正常发

218

展道路。

建立现代公司制度是根本

针对"真功夫"内讧，多位分析师建言，家族企业存活下来不易，"真功夫"两大股东蔡达标和潘宇海应坐下来平心静气地协商，要么股东一方退出，另一方以合理价格受让；要么公平分家，甚至让相关政府部门介入处理。

"最根本的是建立现代公司管理制度。创业初期家族股东利益高度一致，家族企业能够起到很好的领导作用，但发展到一定规模，家族利益就会制约公司继续做大做强，"洪涛强调，家族式企业选择上市，以往的"一个人说了算"的家族式管理模式要彻底改变，公司战略需经董事会同意，董事长、总经理权限会受到一定制约。这就必须建立民主规范的管理流程，做到信息公开透明、科学决策。如果不能解决好这些问题，上市后可能引发投资失误、资金运作等方面的风险。

文章来源：中国商报
题　　目：黯然告别前门商圈　北京传统小吃又走"麦城"
记　　者：王琰
时　　间：2010 年 7 月 6 日

据悉，因为在租金方面与管理方无法达成一致，北京几家老字号小吃将再次准备撤离前门地区。什么原因让这些老北京传统小吃再走"麦城"。面对高租金，高成本，低收益等一系列困局，北京传统小吃又将走向何方？

伤：惨淡现状

据了解，从前门大街青云阁撤出的几户老北京小吃，包括爆肚冯、年糕钱、羊头马、茶汤李、豆腐脑白等，正是因当时倒扣流水的比例过高才另觅进驻鲜鱼口民俗餐饮街（位于前门大街东侧）。而如今，这些老字号小吃与鲜鱼口民俗餐饮街的经营者僵持的原因也在于高租金。

而前门大街的另一家小吃城美食百老汇的情况也大抵如此。偌大的美食广场内空空荡荡，23 家小吃档口，包括中间的两个水吧，除了唯一的"老北京炸酱面"还在经营外，其余全部歇业。对于传统小吃纷纷撤离，周围服务员反映，停业的根本原因还是小吃城人气不足，导致商户经营难以为继。实际上，此前老北京炸酱面之所以苦苦支撑，并非是能够吸引到前门大街的游客，而是由于价格相对便宜，给周边商户的服务员充当起了午餐厨房。

这与传统小吃在前门大街首度亮相时的轰动形成鲜明反差。2009 年 10 月 15 日，前门大栅栏西街刚开街时，以爆肚冯为首的 8 家北京老字号入驻青云阁小吃城后，生意一度红火。爆肚冯一天流水最高能卖到 6000 元，其他传统小吃每天的流水也在千元左右。

那么，从前门撤离的"老北京"们将转移到何处呢？据悉，庆丰包子铺原本计划进驻鲜鱼口民俗餐饮街，开一家约 200 平方米的分店，但因为高租金问题还没签约。有媒体报道称，天街方面给他们开出的租金是 10 元/平方米/天，加上每天约 2 元的物业费，一年租金需要 70 万~80 万元。业内人士表示，这意味着，一斤包子必须得卖 50~60 元才够保本。而庆丰最贵的包子一斤卖 30 元。事实上，包子不像汉堡利润那么高，如果价格过高，消费者当然不会买账的。

当然，如今不仅仅是庆丰包子铺，奶酪魏的传人魏宁表示，传统小吃是一种费工、费力的活计，干起来特别费劲，利润还很微薄。所以往往很难支付得起高额租金，也就不容易找到好的商铺位置。这正是老北京小吃在旺市区难觅踪迹的根本原因，也在很大程度上影响了北京小吃的发展。在这方面，北京小吃急需政府扶持。魏宁指出，其实各级政府对老字号小吃已经有了一些扶持政策，比如贷款方面的优惠措施等，但由于手续过于繁琐，如需要提供每年的经营状况、品牌的历史来历证明等一系列文件，很多经营者怕麻烦只好放弃。有些手续是必须的，但完全可以简化。

北京老字号传统小吃协会会长侯嘉曾经指出，前门小吃接连倒闭与租金过高有直接关系。前门地区刚开始招商时开出租金价格高达 37 元/平方米/天，如此高的租金或许大的国际品牌可以承受，但对传统的老字号小吃无疑显得太高，老北京小吃的租金超过 5 元/平方米/天就有风险。

无独有偶，北京工商大学教授洪涛对于老北京传统小吃竞相撤离前门大街后再遇租金难题并不感到意外。他表示，传统小吃是微利行业，在没有相关政策的扶持下，很难承受核心商业区的高租金。而且，除了租金过高的原因外，还应该包括交通不便、管理死板、资金扶持不到位、固守传统等，可以说，这些都是前门地区小吃城落败的症结所在。

在洪涛看来，商业街的经营者不妨借鉴义乌小商品城的批发市场模式，将商户集中起来摊薄租金成本。较高利润率的商户租金相对高一些，微利行业租金相对低一些。既充分利用了商铺资源，也使商业街更加多元化，增强聚客能力。

据统计，目前北京人均商业面积已超过2平方米，充裕的商铺资源也令商户的流动性增强。洪涛建议，每个传统小吃商铺的面积不宜过大，甚至可以增加一些流动性商贩，以此降低商户的租金压力，也让商街拥有更多特色商户，从而吸引消费者。"小面积、多网点、连锁经营，才是适合传统小吃的发展路径。"

文章来源：北京商报

题　　目：北京打造"美食之都"不是梦

记　　者：吴 颖 武 杉 徐 慧

时　　间：2010年3月16日

北京已初步具备打造世界"美食之都"的条件

商报与行业协会携手，共同提升北京餐饮的凝聚力，这确实是一种比较好的合作形式。前不久，联合国教科文组织正式授予成都"美食之都"称号，成都成为亚洲第一个世界"美食之都"。相比之下，北京有着优秀的餐饮文化传统，又融入了全国各地的美食，荟萃了中、西方的餐饮精华，可以说，北京已经初步具备了打造世界"美食之都"的条件。

现在的关键问题是：第一，应该扩大宣传，让广大的中外游客更加了解北京的餐饮文化发展历程；第二，研究如何使传统的老字号餐饮企业通过创新，得以发扬光大、名扬天下；第三，对于有发展前途的餐饮项目，无论属于哪个地方，都应该积极引进，予以重点扶持，从而使北京整个餐饮体系更加完善、更加齐全，实现在北京"吃"中国、在北京"吃"世界的目标。

前几天，在关于世界城市的研讨会上，有国际组织提出了13条标准，认为北京已经具备了8条。但是回过头来看，北京应该更加注重商业的发展。而商业形象中，餐饮是其中很重要的内容。作为世界城市，来北京应该享受到各种中外美食，这种美食应该是中外兼容、传统与现代荟萃的。

开创行业协会服务能力的创新模式

　　北京商报与北京烹饪协会、北京老字号协会合作是新闻媒体与餐饮企业协会、老字号协会的一种组织上的联盟，这种联合是在市场经济条件下，行业协会与新闻媒体的一种联合形式的组织创新。

　　三者的合作，即三者共享其合作的利益，形成资源的有效配置。这种合作关系是新闻媒体、专业性协会、品牌协会的一种联盟，这种联盟是一种战略性的合作关系，北京商报是专业性强、影响较大的新闻媒体，北京烹饪协会是引导北京众多烹饪企业的专业性协会，联系着众多的餐饮企业，如中餐、西餐，北京或外地的众多在北京云集的餐饮企业，北京老字号协会联络了众多老字号企业。表面上看这是三个组织的联合与联盟，实际上是北京众多老字号企业、众多餐饮企业与新闻媒体的联合，体现了各自的优势及其专业力量。

　　三者联合也是行业协会组织形态的创新，是行业协会服务能力创新的一种有效模式，这种联合在当前对于提高北京餐饮行业的凝聚力、对老字号非物质文化遗产进行维护，乃至为北京打造世界美食之都具有重要的作用，也是行业协会服务能力的一种探索。

　　企业发展到一定程度会形成产业，产业发展到一定程度会形成产业集群，产业集群发展到一定程度，形成产业联盟，产业联盟发展到一定程度形成行业协会的高级形态，产业联盟是一种非资本纽带形成的新型组织联合体，产业联盟的形式具有多样性，如新闻媒体与行业协会形成的联盟是众多联合体模式之一，在信息时代，企业与媒体的融合、产业与媒体的融合、行业协会与媒体融合是一个发展趋势，对塑造时代品牌具有重要意义。

文章来源：中华合作时报·超市周刊
题　　目：娃哈哈跨入流通造下一个"零售新贵"
记　　者：周　敏　王　华
时　　间：2010 年 7 月 6 日

　　与之相对应，娃哈哈三五年内的百家店计划在业界看来，目标有些"理想化"。北京工商大学教授洪涛认为，作为制造企业的娃哈哈，想利用零售渠道为自己开拓终端市场的思路很好，但其毕竟对零售业生疏，要在短时间内完成上述目标并不实际。而且，购物中心的经营管理、业态组合、统一经营、统一服务等，摸索了很长时间的企业都难以做好，更何况一个"新兵"。

对于进军零售业的未知命运，洪涛对娃哈哈提出了三条发展之路：一是自建销售渠道和网络；二是与零售商建立产业链条关系；三是探索全产业链。但对于预知的困难，他建议要思考清楚，谨慎前行，洪涛举例，中粮集团目前就在探索全产业链模式，但成败皆有。而"格力"作为制造企业，在自建销售渠道后，和零售商保持着良好关系，值得娃哈哈借鉴。

作为一个老牌制造企业，娃哈哈具有独特的品牌优势，借助商务部和财政部正在推行的供应链融资模式，娃哈哈可以趁此机会，同零售商、批发商、物流商共建配送中心，打造一条合作密切的供应链，并借助自身优势，成为主导供应链的链主，达成开放、协同、共享的跨区域合作。

第十八章　品牌竞争

文章来源：国际商报
题　　目：打破洋品牌强势非一日之功　须发展本土高端品牌
记　　者：张云中
时　　间：2011 年 4 月 11 日

我国目前已跃升为世界第二大奢侈品消费国，而熟谙中国人消费心理的欧美厂商将价格定得奇高，因为他们握有强大的价格话语权。何以打破洋品牌垄断的强势地位呢？奢侈品关税水平总体上已降低很多，而希冀"中国制造"的奢侈品牌不经出口直接在国内销售以降低价格恐怕也不太现实。专家指出，打破洋品牌强势非一日之功，鼓励发展本土高端品牌才是关键所在。

由于普遍崇尚洋奢侈品的消费心理，加上高关税，中国消费者掀起了海外代购奢侈品浪潮。进一步降低进口关税、探索国际奢侈品出口转内销的途径似乎是当下中国的政策选择。然而，记者采访国内专业人士时，他们表示：鼓励发展本土品牌才是打破洋品牌一统天下的关键所在，但这是一个漫长的过程。

国际奢侈品拥有强大话语权

针对"当务之急不是降低奢侈品价格，而是应关注民生日用品"的观点，某零售行业协会相关负责人杨先生在接受本报记者采访时谈道，他认为这个看法并不全面，实际上这是"两个层面、两条平行线"的问题。国际奢侈品在国内的销量相当可观，中国已经跃升为仅次于日本的世界第二大奢侈品消费国，不得不引起高度重视。实际上，许多"奢侈品"的消费主体为都市白领及工薪阶层，演变成了大众消费。

北京理工大学经济学教授胡星斗告诉记者：追慕西方奢侈品是东方的普遍现象。这是因为人们普遍爱面子、把消费国际品牌视为自己身份地位的象征。中国人"面子消费"、"身份消费"的现象过于突出，与总体经济发展水平不

224

符，而相比之下日本人毕竟整体比较富裕。

熟谙中国人消费心理的欧美厂商有意将名牌产品价格定得奇高，牟取暴利。比如，一辆在欧美售价三四万美元的高档车在国内居然标价六七十万元人民币，但照样销售火爆。胡星斗认为，中国应考虑对在中国售价比其本土售价高出50%~1倍的洋货征收暴利税。

洋品牌因为掌控了中国市场的需求，因而获得了强势的价格话语权。杨先生谈到，目前国内百货商场等零售渠道通过出租店面生存，真正自己能决定价格的商品仅占3%~5%。强势的国际奢侈品采取代理或直营方式，不可能将定价权交给零售商。

与此同时，洋品牌还采取分级代理、"分而治之"的销售策略和模式——不同区域、不同利益主体的代理商之间不能"对话"，不能占据集中采购优势，只能被动接受品牌商的定价。

洋货直接出口转内销不现实

北京工商大学贸易系主任洪涛教授分析指出，希冀奢侈品牌在中国制造的商品不经出口直接在中国销售从而降低价格，恐怕不太现实。国际品牌商建立起的全球供应链体系一方面牢牢把控研发、质检等关键环节，另一方面则把部分零配件的制造以及最后组装的环节放到中国。比如，Coach包在中国最后加工后的离岸价格大约只有数十元人民币，但必须远渡重洋回到美国进行最后质检，然后返销到中国，但价格已经翻了数倍不止。

洪涛认为，其实，总体来看奢侈品关税已经降低很多，价格高昂的主要原因还是品牌商翻云覆雨的定价权：他们谙熟东方人的消费心理，越是价格昂贵越能显示身份地位。若价格"疲软"，销售量反而会锐减。

杨先生则谈到，跨国公司对自身商品的定价是市场行为，他们只要遵纪守法即可。"合理"与否应由市场决定，让消费者自行"投票"。因此，政府从"道义"角度对其问责似有不妥。

文章来源：国际商报

题　　目：前门 1/3 客源被大栅栏分流

记　　者：李铎　袁芳

时　　间：2010 年 7 月 16 日

相比前门大街的国内外品牌"混搭"，大栅栏商业街的老字号更为集中，也更具中式特色，加上国内外游客对"大栅栏"品牌的情有独钟和大栅栏与前门大街"紧密相连"等因素，不少游客在进入前门大街不久后就拐进了大栅栏。记者在大栅栏和前门大街相连的入口处看到，平均每分钟有三十几名游客从前门步行街进入大栅栏，约占前门牌坊处客流量的 1/3。

前门大街悠久的历史渊源使人容易将老字号与其联系起来，然而，改造后前门大街上老字号数量的减少和地理位置分散让不少游客感到困惑。一位游客表示，还是愿意到老字号去感受一下中华传统文化，大栅栏里并肩相连的老店让他体会到了真正的老前门气氛。

大栅栏内不仅有瑞蚨祥、同仁堂等耳熟能详的独一家顶级老字号，还有狗不理、庆乐大戏院等餐饮休闲场所，业态丰富。从内联升、张一元等同在前门大街和大栅栏开店的老字号来看，其前门大街店店面普遍较小，相比大栅栏店独门独户的古楼高坊而言，吸引力显得不足。前门、大栅栏同时设店的品牌客流也差异较大，前门大街老字号店内的顾客屈指可数，到了大栅栏却人头攒动，购买者也不在少数。由于前门大街不提倡商家频繁进行打折促销，内联升前门店里少则三四百、多则六七百的布鞋让游客却步，可是大栅栏店里有一个柜台专门销售打折促销的布鞋，虽然不是最新款式，可是依然吸引了不少消费者选购。

大栅栏老字号的门店不仅有丰富的产品展示空间，还在介绍老字号文化历史来源上做足文章，设立工艺展示、品牌来源、制作过程等展示环节，吸引了不少消费者驻足。

专家观点：前门应成为老字号"孵化器"

记者通过采访了解到，对于前门大街未来的发展，业内持两种观点：一部分商业专家认为前门大街应当恢复老北京特色，另一部分商业专家则认为前门大街应完全走市场化的运作模式，以开发商获得最大收益为标准引入品牌。后者无疑将使前门大街遗留的历史文化特色丧失殆尽，现阶段一些商户亏损的实例也已证明前门大街的市场化运作具有很多不利因素。

北京商业经济学会秘书长赖阳认为，前门、王府井、西单都是北京著名的商街，目前，王府井和西单已经在消费者心中树立了鲜明的特色，但就目前的情况看，改造后前门大街的特色越发不明显。在赖阳看来，前门大街必须坚持打造以老北京传统文化为特色的商街，通过扶持老字号的发展带动前门商业街的发展。他认为，前门商业街应该成为帮助一些具备发展潜力的老字号发展的"孵化器"。

对于前门商业街的现状，北京老字号协会秘书长高以道表示，前门大街重新开街后一些"土著"老字号无法回去，主要是由于卡在了"钱"上，前期高成本投入以及后期投资回报问题是症结所在。目前，政府部门应该打开思路，前门大街不仅仅是崇文区的一条街，而是应该各级政府共同出资、协力恢复古街繁华的北京名片。

高以道认为，政府在前门大街改造中做了前期铺垫，招商时对老字号进行投资，凭借前门大街的特殊地位和影响，必定会带来高收益。对于老字号回前门，应该采取"放水养鱼"的方式，而不是"涸泽而渔"。一些老字号可能没办法承担前门大街目前的高额租金，但是政府应该帮助它们成长，让企业和传统商业街能够实现"共赢"。目前各地城市改造造成的文化缺憾后遗症已太多，前门作为京城乃至全国的文化古街，更不应该重蹈覆辙。

北京工商大学商业研究所所长洪涛教授也表示，改造后的前门大街相比以前恢复了一些老前门的原貌，但这更多地体现在建筑结构方面。现在的前门商业街与国内其他5000多条商业街相比没有太大差异，没能体现出北京的文化特色，只是在形式上引入了更多的品牌。

同时，洪涛认为，前门商业街应针对当地的旅游人群来组织品牌，在引入品牌时应以老字号品牌为主，而前门商业街现有的不少时尚品牌更应该出现在商场内。此外，他还指出，前门商业街引入老字号不代表不按照市场规律办事，前门商业街要想获得持续发展，仍需要通过各种活动吸引消费者前来，提升前门商业街的人气。

文章来源：辽沈晚报

题　　目：从世界杯里学东西　反思中国足球发展

记　　者：杨　帆　经　淼

时　　间：2010 年 7 月 14 日

"足球贸易"是花钱买效益还是砸钱听个响儿？

中国男足虽然与世界杯无缘，但是南非世界杯到处充满了中国元素，比如"呜呜祖拉"就是中国制造，还有 64 场比赛全程观战的"中国英利"等，无疑不让中国的商业经济研究学者感到振奋。

"南非世界杯，中国赢得了足球贸易战。"北京工商大学商业经济研究所所长洪涛因此认为，中国企业和中国品牌在世界杯上的亮相，代表着中国经济更进一步融入世界经济，逐步显现出中国品牌的实力。

世界杯的平台无疑是中国品牌为世人所熟知的难得路径，洪涛认为，在 2008 年世界金融危机后，中国企业和中国品牌的这次亮相是他们走出挫折、主动出击的最好注解，将提高民族品牌的知名度、凝聚力，提高信誉度。

"数量、收益、社会影响，这是商业行为的三个考量。"洪涛分析，因为世界杯刚刚结束，目前还不知道第二项考评指标的确切数字，但数量、社会影响已经不容置疑了，他认为中国的企业品牌借助世界杯平台打赢了这次足球贸易战。

也有专家提出了相反的观点，经济专家马光远提出"中国制造大规模渗透应该引起反思"，他认为，"从比赛用球到球衣、球网、呜呜祖拉、球哨、球鞋、球袜，乃至于球迷的假发，无一不来自中国。"他提出若干点质疑，包括"利润微不足道，比如呜呜祖拉，中国加工企业获取的利润不到 5%"、"哈尔滨啤酒和英利集团作为首次成为世界杯官方合作伙伴和赞助商的中国企业，其营销思路莫名其妙"等。

洪涛在一定程度上赞成马光远的"质疑"，他认为，中国以制造业大国闻名，在世界杯上，中国制造继续热热闹闹，其实对中国提出了新的课题——在当今世界的产业链中，"微笑曲线"是个长期困扰中国的理论，研发、生产、流通诸环节的附加值曲线呈现"两端高、中间低"的形态。在"微笑曲线"中，一端是研发、设计，另一端是销售、服务，中间是加工生产。洪涛说，中国的所有制造业处于微笑曲线的底部。不通过掌握核心技术来解决"走向两端"问题，中国制造业将越发尴尬。但这也是一个长期命题。

"这不应该成为中国目前不向全世界展示自己的理由"。洪涛认为，尽管

"利润薄"、"营销怪"的争议存在，但中国企业、中国品牌在南非世界杯上的亮相是成功的，现在是中国企业的机遇期，的确应该积极调整发展思路，更重要的是要坚定不移地积极面向这个世界。

文章来源：北京商报［商业评书］
题　　目：传统小吃"走麦城"　前门能否重塑"京城商业龙脉"
作　　者：洪　涛
时　　间：2010 年 7 月 7 日

前门商业街改造后不到一年，老字号小吃全部"走麦城"，上月，仅有的两家传统小吃企业也撤出，见《北京商报》6 月 13 日报道《高攀不起　传统小吃集体败走前门》。前门商业街老字号流失问题应引起社会的高度重视。

前门大栅栏商业步行街被称为北京商业龙脉之地，以独特的历史、人文底蕴而闻名。如果所有老字号都撤出前门大街，全是外国品牌，就与旧时"当当车"没什么联系，那么这条商业"金街"岂不成了国外品牌大街、外国品牌展示中心了？

过去，这里培育了许多传统老字号企业，企业买卖红火，也给大街带来人气、商气、财气，形成了独具京味的特色。随着经济和社会发展，王府井商业街、西单商业街等逐渐成为京城核心商圈。前门大街逐渐"没落"，以前车水马龙、摩肩接踵的景象成为历史。

为重拾勃勃生气，经过 2009 年改造后，前门大街每天约 15 万人光顾。这里共有 103 家商铺，其中国内品牌约占 71%，国际品牌约占 29%。71% 的国内品牌中，老字号约 14 家，占前门商业街开店数量的 14%。剩下的 57% 为非老字号的国内品牌。

然而，前门商业街的品牌布局欠合理，游客很难感受其步行街特色。前门大街自北向南，北端集中了全聚德、都一处等老字号企业，南端聚集了肯德基、麦当劳等洋品牌。步行街中部至南端分布着 ZARA、H&M、鳄鱼等服装品牌，穿插着北京特产专卖店、名表行、眼镜店、珠宝店；中部至北端也是特产专卖店、服装店、珠宝店交叉布局。

营业面积达 6000 平方米的前门小吃城内部也是如此，除东来顺、茶汤李、老北京炸酱面等北京特色美食外，三层的餐饮档口大部分位置被普通快餐占据。如此混杂布局很难形成集中的特色，增加了游客选择特色消费的时间成本。

前门商业街要有自己的吸引力就要避免雷同。如果这条街与全国 5000 多条商业街没什么区别，就难以吸引北京每年超过 1.7 亿人次的外地来客；如果它与其他国家的商业街没什么区别，也将难以吸引每年近 500 万人次的境外游客。①

前门商业街还是应该尽量保留老字号企业，凸显其独特韵味。至于高租金门槛对企业的阻拦，商业街经营管理者应更多地服务商户，使商户赚钱，而不是"收费"。可依据不同商户利润率高低，确定不同的管理费，摊薄租金成本，甚至不收费"放水养鱼"，即充分利用商铺资源，使商业街更加多元化，增强聚客能力。

购物、餐饮、休闲、娱乐、旅游是商业街的五大功能，一些店铺即使是亏损，也可免租金将其留住，特别是一些特色老字号品牌。此外，还可在商业街增加一些特色老字号流动商贩，降低商户的租金压力，在有限的商业空间内让商业街拥有更多特色商户，增加商业街的商铺数量，增加商品和服务的多样性，吸引消费者，利于增加商气、财气、人气。

文章来源：北京商报

题　　　目：北京老字号小吃撤离前门　包子利润远不如汉堡高

记　　　者：徐　慧　吴　颖

时　　　间：2010 年 6 月 22 日

北京商报持续关注的老字号小吃撤离前门大街事件又有最新进展。记者昨日获悉，原打算进驻鲜鱼口民俗餐饮街（位于前门大街东侧）的几家老字号小吃，因在租金方面与管理方无法达成一致，再次准备撤离。

转战鲜鱼口仍为租金困扰

"还要再等等。"锅贴王传人王金香昨日再次接到鲜鱼口民俗餐饮街管理方"北京天街置业发展有限公司"工作人员催促签约的电话时称。实际上，5.5 元/平方米/天的租金价格已经是管理方对老字号小吃的特殊优惠，但与王金香期望的 3~3.5 元/平方米/天仍有较大差距。"我们传统小吃费时、费力、费工，利润还薄，实在承受不起太高的租金。"王金香说，自己每日都在四处奔波，

---

① 《北京 2010 年国民经济和社会发展统计公报》披露：2010 年北京市全年接待入境旅游者 490.1 万人次，比上年增长 18.8%，全年接待国内旅游者 1.8 亿人次，增长 10.1%。

希望找到价格更便宜一些的店铺。

爆肚冯传人冯广聚老人告诉记者，原本说好和另外三家老字号小吃共同承租400平方米的店铺，但另外三家因家底较薄、承担不起高租金现已撤出，要不是新伙伴褡裢火烧传人刘国壮的加入，自己也要撤出了。"但最终是否会与鲜鱼口民俗餐饮街管理方——天街置业签约，还要看刘国壮能否与市场方面达成享受优惠的条件。"

据了解，庆丰包子铺原本计划进驻鲜鱼口民俗餐饮街，开一家约200平方米的分店，但因同样的高租金问题还没签约。该店内部人士告诉记者，天街方面给他们开出的租金是10元/平方米/天，加上每天约2元的物业费，一年租金需要70万~80万元。"包子不像汉堡利润那么高，我们最贵的包子一斤卖30元，要是按这样的租金水平，一斤包子卖50~60元才够保本。"该人士称。

5元/平方米/天被认为是上限

"前门小吃接连倒闭与租金过高有直接关系。"北京老字号传统小吃协会会长侯嘉分析，前门地区刚开始招商时开出租金价格高达37元/平方米/天，如此高的租金或许大的国际品牌可以承受，但对传统的老字号小吃无疑显得太高，老北京小吃的租金超过5元/平方米/天就有风险。"现在从青云阁撤出的几户老北京小吃传人正是因当时倒扣流水的比例过高才另觅进驻鲜鱼口的，而这些老字号小吃与民俗餐饮街的经营者僵持的原因也在于高租金。"

面对鲜鱼口高租金的压力，老字号小吃也是各出高招。王金香告诉记者，自己正与投资人洽谈，准备以"锅贴王"的品牌和技术入股，双方合作经营，利润分成。冯广聚则通过联合其他小吃共同承租来分担租金压力，降低经营风险。但业内人士担忧，合作经营的模式可能会为日后店铺管理增加一定难度。

专家观点：租金收取标准可"量体裁衣"

中国饮食服务业专家委员会委员洪涛教授对于老字号小吃竞相撤离前门大街后再遇租金难题并不感到意外。他表示，老字号小吃是微利行业，在没有相关政策的扶植下，很难承受核心商业区的高租金。

在洪涛看来，商业街的经营者不妨借鉴义乌小商品城的批发市场模式，将商户集中起来摊薄租金成本。较高利润率的商户租金相对高一些，微利行业租金相对低一些。既充分利用了商铺资源，也使商业街更加多元化，增强聚客能力。

据悉，目前北京人均商业面积已超过 2 平方米，充裕的商铺资源也令商户的流动性增强。洪涛建议，每个商铺的面积不宜过大，甚至可以增加一些流动性商贩，以此降低商户的租金压力，也让商街拥有更多特色商户，从而吸引消费者。"小面积、多网点、连锁经营，才是适合老字号小吃的发展路径。"

文章来源：北京商报
题　　目：戴希曼陷低价无市尴尬　专家建议调整业态
记　　者：王皓然
时　　间：2009 年 12 月 16 日

戴希曼鞋城自开业之后一直打"品牌大、多、全，价格最低"的口号，然而由于宣传过分夸大，其铺天盖地的广告虽然为戴希曼带去了客人，却很难留住客人。自北京旗舰店去年关门之后，现存的四家戴希曼鞋城生意均处于惨淡情境。

夸大宣传　门可罗雀

戴希曼鞋城自从位于动物园的旗舰店开业后，因其投放了大量的车载广告而受到消费者极大关注。然而由于名不副实，很多消费者在去过之后纷纷表示广告过分夸大，大众点评网上，点评戴希曼的网友中八成以上均表示"看广告后慕名而去，但失望而归"。位于动物园地区金开利德六层的戴希曼鞋城作为北京第一家店，因经营问题于去年停业，如今金开利德的六层已经变成中踏鞋业。

现存的四家戴希曼鞋城分别位于积水潭、西单、木樨园和中关村，都是位于人气极旺的消费商圈地段。戴希曼的门店无一例外选择租用各地购物中心中的高层，旨在借购物中心的人气拉动鞋城的客源。

记者走访戴希曼积水潭店时发现，位于某商城四层的戴希曼鞋城内，消费者很少，偌大的鞋城内，只有十几位消费者。卖鞋的服务员大都三三两两地聚在一起聊天，看见消费者也并没有很热情地招呼。而同样位于该商城内的屈臣氏、JACKJONE 等店内，消费者多为年轻人，数量远多于戴希曼。

在戴希曼积水潭店，到处都打着"买贵了就白送"的口号，"如果戴希曼的售价高于全市任何商家（无论商场大小、无论批发零售），顾客只要提供 3 天前在其他商家的销售小票，戴希曼就当场将鞋赠送给顾客"；此外，店内有标识明确表示戴希曼鞋城内的鞋比外面的鞋便宜 50%，平均每双鞋便宜 300 元，"戴希曼的所有鞋类商品均为现金采购，款式、品牌相同的鞋，戴希曼的价格比全市所有商家便宜 30%~50%，即平均每双鞋大约便宜 300 元"。尽管如此，客流依然很少。

商品老旧　恶性竞争

分析戴希曼门可罗雀的原因，大致可以归结为以下几点：

首先，品牌低端。虽然戴希曼号称"汇集国内外 100 大品牌"，但记者在走访中发现，戴希曼鞋城中的大多品牌都并非知名品牌，可丽丝丹、约会、斯卡帝尔等很多品牌甚至在北京大商场中都并未见过，而像耐克、阿迪达斯、达芙妮等广受年轻消费者追捧的品牌，在戴希曼店内往往难寻踪迹。"同类最低价"的说法也无疑成了一句空话。

其次，款式老旧。约七成以上的消费者表示戴希曼鞋城的鞋大多款式比较老，很多网友直言"喜欢追潮流的年轻人就不必去了"。在戴希曼走一圈会发现，货品同质化现象十分严重，虽然款式很多，每家柜台上都满满地摆着鞋，但是样式却大同小异，新款的鞋十分鲜见。

再次，以仿版充正品。有网友直指戴希曼鞋城的名品鞋是"贴牌"货，记者在戴希曼鞋城也发现了网友指出的仿版现象，记者看到一双耐克品牌的板鞋，居然标价仅 67 元，和数百元的正品价格相差过大，而且鞋的做工并不精细，稍有购物经验的消费者便可看出该鞋并非正品。

最后，戴希曼和中踏鞋业的贴身肉搏战使得双方信誉均受到一定损伤。记者在动物园取代了先前戴希曼鞋城的中踏鞋业现场看到，虽然动物园属于淘货者相当集中的地区，但是中踏鞋业内的消费者依旧无法和周围的服装市场相比。记者在街头随机采访了十余位路人，九成以上受访者对于戴希曼和中踏两个品牌没有明显的品牌偏爱。"两个品牌都在广告语中表明自己是最低价，都说哪儿要是比自己这儿贵了，就白送之类的话，搞得也不知道该信谁了。"消费者王先生的话代表了超过半数受访者的心声。

调整业态　精准定位

就戴希曼的发展前景等问题，记者采访了北京工商大学经济学院教授洪涛。洪涛表示，管理是戴希曼需要首先解决的一个问题。在经营模式方面，戴希曼应该按照规范化的专业店模式发展，"要走专业化的道路，不可以杂"。

其次，戴希曼应当保证其商品的质量，让消费者能够在享受低价的同时，放心地购买。也只有这样，才能区别于一些商品缺乏品牌的市场货。

最后，最重要的莫过于品牌的管理问题。过多的品牌并不能为戴希曼培养出稳固的消费群体，大量的广告虽然能够将消费者吸引进店里，但品牌的混乱和低端化只能让消费者"憧憬而来，失望而归"。品牌再多，也应该注重厂家来源，要善于资源管理，坚决杜绝鱼目混珠，出现假冒伪劣品牌或产品的现场。

对于戴希曼的出路，洪涛表示，戴希曼定位的不准确直接导致了其目前"高不成低不就"的尴尬处境。从选址来看，它的定位应该是青年群体，但实际上，戴希曼商品的款式大多无法满足年轻消费者追求时尚的心态。洪涛建议，戴希曼若想从眼前的冷淡市场中崛起，调整业态是当务之急。或者专攻低端市场，主打"尾货鞋城"牌，避免让消费者期望太高而引发更大的失望情绪；或者走专卖店模式，集中卖几个大品牌的商品，有针对性地吸引目标群体。

第十九章　服务竞争

文章来源：北京日报

题　　目：商场亲子卫生间受欢迎　周末几乎没有空闲①

记　　者：孙超逸

时　　间：2011 年 2 月 25 日

虽然工作日里在新东安商场里购物的顾客并不多，但商场里独具特色的亲子卫生间却依旧"顾客盈门"，前一个家长带着孩子刚走，紧接着就又有家长带着孩子"匆匆而入"。"你稍等一分钟。"专门负责"亲子间"保洁的刘阿姨冲进卫生间，把马桶和地面擦了一遍才让下一个家长和孩子使用，"今天用的人其实还不算多，平时周末和过节，接连不断地有家长带着孩子来用。"刘阿姨说。既免予尴尬又方便干净，而且还实现了幼儿如厕"无障碍"，新东安商场里的亲子卫生间最近被不少网友评为北京"最人性化厕所"。

终于等了个空隙记者得以一窥"亲子卫生间"的真实面貌。推开门，仿佛看到一个"童话世界"，墙上印满了五颜六色的"大手印"，迷你洗手池水龙头是彩色的且提供的是温水，洗手池外壁上贴着一圈可爱的小花猫，池子下面还"伸"出了两只穿着小花鞋的铁架；迷你坐便器外侧画着泰迪熊……这里的洗手池、小便池、坐便器都比普通卫生间的小了一号，小朋友如厕很便捷，洗手时也不必使劲踮起脚向前伸胳膊……

此外，亲子卫生间里还用一扇"玻璃屏风"隔出一处成人"方便"的空间，"这样父亲单独带女儿或者母亲单独带儿子使用，可以避免尴尬呀。"商场

---

① 2010 年 12 月 4 日，北京电视台——新闻晚高峰对洪涛教授对此问题进行了采访，题目是"实现孩子如厕无障碍父母呼吁亲子卫生间"。

的保洁主管史建辉介绍，商场里过去并没有亲子卫生间，曾有顾客反映带未成年孩子如厕很尴尬。去年商场重装改造时，特地在每一层都设立了"亲子卫生间"，并由专人负责清洁。"刚开始大家不清楚这是什么意思，咨询的人很多。现在好了，每到周末带孩子来逛商场的顾客很多，'亲子厕所'派上了大用场。"史建辉笑着说，"亲子卫生间"每到双休日就会"爆满"，有些成人甚至出于好奇，还会推开门一探究竟。

带着女儿进男士卫生间显然不方便，可孩子却急着上厕所，一筹莫展在徘徊的张先生经人指点找到"亲子卫生间"时表情是喜出望外，念叨着"这下好了"就带着女儿"冲"了进去。等他们父女出来，看到记者正在采访，张先生连说："真帮了我个大忙，这个太人性化了。"

记者日前走访西单大悦城、君太百货、嘉茂购物中心、翠微商厦等十余家大型百货商场，发现多数都没有单独设立方便家长孩子的"亲子卫生间"。

专家点评：于细微处见服务

北京工商大学商业专家洪涛教授表示，商场和大型餐厅设立亲子卫生间，在香港及一些国外大都市非常常见。"一个商场的竞争力不只表现在硬件条件上，更体现在服务上。现在的商家往往过分重视引进国际品牌、知名品牌，但对购物环境的提升，包括亲子间这种人性化设施的重视还不足，细节上的服务还需要进一步改善。"

文章来源：北京日报
题　　目：家电卖场喜"换新"厌"收旧"
记　　者：杨　汛
时　　间：2009 年 9 月 7 日

"本想参加家电换新，可拨通收旧电话，居然先问我要买什么新家电，还说要先买新家电才能收走旧的。"消费者吴女士昨日致电本报，对部分商家只注重"卖新"、忽略"收旧"的做法表示不解。记者昨日暗访发现，不少商家都存在这种"喜新厌旧"的现象。

预约"收旧"竟需先"买新"

昨日上午，记者以消费者身份拨通了大中电器的收旧预约电话，刚一表示需要上门"收旧"，接线员就立即问道："您打算购买哪一款新家电呢？"记者表示，目前旧家电尚未收走，还没来得及去挑选新家电。接线员则建议先到卖场选购新机后，再致电公司确定上门回收时间。

随后，记者又拨打了另一家家电连锁卖场的"以旧换新"热线，接线员表示可以预约上门收旧，但需要等待一周以上。当记者表示希望能够尽快上门收购时，这位接线员同样建议记者先去卖场买新家电，买完了上门送货的时候顺便把旧家电收走。

卖场转嫁"收旧"压力

"以旧换新，当然应该是先收旧家电，我们消费者拿到凭证，再去家电卖场买新家电，这样只用跑一趟，补贴折扣算起来也清楚。"消费者吴女士表示，如果按照商家推荐的先"买新"再"收旧"，消费者前后要跑两趟家电卖场。

一些家电卖场还把收旧的压力全部转移到回收企业身上。"平均一个小时就要接到20多单上门收旧，我们这儿的预约电话都快被打'爆'了，都是家电销售企业转过来的！"昨日下午，一家中标"以旧换新"回收企业的负责人表示，家电卖场都是销售、回收双中标企业，但由于上门回收"没油水"，一心想多卖家电的卖场开始拒绝单一的上门收旧，或者干脆就在热线里给顾客留下回收企业的电话，直接把这部分业务转移到专门的回收企业。

专家观点：建议提高"收旧"补贴额

"回收环节确实是家电'以旧换新'中的难点。"北京工商大学洪涛教授表示，商家喜"新"厌"旧"主要是由于旧家电回收之后都是送到环保拆解企业处理，并不出售，因此回收旧家电利益趋薄。"商家是逐利群体，当售新带来的利润远远高于收旧时，自然会更加青睐售新，排斥收旧。"

洪涛表示，要解决这一问题，应当在收旧方面拓宽渠道，开设更多的固定网点。"有了充足的物流渠道，做到回收拆解无缝连接，自然收旧的效率会有所提高。"他同时建议，主管部门应对部分喜"新"厌"旧"的家电连锁企业予以相应的警告和处罚，同时适当提高"收旧"的补贴额度，提高商家的积极性。

第七部分 农产品流通体系
发展与惠农工程

洪涛教授认为，农村流通体系是由农产品流通、日用工业品流通、农用生产资料流通、农村再生资源流通、农村生活服务流通、农村商务信息流通六大体系构成，其中，农产品流通体系是最重要的体系。

2010年农产品价格上涨问题引起了多方关注，洪教授认为政府对价格的干预只能是临时性措施，也是许多市场经济国家经常采用的一种手段，但不是解决农产品价格过高的有效办法。要想从根源上平抑物价，必须加大对农业生产基础设施的投入力度，降低生产者的生产成本，减少不必要的流通环节，对农贸市场实行优惠政策，并进行合理规划管理，降低农产品进驻超市的进场费，避免农产品的迂回运输、迂回流动。有关农超对接，洪涛指出，作为我国政府积极推进农产品流通现代化的重要模式创新，农超对接对于降低流通成本、提高流通效率以及减少农民市场风险均具有重要利好。但应该对农超对接模式有冷静的认识，它并不是完全取代农贸批发市场以及菜贩子下地收菜。农超对接最终应当建立在科技和现代化管理上，而只有连锁企业强大，销售蔬菜的总量多，农超对接的蛋糕才会越来越大。

同样，农村作为我国最大、最具潜力的家电市场，为了刺激农村消费，需要政府在供需之间搭建起畅通的流通渠道。继2005年启动"万村千乡"工程之后，商务部和财政部又实施了"家电下乡"工程，这一政策既利农惠民，又顺应了农村市场消费升级的新趋势。根据商务部的数据显示，2010 年加大家电下乡政策实施力度以来，效果明显。2010 年，全国家电下乡产品累计销售 7718 万台，实现销售额 1732.3 亿元，同比分别增长 1.3 倍和 1.7 倍。12 月当月，家电下乡产品销售 990.1 万台，实现销售额 229.4 亿元，比上年同期分别增长 68% 和 109%，双创全年最高水平。洪涛认为，应形成农产品流通体系、农村日用工业品流通体系、农村生资流通体系、农村再生资源流通体系、农村信息服务体系、农村商务服务体系、农村生活服务体系，农村流通渠道的畅通，是顺利实现"万村千乡"和"家电下乡"工程的根本保障。

第二十章 农产品流通体系

洪涛观点：

文章来源：中国商报
题　　目：农产品流通体系面临五大问题
作　　者：洪　涛
时　　间：2010 年 11 月 16 日

新华社不久前发布的消息称，北京的"大菜篮子"新发地农产品批发市场筹划 2012 年在国内上市，山东寿光的两家农产品流通企业则将目光瞄向了境外资本市场，同时更多的农产品流通企业也纷纷迈出了上市步伐。

这说明，随着农产品价格的大幅上涨和食品安全问题突出，今年农产品流通领域备受关注。但是，当前农产品流通体系却面临着五大问题：小生产走向大市场难；生产主体发育难；农产品进入超市难；农产品物流及冷链体系打造难；农产品基础设施建设难。

改革开放 30 多年来，我国农产品流通体系基本形成以民间经营为基础、以市场为导向，企业自主经营、政府适度调节的农产品流通体系，为引导生产、扩大消费、吸纳就业、提高农民收入、确保市场供应等发挥重大作用。我国已初步形成产地市场、销地市场、集散市场统筹发展，综合市场和专业市场互补互进，以大中城市为核心、遍布城乡、多层次、多元化的市场流通格局。

但我国农产品的产地分布较广，农产品消费群体较多，产销不平衡表现为：产地与销地在空间上的不均衡，需要空间的流动性来满足需求，产地与销地在时间上的不平衡，如生产的季节性和消费全年性，或者全年性生产和季节性的消费决定了没有农产品运输和储藏难以适应农村经济发展需要，以调节市场的供求状态。此外，当前我国农产品物流相对滞后，城乡物流"二元结构"相当严重，其所占的比例较少，不能满足国民经济对农产品物流的社会需求。

据统计，2009 年在社会物流中，农产品物流量较小，占比例达到 2%，远远低于社会发展要求。2009 年，全国农产品物流总额 19439 亿元，同比增长 4.3%，但是前两年在 17% 以上，增幅明显下降，这表现出与我国农产品生产、流通、消费大国不适应。

笔者认为，"十二五"期间，我国流通产业发展的目标应是建立统一、开放、竞争、有序、安全的市场体系，完成流通现代化。具体到农产品流通领域来说，我国现有农产品批发市场 4000 多个，承担着近 70% 的农产品流通的任务，建议用三年左右的时间培育 2000 家标准化、规范化管理的农产品批发市场，带动和引导农产品批发市场全面升级。

文章来源：现代物流报 [专家论坛]
题　　目：振兴农村物流刻不容缓
作　　者：洪　涛
时　　间：2009 年 3 月 10 日

物流振兴规划的通过，无疑成为我国物流业发展的一个强大动力，众企业、行业人士等反响热烈，希望振兴规划能为眼下身处"危机"中的物流业带来"入春"的希望。而对于产品流通不畅、物流发展水平相对滞后的农村物流来讲，振兴规划也将对其步入新的发展阶段产生重要影响。

城乡"二元结构"严重

物流业是社会大流通产业的重要组成部分和基础性产业，整个社会由商流、物流、信息流构成。但是，长期以来，我国重视生产、轻视流通，较为忽视物流业在国民经济中的地位和作用，农村物流相对国民经济的发展较为滞后。据不完全统计，我国每年有各类农产品总量 15 亿吨左右，广义农产品物流总值超过 1.5 万亿元，①粮食年流通量约为 1.7 亿吨，其中跨省区流通量约为 9500 万吨，但是，农产品物流损失较大。

据统计，我国每年生产蔬菜水果 5.8 亿吨，水果 6000 万吨，位居世界前列，由于保鲜产业落后，储藏方式和消费方式原始，我国每年约有 8000 万吨的果蔬腐烂。也就是说，农民辛辛苦苦生产出来的水果蔬菜，在流通过程中，

---

① 2010 年，我国农产品产量为 17.4 亿吨，农产品物流总值达到 2.24 万亿元。

有相当一部分（占 20%多的比例）变成了垃圾，而 8000 万吨果蔬，几乎能够满足 2 亿人口的基本营养需求。

在粮食方面，据统计，我国每年生产粮食 5 亿多吨，但粮食运输方式落后，成本偏高。除东北地区形成区域性散粮运输雏形外，全国大部分地区原粮仍然以包装运输为主，占全国流通量的 85%左右，而包装运输成本高、速度慢、效率低、损耗大。散粮装车成本比包装粮装车成本每吨少 18.2 元。因运输和装卸方式落后，每年损失 800 万吨粮食。我国粮食产后流通的损失相当于开发几百万顷粮田。

当前我国的城乡居民在人口数量、收入、消费等方面存在明显的"二元结构"，这种"二元结构"如果不解决，中国高水平的小康社会就不可能真正实现。2008 年我国城乡人口分别为 45.7%和 54.3%，而城乡收入分别为 3.31：1，社会消费品零售总额分别为 2.12：1，存在明显的"二元结构"。

鉴于此，加快我国农村物流发展已经迫在眉睫。而物流振兴规划中对强化农产品物流及农村物流工程都进行了明确规定，这将有助于打破农村物流的诸多"瓶颈"，会惠及农村物流的发展。

振兴规划意义重大

改革开放以来，我国物流业得到较大的发展，但是仍然存在许多瓶颈，这些瓶颈如果不能得到解决，就会对我国经济带来相应的影响。如物流企业规模小、物流市场秩序混乱、物流行业的多头管理、物流法规与标准缺失、物流（特别是农村物流）人才紧缺、物流税制不合理、物流园区建设土地紧张、物流成本高、物流管理理念和手段落后、公路货运业运营成本过高、流程、装备和信息系统缺乏标准化等，即使北京作为国际化大都市，每年却因为拥挤导致的 GDP 损失达一个百分点。

金融危机更是对我国物流业造成较大冲击。我国许多出口企业和许多物流企业，特别是与出口直接联系的物流企业均受影响。在 2007~2008 年高油价、紧缩的货币政策双重挤压下，许多物流企业受到严重冲击。可以说，物流业急需国家出台相应的产业政策给予扶持。因而，物流调整振兴规划的出台给正处困境的物流企业以极大的鼓舞，也为物流产业的发展指明了方向。

另外，随着金融危机影响的深化，国家先后出台了汽车、钢铁、纺织、制造、船舶、石化、有色金属、电子信息等振兴规划，但是，从某种意义来说，没有物流振兴规划，就不是一个产业链完整的振兴规划。物流振兴规划的重要意义便体现在物流是其他产业得以发展的基础性产业。在国家振兴产业中，汽车、钢铁、纺织、制造、船舶、石化、有色金属、电子信息等重点产业都离不开现代物流业的发展。

此外，在现代社会中，流通产业是国民经济的基础性产业，其中物流业又是基础中的基础，物流调整振兴规划的出台也是由我国重视生产，向重视流通转变的一项重要举措。

论坛观点：

文章来源：国际商报

题　　目：破解农产品流通难题——农产品流通焦点问题研讨会举办

记　　者：刘叶琳

时　　间：2011 年 6 月 30 日

农民卖菜难、市民买菜贵，牵动着整个社会的神经。居高不下的农产品价格也暴露出当前我国农产品流通体系缺乏统一规划，布局和结构不合理，市场配套设施不完善，市场组织化程度低，业务经营存在盲目性等问题。6 月 23 日，在由北京工商大学、中国农产品协会、农民日报主办，北京新发地农产品批发市场有限公司、北京工商大学经济学院贸易系承办的"中国农产品流通焦点问题研讨会"上，业界专家提出，完善市场体系建设、发展公益性农贸市场、促进农产品流通渠道的多元化、大力建设社区蔬菜批发市场并完善蔬菜配送方式、强化信息体系的指导性功能等方案，才能破解农产品流通难题。

发改委经济贸易流通司副司长耿书海：

降低对农贸市场收费

"猪肉涨价、蔬菜涨价、水果涨价"，自去年以来，一系列农产品价格的大幅上涨无疑加重了老百姓的生活负担，也引起社会的广泛关注。国家发展和改革委员会经济贸易流通司副司长耿书海认为，由于去年蔬菜价格大幅上涨，流通环节成本高的矛盾日益凸显。商务部、发改委、农业部都在研究这方面的问题。国发 26 号文件《国务院关于进一步促进蔬菜生产保障市场供应和价格基本稳定的通知》中指出，必须充分发挥市场机制的作用，强化"菜篮子"市长负责制，加大政府调控力度，把解决当前问题和建立长效机制结合起来，采取更加有针对性的措施，进一步促进蔬菜生产，保障市场供应和价格基本稳定。此后，去年年底又下发了文件对此问题进行进一步的要求。2011年6月8日，温家宝总理主持召开国务院常务会议指出要促进农产品物流业发展，鼓励大型企业从事农产品物流业，再次表明农产品物流业的发展应该受到高度重视。

耿书海认为，要大力发展农产品物流业，首先要高度重视农产品物流业。国家应该解决"规模小、环节多、成本高、损耗大"的问题。目前，我国农产品的流通过程大部分是由批发市场到农贸市场再到消费者手中，然而农产品经由批发市场到农贸市场的过程中价格出现了翻倍上涨，这种价格波动属于正常现象。因为，这种小规模的流通，一家一户的菜贩为了能够保障自己的生活，就会抬高菜价，保证利润。因此，为了减少因流通环节过多而导致农产品价格上涨，我国开始大力发展"农超对接"、农校对接、农企对接等优化流通环节的流通模式，目的是建立产地与销地之间的稳定关系。

此外，农贸市场的公益性非常重要，政府不仅仅要重视批发市场的公益性，还应该建设好公益性的农贸市场。目前我国农贸市场的摊位都是由商贩承包经营的，因此摊位费用非常高，只有降低摊位费用，才能稳定蔬菜价格。因此，国家对于农贸市场的公益性投资就显得尤为重要。"提高农贸市场的公益性也是防止市场恶性竞争的一个有效途径。"耿书海表示，政府应该在商户的用地政策、用电、用水政策方面给予支持，对于批发市场的收费进行严格监管，防止不必要的费用收取情况发生。"农产品流通生产环节中税费的问题也值得我们关注。"耿书海说。目前，农产品在流通生产环节中的税费还是比较高的，应该鼓励实行免除抵扣税政策，将政策落到实处，切实保障农民的经济利益。总之，政府应该在政策上加大支持力度，对市场收费进行有效监管。

中央财经领导小组、中央农村工作领导小组办公室局长张冬科：

强化信息体系的指导性功能

近期，我国农产品出现了买难与卖难情况，对此，中央财经领导小组、中央农村工作领导小组办公室局长张冬科表示，这种情况不是常态。

张冬科表示，近20年来，农产品流通中的蔬菜产销发生了较大的变化，并且随着城镇化发展而改变，20多年来，我国城镇化提高了一倍。

目前我国蔬菜供给不断增加，数量、品种、质量都有所提高和丰富，同时，我国农产品市场体系建设不断完善，尤其是农产品批发市场发展速度非常快，全国的农产品批发市场已经形成了网络，我国取得了较好的成绩。

但是我国蔬菜产销仍然存在一定的问题。张冬科表示，首先是蔬菜价格的波动过大，这主要是由于蔬菜的季节性、地域性较强，受自然因素的影响比较大，且不易于储存，因此蔬菜在价格上会出现一定的波动，但是，蔬菜价格的这种波动情况是属于正常的，不允许蔬菜价格出现一定的波动是不可能的。

"其次，蔬菜买难卖难的现象不是常态，是一种个别现象。"张冬科表示，蔬菜买难卖难现象出现的原因是由于市场过度放任、过于无序、组织化程度过低。"农产品的生产者、批发商、运输商、零售商对于市场都有不满意之处，如何完善国家的制度体系就显得尤为重要。"张冬科认为，农产品的相关信息不能满足于简单的数字统计，而应该确实对生产者、批发商、运输商的行为起到指导作用。

张冬科建议，我国应建设符合国情的农产品流通体系，应向国外学习，从制度、模式、体系构造上下工夫，从整体上对农产品流通进行整合。另外，我国农产品的生产环节应该借鉴日本经验，从全国到省区市都要有相应规划。

"城市的菜市场要有其应有的地位，并要有相应的用途管制。"此外，张冬科表示，农产品信息体系要具有指导性、权威性，并且能够对农产品的流通起到指导作用。

商务部原部长助理、全国政协经济委员会委员黄海：

政府应加大对流通设施建设投入

近期，农产品的流通环节受到了社会关注，优化流通环节稳定农产品价格成为消费者的心声。面对流通环节的"暴利"问题，商务部原部长助理、全国政协经济委员会委员黄海表示，农产品流通环节需要优化，但是提高农产品运输技术、减少农产品因流通而造成的损耗，减轻由多次检测给农产品流通过程带来的压力更为重要。

黄海认为，农产品流通问题关系民生，政府必须高度重视农产品流通问题。他呼吁，政府应在建设农产品流通基础设施方面给予相应的资金扶持。

应加大政策支持力度

"政府不应只是对价格进行干预，还应在政策方面予以支持。"黄海建议，国家应该把农产品流通看作是直接关系民生的问题，不断加大重视并给予政策、资金支持。

黄海指出，国家在农产品流通上的资金投入是存在问题的。例如，在批发市场、农贸市场的建设等方面，政府的投入还是相对较少的。"这里的投入并不仅仅是指政府管理市场，而是要加强对批发市场建设的投入。"黄海认为，建设和管理是完全可以分开进行的，如日本、欧洲等发达国家就是政府建设市场，但管理并不是由政府进行。

此外，黄海建议在蔬菜的销地，政府可以通过建立市场来达到管理的目的。如果市场遇到问题时，政府则可以通过一两个市场管理多个市场，从而达到稳定农产品价格，维护市场秩序的作用。"农贸市场、批发市场、社区菜店，政府的投入建设很重要。"黄海认为，除了批发市场、农贸市场需要国家投入大量精力去建设，城市中各个社区的菜市场也应该纳入到政府投入范围，由国家统一控制，确保农产品价格保持平稳状态。

为流通环节减压

"流通环节过多这个问题不能一概而论。"黄海强调，国家不能单纯减少流通环节。流通环节越少越好是没有错误的。但从目前来看，我国农产品的流通环节并不是特别多，而农产品在流通过程中发生的损耗是比较大的，如何减少农产品在流通过程中发生的损耗问题应该受到国家与社会的关注。"说到底，农产品运输技术、流通技术还应该不断提高。"黄海表示，我国农产品在运输过程中的冷链运输环节相对较为薄弱，完善冷链物流的建设是物流业发展中亟待解决的问题。

此外，黄海表示，"农超对接"虽然是优化农产品物流环节的有力模式，但它并不是一个简单的过程。"农超对接"需要有组织化的生产对接，而从目前情况来看，我国许多大型超市只能满足个别农产品品种的对接，并不能实现所有农产品的对接，解决农产品生产源头的生产技术问题是实现所有农产品"农超对接"的关键所在。"流通环节肩负的责任是越来越大了。"黄海感叹道，目前，社会给流通环节的压力是比较大的，流通环节已不仅仅担负着将农产品由生产地顺利地转向销售地这样一项职能，随着国家对于食品安全的重视程度不断增加，农产品多次检测也是需要在流通环节中完成的。"过多次数地检测其实就是一种浪费资源的行为。"黄海表示，农产品的质量检测是需要的，但是在流通过程中次数过多的检测是否会给农产品的流通带来较大压力是值得思考的。

中国农产品市场协会会长、北京新发地农产品批发市场有限公司董事长张玉玺：

完善社区蔬菜批发店送货方式

针对蔬菜供应情况、菜价波动频繁的问题，中国农产品市场协会会长、北京新发地农产品批发市场有限公司董事长张玉玺指出，要大力建设社区蔬菜批发市场，完善蔬菜配送方式，从而保证消费者在第一时间吃到新鲜菜。

张玉玺认为，种子、粮、油、棉的流通是我国的命脉，但在这些农产品流通过程中却存在诸多问题。以种子为例，目前，我国70%的种子都已被国外五大种子公司所占据，这几个公司占据世界种子数量的75%。"除了我国的'隆平高科'的水稻领先世界15年外，其他农产品的种植水平均与世界其他国家的先进技术有较大的差距。"张玉玺表示。

张玉玺指出，农产品在市场流通过程中存在两个环节，从农产品生产地到批发市场是第一环节，从批发市场再到终端消费者手中则是第二环节。"这两个环节都存在影响农产品价格上涨的因素。"张玉玺认为，在农产品从生产地流通到批发市场的过程中，人工费用不断上涨、汽油费用不断提高，致使农产品价格也随之抬高。而农产品从批发市场流通到终端消费者手中，也就是最后一公里的问题，超市的进场费等也会导致农产品价格步步攀升。不得不承认，在流通环节中成本上涨因素对于农产品最终价格的影响不容忽视。

"像北京这类大城市，'农超对接'是不会成为主渠道的。"张玉玺表示，从目前来看，北京的蔬菜有80%都是外地生产的，特别是在12月到4月北京市蔬菜的第一个淡季期间，全市的蔬菜有90%需要靠外埠供应，除储存菜外，还有河北、山东等地种的菜和占50%的南菜，因此无法形成农超对接；7月到9月则是北京市蔬菜供应的第2个淡季期间，北京市大部分蔬菜是由河北北部、宁夏、内蒙古、甘肃供应，所以"农超对接"的问题还是无法解决。由此可见，"农超对接"在大城市的实施还具有一定的困难，解决流通环节的优化问题仅靠"农超对接"这一种模式是不够的。

张玉玺认为，大力建立社区蔬菜批发店是保障老百姓蔬菜供应的关键渠道。"社区蔬菜批发店主要是针对小区的生活居民，社区蔬菜批发店应该不断完善送货方式，把蔬菜送到消费者的手中，让消费者可以及时获得新鲜蔬菜。"另外，面对市场上蔬菜价格的波动情况，政府也无须过于敏感，适度调节才会有利于农产品市场价格恢复稳定。"政府的过度调节，往往会帮倒忙。"张玉玺说。

北京工商大学经济学院贸易系主任洪涛教授：

农产品流通谨防"走回头路"

物价上涨飞快，一时间，农产品流通受到社会广泛关注。北京工商大学经济学院贸易系主任洪涛教授指出，建设公益性批发市场、发展多渠道的农产品流通模式、因地制宜地实现农产品批发市场的升级改造，才能保证农产品流通更加顺畅。

我国是农产品贸易大国。数据显示，2010年我国农产品进出口总额为1219.6亿美元，同比增长32.2%。其中，出口494.1亿美元，同比增长24.8%；进口725.5亿美元，同比增长37.7%。贸易逆差为231.4亿美元，同比扩大76.5%。2010年我国进口大豆达到5479.68吨。

虽然我国是农产品生产、贸易、消费大国，但是我国农产品流通中仍然存在一些问题，如是否建设公益性市场？"农超对接"是否是优化农产品流通渠道的唯一模式？在提倡批发市场升级改造的同时也引发了商铺费用高的问题，该如何解决？面对问题如此之多的农产品流通过程，洪涛教授提出了自己的建议。

建设公益性市场很重要

针对建设公益性市场还是建设国营市场，洪涛认为，建设公益性市场将有利于农产品的流通。他表示，既然蔬菜是商品，基础设施具有公益性，那么，一方面应充分发挥市场在生鲜产品运营方面的作用；另一方面，政府应加大农产品流通基础设施建设。实践证明，国家单一投资建设市场、国营市场都是失败的。日本、法国等国虽然是政府投资建设市场，但也不是国家经营，而是国家参股投资、控股投资建设市场，市场自主经营。既然农产品应该在自由竞争的市场中运营发展，那么就应该进一步完善市场经济体制，促进全国统一、开放、竞争、有序、安全的农产品市场体系的发展，消除任何阻碍农产品自由流通的障碍，形成更加透明、公正的价格，进行更加迅速的市场信息传播，为自由竞争的农产品市场提供制度保障。

"农超对接"非单一方式

在洪涛眼里，"农超对接"是农产品流通渠道的一种模式，但不是唯一的模式。洪涛认为，"农超对接"虽然给农民提供了将农产品外送的渠道，但也对农民的优势地位有所削减。首先，有些企业巧立名目收费，如入场费等。各种形式的收费都会让农民负担加重，违背"农超对接"的初衷；其次，资金周转时间太长，对于农民来说，平时买卖多是现金结算，而超市采用银行结算，并有时间不定的付款期。若以每车10吨菜，货值2万元计算，若结算时间达一个月，就是60万元的货款，对于农民来说，这笔钱不是小数目。此外，"农超对接"的条件苛刻，部分超市借标准压价。超市原本与合作社签订了合约，但在菜价下跌时，超市就想压低收购价，不便公开违约，就以产品卖相不好等种种理由拒收农产品，除非农民肯减价出售。

目前农产品销售主要还是以批发为流通方式，"农超对接"作为农民和市场的直接流通渠道，只能在小范围内解决农产品的销售问题。农民专业合作社作为一个弱势群体，在和超市打交道时议价能力是很低的，容易承受超市转嫁的风险，从而达不到预期的效果。洪涛建议，政府应尝试将合作社集中起来，帮助他们去和超市打交道。而且不止应该有"农超对接"的直接渠道，还要有其他的渠道，不能单一化，否则不利于提升农民积极性。

升级改造要因地制宜

农产品批发市场一直是我国农产品流通的主要渠道。为了适应经济发展的需要，必须要按照建立现代农产品流通体系的目标，加快农产品批发市场升级改造步伐，改善市场硬件设施条件，盘活地区的农产品资源，促进农产品批发市场健康发展。

洪涛指出，许多农产品批发市场改造后商铺的费用大幅提高，令很多农民和下岗职工不能承担，以致不得不提高商品价格以应对提高的成本。因此，将所有的农产品批发市场交易大厅都封闭起来不符合市场经济规律。虽然，农产品批发市场的升级改造是大势所趋，但一定要符合我国各地的实际情况。

发展流通多渠道模式

面对农产品流通中亟待解决的诸多问题，洪涛指出，要坚持生鲜农产品商品化、市场化改革。生鲜农产品最基本的特性是商品性，农产品生产的商品化、市场化、组织化改革决定了农产品流通的商品化、市场化、组织化程度。在承认、尊重农户的市场主体地位的前提下，多渠道培育农村市场主体，推动农村经营体制创新。家庭承包经营和农业产业化经营相结合，使农村基本经营制度切实可行，并进行富有成效的创新。单纯依靠分散的农户很难实现与国内外市场的对接，农民的自身利益不能得到保证。通过农业产业化经营，组建农民合作经济组织，把一家一户组织起来，改善农产品的交易条件，形成规模经济，获得规模效益。

洪涛还表示，我国应该通过建立包括集贸市场、批发市场、期货市场和城市菜市场网点在内的农产品交易市场体系，使不同市场之间互通有无，功能互补，协调互动，保障农产品顺利流通。目前，根据我国农产品市场需求，主要是积极培育和发展以集贸市场、批发市场和期货交易市场"三位一体"相配套的农产品流通市场体系。

此外，洪涛还强调，农产品流通的多渠道、少环节是农产品流通体制改革的目标之一，流通环节既不是越多越好，也不是越少越好，要根据具体情况具体分析。与此同时，根据社会化大生产的要求，大力发展农产品产供销一体化联合经营组织，特别注意要因势利导，采取优惠政策措施扶持农民自己兴办流通型农业产业化"龙头企业"。发展农业产业化经营，通过"公司 + 农户"，包括"龙头企业 + 农户"、"专业合作组织 + 农户"、"行业协会 + 农户"等形式，实现千家万户与大市场的对接，提高农产品流通的多渠道模式。

中国农业大学经济管理学院教授、博士生导师安玉发：

推动流通渠道多元化

中国农业大学经济管理学院教授、博士生导师安玉发表示，我国农产品流通过程中出现了四个现象：一是农产品价格波动大、流通成本高、流通损失大，导致了"两头叫"的问题，即农产品生产者认为所获利润少；消费者认为农产品价格过高。二是流通过程中食品安全监管难，特别是批发市场的农产品来源不可追溯，不能保证消费者所食用的食品安全可靠。从目前市场情况看，批发市场的自我监管是无效的，同时也暴露出目前国家监管体制存在问题。三是农产品流通领域外资进入现象比较严重，此外国内投资基金的进入也比较普遍。国外大多数农产品市场都是由政府建设，而我国却对农产品市场建设放任自流，让企业自我介入农产品的流通环节，这也是导致农产品价格不稳定、食品安全问题频出的原因。四是我国部分城市出现了"超市进入、农贸市场撤退"的现象，也导致了农产品流通渠道单一化的现象，这是不可取的。我国农产品流通应该提倡多渠道发展。"一句话概括就是，农产品流通效率低，与政府放任自流有关系。"安玉发说。

面对农产品流通过程中存在的四种不良现象，安玉发建议，首先，要明确批发市场的公益性特征，要明确批发市场建造改造的指导思想，要根据具体的市场供应格局进行调整。"政府投资控股、坚持公益性方向、实行现代企业管理制度是我国农产品批发市场建设的主导方向。"安玉发表示，在批发市场的土地、建筑物等设施的建设方面，政府要全额投资；政府要在某些方面强制投资，不应让企业投资。与此同时，政府应该建设公益性批发市场，防止批发市场之间恶性竞争。此外，批发市场要实行现代企业管理制度。

安玉发认为，国家应该推进农产品流通的多元化发展，打破价格垄断。使有钱人到超市去买，老百姓到社区菜站买菜。此外，政府还要加强农产品流通的法律建设，建立批发市场行业准入资格，严防国外资金盲目进入中国市场。

中央农工办原主任、中国扶贫基金会会长段应碧：

推进农产品批发市场升级

面对农产品价格不断提高的情况，中央农工办原主任、中国扶贫基金会会长段应碧认为，建设公益性农产品批发市场、推进农产品流通的现代化发展、不断完善政府的宏观调控功能是稳定物价的有力措施。

如何解决目前我国农产品流通出现的诸多问题，段应碧表示，应该积极推进农产品批发市场升级。目前，我国正处在工业化、城镇化快速发展的阶段。在这个时期里，我国一定要处理好工业农业、城市乡村的关系。"如果此种关系处理不当，很有可能导致我国城镇边缘化，导致工业化和城镇化失败。因此，党中央提出在推动工农业的同时，要推进农业的现代化。"段应碧指出，建立农业的现代化就必须要建设农产品流通的现代化。没有现代化的流通就不可能有现代化的农业，现代流通在某种程度上带动了现代农业。

20 世纪 80 年代后期，我国农产品市场有了很大的发展，形成了农贸市场、农产品批发市场、农产品期货市场的完整体系。虽然，现阶段我国 4300 多家农产品批发市场在农产品品种增多的情况下，为市场供应农产品起到了很大的作用。但是，从带动农业发展的角度看，我国农产品批发市场与国外发达国家还存在较大的差距，我国的农产品批发市场在较大程度上仅仅是农贸市场的放大，脏、乱、差等问题非常严重。这样的农产品批发市场是无法适应或带动市场的，进行农产品批发市场的升级就显得尤为重要。

此外，我国很多城市的农产品批发市场面临着搬迁，而在这个过程中，批发市场要利用搬迁机遇进行升级，在这个升级的过程中，段应碧认为国家仍需要思考两个问题：一是要思考什么样的批发市场才是能带动农业发展的市场，农产品批发市场要通过怎样的运行才能真正地带动农业发展；二是谁来建立这个市场。建立公益性批发市场是很有必要的。"八十年代，部分发达国家的市场就是由政府建设的，因此，我们的政府也可以考虑按标准至少应在省会城市建立公益性批发市场，"段应碧说，"完善政府对农产品市场的宏观调控是非常重要的。"段应碧指出，国家调控是市场经济的组成部分，是社会市场经济五大支柱之一。但是，目前，国家对于农产品的调控往往会出现滞后，如何使国家宏观调控有力地发挥作用是政府应该思考的问题。

采访集萃：

文章来源：新华社
题　　目：专家建议从四方面"补"蔬菜产销断链
记　　者：姜　刚
时　　间：2011 年 5 月 5 日

近来北京、山东、河南等地蔬菜收购价格迅速下跌，菜农损失惨重。然而，由于流通环节过多，蔬菜零售价格却居高不下，市民只能"望菜兴叹"。近期关于菜价的"两头哭中间笑"怪象引发社会各界广泛关注。针对此，有关专家和蔬菜种植户建议，我国应大力发展农超对接、推行协议流通方式等四个方面补蔬菜产销断链，实现生产者、消费者和企业的多方共赢。

——27 年蔬菜种植经验人士剖析农民常遭"卖菜难"

在全国多地蔬菜收购价格迅速下跌造成菜农损失惨重后，为探究农民"卖菜难"的原因，记者日前来到安徽芜湖县六郎镇北陶村，见到了正在大棚内检查香菇采摘的许忠。今年 47 岁的他，从 1984 年开始种植食用菌，在 2004 年成立了芜湖野树林生物科技有限公司，从事食用菌产品研发。2006 年 9 月，他联合 70 余户农户成立了野树林食用菌专业合作社。

当前蔬菜滞销的关键原因在于农民缺乏市场导向。许忠分析认为，我国蔬菜具有明显的周期性特征，收获期与种植期间隔时间较长，且蔬菜生产区域性特征凸显，这就导致蔬菜种植户面临小生产和大市场的矛盾，有些地方在选择种植品种和规模前，不是从全国的角度来考虑，而是政府引导什么品种，菜农便种植什么品种，最终造成蔬菜产销不能有效衔接。

许忠告诉记者，普通蔬菜种植户的知识水平相对较低，而市场信息来源不仅滞后而且混乱，有的信息也许当时准确，但对市场行情总体把握不好，同样会造成判断失误。比如，红椒往年的平均价格为 1.3 元/斤，而今年上半年最高价达到 8 元/斤，农户种植 1 亩地能赚到 5 万元。若没有冷静分析这个信息，一拥而上纷纷跟种，也许下半年的红椒行情就会逆转。

记者了解到，许忠所在的合作社去年统一销售各种鲜菇 1012 万斤，销售产值达 3400 万余元，合作社成员人均增收 1000 余元。"虽然农业合作组织能够发挥资源、财力优势，但并不能完全破解'卖菜难'。"许忠说，农户加入合作社后，容易形成抱团发展优势，但合作社负责人的整体决策时刻左右着产品的销售前景。合作社就相当于一个运营的企业，如果对市场把握不准，不仅不会形成规模优势，反而对价格下跌起到推波助澜的作用。

中国农业大学经济管理学院教授安玉发认为，此次菜农遭遇菜价暴跌的另一个原因在于，部分菜农存在惜售心理。根据对陕西云阳蔬菜市场的调研，圆白菜在一个月内经历了"过山车"式的价格暴跌。4月上旬，当地圆白菜单价为1元/斤，到了中旬跌至0.6元/斤，而到了下旬价格仅为0.08元/斤。而像圆白菜其实在4月初就可以上市，但菜农观望待涨心理明显。若种植户能够找准时机，及时准确出击，这种市场崩盘现象将有可能避免。

流通效率低、环节多、成本高造成市民"望菜兴叹"

记者在采访中了解到，虽然产地蔬菜的收购价格持续低迷，但终端零售市场的菜价却居高不下，产销价格差距少的在5~10倍，多的甚至达到20倍。比如，来自山东的圆白菜田间地头收购价仅为0.07元/斤，但运到北京后的销售价就攀升至1.5元/斤。

北京工商大学经济学院教授洪涛表示，我国蔬菜在采摘、运输、储存等物流环节上的损失率在25%~30%，也就是说超过1/4的蔬菜在物流环节中被消耗掉了。而发达国家的蔬菜损失率则控制在5%以下，美国蔬菜物流则更为典型，产品可以一直处于采后生理需要的低温状态并形成一条冷链，使蔬菜物流环节的损耗率仅为1%~2%。

"由于我国蔬菜流通体系尚未健全，流通环节过多，并且层层加价，这也导致市民吃'高价菜'现象的发生。"洪涛介绍说，蔬菜流通一般要经过产地收购商—产地批发商—销地批发商—终端零售商等渠道，层层加价的费用包括代办费、运输费、过路费、摊位费、过磅费、门槛费等10余种。在中间商的支配下，这种产销两地近乎"断裂"的现状，便造成了菜价下跌大部分由菜农承担，而菜价上涨则转嫁给市民的怪象。

安玉发认为，流通成本过高固然是造成市场价格居高不下的主要原因，但像大蒜、生姜等储藏期较长的蔬菜，价格虚高也不排除投机商的炒作，这些投机商集中收购蔬菜，租冷库储藏起来，在淡季抛售。这种投机现象造成的危害在于，一方面，直接推高了市场价格，增加了市民消费成本；另一方面，误导了市场行情决策，扰乱乃至破坏蔬菜市场的正常循环。

256

蔬菜资源的稀缺性和不可比性，也是推高产品零售价格的因素之一。许忠说，单个农户或是合作社日常销售的品项也就是 2~3 种，而普通经销商一般都经营多个品种，对市场信息、产品价格的敏感度更强。当一种产品集中上市时，就会压低收购价格赚取差价，而在某个时间段比较稀缺时，这些经销商可能以较低的价格买进，然后选择合适的时机高价抛出。

专家建议大力实施农超对接　蔬菜产销断链亟须"补链"

此次蔬菜收购价格暴跌将挫伤菜农种菜积极性，导致下一季度的蔬菜供应减少，又会推高价格。如果不进行宏观调控，类似"菜贱伤农、菜贵伤民"现象仍将循环往复。针对此，有关专家和蔬菜种植户建议，应从以下四个方面稳定菜价，最大限度地保障菜农和消费者权益。

一是抱团组建农业合作组织，提高议价能力。种了 20 多年蔬菜的山东菜农韩道坤说，菜农在蔬菜生产、批发、销售等环节中，处于最弱势的地位。由于几乎没有定价权，收购价格只能由菜贩子说了算。如果赶上蔬菜价格暴跌，所有损失只能由菜农来承担。有关专家建议，广大散户可以抱团发展，利用农业合作组织的运输、销售、仓储、资金优势，增强抵御市场风险的能力，真正实现小农户与大市场的对接。

二是大力实施农超对接，减少流通成本。山东省社会科学院经济研究所研究员蔺栋华认为，只有稳住了"菜园子"、保护好"菜园子"，才能使菜农与消费者实现"双满意"。今后相关部门应加大信息帮扶，尽量减少因盲目种植造成的供与需不平衡现象发生，对于流通环节应通过具体措施尽量减少，最大限度地实现农超对接、农校对接。

三是推行协议流通方式，降低产销总风险。我国菜价暴涨暴跌现象的发生，与产销严重脱节有着必然的联系。专家建议，应积极倡导协议流通方式，在蔬菜生产和销售中各利益相关方以各种契约协议的形式明确各自的分工、责任及权利，推动蔬菜的生产环节和销售环节建立起利益纽带，从而提高流通效率而产生更大的效益，同时，生产风险和流通风险被各方分担，各方以其优势有效地减小蔬菜的生产和销售整个过程的总风险。

四是建立信息发布平台，完善农业风险保障体系。安徽大学经济学院教授江永红建议，相关部门应提前做好规划，建立统一的蔬菜信息发布平台，并及时总结、分析和归纳市场行情，可适当引入能对菜市进行规避风险分析的专业机构。专家还建议，应建立一套完善的农业风险保障体系，农业保险公司也应为农户提供适当的险种，如蔬菜价格险、巨灾险等。同时，应充分发挥寿光蔬菜价格指数作用，以正确反映市场需求。

文章来源：中国联合商报
题　　目：拯救蔬菜重在落实
记　　者：郭安丽
时　　间：2011 年 4 月 29 日

针对全国最近发生的大规模菜贱伤农事件，农业部、商务部等紧急部署对策，要求采取更加有针对性的措施，组织开展蔬菜"卖难"紧急救助行动，维护好蔬菜市场稳定。专家表示，今后相关部门应加大对农信息帮扶，尽量减少因盲目种植造成的供与需不平衡现象发生，应通过具体措施尽量减少流通环节，最大限度地实现农超对接，建立制度性长效机制。

山东省社会科学院经济研究所研究员蔺栋华向《中国联合商报》记者表示，只有稳住了"菜园子"，才能保护菜农种菜的积极性，稳住 CPI。

引导田间与终端市场直接对接

商务部近日连发通知，要求各地商务主管部门要组织引导大型连锁超市召开产销对接会，直接采购"卖难"蔬菜。鼓励具备条件的企业临时收储滞销"卖难"蔬菜。鼓励蔬菜批发市场、农贸市场设立临时性蔬菜直销专区，允许菜农免费进场销售自产蔬菜。

农产品综合试点地区的大型批发市场和流通企业，要发挥示范带动作用，积极购销"卖难"蔬菜。"双百市场工程"等财政资金支持的大型批发市场，要设立"卖难"蔬菜销售专区，减免"卖难"蔬菜场地费。鼓励具备条件的企业临时收储一批"卖难"蔬菜。

会同有关部门创造条件，鼓励开展"农社合作"，在注重质量和安全的基础上，支持农业合作社和农民进入城市社区、街道直销蔬菜；研究在城市特定区域和时段，设立免摊位费的"周末市场"。

一位不愿具名的专家向《中国联合商报》记者表示，田间与终端市场的直接对接，可以减少中间流通环节，消除蔬菜周转层层加价的弊端，但目前大多只是流于口号形式，中间众多的利益链条恐怕使得这项政策很难施行。

建立信息服务平台

安徽大学经济学院教授江永红认为，目前亟须相关部门建立统一的蔬菜信息发布平台，并及时总结、分析和归纳市场行情，适当引入能对菜市进行规避风险分析的专业机构。

商务部的通知指出，要发挥商务部"商务预报""新农村商网"等网上产销对接平台的作用。出现蔬菜"卖难"的地区，要细化监测品种和范围，建立主要"卖难"品种的交易量、批发价格日监测制度，强化对价格走势的分析预警；及时组织农业合作社和种植户，通过网上产销对接平台发布蔬菜"卖难"信息。销区商务主管部门要积极发布需求信息，组织流通企业开展网上对接撮合。

业内人士表示，在全国范围内最好能建设大的白菜生产基地，对种植利用新技术种植大白菜新品种的菜农给予支持。同时政府把服务做到位，及时发布大白菜市场行情，这样我的白菜产量才会有保障，那么价格也会相对平稳，在保证农民受益的同时，也稳定了市民的菜篮子供应。

"建立对农信息服务平台，及时发布供求信息，这些提法多年来一直在提，可是相关政府部门一直处于'只说不做'的状态，现在国家很有必要以本次处理菜贱伤农事件为契机来建立这项制度。"上述不愿具名专家向本报记者说道。

个体农民需联合提高议价能力

菜农缺乏议价能力也是菜贱伤农的重要原因。"我们菜农在蔬菜生产、批发、销售的，处于最弱势的地位。由于几乎没有定价权，收购价格菜贩子说了算。"种了20多年蔬菜的山东济南唐王镇菜农韩道坤向《中国联合商报》记者表示，像今年赶上蔬菜价格大跌，所有损失只能由菜农来承担。

财经评论员余胜海向记者表示，要解决菜贱伤农问题，必须扭转菜农的弱势地位，增加他们在蔬菜交易中的话语权，"如果不能从体制上增加菜农议价权力，悲剧将不断重演"。

山东省蔬菜协会秘书长孙继祥认为，散户的抗风险能力要比有组织的协会弱得多，在一些组织化程度较高的区域，通过专业协会的运输车辆、销售渠道和仓储设施，小农户可以实现与大市场的对接，而目前我国绝大多数地区还无法做到这一点。

"参照国外的经验，我国政府应该提供优惠政策、成立主要由农民组成的大规模蔬菜生产企业，并赋予其稳定物价的职能。这样既让农民得实惠，又有利于我国经济的平稳发展。"农业部优农办一位刘姓官员此前接受《中国联合商报》记者表示，农业生产不能再延续看天吃饭的老传统，各自为战的生产模式、碰运气式的市场预测，无法确保农民的钱袋子和市民的菜篮子。

建立制度性长效机制

农业经济是弱质的，个体的小农无法对抗大市场。有业内专家表示，在农业市场化的大背景下，要想根本避免菜贱伤农再次出现，长期来看，应当建立有制度保障的长效机制。

专家表示，面对农业生产，建立财政支持的农业保险风险基金可以在一定程度上缓解目前农产品价格波动难题，应对未来的农业生产的不确定性。

北京工商大学经济学院洪涛教授，此前在接受《中国联合商报》记者采访时表示，应设立农产品风险基金，以调节短期内滞销带来的价格波动。"稳定包括蔬菜在内的食品价格的关键在于，政府应建立一套完善的农业风险保障体系，农业保险公司也应为农户提供适当的险种，如蔬菜价格险、巨灾险等。"

中国人民大学经济学博士马涛表示，我国农业发展可以向国外学习，采取价格保护和补贴政策，建立制度性农产品长效机制。这些保护和补贴不仅限于粮食，也可扩大到蔬菜领域。

目前，上海市政府已经开始在这些方面尝试。上海已着手制订今年"夏淡"绿叶菜成本价格保险方案，市级财政继续补贴保费的50%，各区县财政根据实际情况自行确定补贴比例，投保人自缴保费比例不低于10%。上海还将原来仅面向 10 亩以上规模化蔬菜生产的农资综合补贴，调整为对全市蔬菜种植面积全覆盖，同时将补贴标准从每亩 60 元提高到每亩 76 元。

260

文章来源：新华社

题　　目：菜价下跌菜农损失惨重　现"两头哭中间笑"怪象

记　　者：姜　刚

时　　间：2011 年 4 月 27 日

近日，北京、山东、河南等地蔬菜收购价格迅速下跌，菜农损失惨重。与此同时，由于流通环节过多，蔬菜零售价格却居高不下，市民"望菜兴叹"。这种"两头哭中间笑"的怪象在网络上引发了广泛关注，搜狐等多家网站论坛有关"'要命'的菜价"的点击率均在 10 万次以上，跟帖数均超过 1000 条。

网友纷纷发帖质疑，农民为何常遭"卖菜难"？市民为何常遭"买菜贵"？如何寻找菜价"稳定器"？新华社记者就此进行了调查。

农民为何常遭"卖菜难"？

【质疑】近期菜价迅速下跌在全国多个地区蔓延，网络上也掀起了关注热潮，搜狐、腾讯和网易等各大网站论坛参与率均在 10 万人以上，跟帖数均超过 1000 条。网友"碧蓝 33"说，农民辛苦一年，就指望能收点劳动所得，可到最后不但没有收获，反而赔得血本不归，以后谁还敢种菜啊？"为什么受伤的总是农民，谁能给句公道话？"网友"平凡的人"责问道。

【记者调查】记者来到安徽芜湖县六郎镇北陶村，见到了有 27 年蔬菜种植经验的许忠。"当前蔬菜滞销的关键原因在于农民缺乏市场导向。"许忠说，我国蔬菜种植户面临小生产和大市场的矛盾，有些地方在选择种植品种和规模前，不是从全国的角度来考虑，最终造成蔬菜产销不能有效衔接。

中国农业大学经济管理学院教授、博士生导师安玉发认为，我国蔬菜的周期性特征明显，收获与种植存在滞后期，而政府没有及时引导，市场信息不通畅，直接导致此次菜农遭遇菜价暴跌。去年蔬菜价格持续上涨，导致很多菜农上涨预期强烈，存在"跟风"种植倾向，一旦下一季集中上市时，必将引起价格的大幅下跌。

安玉发说，遭遇"卖菜难"的另一个原因在于部分菜农存在惜售心理。根据对陕西云阳蔬菜市场的调研，圆白菜在 1 个月内经历了"过山车"式的价格暴跌。4 月上旬，当地圆白菜单价为 1 元/斤，而到了中旬跌至 0.6 元/斤，目前价格仅为 0.08 元/斤。而像圆白菜其实在 4 月初就可以上市，但菜农观望待涨心理明显。他建议产地种植户能够找准时机，及时准确出击，以免造成市场崩盘现象。

市民为何常遭"买菜贵"?

【质疑】尽管农民的菜价一跌再跌,但市场上的菜价却居高不下,很多网友对其中的高额价差提出了质疑。网友"善意的谎言"说,山东卷心菜的市场价是 0.75 元/斤,而菜农的被收购价是 0.07 元/斤,那么这 10 倍的利润是被谁黑去了?

网友"之乎者也"说,国内菜价急跌,但市民感觉不到菜价下降,原因是产销中存在繁多的中间环节!市场经济也要有序交易,其价格依然要有政府指导,放羊也要有人看着,若不缩减这些中间环节,市民吃高价菜或将长期存在。

【记者调查】对此,北京工商大学经济学院教授洪涛认为,由于我国蔬菜流通体系尚未健全,流通环节过多,并且层层加价,这就导致市民吃"高价菜"现象的发生。在中间商的支配下,这种产销两地近乎"断裂"的现状,便造成了菜价下跌大部分由菜农承担,而菜价上涨则转嫁给市民的怪象。

洪涛介绍说,蔬菜流通要经过产地收购商—产地批发商—销地批发商—终端零售商等渠道,收取的费用包括代办费、运输费、摊位费、过磅费、门槛费等 10 余种,而这些费用最终将由农户和市民承担。如山东的圆白菜收购价为 0.07 元/斤,经过流通环节的层层加价,运到北京后的销售价就攀升至 1.5 元/斤。

如何寻找菜价"稳定器"?

【质疑】由于菜价经历了从田间到餐桌的"连环跳",很多网民对稳定菜价的举措表示期待。网友"zhaosu48"说:"向来都是忽视农民,农产品价格大起大落又不是一年二年了,为什么就不能出台保障农产品价格稳定的措施呢?"

【记者调查】山东省社会科学院经济研究所研究员蔺栋华认为,只有稳住了"菜园子"、保护好"菜园子",才能使菜农与消费者实现"双满意"。今后相关部门应加大信息帮扶,尽量减少因盲目种植造成的供与需不平衡现象发生,对于流通环节应通过具体措施尽量减少,最大限度地实现农超对接、农校对接。

记者在采访中还了解到，菜农缺乏议价能力也是"菜贱伤农"的重要原因。种了20多年蔬菜的山东菜农韩道坤说，菜农在蔬菜生产、批发、销售等环节中，处于最弱势的地位。由于几乎没有定价权，收购价格只能由菜贩子说了算。如果赶上蔬菜价格暴跌，所有损失只能由菜农来承担。

山东省蔬菜协会秘书长孙继祥认为，散户的抗风险能力要比有组织的协会弱得多，在一些组织化程度较高的区域，通过专业协会的运输车辆、销售渠道和仓储设施，小农户可以实现与大市场的对接，而目前我国不少地方还无法做到这一点。

安徽大学经济学院教授江永红也认为，相关部门应提前做好规划，建立统一的蔬菜信息发布平台，并及时总结、分析和归纳市场行情，可适当引入能对菜市进行规避风险分析的专业机构。同时，应建立完善的流通市场体系，降低产、供销环节的成本压力，如实施农超对接、降低过路费、减免相关税费等。

洪涛表示，寻找菜价"稳定器"的关键在于，政府应建立一套完善的农业风险保障体系，农业保险公司也应为农户提供适当的险种，如蔬菜价格险、巨灾险等。同时，应设立蔬菜风险基金，以调节短期内滞销带来的价格波动。此外，还应充分发挥寿光蔬菜价格指数作用，以正确反映市场需求。

文章来源：中国联合商报

题　　目：今年粮价将温和上涨　官方呼吁保持宽容

记　　者：郭安丽

时　　间：2011 年 3 月 25 日

农业部部长韩长赋在刚刚结束的"两会"上表示，今年将争取粮食连续第八年丰收，虽然粮价不会暴涨，但今后会逐步温和上扬。全国政协委员、中央农村工作领导小组办公室主任陈锡文也在"两会"期间表示，目前中国的粮食价格上涨幅度只有国际粮食价格上涨水平的 20%~25%，消费者对粮价一定程度上涨要有宽容心态。

北京工商大学贸易经济系主任洪涛教授在接受《中国联合商报》记者专访时表示，这是中央释放未来粮食价格上涨的信号，以提高粮食销售价格，来保护农民种粮的积极性。

今年粮价将会温和上涨

"我国粮食连续七年的丰收，玉米、小麦、水稻等主要粮食的自给率稳定在95%以上，而且储备量充足，已占到消费比例的40%，远高于世界粮食储备的20%的平均比重。"[①]洪涛向记者说道，目前我国粮食供应充足，供大于求，这从根本上保证了我国粮食价格在将来不会暴涨。

数据显示，2010年中国粮食总产量达10928亿斤，比2009年增加312亿斤，增长2.9%，再创历史新高，实现了连续七年增产，粮食产量连续四年稳定在1万亿斤以上。

虽然今冬山东、河南等小麦主产区遭受了干旱，但洪涛表示，干旱对我国今年全年的粮食产量影响不大。"冬小麦在我国粮食生产中所占的比例不高，估计也就10%左右，并且由于抗旱力度非常大加之气候有所转变，所以受旱的面积逐步在减少，另外从粮食区域分布上来说，今年延续第八个丰收年还是非常有可能的。"洪涛向本报记者说道。

不过洪涛也表示，虽然目前我国粮食是供应大于需求，但是长期来看我国粮价会是持续走高的势头。"主要是因为，我国粮食需求量近年来保持了增长的趋势，且大于粮食的供应速度；加之粮价底价较低，受国际粮食短缺、国际粮价大幅上涨影响，我国粮食价格也将会呈现输入性价格上涨。"洪涛向本报记者表示，食品加工企业中原料价格的上涨，我国耕地的不断减少，以及人民币币值的变化、汇率的走低都会推动我国粮价上涨。

另外，陈锡文表示，随着石油产品，如化肥、农药、薄膜等农业生产资料价格的上涨，农业投入比重逐渐增大；农民用工、农业的用工成本的上涨，粮食价格上涨也是一种必然的结果。

"到2010年年底，粮食平均涨价18%，到春节后开'两会'之前，大概和去年同期相比上涨不到20%，应该说中国的粮食价格上涨幅度只有国际粮食价格上涨水平的20%~25%，涨幅是比较低的。"陈锡文表示，虽然今年我国粮食供应充足，但是保障粮食生产仍是今年首要目标。

---

① 2011年我国麦粮、种粮丰收八年贯，预计全年产量超过5.5亿吨。

粮价上涨利好农民甚过补贴

"粮价上涨利好农民，对提高农民种粮的积极性，有效缓解农业劳动力短缺日益恶化的现状都有重要的意义。"洪涛向本报记者介绍，如果强制控制粮食价格上涨，使农民种粮出现严重的收支倒挂、谷贱伤农，严重影响农民的种粮积极性，导致粮食的种植面积减少和产量的下降，将危及我国粮食安全。

有业内人士向本报记者分析，目前农业面临的考验是部分地区出现了"土地抛荒"和"青壮年劳力流失"的问题。"村里的青壮年劳力不愿意在家种地，与外出打工两千元到几千元不等的月收入相比，在家种地的收入实在太差。现在土地被抛荒也不是稀罕事儿，剩下我们这些年龄大的想种也没力气了"。湖南邵阳新宁县一位农民向记者说道。

据国家统计局公布2010年我国经济运行数据显示，2010年农村居民人均纯收入5919元，增长14.9%，扣除价格因素，实际增长10.9%。只是农民收入快速增长，首先得益于工资性收入增长，其次才是受粮食、蔬菜等主要农产品价格上涨的影响。业内人士表示，这意味着当前农民收入增长的主要方向依旧是外出务工，尽管粮价持续上扬，但"第一职业"的种田并没有担当起对应的收入角色。

"所以，提高粮食价格是保持农民种粮积极性的最直接的体现，这远胜过对农民的种粮补贴。"洪涛向记者说道，在市场经济体制下，只有充分调动起价格杠杆，让农民手中的粮食变成实实在在的金钱，才能提高农民在土地上的投入，最大限度地增加农民收入，进而提高农民购买力。

海南省农垦总局局长、党委副书记王一新说："总理提出来多渠道增加农民收入，我个人感觉多渠道是必要的，但是最直接、最快增加农民收入的办法就是农产品适当提价，这是最快的方法，让农产品回归它的理性的价格，回归到合理的价格水平上"。

消费者要宽容粮价上涨

低粮价必然带来城乡收入差距的扩大，带来吃粮人和种粮人收入差距的拉大。近日，陈锡文呼吁，"消费者对粮价一定程度的上涨要有宽容的心态。"

粮价牵一发而动全身。百姓对粮价的担心，既指向自己的腰包，也面向整个经济消费。粮价上涨，必然带来生活成本的上升，由于目前粮食价格业已形成的中枢地位，粮价一涨给其他产品提供了价格上涨的最大理由。因此，百姓有理由担心"粮食温和上涨"后是否对自己的生活产生影响。

"以现在家庭消费量较大的大米和猪肉来算，国内大米是每斤 2 元到 2.3 元，加拿大大米是 10 元一斤，韩国大米是 8 元一斤；猪肉在我国每斤 13 元，韩国猪肉是 70 元，日本是 42 元，香港是 35 元。因此我国农产品与这些国家或地区相比，便宜很多，但是工业品比人家贵很多，农产品价格上涨，回归到理性是有空间的。"王一新表示，以现在一个普通三口家庭为例，一个月大概吃 30 斤粮食，多支出一两百元人民币，对大部分家庭来说不会构成太大的影响，"况且这是粮价翻一番产生的情况"。

洪涛在接受记者采访时说道，粮价上涨对城市低收入家庭造成的影响，可以通过发放农副产品专项补贴的措施来缓解。"粮价上涨可以理解为政府提高农民种粮积极性，促进粮食增收的手段，但还需要考虑并解决城市低收入群体对涨价的承受力。"

有业内人士坦言，当然目前最关键是要考虑粮价上涨带来的连锁的通胀压力。如果因此引起市场联动反应，推动整个物价的飙升，恐怕百姓对粮价的宽容度就要打上折扣。

不过，据洪涛预计，由于今年"两会"上中央再次强调要把稳定物价总水平作为宏观调控的首要任务，并把调控目标设定为 CPI 涨幅 4% 左右；同时由于国家调控的物质基础比较雄厚，有能力保证粮油市场供应，因此，粮食价格温和上涨总体上不会对我国 2011 全年的 CPI 产生太大影响。

文章来源：北京商报
题　　目：分级销售恐致蔬菜成本提高
记　　者：王　芳
时　　间：2011 年 2 月 15 日

由于分级的标准尚未确定，且具体执行过程中增加了环节与成本，尽管初衷是为了好菜卖上好价钱的蔬菜分级销售恐将无端拉高销售成本。商务部近日印发了《关于贯彻实施农产品流通标准的通知》，明确表示黄瓜、马铃薯、番茄、青椒、洋葱、豇豆、冬瓜七种蔬菜将实行分级上市。

何为分级上市，商务部并未给出明确界定，但农业部此前公布的蔬菜"卖相"等级曾注明每一种蔬菜原则根据新鲜程度、颜色、形状的好坏程度分为特等、一等和二等三个级别；在规格方面，原则上分为大、中、小三种规格，但不涉及安全、营养等内在质量技术指标。"商务部的这个分级应该会在农业部此前的分级基础上更为细化，更注重质量的占比。"中国社会科学院农村发展研究所研究员李国祥认为，未来的蔬菜分级可能包括：有机蔬菜—绿色蔬菜—未经认定的无公害蔬菜—普通蔬菜，而每一种蔬菜中，每一级蔬菜又会依据质量高低、新鲜程度、外在表象进行等级细分，不同等级的蔬菜以不同的包装、标签等予以明确区分。

农产品流通标准的实施，主要目的在于提高流通效率、保障食品安全、促进农业现代化和产业化发展、促进农民增收。然而，北京工商大学商业经济研究所所长洪涛却指出，由于我国对蔬菜等级并无清晰的界定，表面看起来普通蔬菜无异于高等级有机蔬菜，单纯因价格原因被放弃，导致有价无市；其次，由于认定本身增加的环节，蔬菜分级销售可能会使蔬菜成本上涨，销售价格大幅提高。"如果流通标准化的建设最终带来成本的提高和效益的降低，将有违制度初衷。"洪涛建议，各地负责标准化建设的单位应敦促农业尽快进行规模化、产业化经营改革，更多投入科技力量增加蔬菜产量，降低成本，生产消费者能够"买得起"和"放心买"的蔬菜。

洪涛表示，7项农产品具有流通量大、商品率高、专业化生产强、市场化水平高等特点，其流通规范标准化有利于交易的现代化水平提高，提高流通效率，降低流通成本，提高农民收入。如采用农产品先进的交易方式：蔬菜的农超对接、农产品的产业链和供应链、大批量现货交易、网上零售、电子拍卖，甚至进行中远期交易。但是，我最担心的是，如果标准的实施不能够实现提高流通效率，降低流通成本，或者增加农民的负担，降低农民收入，或者降低流通效率，就不会起到良好的初衷和目的。

文章来源：国际商报
题　　目：农产品短流通不科学　一对一直销连鸡蛋都卖不了
记　　者：刘叶琳
时　　间：2011年1月20日

2010年以来，我国蔬菜、水果、粮油等农产品价格相继高涨，引起社会舆论的广泛关注。有业内人士认为，农产品价格暴涨的主要原因是流通环节利润过高，应该提倡大力缩短流通环节，有人甚至建议"零流通"。

"针对有专家提出'短流通'概念，我持反对观点"。北京工商大学洪涛教授坚定表示，"流通环节是多好，还是少好，渠道是长好，还是短好，应该根据实际情况进行判断。"

据了解，目前流通环节确实存在不正当层层加价，这是造成近期蔬菜价格偏高的主要原因之一。农产品从田间地头到餐桌，一般要经历"收购商"、"区域市场"、"批发市场"、"二级批发"、"农贸市场、早市、社区蔬菜供应点、超市蔬菜供应点"五个环节，每个环节都存在成本问题，导致层层加价，一定程度上推高了农产品价格。

但是，针对有专家提出"短流通"的概念，洪涛表示并不赞同。他认为，要深入讨论流通环节是多好，还是少好的问题，首先应理清流通渠道这一概念。流通渠道是商品所有者组成的、直接推动其形态变换中的商品由生产领域进入消费领域的组织序列。而商品流通环节则是指商品流通过程中商品价值实现和商品实体转移的具体表现形式。

洪涛强调，某一种产品的流通环节是越多越好，还是越少越好，这需要具体情况具体分析，不能够简单地提出环节越少越好，渠道越短越好。比如说每一个农户都去卖鸡，每一个农户都去卖蛋，每一个农户都去卖菜的一对一的直销模式，假定只有一个环节，一个生产组织需要对应13.3亿人的每一位人，那么就是13.3亿条直销渠道，显然这是不科学的。当然环节也不是越多越好，渠道也不是越长越好，否则成本会增加，生鲜产品就会腐烂、变质。在当前有人提出"短流通"的概念，甚至提出渠道不能够超过3个交易当事人，或者说超过三个环节就是不科学的，显然是站不住脚的。

渠道的长短是客观的，不是以主观判断作为标准，而是要从实际出发。"我们应该分清流通过程中哪些环节是必要的，哪些是不必要的。"因此，洪涛提出了"中间环节价值注入理论"：即在中间环节过程中，不断增加产品的附加值，使产品在流通过程中价值增值，从而挤压出许多流通过程中的成本。

"如果我们一概而论减少环节、降低流通成本、缩短所谓的流通渠道，混淆了'注入中间价值'与'中间成本'的概念区别，则会导致许多错误的流通行为发生，反而会增加不必要的流通成本。"洪涛如是说。

文章来源：北京商报

题　　目：商务部专家：依靠市场保价格稳定

记　　者：王　芳

时　　间：2010 年 12 月 7 日

国家统计局昨日发布的数据显示，11 月 21 日至 30 日，50 个城市蔬菜价格全面回落，其他农产品涨幅下跌，7 种调查蔬菜中，除土豆价格保持不变外，其余 6 种价格下滑明显，芹菜、大白菜价格回落超过一成。

北京工商大学商业经济研究所所长洪涛认为，蔬菜价格回落主要是受调控政策影响，也因为尚未进入蔬菜需求高峰期，供求关系较为平衡，"还存在一些不容忽视的隐性因素，如监测城市上报的数据可能存在低报问题"。

他表示，"流通环节并非越短越好，多种经济成分存在的市场才是稳定的、健全的市场"，政策干预只能收到短期效果，维护蔬菜价格的长期稳定还得依靠市场体制，由供求关系来决定产业链的多渠道发展。蔬菜流通环节不是越短越好，渠道不是越长越好，这是因为蔬菜流通渠道是多样的，直接流通渠道加间接流通渠道从理论上说一共是 7 条，如果只选择和规定一条流通渠道，必然导致渠道堵塞影响流通的顺畅，不符合市场经济规律。渠道也不是越长越好，也不是越短越好，从乌鲁木齐到北京，就短不了，蔬菜都从海南到北京，白菜变成了肉价，怎能不贵呢？鼓励就近种菜也符合低碳经济的原则，不要一刀切！

文章来源：北京商报

题　　目：蔬菜价格率先回落　肉蛋粮成未来农产品调控重点

记　　者：王　芳

时　　间：2010 年 11 月 24 日

商务部昨日发布的监测数据显示，上周（11 月 15~21 日）18 种蔬菜平均批发价格比前一周下降 2.6%，降幅扩大 1.8 个百分点，蔬菜价格调控效果初显。

对于蔬菜价格全面回落，北京工商大学商业经济研究所所长洪涛认为，这是国家物价调控成效的初步显现。在此前国务院出台的 16 条调控物价措施中，8 条明确提到农产品价格调控。

洪涛说，蔬菜市场是完全竞争的市场，进入冬季，蔬菜供给总量受季节影响有所减少，且要应对元旦和春节高位需求，加之流通量增加等客观因素存在，未来菜价仍会上涨，"但行政调控会抑制连带上涨、虚假上涨和投机性上涨，所以涨幅不会太大"。

商务部发布的数据同时显示，肉蛋鱼和粮食价格涨幅缩小。洪涛表示，对肉蛋鱼和粮食价格的调控相对容易，"秋粮再获丰收，供应充足，国家通过抛储思考才平抑价格，未来农产品价格会呈现小幅波动，但波动幅度可控，仍在可调控范围内，不必过度紧张"。"蔬菜价格的波动具有常态化趋势，不必大惊小怪！"

文章来源：经济观察报
题　　目：拟定措施抑制价格过快上涨
记　　者：陈平平
时　　间：2010 年 11 月 17 日

市场供求和物价关系群众的切身利益，必须高度重视。国务院正在拟定措施，抑制价格过快上涨。地方有关负责人要千方百计保持供货渠道畅通，保证市场供应，加强监管，维护市场秩序。

商务部：采取多项措施控制物价过快上涨

商务部新闻发言人姚坚 16 日在例行发布会上表示，除柴油等个别商品外，国内各主要商品的市场供应都是充足的，商务部下一步将积极配合有关部门，采取多项措施控制物价过快上涨。中国对稀土的开采、生产和出口实施限制，核心目的是加强对环境和可用尽资源的保护。商务部支持海关依法履行职责，支持海关对于公众关注的问题给予积极的回应和解决。

姚坚介绍说，季节性消费需求增长、化肥和人工等生产流通成本上升、自然灾害以及输入性通胀因素是造成近期国内农产品价格上涨的主要原因。

据商务部监测，上周全国 36 个大中城市 18 个品种的蔬菜价格环比上涨33%。10 月份，蔬菜价格环比上涨 10.1%，猪肉价格上涨 1.5%。

姚坚介绍，面对蔬菜价格上涨的情况，商务部目前已经制定了保障生活必需品市场供应方案，并出台了做好蔬菜流通工作的指导意见，采取了加强产销衔接和区域调节，对蔬菜价格实行每日监测，完善强化储备体系并及时进行储备投放等多项举措。姚坚还表示，商务部将发挥储备调控作用，针对当前猪肉、食糖市场情况，做好市场监测，依托城乡市场统计监测体系，建立百家批发市场日报监测制度。

针对国内市场猪肉和食糖的价格以及需求情况，商务部已经会同国家有关部门及时组织中央储备投放以及收储工作：自9月下旬以来，两次投放中央储备冻猪肉共计6.24万吨，收储备肉10万吨；10月下旬以来，向国内市场投放储备糖21万吨，收储41万吨。

发改委：不会草率实施价格管制措施

11月16日晚间，国家发改委相关司局官员对经济观察网表示，尽管目前物价涨幅上涨有些超出预期，但是短期内来看，不会草率实施更为严厉的价格管制措施。

上述官员称，国家发改委最近一段时间以来一直都很关心物价问题，也已经开始研究部署防范通胀和管理通胀预期的相关措施，但这些措施需要更清楚地判断价格上涨形势和原因，从而采取有针对性的措施。"而不是马上采取严格的价格管制，即便是对某些存在炒作投机等行为的商品实行价格管制，也会根据价格法来。"该官员同时还说，"即便是以目前的物价水平，全年来看，CPI仍可以控制在3%左右，因为今年年初的CPI水平是比较低的"。

国家发改委官员还对本网表示，最近两天内，并没有专门召开有关加强价格干预和管制的会议，但的确在考虑防止通胀的相关措施。

工业和信息化部相关司局官员也对本网称，"目前没有听说要采取价格管制，从目前情况看，短期内，也不会在原材料和最终消费品领域采取政府强行干预市场价格的行为"。

商务部市场运行调控专家洪涛说，今年以来，粮食领域主要存在减产的是小麦和棉花，但是国家有足够的库存和储备来保证供给。造成农产品价格轮番上涨的因素有很多，需要区别对待。

洪涛同时称，农产品价格的上涨，有利于增加农民收入，从这一角度说，这是一件好事。他说："中国目前还没有达到'货币发行量过大、物价水平连续6个月持续上涨'等通胀标准。由于国家粮食储备充裕，农产品价格目前的上涨态势还在可控范围之内"。

文章来源：北京商报
题　　目：商务部：肉菜流通追溯体系将扩至全国
记　　者：王　芳
时　　间：2010 年 11 月 15 日

商务部部长陈德铭日前表示，将扩容肉类蔬菜流通追溯体系，从目前的10 个试点城市扩展到全国，相关品种也将由目前的肉类蔬菜试点扩展到其他农产品，最终变"点监管"为"链监管"，形成"无法追溯来源不得上市，上市农产品都可追溯"的市场准入制度。

相关专家表示，建设农产品流通追溯体系既可以保障食品安全，也能抑制游资在流通环节炒作，但需要防范成本过高推高商品终端售价。

产品无法追溯来源不得上市

对于百姓的"菜篮子"而言，价格与安全是两大要素，但"毒豇豆"等食品安全问题一次次刺激人们的神经，而随着热钱和游资频频炒作，今年以来，"豆你玩"、"蒜你狠"等新词汇见证了农产品涨价的你方唱罢我登场。

陈德铭坦言，食品安全事件及肉菜价格被炒作，涉及种植养殖、加工、批发、零售等多个环节，打击了消费信心，商务部决定继上海、大连等 10 个城市先行试点肉菜流通追溯体系后，下一步将把其他具备条件的城市纳入试点，并逐步扩大到水果、水产品、豆制品等农产品。

"我们的目标是逐步做到无法追溯来源的产品不允许上市，上市的都可以追溯的市场准入体制。"陈德铭指出，商务部近期正在抓紧编制流通标准"十二五"规划，力争在 3~5 年内全面完成主要农产品流通标准的制定与修订工作，并于今年年底出台一批购销要求、等级、包装、标识、储存、保鲜、追溯等标准。

在肉菜流通追溯体系试点中，商务部已把大型批发市场尤其是一级批发市场全部纳入试点，将力推电子化统一结算，同时进一步提高屠宰行业集中度，把产能向规模化、机械化、规范化屠宰企业集中。

建设流通体系"一举两得"

"建设追溯体系，可以使各流通节点的信息互联互通，形成来源可追溯、责任可追究的追溯链条，有利于从各个环节对食品质量进行监管，及时杜绝游资、热钱在农产品流通环节的肆意妄为。"作为商贸流通领域主管部门的负责人，陈德铭对肉菜流通追溯体系给出了这样的评价。他同时表示，要完善蔬菜、肉类等重要商品储备制度，细化市场保障供应应急预案。

相关专家指出，农产品价格轮番上涨，除了市场供需矛盾加大的因素外，也与流通体系不完善、产地与市场信息不对称有关。来自商务部的统计显示，目前我国大中城市肉菜供应量的70%以上来自外埠，本地菜比重下降，北方城市本地菜比重更小。流通体系链条长、环节多，导致流通成本高、损耗大、效率低，既加大了食品安全隐患，也为游资提供了炒作机会。

北京工商大学商业经济研究所所长洪涛认为，如能实现肉菜的全程可追溯，未来百姓的餐桌安全有望实现"保质"、"保供"、"保价"，"无论是吃的安全还是价格的安全，都得从流通领域着手"。

中国社会科学院农村发展研究所研究员杜志雄也认为，由于减少了中间环节的流通成本，产销对接以需求指导生产，不但能够提高农民收入，更能避免游资进入，是"市场发展的必然选择"。

成本控制考验体系成效

在相关专家看来，建立流通追溯体系，可以实现肉菜质量的全过程无缝监管，从根本上保障餐桌安全，但这一体系建设的成本控制也应引起足够关注。

"建设追溯体系，要防范成本过高，反推农产品终端销售价格上涨。"在洪涛看来，三个方面的因素可能会导致肉菜流通追溯体系扩容推高农产品终端销售价格，即提高农产品生产安全性增加生产成本；加大流通环节科技投入增加流通成本；加大流通领域监管力度会增加附加成本。杜志雄也表示，财政补贴不可能面面俱到，随着肉菜生产、流通企业负担增加，相关产品的终端销售价格存在上涨的可能。

洪涛建议，财政支持资金应该更加关注流通领域的基础设施建设，相对减少对生产领域的投入，政府应更多地承担流通领域的物流基础设施、市场交易系统、信息化采集系统的建设，缓解生产、流通企业的压力，以真正实现肉菜产品"保质"、"保供"、"保价"。杜志雄则表示，政府应拟制"物价补贴"制度，以相应补贴来保障消费者权益，这"比调控终端价格更为迫切"。

文章来源：国际商报

题　　目：粮荒困扰，外资奔赴中国田头"血拼"

记　　者：杨　舒

时　　间：2010 年 11 月 4 日

国外形势严峻，粮源减少，粮价疯涨，直接促使很多国家踏上了海外争粮之路。据《日经新闻》报道，日本从去年开始就在欧洲等国部署争抢粮源。从未涉足法国农产品市场的日本丸红株式会社近日派代表赴法洽谈收购小麦项目，此举引起广泛关注。还有消息称，日本正加速在阿根廷采购玉米和大豆，并投资莫桑比克土地种植农作物。

那么，目前国内飙升不止的粮价，是否也有外资作祟呢？对此，北京工商大学的洪涛教授明确表示，外资国内"抢粮"的确是此轮粮价上涨主要推手之一。洪涛指出，粮食方面，中国市场已经可以与国际市场做到联动；另外，为了保护粮农的利益，还出台了保护小麦、玉米、稻谷收购的最低保护价格，今年还有所提高。这些直接导致了外资更易进入，并促使外资可以在最低收购保护价上，进一步撬升国内粮价。在今年早稻收购时，江西抚州国有粮库还未入市收购的情况下，位于这个地区的外资粮商益海嘉里粮油食品有限公司就抢先挂牌收购早稻，每百斤出价 98 元，既高于当时国家制定的每百斤 93 元的最低收购价，也高出去年同期江西早稻收购价。中央储备粮湘潭直属库副主任王波对记者表示，今年收购早稻的时候，粮库已经调整了收购的价格，现在已涨到了每百斤 102 元。收购大战有人欢喜有人愁，洪涛坦言，外资进入中国粮食市场最早可以追溯到 20 世纪 80 年代，但直到今年才被国人注意，这多是因为今年国外粮食市场环境比较特殊，外资进入量较高、影响较大。朱明亮称，往年粮食收购价至少每斤比现在低 0.2 元，可即便如此，还要粮户花费人工、时间，将粮食拉到地方粮食储备库等待收购。期间，如果粮库发现粮食水分或品质不合标准，就会拒绝收购。"今年，情况完全反过来了，手中有粮，只要坐在家中，就会有粮食加工厂的采购商主动找上门，还不挑品质，出高价收购。"

洪涛表示，在粮户为上涨的收购价雀跃的同时，可苦了一些国内特别是规模较小的粮食加工企业，不是收不上粮无法开工，就是收上粮，却因价格太高而承受不起，无法开工。"我的小麦收购价已经提高到了 1.1 元/斤，却仍然收不到粮。"河北省无极县张段固镇小麦收购商卢青永称，往年他的小麦收购价格都在 0.8 元/斤左右，今年在国内小麦整体产量不错的情况下，考虑到在国外小麦价格攀高背景，他仍是将价格提高到了 1.1 元这个他认为有竞争力的价位。"不过，很多农户依旧觉得收购价不够高，不愿成交，现在我手里收到的粮食至少比往年少了两成。"

文章来源：北京商报
题　　目：超市特价菜揽客屡试不爽　把菜市场推向去留关口
记　　者：熊海鸥　李铎
时　　间：2010 年 6 月 1 日

大蒜疯涨、绿豆飙价、老崇菜搬迁、农超对接……在菜价的涨落之间，菜市场越发难以实现"质优价廉"，而老百姓的"买菜经"也在悄然发生着转变，越来越多的市民热衷于去超市赶集。

昨日，北京市农业局信息中心发布的最新统计数据显示，5 月市场蔬菜价格下降的趋势和速度显著，月末比月初价格下降 28.9%。虽然菜价降势渐显，但前一阶段超市大批基地直供的特价菜已经收买了市民的心。借助农超对接，超市的生鲜果蔬已经在价格和品种方面赶超菜市场，与此同时，不少菜市场的商户却在高菜价和低利润间挣扎。

超市价低冲击菜市场

"去超市买菜一顿饭可省下一半的开销，还不用担心菜价随时猛涨。"家住小关社区的杜女士在最近绿豆、大蒜、土豆等菜价疯涨之际学会了省钱招数，舍近求远去大超市买特价菜。

这一说法也得到了记者的证实。昨日早上 8 时 20 分，离物美惠新店开门还有 10 分钟，门口已聚集了数十位顾客。而在一公里内的小关菜市场，整个上午菜市场内消费者寥寥无几。

超市的基地直供特价菜是消费者趋之若鹜的主要原因。在物美惠新店，西红柿卖 1.58 元、特价五花肉仅售 3.9 元、红富士苹果卖 3.99 元；而在小关菜市场，西红柿为 2 元，五花肉为 9.9 元，苹果为 5 元。"最近周边又开了一家大型超市，客流又分出去不少，"一位经营米面粮油的摊主告诉记者，菜场内常年都有摊位转租。

根据一项亦庄地区生鲜蔬菜价格的调查，在全部 35 种蔬菜的 PK 中，亦庄某超市有 20 种蔬菜价格低于亦庄菜市场；在全部 15 种水果的 PK 中，该超市有 8 种水果价格低于菜市场，应季水果还是该超市便宜；而在肉类、蛋类的价格上，菜市场与该超市不相伯仲。

农超对接战胜商户进货渠道

超市生鲜产品价格低廉主要得益于 2008 年商务部、农业部开始实施的农超对接项目。通过农超对接，超市可直接到田间地头采购，而以往从农户到超市一般需四个以上环节。中间商环节的减少使得产品的采购成本至少降低了30%。

据物美集团公关总监富宇介绍，同品同质的情况下，基地直供的蔬菜售价基本比菜市场低 40%。富宇介绍，目前物美超市山东蔬菜日采购量达 120 吨，同比增长了 160%，24 小时之内这些蔬菜就能从田间搬上货架。与此同时，京客隆、超市发、家乐福、沃尔玛正在全国各地布局农超对接基地。一项统计数据显示，截至 2009 年底，北京 8 家连锁企业已在全国建立了 81 处农超对接基地。

相比超市大规模基地直采方式，传统的菜市场商户仍沿袭以往的进货模式。小关菜市场摊主余先生给记者算了一笔账，每天去东昌利华批发市场进货，日运费为 20 元，摊位费约 1100 元，每天毛利只有 100 多元。"比如尖椒进价 1.5 元，零售价 2 元，加上蔬菜损耗，每斤尖椒就挣 2 毛钱。"

据了解，像余先生一样从周边中小型批发市场进货的商户还有很多。而东昌利华批发市场一工作人员称，大多数商品的进货渠道分为三种：新发地等大型批发市场、山东直接采购和其他渠道。

批发市场已打响突围战

北京工商大学经济学院教授洪涛认为，短期内传统的农贸市场这一业态不会被超市取代，农贸市场发展目前受到了超市的挤压，但其生鲜产品的丰富度是超市无法比拟的。批发市场和农贸市场可在经营模式上求变以应对困境。

据了解，大型批发市场和农贸市场已开始谋变。几天前，新发地首家直营菜店落户德外大街东社区塔院胡同，因平价的蔬菜和靠近社区的购物便利获得了周边居民的欢迎。新发地相关负责人称，预计今年便民菜店将开设 100 家，三年左右达到 1000 家，形成规模效应，把蔬菜水果批发市场建到百姓家门口。

而刚刚在上周迁至新址的崇文门菜市场也开始了"类超市化"运作，30%

的直采（直接从新发地进货）比例使生鲜商品的平均价格下降了三成，也促进了市场内其他柜台在保证一定利润空间下的良性竞争。

文章来源：经济日报

题　　目：农超对接：让"菜园子"直通"菜篮子"

记　　者：李予阳

时　　间：2010 年 5 月 25 日

目前，随着天气转暖，大量叶类蔬菜上市，蔬菜价格已经持续回落，老百姓的菜篮子也越来越丰富。据新华社全国农副产品和农资价格行情系统监测，5 月 3 日以来，全国菜价持续下降，平均价格累计降幅达 10.8%。

北京工商大学教授洪涛认为，为了更好地满足城市老百姓的消费需求，商家需要从蔬菜主产区购进蔬菜，而目前我国农产品物流滞后，农产品物流总额在社会物流总额中只占 2%，运输途中的浪费、损耗也不少。

"既要让市民吃上合理价位的菜，又能保证农民受益，农超对接是个好办法。"洪涛表示。提高农产品物流配送的现代化水平，加快农产品从生产到消费的转移速度，可以在空间转移过程中缩短时间、减少浪费、提高效率。和蔬菜产地签订协议，直接从田间地头把新鲜蔬菜运到超市，省掉中间环节，能够大大提高蔬菜从菜园子到菜篮子的速度，不仅农民增收，消费者得实惠，超市也受益，实现三方共赢。

据了解，作为农产品渠道组织形式的创新，农超对接主要有四种模式。一是超市直接和农民对接；二是超市加基地加农户；三是零售商直接与合作社对接；四是超市和农村龙头企业合作联结农户。

自 2008 年农超对接试点工作启动以来，农超对接已经取得了一定的积极成效。农超对接能突破传统农产品供应链上众多中间流通环节的阻碍，使超市直接与农民合作。预计到 2012 年，农超对接试点企业的鲜活农产品产地直接采购比例将达到 50% 以上，这将在提高农民收入的同时，给消费者带来更大的实惠。

文章来源：法人

题　　目：供销社改制之难

记　　者：吕　斌

时　　间：2010 年 4 月 26 日

供销社改制大幕已经拉开，但这艘庞大的商业"航母"何时能够真正起航，还存在诸多不确定因素。

2009 年 11 月 4 日，由温家宝总理主持的国务院常务会议原则通过了《关于加快供销合作社改革发展的若干意见》，这也意味着供销社系统改革的大幕再次拉开。早在 20 世纪 90 年代中期，国务院就曾发布过促进供销社系统改革的相关指导性文件，但一直以来供销社改制问题进展并不顺利。现在时隔十余年，供销社改革的问题再次引起外界的关注。

作为国内零售网点最密集，且在一定程度上具垄断特性的供销社系统，是计划经济到目前为止仅剩的产物之一。鉴于其定位于村镇市场的独特之处，其前景也被看好——随着三农经济的发展，广袤农村地区的商业零售市场开始培育起来，农村地区潜在的消费需求也是各大零售业巨头觊觎的目标。许多业内人士表示，如果改制顺利，国内将由此诞生世界级的"流通巨无霸"。

然而，供销社的改制肯定不会一帆风顺，鉴于其计划经济的运营体制根深蒂固，如何摆脱低效率、不灵活、高成本的国企通病；如何适应激烈的市场竞争；如何寻找更为准确的市场定位，这都是供销社改革的难题所在。

此外，鉴于其国企的背景，许多专家担心供销社在未来的运行中逐步体现出垄断特征，这显然将与改革初衷相悖。

成就"流通巨无霸"

无论哪家身居世界 500 强的零售业巨头都不可能具有如此规模——遍布全中国 1/3 行政村的 50 万家零售网点、10 多个直属企业、8 个科研院所、15 个归口管理的全国性行业协会和社团、全系统销售总额占全国商品零售总额的 10%、2008 年全国销售额超万亿元。

以上数据是对中国供销合作社的规模描述，中国供销合作社是在计划经济时代，以农民为主体组织起来的合作经济组织，一度在国内零售业占据举足轻重的地位，但随着经济体制的改革，零售业市场的放开，它的作用并非不可或缺。

尽管如此，这家到现在仍有 50 万家零售网点的流通企业，还是在很多中国人的心目中占据着重要的位置。曾经多年的商业"老大"，如今成为落后体制的最后典型之一，供销社的每一次努力改革都吸引着无数人的眼球。

现在，供销社改革大幕又将开启，有专家认为，鉴于供销社系统目前的网点规模，如若改制成功，它有望成为一家世界性的流通巨无霸，并彻底改变中国商业零售布局。

"我非常同意这种说法，虽然供销社改革比较艰难，有很多不确定的因素，但一旦改革成功，它的规模是其他任何经济组织无可比拟的。"在接受记者采访时，北京工商大学贸易经济系主任洪涛教授表示，由于供销社的改制涉及千家万户的农民，并直接影响到城乡商业环境等问题，所以它的作用、地位和意义再怎么说大也是不过分的。

从市场角度看，供销合作社的网点遍布于农村市场，而这一级市场恰恰比较缺少成规模、服务质量靠得住的流通企业，供销社的改制正好填补了这一空白。

"各地供销社一直在推广一些标准化的、连锁经营的模式，在一些地区形成了一些比较大的企业，他们的效益还是不错的。"洪涛教授表示，尽管改制尚未完成，但各地供销系统早已开始尝试了多种转型模式。

改制难题

作为计划经济时代遗留下来的特色产物，供销社如何顺利转变成一个纯粹的企业，应该选择怎样的改革方向，一直是业界关注的焦点。

供销社本身体制已经不适应目前市场经济的发展，这是显而易见的，关键是选好一条改革的道路，这才是当务之急。

实际上，供销社改制问题并非首次提及，早在 1995 年 2 月，国家就发布了《关于深化供销合作社改革的决定》；1996 年，国务院发布《国务院关于研究解决供销社政策性亏损问题的会议纪要》的通知；1999 年，国务院又下发《国务院关于解决当前供销合作社几个突出问题的通知》；此次国务院通过的《关于加快供销合作社改革发展的若干意见》，已经是至少第四个有关供销社改革的纲领性文件。

但时至今日，供销社改革进程似乎收效甚微，从内到外都还没有找到一条合适的改革之路。

北京工商大学贸易经济系主任洪涛教授告诉记者，"在计划经济条件下的供销体制，和在市场经济条件下的供销体制，是完全不一样的。但是市场经济条件下的供销合作社体制应该是什么样的？这一问题还在探索过程当中。"

供销社的改制过程还远未达到最终目的，目前的改制还无法评价是成功或者不成功，因为虽然有很多失败的案例，但同时也有很多成功的案例。那些成功的案例表明，在市场经济条件下的供销合作社应该是多种模式、多种形式组成的，在保持供销社本质的情况下可以允许其组织形式的多样化。

洪涛教授认为，供销社的本质还是其合作性，而且在保持合作性的同时，还应保持其在市场经济条件下具有盈利性。

"如果既不保持合作性又没有盈利性，那么在市场经济条件下哪能有生存的空间呢？"洪涛教授表示，供销社的改制必须要兼顾这两个方面，在此基础上，其他的原则都可以具有相对的灵活性。

洪涛教授认为，"供销社改制的关键还是观念的问题，在改革过程中，往往存在有的愿意改、有的不愿意改的情况，或者改来改去就把供销社的本质丢了，所以说这是一个非常难的改革。"

如何定位是根本

一直以来，中国庞大国企的落后管理体制、低下的工作效率、臃肿的管理机构、高额的经营成本，都是摆在供销社面前的难题，也是其改革的核心障碍。即使其改革得以成功，需要国家给予多大程度的政策支持？会不会牺牲产业内民营企业的利益？其庞大的零售渠道激活后，会不会构成垄断，从而成为另一个中石油、中石化？这些也是外界关注的主要问题之一。

"关于供销社的改革，过去我们总是想把它搞成国营化，这样就很容易具有以上特征。所以我们要从观念上有所改变，要让供销社彻底地走向市场，有利于其走向市场的多种合作组织形式都是可以借鉴的、允许的。"洪涛教授表示，时代早已不同，如果还固守一些传统的、计划经济的观念，那么改制永远不会成功。

一直以来，供销社都是定位于村镇一级的市场，其网络习惯于按照行政区划来布局，洪涛教授认为这是一种亟待改变的现状，体制应该更加灵活，更加符合市场规律，他认为应该按照经济区划来布局，甚至有些地方可以设置一些流动的网点，这都是适合村镇市场的形式。

"供销合作社本身就具有公有制的特征,在市场经济条件下,它又是连接小的个体户之间的一个桥梁和纽带。"洪涛教授告诉《法人》记者,供销社改制的目标之一就应该是组织形式的多样性,从而充分调动相关各环节的积极性,使人、财、物资源的调配更加合理,形成在产业链上的重要作用,不被市场经济边缘化。

"只要改革合理,供销社完全可以在整个市场经济体系中,特别是在城乡市场体系中发挥更大的作用。"洪涛教授表示,在这些体系当中,供销合作社应该找准自己的定位,既不要被市场边缘化,又不要被体系边缘化。

此外,针对业内人士呼吁的供销社建立现代企业制度的问题,洪涛教授也提出了不同的看法。他认为,合作制在一定程度上和现代企业制度是不一样的,有些合作组织在改革过程当中可能会转变成为公司制,而有些则不合适,"如果都叫他们转成公司制,那不又形成一种教条了吗?"

由此可见,供销社改制大幕已经开启,但这艘庞大的商业"航母"何时能够真正远航,还存在诸多不确定因素。

文章来源:北京日报
题　　目:新型菜篮子供应链是怎样"炼"成的
记　　者:杨　汛
时　　间:2009 年 7 月 20 日

北京蔬菜 "农超对接" 调查

6 月 5 日清晨 6 点,山东青州口埠镇进潘村农民裴德元在自家大棚里摘下还挂着露珠的尖椒。6 月 6 日一早,家住新街口西里的北京退休教师刘锦昭到物美新街口大卖场赶早市,他从货架上拿起个尖椒轻轻掰了一下,"咔吧"一声脆响,"新鲜!"刘锦昭满意地把尖椒装进了菜篮子。

北京市民菜篮子里能装进新鲜到发脆的青椒,得益于一种新型菜篮子供应链条——农超对接。"农"就是农民,"超"自然是超市,因为农超对接,省去中间商层层转运转销,才可能实现农田里采收的新鲜蔬菜,24 小时之内就摆上了北京超市的货架。

与之前大型超市多从批发市场购菜的做法相比,在农超对接这种新型供应链条模式下,蔬菜从采收运输到销售的高效率是怎么实现的? 蔬菜的质量能否得到保证？消费者、超市和农民这三方又会各自从中获得什么收益？

从采收到销售 历时不过 24 小时

6 月 17 日凌晨两点，驻扎山东省青州的物美集团山东基地蔬果小组宿舍里，闹铃大作。

揉揉惺忪的睡眼，5 名年轻人翻身而起，匆匆抄起冷水洗把脸，发动两辆汽车疾驰而去。他们直奔种植着茄子、黄瓜、苦瓜的田间地头。目标很明确：赶早收菜，发往北京。

每天，北京总部会把需要的蔬菜品种、数量报给蔬果小组，小组成员拿着任务单直接到农民种菜的大棚前，挑选蔬果，议价收货。

这一天，蔬果小组吴桐接到的任务是苦瓜，他需要在八小时里到 20 多个蔬菜集货点走一遍，行程超过 100 公里。

打亮了大灯的货车在黑黢黢的乡间道路上疾驰，路边的大棚里，有零星的闪烁光点。"那都是农民正在采摘。"吴桐说，多数大棚里没有安灯，农民们都是戴着矿工帽，靠头灯的光亮采收蔬菜。

吴桐的货车停到一块地头，十来筐新鲜的苦瓜已经堆到路边，吴桐和同事们熟门熟路地验货、定价、分拣、包装、称重、付款。

没多久，新鲜翠绿的苦瓜被整齐地装进泡沫运输箱。为了保证新鲜，箱底密密地铺上了一层冰块。端起箱子装车，一股凉意透箱而出。

上午 10 点，两辆车在口埠蔬菜市场"碰头"，他们手脚麻利地将收购到的蔬菜装上一辆核载 10 吨的东风大货车，"今天下午 1 点以前，所有往北京运蔬菜的车辆都会发送完毕，总送货量超过 30 吨。"物美蔬果小组组长李淑平说。这些大货车将在今晚 10 点前抵达北京物美果蔬配送中心，新鲜蔬菜随即会被二次抽验，然后是分拣装车，与其他产地运到的水果和蔬菜一起，通过物美的物流系统连夜配送到遍布全市的各门店，6 月 18 日早晨店铺一开门，它们就将接受北京消费者的挑选了。

"每天都跟打仗似的，"吴桐说，"紧张得很。"

同样每天都在为新鲜蔬菜"紧张"和"打仗"的，还有"立志果蔬专业合作社"负责人南立志。

与物美集团每天由蔬果小组跑遍村镇收菜的方式不同，由内蒙古宁城县 269 户农户组成的"立志果蔬专业合作社"与北京家乐福建立了农超对接的合作机制，他们每天要为北京家乐福"直供"10吨左右的新鲜蔬菜。

从京承高速一路向北，到达承德之后转向西北，沿着盘山公路再行车三个小时，就到达了内蒙古自治区赤峰市的宁城县。这里平均海拔1400米，天空湛蓝，光照充足，还有蓄水量充足的水库，加之没有什么工业，非常适合绿色农业的生产。

6月8日夜里，宁城县突然下起大雨，雨势直到9日凌晨仍不见减弱。三座店镇格日勒图村村民宫秀发一家三口，不到4点就爬起身，披着雨披摸进自家蔬菜大棚，他们一进棚就紧忙活，有的把从排气孔灌进大棚的雨水排出去，有的戴上纱线手套开始采摘长茄。这一天，合作社跟他们预订了800斤茄子。"我们这个钟点开始摘菜算不得很早啦，800斤得摘到快10点呢。"宫秀发说着，手上一直没停活，就着大棚里的灯光，一手按住茄子把，利落地一掰，再轻轻把茄子码到筐里。"茄子这东西古怪，用手摘，手指甲在茄子上划一下，这新鲜油光就没了，还留印。"老宫说戴上手套摘茄子，就是为了保证茄子的"品相"。

大棚看上去得有100多米长，足足占了近2亩地。老宫一家三口在大棚里从漆黑一片忙活到天色大亮，估摸着800斤的"任务"算是完成了。

老宫喊上了几位邻居，大家把各自采摘的茄子、西红柿"拼"装上一辆小型农用车，气也不歇地向合作社赶去。

南立志早已在合作社的院子里翘首企盼了。

上午11点，十里八乡的农用车纷至沓来，成筐的西红柿、长茄、尖椒从农用车上搬下，跟车过来的农民随即熟练地扎堆挑选、整理，把菜分类装进大纸箱。

下午3点，所有蔬菜都装上了卡车，忙了大半天的南立志也算是松了一口气。"这批蔬菜现在出发，不到今夜12点就能到达北京。"南立志说。

"这批菜今天夜里送到北京，在物流基地就会直接从大车分流到各台小型货车上，然后直接送往北京的各个家乐福门店。"特地到宁城县来查看的家乐福北方区采购经理赵霞说，北京的各个门店在第二天凌晨3、4点钟，就能收到这些新鲜蔬菜。这样，早晨去家乐福买菜的市民就能直接把它们拣进菜篮子。

24小时之内，新鲜蔬菜从大棚跳上货架！之前，这是北京各大超市"不敢想"的速度。

从田间到货架　每棵菜都能"追溯"

如果省略掉拣选蔬菜的环节，从宁城县送到家乐福的菜还可以提前三个多小时到达。但这个环节不可能被省略，它已经被一五一十地写进了双方的合作协议中。

青椒断了裂了皮皱了，不能要；西红柿太小了有裂纹，不能要；茄子有划痕有压印，不能要……在立志果蔬专业合作社的验收现场，农民们手脚麻利地将不合格的蔬菜拣出来堆在一旁，将符合质量规定的蔬菜打包装箱。

就是形状长得不"顺溜"，都算不合格。南立志顺手捡起一根被淘汰出局的青椒，这青椒青翠鲜亮，一掰脆得"咔吧咔吧"响。但它卷曲瘦小，看上去像个问号。"这样的青椒都不能要。"南立志说，蔬菜拣选的淘汰率大约在10%，不合格的蔬菜全由合作社食堂"消化"了。

现场挑拣毕竟只能看到蔬菜的表面情况，打药、施肥这些消费者看不到的流程，如何保证环保健康？

南立志说，合作社专门设立了质量监测部门，农资、化肥、农药都是统购统销，这样不仅农民省钱，还把住了用肥用药的源头关口。此外，蔬菜该喷药的时候，合作社还会派出技术员现场指导，合作社本身平时也会到田间地头流动检查农药残留等指标。

吴桐曾是物美超市的蔬菜科长，在农超对接之前，他都是到大型批发市场采购蔬菜，"到批发市场你就得接受'卡筐'的潜规则。就是你买菜一买就得把整筐端走，而卡筐的菜最上面一层肯定是样子货，压在下面的往往都是歪瓜裂枣。比如一筐土豆，最上面一层如果有拳头大，下面的还不如鸡蛋大。现在农超对接的菜都是我们到田间地头一棵棵挑选的，质量肯定提高了一大块。"

青州市口埠供销社有个农产品质量检验中心。物美集团蔬果经营规划小组组长周树华几乎每天都会来一趟，虽然眼前总是熟悉的场景，工作人员把送检的胡萝卜、青椒、苦瓜切出一厘米见方的切片，放入农药残毒仪器检测。周树华未必每天索要，但检验中心每天必出"农产品农残检测记录表"，上面详细记录农产品名称、样品量、酶抑制率、检测结果及时间等信息。

"除了这种检测之外，我们供销社还购置了一辆农药残留检查车，平时会去各户农民的大棚做抽检。"口埠镇农产品经营公司副经理李奎广说，农药残留等检测，最快20分钟就能出结果，一旦检出问题，菜就会被整批退回，绝不允许流入市场。除了后期检测，青州市供销社系统也在源头上实现了对农产品质量的严格控制。据透露，目前青州市各个供销社都对农资、农药、化肥和种子实施统购统销，在喷洒农药、施化肥等关键环节上，供销社会派专人到农户大棚里进行技术指导，这样确保农户送到市场上的蔬菜健康、环保。

"每天要向北京物美的上百万顾客供应几百吨的蔬菜水果，仅仅靠几个示范农场、几个种植基地是远远不够的，要保证这么多菜的品质，采后检测只是事后控制，必须要进行种植过程的标准化管理。"周树华说，物美选择山东省供销社体系合作的主要原因，是他们已经建立了300多个标准化生产基地和农业合作社，从生产资料到种植过程都能够纳入管理。

在物美董事长吴坚忠看来，农超对接给超市带来的直接效益，恰恰是物美卖的蔬菜能"找着主"了。"物美跟青州市口埠镇供销社直接合作，供销社对农资农药统购统销，还有一整套的质量监督检测机制，供应链简单明了。物美购买的就是跟供销社直接对应的农民的蔬菜。现在物美敢跟消费者打保票，菜的质量没问题。"

从农民到市民　每个环节都得利

农超对接，省略大量的中间环节，拉低了蔬菜的采购成本，超市里的菜便宜了。

"以前的中间环节每过一遍手，每斤菜至少加价1角钱。"家乐福北方区采购经理赵霞表示，"相比我们到批发市场采购，农超对接直供一吨菜，采购价格要便宜15%~20%。"宁城县从去年9月至今，一共销售给北京家乐福900多吨蔬菜，如果按照每公斤蔬菜5角钱的均价来计算，节约的进货成本在40万元以上。

采购成本下降让出来的利润，其中大部分都体现在超市的价签上，实惠落在消费者的菜篮子里了。

而农民的收入呢，是增加了还是下降了？

宁城县农委相关负责人是这样介绍的，以前农民卖菜形不成市场，只能靠小商小贩到地头上收菜。"蔬菜不耐储存，不卖给菜贩子，菜就会烂到地里。农民别无选择，只能接受菜贩子的压价。"宁城县农民种菜的收入一度很低，仅仅保本，甚至是亏本。直到立志果蔬专业合作社与家乐福签下合作协议，建立"农超对接"，农民种菜才刚刚开始算得上是有收入了。

因为直购直销，物美的收购小组对农民开出的价码比菜贩子高，可他们刚走进田间时根本收不到菜。很多农民担心将菜卖给物美会影响自己跟菜贩子的生意，"要是物美收两天就走了，那时我不还得靠菜贩子?"不过，一两个月后，农民的顾虑消除了。李淑平说，"你卖给我一次菜，质量达标，我就争取天天收你的菜。今年就跟农民签明年的合同。"农民逐渐熟悉了农超对接模式，现如今，物美采购小组的车刚开进地头，就已经有农户拿着刚摘的菜等他们。"卖给物美挺好的，他们专门有人到地头收菜，价格也比以前高了。"青州市口埠镇农民孙永成乐呵呵地说。

消费者买菜便宜 10%~20%，农民卖菜增收 10%~20%，超市呢? 吴坚忠说，过去物美在全北京的门店每天蔬菜销售量也就在 15 吨左右。而今年物美创下了平均日销售 126 吨，最高单日进货量 295 吨的纪录。看来，超市从销售蔬菜的"增量"中也大有收获。

专家点评

北京工商大学商业经济研究所所长、商务部市场运行调控专家洪涛认为：作为我国政府积极推进农产品流通现代化的重要模式创新，农超对接对于降低流通成本、提高流通效率以及减少农民市场风险均具有重要利好。

但应该对农超对接模式有冷静的认识，它并不是完全取代农贸批发市场以及菜贩子下地收菜。农产品流通模式是多种多样的，一个模式不可能"一刀切"。

农超对接最终应当建立在科技和现代化管理上，农产品销售要形成一种长期稳定的合约关系。而只有连锁企业强大，销售蔬菜的总量多，农超对接的"蛋糕"才会越来越大。

第二十一章　家电下乡拉动农村消费

采访集萃：

文章来源：京郊日报

题　　目："家电下乡"与消费券哪个更划算

记　　者：郭　嘉

时　　间：2009 年 5 月 25 日

"五一"假期，家住顺义城区的张德海花 900 多元在顺义西单家电商场购买了一台长虹 SF25800 型纯平彩电。昨天，他到邻居老王家串门，发现老王也买了同样的电视机，但比他买的便宜了不少。跟老王详细打听得知，原来老王是农民户口，这款彩电又是"家电下乡"的指定产品，可以享受补贴。但张德海还是有点想不明白：他是用商场赠送的消费券买的彩电，怎么会比老王买的贵呢？现在许多商家发消费券，这消费券能取代"家电下乡"吗？到底两者哪个更划算？

"家电下乡"优惠幅度大

针对张德海的疑惑，商家销售人员给他算了一笔账：长虹 SF25800 型纯平彩电售价 998 元，按照"家电下乡"电器 13% 的补偿标准，您的邻居老王可以到镇里申请 129.74 元的家电补贴，老王虽然是按原价 998 元购买的彩电，却可以通过补贴少花近 130 元。而您在"五一"前，从顺义西单家电商场领取了 150 元的家电消费券，可消费券上写着"购物满 500~1000 元，可用 50 元消费券；1000~1500 元，可用 100 元……限 15 日内使用。"这样一来，您购买这款 998 元的彩电，只能用 50 元的消费券，也就是按照 948 元成交。同一款电视，您比老王多花了近 80 元。

"这么一说，俺总算明白了。"张德海对商家销售人员的答复表示满意。

一位家电业内人士表示，"家电下乡"13%的优惠补贴，对于动辄上千元的大件家电来说，绝对是不小的折扣。其优惠数额随农民消费者购买家电的价格增长而增加。相比于家电消费券上附加的使用时间、购买商品种类、能否与当期其他优惠券一起使用等"门槛"限制，"家电下乡"的补贴来得更为直接。但对农民来说，申请"家电下乡"补贴的手续稍显繁琐，消费者不能第一时间拿到13%的优惠金额。

家电消费券不能当钱使

苏宁电器已在全市50个门店同时发放消费券，每天3000张，总值5000万元，市民凭身份证每人限领一张面值100元的消费券。

由于是免费发放，这些家电消费券在消费者眼里俨然成了免费的午餐。家住通州区的于先生告诉记者，前几天附近的家电卖场发消费券，早晨6时开始就有人排队等着领了。"如果是有购买需求的人，用消费券还是挺值的，买2000多元的电器，能省个两三百。"

对此，北京工商大学经济学院洪涛教授认为，消费券发放有利于激活市场消费，但消费者必须明白消费券不是钱。其使用范围的过多限制必然影响消费者的积极性，如果再加上交通不便、不符合发放群体消费预期等客观因素影响，必然使其优惠程度低于"家电下乡"的补贴。

文章来源：国际商报
题　　目：家电配送更需要智慧
记　　者：李　鹏
时　　间：2009年2月20日

"在'家电下乡'的过程中，我国西部地区乡镇一级能否送货上门是个问题。"北京工商大学教授洪涛说。

农村市场订单零散，又是送到偏远的地方，必然导致物流成本的提升，在这种情况下，几个家电品牌通过集拼，可以将物流成本降下来。例如，两台不同品牌的冰箱，要送到同一个村子里，甲、乙两厂商分别送的成本合计是100元，而集中送货后，只要50元的成本就能把问题解决了，这就是家电连锁企业在服务领域的优势。

TCL 的物流服务商——深圳速必达物流服务有限公司总经理熊晶说："在目前'过冬'的形势下，我们将与其他品牌组合起来进行'集拼'配送，这可以大大降低物流成本。比如，原来每个家电品牌的订单都只有几台，单独配送显然过于'浪费'，而几家厂商拼起来刚好可以组成一车，物流成本就实现了降低。现在我们与康佳、创维等几个家电企业都在进行这项合作。"从 2008 年1~10 月份，采用这种集拼方式后，仅 TCL 品牌的收益就是 1446 万元，比原来的模式降低了 5% 的物流费用。

贵州省商务厅要求销售企业，对暂不具备设立销售服务网点条件的边远乡镇，要采取组织农民集团购买、设立临时销售点或大篷车送货下乡等形式，满足农民购买需求。

"农村家电物流网络并不完善的现状实际上给物流企业提供了发展的空间。"安得物流有限公司总经理卢立新说。他认为，在家电下乡的助推下，农村市场的消费需求得到释放，将给物流企业带来更多的机会，而要让农村物流降低成本的方式是形成规模化经营。

安得的计划是利用农村市场原有的物流体系，在全国建立 3000 个交叉理货平台，2009 年计划完成 500 个。这个平台具体是建在城镇还是乡村，要依各地的实际情况而定。家电从发货仓库根据订单运送到平台，再通过面包车或者农用车等农村市场原有的运输资源送达消费者手中。"这些平台的建设需要投入大量资金，也需要不少时间来培育，我们都估算过。"卢立新希望通过家电下乡，来提升安得物流自身的网络布局以及竞争能力。

北京工商大学教授洪涛建议，国美、苏宁等家电连锁销售企业可以购买一批大篷车，定点定时将家电产品，拉到乡镇等三、四级市场进行现场促销活动。这样不仅可以杜绝开店的风险，顾客购买也很方便，同时减少了购买成本。

文章来源：国际商报
题　　目：家电下乡融入万村千乡　打造农村流通新局面
记　　者：李　鹏
时　　间：2009 年 2 月 20 日

2009 年，外需不旺基本已成定局。在拉动我国经济的"出口、投资、内需"这"三驾马车"中，全面刺激农村消费已成为"保八"的重要手段之一。刺激农村消费，需要在供需间搭建起完备的渠道。早在 2005 年，商务部正式启动了"万村千乡"市场工程。截至 2008 年，已支持建设农家店 26 万个、配送中心 367 个，覆盖了 49% 的乡镇和 33% 的行政村。"万村千乡"深受广大农民欢迎，既方便了农民消费，又保证了商品质量和安全，已成为我国农村商品流通体系不可替代的部分。

继"万村千乡"工程之后，商务部和财政部又开始实施"家电下乡"工程，"家电下乡"既顺应了农村市场消费升级的新趋势，更是一项利农惠民的好政策。

在"万村千乡"和"家电下乡"这两项重大政策的带动下，我国农村消费市场逐步步入快车道，而物流配送这个载体发挥了很强的支撑作用。

不可否认，目前一些地方的"万村千乡"工程经营网络存在经营品种少、配送率低等问题。这就要求我们继续完善和健全农村流通网络，再新建和改造一批农家店和农村商品配送中心。

此外，"家电下乡"要改变网点集中在县城的状况，在中东部地区，县城网点更要向乡镇转移，条件好的乡镇要有 3~5 个网点，大的行政村也要设网点。

近日，商务部要求各地继续推进"万村千乡"市场工程，2009 年新建和改造 15 万家农家店和 1000 个农村商品配送中心，进一步扩大农家店的覆盖面，提高网络配送能力，将农家店商品配送率提高到 50% 以上。

实践证明，"家电下乡"网点的增设与"万村千乡"相结合，在乡镇级和大的村级农家店开辟"家电下乡"专区，增加农家店的服务功能，不仅能扩大"万村千乡"的影响力，更能使农民享受到"家电下乡"带来的实惠。

提升渠道流通能力需要资金的扶持。北京工商大学教授洪涛说，"我国可以通过财政拨款，贴息贷款或者无息贷款来实现对农村流通渠道的资金投入，农村流通渠道的畅通，是顺利实现'万村千乡'、'家电下乡'工程的保障。"

对此，商务部、财政部已经明确，2009 年中央财政增加农村物流服务体系发展专项资金，重点支持"万村千乡市场工程"、农产品"农超对接"项目、"双百市场工程"建设、完善农业生产资料流通体系。此外，农村物流服务体系发展专项资金以后年度要继续加大投入，采取以奖代补和贴息方式，调动地方和社会投入积极性。

在各路资金的支持下，我国农村市场已呈现出"万村千乡"与供销社、邮政、电信等网络的结合趋势。在此基础之上，我国可借"家电下乡"，探索出一条符合我国农村市场的农村物流网络，打造农村流通新局面。

第八部分 扩大国内消费与消费转型升级

2009 年，国际金融危机对全球的实体经济造成严重冲击。我国采取了一系列启动内需刺激消费的政策，推动国内市场需求回暖，成为保增长的一大亮点。2010 年我国社会消费品零售总额突破 15.69 万亿元，比上年增长 18.4%，扣除价格因素，实际增长 14.8%。餐饮业零售总额超过 1.7 万亿元左右，促进了国内消费需求，也拉动了世界消费。PMI 指数自 2009 年 3 月至 2011 年 8 月连续 30 个月位于 50% 以上，12 月为 53.9%。我国社会消费品零售总额"十一五"期间年均增长超过 17%。2010 年共办理汽车以旧换新补贴车辆 45.9 万辆，发放补贴资金 64.1 亿元，拉动新车消费 496 亿元，日均补贴车辆数约为 2009 年日均补贴车辆的 12 倍。2010 年全年汽车销售超过 1800 万辆，达到 1806.19 万辆，同比增长 32.37%。

洪涛认为，在拉动我国经济的"三驾马车"中，消费是一匹非常活跃的快马，中国的发展应该是消费主导型的经济。他指出，我国消费类型是"需求型 + 供给型"消费，不仅仅是单方提高收入就能够解决，也不仅仅是提供多样化供给能够满足，需要将两个方面结合起来，形成消费的长效化机制，一方面要有需求（有效需求），另一方面要有供给（有效供给）来保证消费需求。此外，由实物消费向服务消费的转变，由生存消费向发展消费的转变，由物质消费向精神消费的转变，这正是消费升级的明显特征。这种转变为流通业创造出新的机遇与发展空间。流通产业作为国民经济的先导性产业，消费升级需要流通产业来提供。这就对流通业的新业态、新的经营方式提出了要求。

洪涛教授在分析 2010 年假日消费时指出：2008 年、2009 年我国消费市场活跃，2010 年春节又延续其消费的旺盛，这与我国正处于消费升级阶段有关，也与城乡居民收入增长有关。2010 年中央 1 号文件继续增加对三农的投资，达到 9000 亿元，加之搞活流通，促进消费政策没有变化，对汽车、家电消费政策还在出台，股市、楼市价格的回暖，商家采取各种业态、各种经营方式促进市场消费，对消费市场起到了促进的作用。春节黄金周消费，购物和旅游是两大消费热点，娱乐和文化消费将增加比重，并渗透到购物、旅游消费过程中，将是假日消费的发展趋势，也是消费升级的需要。

第二十二章　加快国内消费转型升级

论坛观点：

文章来源：商业周刊

题　　目：中国消费水平被大大低估？

记　　者：王晓然

时　　间：2011 年 4 月 27 日

我国"十二五"规划已明确提出要转变经济发展方式，消费这驾马车该如何拉动经济增长成为学界关注的焦点。从宏观来看，我国消费增速放缓是否是统计方式上的"低估"？从微观来看，当"限房"、"限车"政策实施，珠宝等保值品消费、时尚消费能否成为后续新的消费热点？2011 年 4 月 24 日，北京工商大学贸易系主办"消费理论和实践研讨会"，来自国家信息中心、国家统计局、商务部研究院及北京市商务委员会的学界精英对未来消费拉动经济增长的热点问题，进行了观点碰撞。洪涛教授主持了研讨会。

国家信息中心研究员　　祁京梅：

中国消费水平被大大低估

经济发展的不同阶段，消费策略是不同的。多数人都认为我国消费发展慢，我不这样认为。

消费的速度可能和经济发展总量的扩充相比要慢，但和历史同期相比是增长的，现在的消费是历史上的第二个高增长点，20 世纪 80 年代时增长快，90 年代增长慢，目前的消费发展比国际金融危机时期的增长要快。在中国"十二五"期间经济发展背景指导下，我国消费增长速度只会快。

294

从数据来看，一季度社会消费品零售总额同比增长了 16.4%，比去年 12 月和全年分别回落 2.8 个百分点和 2 个百分点。这个消费下降和经济增长的速度下降有关。

在统计指标里，我们只计入了"商品消费"，没有计入 30% 的"服务产品消费"。虽然我国消费率低，但消费增长速度高，中国的消费水平被低估了，至少近 10 年经济的消费会高速增长，我对此很有信心。

北京市商务委副主任　李薇薇：

要引导和提升快速增长的时尚消费

消费对北京经济的拉动作用很明显，在首都经济中占据了主体地位。国家宏观调控住房市场以及限购汽车市场对经济增长的影响几何，目前还无法确定。不过新的消费趋势已经显现。保值性产品，如黄金珠宝的增速较快；许多新的消费形态出现，如网上消费呈现成倍增长的趋势；时尚消费增速较快。未来，新的消费热点有待进一步挖掘和引导，同时时尚消费方面，需注意逐步引导和提升。

未来进一步扩大消费，要扩大服务消费，如健身消费、文化消费、老年消费等，完善生活服务业。北京地区的高端、时尚消费比较多，这与北京的人口构成有关。北京市"十二五"规划中也提到，要加大引进国际品牌、集聚国内品牌、发展本土品牌、提升商品质量。

商务部研究院消费经济部副主任　赵萍：

奢侈品、珠宝可成为新消费热点

目前我国整个消费形势是减速增长，消费对经济的拉动作用可能难以达到预期，整个消费形势呈现减速态势。同时资本市场，如房地产市场投资机会减少，股票市场波动起色有限。受此影响，目前我国消费结构呈现新的变化，珠宝金银的消费有所增加。考虑到通货膨胀和投资机会减少的情况，人们更愿意将珠宝金银等可以保值增值的物品放在手里。

如何提高消费对经济的拉动作用？建议适度调整对中高档商品的进口税，

力度应该加大，许多国外的中档商品到了国内就成了奢侈品。应重新划分商品，适度减少部分商品税收。同时，"十二五"规划指出，要培养新的消费热点，如休闲，人们除了有钱才能消费，要"有时间"才能消费，除此之外，像体育消费也是比较热点的消费。

国家统计局高级统计师　严先溥：

汽车消费还将拉动经济增长 40~50 年

严先溥认为，在"三驾马车"中，我国消费理论和实践有些脱节，有些专家对一些数据统计存在理解错误。消费分为"商品消费"和"服务消费"，我国的"商品消费"占了70%，"服务消费"只占了约1/3，而发达国家则正好相反。目前，国家统计局发布的指标仅仅反映了"商品消费"所占的70%，没有反映"服务消费"的部分。

目前是"十二五"开局年，消费增速有所下降，为何这驾马车跑不起来呢？

美国的平均消费率高于70%，而我国消费率在35%左右。我国的消费增长主要靠汽车、住房、"家电下乡"等热点现象拉动是可以理解的。严先溥认为，中国的消费会有平稳较快的增长，目前只是回归到一个正常的区间，不要太悲观。目前，我国的GDP是9.7%，消费拉动占了5.9%，这个指标超过投资是比较难的。中国汽车消费未来还有农村等广大市场。限购是对环境和资源负责任的举措，相信汽车会慢慢发展为刚性消费，还会拉动经济增长40~50年。

首都经济贸易大学原校长　文魁：

消费应是目的而非手段

按照经济理论的"三驾马车"，投资和出口都已经近乎饱和，所以我国要加大力度转变经济增长方式，大力发展消费。在如今转变经济增长方式的情境下，消费到底是目的还是手段？大多数研究均认为消费是手段，文魁认为应该反过来。消费问题是一个引领问题，是一个政策问题，而不仅仅是一个手段问题。现在到了一个回归的时候，曾有人先后提出"科学消费"、"绿色消费"，根据当今形势，应该出现一个"实惠消费"，不应该单纯地让老百姓花钱。

采访集萃：

文章来源：超市周刊
题　　目："大租场"模式首度进京
记　　者：刘　芳
时　　间：2011 年 4 月 11 日

上万平方米的大卖场，数千种商品覆盖了家电、数码、婴幼儿等数百个品类，与其他卖场不同的是宾利车、LV 等奢侈品也被流入其中。但这还不足为奇，更让消费者惊奇的是，这家卖场所有的商品只租不售。

就是这样一家名为邦家租赁的大卖场，近日悄悄落户北京朝阳区。而据记者了解，邦家租赁目前已在广州、重庆等城市开店 59 家。

模式尝鲜

位于石佛营东里的邦家租赁北京旗舰店共有三层，面积万余平方米。首层是汽车和奢侈品，二层是家具、家电、健身器材等，三层是精品家电、笔记本电脑、相机等。工作人员向女士介绍，除了奢侈品和豪华车可以按天租赁，其他商品大都半年起租，押金约为商品价格的四成。

租的时间越久，折合每天的租金越便宜。每续租一年，可以打 8 折。依照惯例，租满三年，再花象征性的 1 元，就可买下商品，所有费用相当于商品原价的 8 折左右。

"在广州，租这款婴儿车的人可多了。"向女士指着一款蓝色的婴儿推车说，很多家长觉得，买个婴儿车用不了几个月，不如租划算。这款"好孩子"哈彼婴儿车的市场价为 200 元左右，起租期为半年，押金 98 元。半年租金 70 元，平均每天 0.389 元；一年租金 90 元，平均每天 0.247 元；二年租金 145 元，平均每天 0.199 元；三年租金 185 元，平均每天 0.169 元。

"在广州，租跑步机的人也挺多的。"向女士说，所有租赁的商品都会送货上门。

"如果出现质量问题怎么办？谁来修？"一位女顾客提出了她最关心的问题。

"您租之前就要看好了，外观磕碰等问题要注明在合同里，机器更要事先试好。"向女士介绍，如果出现质量问题，在保修期内由商品厂家保修；超出保修期由邦家负责。至于损坏赔偿，如果是商品质量问题由邦家负责维修，如果是人为损坏，维修费就要由租赁者承担。至于是否人为损坏，将由厂家或邦家的维修人员判定。

积货变活钱

改变传统家居用品销售渠道，打造"大租场"的新模式。随着家居租赁公司的兴起，租赁耐用消费品成为都市"乐活族"的新时尚。业内专家评价，租赁行业的发展将是拉动内需的有效手段，有利于破解当前制造业库存积压的困局。

据了解，以往家居产品市场渠道主要是"经销商＋卖场＋专卖店"的形式，企业过度依赖"大卖场"渠道，还容易面临库存挤压。有关数据显示，从家庭到企业，积压着大量利用率低的家电、家具、设备。发展实物性租赁就是把"存货"变成"活钱"，调动并调剂余缺、提高利用率的一条有效通道。

作为国内较早定位专业做"租赁连锁"的企业，广东邦家租赁首期吸引了风投机构投入了三亿元启动资金，租赁业务涉及家电、家居、汽车、健身器材等多种家居产品。经过三年探索，邦家建立了一个全国性的"连锁租赁"消费平台。

"由租赁公司出面打点，满足终端客户诸如短期租赁、长期租赁、以租代售等多种需求，通过一次性回笼货款，还能增强企业的扩大再生产能力。"邦家租赁CEO蒋洪伟表示，租赁消费的发展，意味着人们消费观念的转变，同时也为政府扩大内需找到一条便捷途径。

专家观点

尽管租赁消费不断迎合着消费者的需求，但与发达国家相比，我国的租赁消费产业发育明显不足。目前租赁业在国内市场的渗透率只有1%~3%，这与美国、韩国、澳大利亚等国租赁渗透率超过25%的情况相去甚远。

中央党校研究室副主任周天勇认为："租赁业是发达国家商品流通的主渠道之一，特别是在刺激投资需求、推动信用消费上，发挥着独特的作用。至今美国的租赁业所创造的价值占GDP的30%左右，面对当前的经济形势，中国

298

租赁业的探索与发展，对启动内需来说是一把'新钥匙'，对'产能过剩'来说多了一个'流通渠道'"。

中国民营经济研究会会长保育钧表示，在家电出口不畅，行业库存高企的背景下，租赁的出现对刺激内需和消化企业库存有积极作用。租赁形式在厂家和消费者之间搭桥，有利于树立"以租代买"新消费观，租赁业发展适逢其时。

北京工商大学教授洪涛介绍，国外的租赁业务目前已经很普及，而国内则尚不足1%。"我们国家的居民更倾向于攒钱消费，把东西买回来，拥有所有权。但国外更注重生活质量的改善，'不求所有，但求所用'。"洪教授认为，租赁消费是值得大力推广的，因为它可以节约社会资源和成本，并且对居民消费观的改变具有推动作用。承租人支付少量租金，就可以享用租赁物。对租赁公司来说，一旦这种模式得到普及，那么其业务量将飞速增长。"但也要注意监管，把租赁费控制在合理的范围内，不要虚高。"洪教授说。

对于消费者，转变消费观念是必要的，"现在买房很困难，那么就要转变消费方式去租房。"洪教授开玩笑说："我有一个留学生，在国外结婚的时候，除了新郎不是租的，其他都是租的"。

同时，消费者要树立合约意识，爱护租赁物。洪教授提醒消费者，在签订租赁合同时，承租双方要协商明确责任义务，并体现在合同中。另外，还要对保修做出明确规定，条约必须清晰。

文章来源：中国消费者报
题　　目：消费者调整消费行为和观念　各展高招应对高物价
记　　者：赵　靖
时　　间：2010 年 11 月 24 日

近段时间，"豆你玩"、"蒜你狠"、"姜你军"、"糖高宗"、"煤超疯"等网络词汇广为流传，其背后折射的是消费者对物价快速上涨的无奈。针对这种情况，从中央到地方的各级政府近日出台了一系列措施积极应对，不少消费者也适时调整了自己的消费行为和观念。

抑制物价上涨政策频出

为了稳定物价，保障群众基本生活，近期，中央政府及有关部门连续出台一系列措施。11月17日，国务院总理温家宝主持召开国务院常务会议，分析当前价格形势，研究部署稳定消费价格总水平、保障群众基本生活的政策措施。国务院办公厅11月20日发布《国务院关于稳定消费价格总水平保障群众基本生活的通知》，要求各地和有关部门及时采取16项措施，进一步做好价格调控监管工作，稳定市场价格，切实保障群众基本生活。

国家发展和改革委员会、商务部等部门积极行动起来，着手贯彻落实国务院常务会议精神。加强对主要农产品和居民生活必需品的供需衔接；商请有关部门加快完善价格监管方面的法规；派出督察组分赴价格涨幅较大的地区进行检查督导，稳定消费价格总水平，保障群众基本生活。商务部制定了保障生活必需品市场供应方案，出台了做好蔬菜流通工作的指导意见，采取了加强产销衔接和区域调节、对蔬菜价格实行每日监测、完善强化储备体系并及时进行储备投放等多项举措，以保障蔬菜市场供应。

各地政府也相继出台措施，全面抑制物价过快上涨。北京市开始为期3个月的居民生活必需品专项检查，严打哄抬价格、变相涨价等价格违法行为；福建省福州市上周宣布对四类蔬菜实施价格上限；云南省昆明市和吉林省长春市也计划对蔬菜价格进行控制……

专家建议在日常生活中开源节流

北京工商大学经济学教授洪涛告诉记者，面对高物价，消费者不应一味地被动接受，应该主动转变消费观念，改变自己的消费方式，"换个活法儿，也会使生活更加丰富多彩"。比较好的一个方法是，在日常生活中开源节流，以弥补物价上涨导致的支出增加。他同时表示，近期物价上涨较快也给消费者提了个醒，即应该学习理性投资，寻找适合自己的投资渠道，合理配置资金。学习并进行必要的理财投入，是化解物价上涨带来生活压力的一个重要手段。

文章来源：国际商报
题　　目：中国消费有后劲
记　　者：李高超
时　　间：2010年10月19日

十七届五中全会提出，要坚持扩大内需战略、保持经济平稳较快发展，加强和改善宏观调控，建立扩大消费需求的长效机制。对此，接受记者采访的专家认为，从中可以看出，拉动内需不是中国应对全球金融危机的权宜之计，中国将建立扩大消费需求的长效机制，这将使得中国的消费有持续的后劲。

国家统计局的数据显示，今年前8个月中，有7个月社会消费品零售总额的增幅超过去年全年15.5%的增长，更有6个月的增幅达到或超过18%。

中国社会科学院数量经济与技术经济研究所副所长李雪松在接受记者采访时表示，今年以来，消费对我国经济拉动作用明显，主要原因在于为应对金融危机，国家实施了一系列刺激消费、扩大内需的政策。目前，汽车、家电下乡等政策仍在实施中，购买小排量汽车的优惠虽有所微调，但鼓励政策仍在。此外，今年以来，许多地方纷纷调整了最低工资标准，居民收入稳定，使得消费需求得以持续释放。

北京商业经济学会秘书长赖阳在接受记者采访时认为，随着经济的复苏，今年高端消费出现了强劲的增长，特别是黄金等带有收藏、投资的消费大幅增加。赖阳认为，我国居民消费需求还有释放的空间。"比如，中国的很多家庭开始对汽车进行更新换代，甚至购买第二辆车，他们的选择已经进入到20万元级的水平，这将释放出更多的消费潜力。"

对此，李雪松认为，中国的内需市场潜力很大。随着城市人口的增加，包括住房、装修、餐饮等在内的消费将可以支撑未来消费的增长。

北京工商大学商业经济研究所所长洪涛在接受记者采访时认为，此次十七届五中全会对消费非常重视，不仅提出了坚持扩大内需战略，同时把城乡居民收入普遍较快增加列入今后五年经济社会发展的主要目标。会议提出的一方面建立扩大消费需求的长效机制，则预示着会有符合市场经济发展规律的举措出现。另一方面，提高居民的收入水平，将对促进消费产生积极作用。此外，随着改革的推进以及现代流通体系的不断完善，未来会有更多的产品和服务用以满足人们的物质精神需求，中国消费的后劲将得以持续下去。

文章来源：国际商报
题　　目：国内消费市场迈入"炎夏" 消费转型升级节奏加快
记　　者：阎 密
时　　间：2010 年 7 月 16 日

与逐渐升温的天气一样，国内消费市场已迈入"炎夏"。7月15日国家统计局发布的经济运行报告显示，今年上半年，社会消费品零售总额为72669亿元，同比增长18.2%。其中，6月社会消费品零售额达到12330亿元，同比增长 18.3%。

城乡消费差距拉大

"可以说，在拉动我国经济的'三驾马车'中，消费是一匹非常活跃的快马。"北京工商大学教授洪涛接受采访时表示，"除了 1 月增速稍低以外，扣除价格因素，上半年单月社会消费品零售额的实际增速都在 15% 以上。按照这个速度，预计今年底社会消费品零售总额将超过 15 万亿，增幅达到 20%。"

洪涛指出，从数据上来看，上半年社会消费品零售有几个特点值得关注：

一是今年进出口贸易恢复比较快，已达到金融危机前的水平，其中进口额为 6498 亿美元，增长 52.7%，说明国内需求旺盛，消费市场活跃。

二是餐饮收入 8181 亿元，增长 16.9%，已连续 20 年保持两位数的增长。

三是汽车产销两旺，上半年销量达到 908 万辆，同比去年增长 46.6%，预计今年将超过 1750 万辆。汽车销售也带动了石油及制品的销售，上半年限额以上企业（单位）石油及制品的零售额达到 4746 亿元，同比增长 39%。

至于市场销售增长较快的原因，洪涛认为，首先是积极的流通产业政策发生了作用，比如家电下乡、汽车下乡、家电以旧换新以及农超对接等。其次，城乡居民收入继续增加，生活消费支出增势平稳也是重要原因，特别是农村居民人均生活消费现金支出，实际增长 8.5%，高于城镇居民 7.2% 的增幅。此外，活跃的网购市场以及世博会对消费的促进作用也是原因。

不过，洪涛特别指出，今年上半年，城镇消费品零售额与乡村消费品零售额之比达到了 6.26∶1，远远超过了去年同期的 2.12∶1。"虽然不排除有两亿流动人口的因素，但是这说明城乡消费差距在拉大，值得高度关注。"

文章来源：国际商报
题　　目：消费升级：流通业的新机遇
记　　者：徐春林
时　　间：2010 年 5 月 13 日

2009 年，我国流通业从金融危机中快速复苏，竞争活力显现，零售业态结构调整优化，经济型酒店、大众化餐饮等低端市场发展迅速，特殊行业趋于活跃。商务部近日发布的《2009/2010 中国流通产业发展报告》显示，去年我国流通业对扩大消费、引导生产和拉动经济增长的先导作用进一步增强。

近几年，流通业在经济发展中发挥的作用不断提升。商务部作为全国流通业的主管部门，每年发布的流通产业报告，因其独具的权威性而备受业界内外关注。

"报告主要是对过去一年相关工作进行梳理和总结，针对流通业发展中存在的突出问题进行分析，对今年行业的发展趋势给出前瞻性的预测，再提出一些政策建议。"此次流通产业发展报告的参与者、商务部研究院流通战略研究部主任张育林这样阐述报告的初衷。

消费升级：潜力有待释放

此次报告提出，后危机时代，我国流通产业发展面临着进一步培育和发展现代流通体系，搞活城乡流通，扩大居民消费，推动消费成为经济增长主动力的任务。

对此，北京工商大学教授洪涛认为，以消费为主的判断应该是正确的，中国经济的可持续增长要靠国内消费和出口的协调发展。

"现在我们已经成为第一大出口国，外国对中国的担忧也在增大，贸易保护主义、关税壁垒、非关税壁垒抬头，会对出口产生持续的影响。因此今后出口还会增长，但增长的幅度可能会减缓。前几年主要靠投资拉动的增长模式难以为继，今后消费所占的比重会越来越大。中国的发展应该是消费主导型的经济。"洪涛说。

2009 年，金融危机对实体经济的冲击最严重。严峻形势下，国内消费发挥了中流砥柱的作用，成为保增长的一大亮点。但相比不少国家，目前我国的消费率还比较低，具备进一步发展的潜力。

张育林认为，中国市场规模庞大，但现在消费对经济的贡献率还没有达到应有的份额，扩大城乡消费，促进消费再上台阶是现实可行的。

"现在已经不是单纯讲增长了，而是要转变经济发展方式，不仅仅重视量的增长，而且是要考虑质量、环境、资源等问题。从内贸的角度来看，就是把流通和消费结合起来，通过发展流通产业，拉动消费，推动消费成为经济增长的主动力。"

中国正在进入小康社会，消费升级趋势显现。按照国际经验，在这个阶段，享受型、发展型消费的需求会显著增加，服务消费空间巨大。张育林指出，出现新的消费形态，就可能创造出一个市场来。由于发展的不规范，现在许多服务消费领域的潜力并没有挖掘出来。

"像汽车租赁，在旅游业大发展的情况下，就是一个很大的消费市场。但因为诚信和市场秩序的问题，抑制了自驾游的发展空间，消费潜能没有很好释放。"

网上购物：商业竞争新领地

当网络无孔不入地向各个领域渗透时，网上购物就成为一种必然。报告预测，网络购物将快速增长，网上网下会实现互动良性发展。

中国连锁经营协会副秘书长杨青松认为，网上购物正在成为一种趋势，势不可当。现在不仅专业网上销售企业发展迅猛，传统商业企业也在积极介入网上购物。在零售百强中，目前已经有31家开展网上销售业务。

杨青松指出，网上购物的强势崛起并非偶然，而是多种因素作用的结果。一方面消费群体发生变化，出现了一定的分化、差异化的现象，80后、90后的消费能力增强，零售企业更加关注这个群体。另一方面，零售企业的开店成本提高，转而谋求网上销售，实现销售在空间、时间、内容上的无线延伸，降低前期投入。此外，纯粹的电子商务发展很快，业绩成倍增长，对传统零售企业构成潜在竞争压力。作为应对手段，商业企业纷纷介入网上购物。

"现在多渠道销售正在成为趋势，消费者网上看价格，网下下订单，有些销售已经很难分辨出是网上还是实体店带来的。"他认为，传统商业如果能利用好品牌、信用的优势，在网上购物领域同样能取得良好业绩。

外资零售企业与本土企业的博弈伴随了中国零售市场开放的全过程，也一直是流通业的热门话题。报告预计，今年外资零售企业将继续扩张，本土企业逐步增强做大。

对此，洪涛表示，对外资零售企业以前有过"威胁论"、"狼来了"等议论，现在看来，并没有那么恐怖，也没有冲垮本土的零售企业。外资零售企业不是每一种业态都强于本土企业，国内百货业态就表现得更有竞争力。而外资也有弱点，像外资的会员制商店，在国内市场就表现出"水土不服"。

洪涛认为，本土企业在引进、吸收、消化中成长壮大，现在关键还是练内功、提升竞争力的问题。"今后的发展不是谁胜谁败的问题，因为中国经济越来越全球化，在开放的经济条件下，本土企业和外资企业将共同发展，形成长期共赢的局面。"

　　文章来源：国际商报
　　题　　目：收旧售新双超千万台　直接拉动消费 400 亿元
　　记　　者：徐春林
　　时　　间：2010 年 4 月 28 日

　　为刺激消费而实施的家电以旧换新政策正在显示强大的威力。记者从商务部获悉，今年以来家电以旧换新的销售、回收依然保持快速增长态势，对消费的拉动作用明显，政策效应持续释放。

　　据商务部统计，截至今年 4 月 25 日，全国家电以旧换新 9 个试点省市共回收旧家电 1090.8 万台，销售新家电 1031 万台，回收、销售量均突破千万台，直接拉动家电消费超过 400 亿元，家电以旧换新迈上一个新台阶。

　　对于家电以旧换新的突出表现，业界人士并不觉得惊奇，而认为属于意料之中。

　　从 2009 年 8 月启动的 9 省市家电以旧换新试点工作，是我国为应对金融危机，扩大国内消费而采取的系列刺激消费政策组合拳之一。政策既出，得到各地的积极响应，一些试点城市结合本地实际，出台配套政策，把以旧换新的惠民政策落到实处。敏锐的商家也及时跟进，出台各种企业版本的以旧换新方案，带动人气，促进消费。青岛市今年启动的"家电以旧换新进高校、进大企业活动"，既方便了消费者，也拉动了经济发展。

　　业界人士表示，对于家电以旧换新来说，"新"固然重要，"旧"也不可忽视。我国消费人群众多，每年更新换代的家电产品基数庞大，如果不能及时回收，废旧电器会造成较大的环保压力。而像冰箱、空调、洗衣机等大型家电，超时使用会造成能耗升高，不利于节能。在倡导换新的同时，也要做好旧电器的回收工作，减少对环境的污染。

　　据了解，在家电以旧换新政策实施过程中，对于废旧家电的回收和拆解有严格要求，从而确保了对旧电器的回收和拆解。针对之前回收企业运费高，竞争力较差，回收量较少的情况，国家又出台相关政策，提高了回收企业的运费补贴，调动企业积极性，规范了废旧家电的拆解处理工作，大大改变了以往废旧家电无序回收处理的状况。

专家观点

北京工商大学教授洪涛认为，去年在金融危机情况下，国家采取启动内需刺激消费的政策，推动国内市场需求回暖，对保增长发挥了关键作用。今年我国经济企稳向好，这些政策的延续肯定会进一步拉动城乡消费。

"这几年人们的生活水平提升比较快，面临着消费升级的需要。家电产品在城镇普及之后，现在已经进入了更新换代高峰阶段。商务部等大力推进的家电以旧换新政策，恰好与居民家庭的家电产品更新换代相吻合，效果就体现得很充分。"

眼下"五一"黄金周即将来临，各路商家自然不会放过这一难得的商机，一场降价促销的商战又将打响。可以预期，在家电以旧换新和新一轮促销降价的合力下，销售市场必定又将上演火爆行情，推升家电以旧换新再创佳绩。

文章来源：国际商报
题　　目：消费市场面对一片"涨"声
记　　者：刘　昕
时　　间：2010 年 1 月 27 日

"这个也涨了?!"最近在商场里，你会听到很多这样口气的话。

刚进元月，高档白酒茅台和五粮液就相继宣布涨价。随后，饮料业、乳品业也陆续跟进。1 月 20 日，燕京啤酒因原料价格大幅上涨而开始上调普通瓶装啤酒的出厂价格；1 月 24 日农夫山泉表示，从本月 28 日起农夫系列饮料出厂价将上调约 5%；有消息称，从下月初开始，可口可乐杭州公司也将全线上调产品出厂价，包括矿泉水、碳酸饮料、果汁和牛奶饮料等旗下品牌，平均涨幅约为 5%。在光明乳业拉开乳品行业涨价大幕后，三元、新希望等部分旗下乳品也随后跟进。

几乎所有公司都将涨价原因归结为原材料价格上涨，对于软饮料行业而言，不断攀升的糖价被称为主要诱因。春节前的消费市场被一片"涨声"掩盖，其背后的真实原因究竟如何？

北京工商大学经济学院教授洪涛就表示，不能拿原材料涨价"说事儿"。

洪涛给记者列举了一串数字，证明原材料压力不能构成涨价主因。2009年，我国的早稻产量是 3327 万吨，比上年增长 5.3%，创近 8 年来最高值；小麦连续 6 年增产，2009 年产量为 11380 万吨；大豆尽管比上年减产 4%，但进口量超过 4200 万吨；奶业产量也呈现恢复性增长。

至于糖的产量虽然在 2009 年减产，较上个榨季减少 16.2%，是近十年来最大的减产，但消费水平却也与上年的 13.50 万吨持平，没有大幅增长。

因此，洪涛认为，重要农产品整体还是供给大于需求，所以不存在因为原材料压力造成成本上涨。"此番涨价还是季节性的因素占了主导地位。同时不排除大的行业龙头企业在接近年关，市场需求量增多且集中释放时，出于投机性因素涨价"。

而商务部研究院消费经济部副主任赵萍则表示，企业敢于作出涨价决策，"是源于对经济的向好预期"。

赵萍指出，最主要的原因首先来自于"对经济大势的判断"。她表示，如果是处在金融危机的低谷时期，即使成本上涨了，但企业顾虑到当时经济形势反应下的市场，多半会选择自己消化，而正是由于商家对消费繁荣预期看好，认为涨价后消费者也能接受，才会作了这样的决策。

其次，国际农产品价格回暖，尤其是糖的价格上涨较快，带动对糖需求量大的饮料行业成本上升。而国内原油、电力的提价，以及加息等货币政策的影响，造成企业对未来经营成本上升的强烈预期，由此作出规避成本风险的涨价决策。

当然，"企业在行业中所处的地位也是其中的重要因素之一，处于垄断地位的龙头企业，市场份额稳定，拥有众多品牌忠诚度高的固定消费者，这部分消费者不会因为产品的价格调整而损失"。这也是他们敢于涨价的原因之一。

而赵萍也表示，"龙头企业涨价具有明显的示范效应，因为在价格变动幅度不大时，处于行业二、三等级的企业通常并不能依靠这样微弱的价格优势吸引消费者，而给自己的市场占有率带来巨大变化"。所以，理所当然会作出跟风涨价的决定。

洪涛认为，这些行业龙头企业的涨价可能会带动行业价格波动，但不会对今年的整体价格走势产生影响。可以肯定地说，"2010 年 CPI 涨幅不会超过 5%，市场通胀的预期不存在"。而赵萍则认为食品占 CPI 的 30%~35%，对消费拉动作用明显，要警惕今年 CPI 超过 5% 的危险。但两位专家都建议商务主管部门要注意到这些不安定因素的存在，加强对市场的监控。防止企业有形成价格联盟和违反《反垄断法》的行为趋势，同时在市场方面加强粮、肉、蛋、奶等生活必需品的适度投放，鼓励商业企业的储备量，保证市场供应。

文章来源：北京商报

题　　目：中国奢侈品市场逆势上扬22%　全球大鳄扎堆在华布局

记　　者：熊海鸥

时　　间：2009年10月16日

欧美市场集体萎缩，中国市场却逆势上扬保持22%的强劲增长，其年消费额86亿美元的巨大市场吸引了全球奢侈品大鳄的目光，众多奢侈品企业开始调整全球市场战略扎堆入华。

昨日记者获悉，由全球最大奢侈品企业法国路威酩轩集团与中国澳门巨商何鸿燊合作，投资5亿美元建上海尚嘉中心商业地产项目，计划于2012年竣工。该购物中心将吸纳LV、Dior等60余个国际顶级奢侈品牌入驻。一些高端奢侈品还将扎根新鸿基陆家嘴IFC。全球奢侈品品牌云集上海，随之而来的将催生出新的高档商圈，而外滩等传统高端商圈也开始向奢侈品商圈转变。

伴随着中国二线城市消费水平的日趋成熟，以往在上海、北京、广州等一线城市才能看到的奢侈品牌也纷纷进驻二线城市，从皮包等几个奢侈品品牌发展到珠宝、手表、服装等上百个奢侈品品牌。仅2009年国庆，武汉等地就不断曝出单笔消费10万元以上的消息。

"50%以上的购买人群都是常客，上万元的商品主要是30~50岁的人购买，最近两年几千元的商品逐渐受到30岁以下的年轻人追捧。"北京某高端商场Gucci专卖店销售人员介绍。

奢侈品品牌扎堆进入中国市场，这看似新奇的现象，其实也是市场规律最自然的选择。

金融危机以来，欧美和日本奢侈品需求急剧萎缩，LVMH集团、Tiffany、Burberry等欧美市场业绩相继大幅下滑，品牌门店接连关闭。而中国的奢侈品年消费额却达到了86亿美元，占全球市场1/4，中国成为首次超越美国、赶超日本的世界第二大奢侈品消费国。有人甚至估计，到2015年中国将超过日本，坐上世界第一奢侈品消费国宝座。

北京工商大学教授洪涛表示，奢侈品扎堆入华与金融危机以来中国市场的坚挺有关，而目前中国大批高端消费群体的存在也为奢侈品创造了潜在市场。由于奢侈品在中国主要采取专卖店、百货专柜经营的方式，也将推动新一批高端百货的发展。但洪涛强调，中国整体消费方式还处于中下等水平，奢侈品消费只是中国整体消费的一部分，不能盲目夸大。在一定的市场空间内，未来奢侈品品牌竞争也将加剧。

文章来源：北京商报

题　　目：北京食品工业上半年发展报告发布

记　　者：任　宏

时　　间：2009 年 8 月 28 日

北京食品行业协会昨日发布的 2009 年食品工业上半年发展报告显示，上半年北京市消费总额为 2502.4 亿元，同比去年增长 13.2%。其中食品等"吃"消费占 25.34%，总额为 634.3 亿元，同比上涨 11.5%。

据北京市食品协会常务副会长周以秋介绍，1~6 月北京食品工业产值和食品出口值出现同比下降趋势，但 10 个重点产品中，茶饮料产品销售总额同比增加 85.01%，成为上半年的"销售黑马"。数据显示，2009 年上半年，北京食品工业销售产值完成 278.7 亿元，占北京工业销售产值 4763.2 亿元的 5.85%。

另外，上半年食品行业主要经济指标显示，畜禽、饲料加工、啤酒、液体乳、肉制品五种食品的销售都出现了不同幅度的下降；而面包等焙烤食品则出现了总产值、销售和出口三项指标同时下降的局面。唯独茶饮料产值比同期提高 77.73%、销售同比增长 85.01%，成为食品行业独树一帜的典范；另外，卷烟产品、白酒的三项指标也全线飘红。

北京工商大学经济学教授洪涛表示，运用北京市统计局近期公布的数据：1~6 月，本市被调查的 5000 户城镇居民家庭人均消费性支出为 8708 元，其中人均食品支出为 3064 元。这样可得出京城城镇居民上半年恩格尔系数约为 35.19%，较 2008 年的 37.3% 下降两个百分点。他表示，国际上通常用恩格尔系数来衡量一个国家和地区人民生活水平的状况，恩格尔系数 30%~40% 为富裕，低于 30% 为最富裕。

第二十三章 假日消费

采访集萃:

文章来源: 辽宁日报

题　　目: 端午将至粽子涨声一片　为何今年贵两成?

记　　者: 刘　阳

时　　间: 2010 年 6 月 13 日

端午将至,又到了粽子的销售旺季。来自各地的消息显示,今年的粽子价格是"涨"声一片。无论是散装还是礼品包装,都比去年有所上涨,平均涨幅在 20%左右,有的涨幅达到了 50%左右。在一些地方,甚至出现了 6 个就要 1000 元的"天价粽子"。

媒体调查发现,今年以来,主要原料糯米收购价上涨,绿豆等小杂粮的价格也一路看涨,成为粽子价格上涨的幕后推手。

原材料价格普涨

面对消费者粽子为啥涨价的疑问,商家几乎无一例外地提供了相同的原因:原材料价格的上扬。"涨价很正常,今年糯米、绿豆价格都涨得厉害,粽子的成本自然就高了。"一名超市的售货员表示。

据报道,在北京东四奥士凯物美超市,一款特价绿豆标称每斤 8.8 元。此外,红小豆 9.8 元、圆粒江米 5.3 元,黑豆则达到每斤 11.8 元。

杭州市粮油批发交易市场的资料显示,糯米的价格一直处于高位。较去年同期,今年 5 月 31 日安徽产的标一粳糯米上涨了 2.80 元/公斤,涨幅达 82.4%;标一籼糯米上涨了 2.60 元/公斤,涨幅达 81.3%。在北方的哈尔滨,糯米价格同样上涨,据该地媒体报道,价格由 5 月初的每公斤 5.6 元,升至近日的每公斤6元，而去年同期，糯米的价格仅为每公斤3元。

同时，粽子中的馅料价格也在涨价。目前用于粽子馅料的红枣、豆沙、八宝、鲜肉、火腿、蛋黄等，除鲜肉以外，其他原料都有不同程度的涨价，尤其是绿豆和红豆。

据重庆媒体报道，记者从重庆江北盘溪、南坪正扬等农贸市场了解到，今年，品质较好的"团团糯"的零售价格已经涨至8.2元/公斤，批发价格为7元/公斤，就连品质较次的"尖尖糯"的价格也涨到了5元/公斤，而去年同期的价格还不到现在的一半。去年同期，红豆价格约为7元/公斤，今年翻了一番，还缺货。

除了媒体调查的数据，五芳斋、沁园、华生园等食品生产企业也对涨价与否作出了肯定的回应。部分企业负责人表示，作为粽子的主要原料，今年糯米的收购价格涨到了每吨6500元，是去年的二倍，直接导致单个粽子的成本上涨了30%，粽子价格自然跟着上涨。不少产自外地的礼盒装粽子，售价达百元以上。

商家预期销量无波动

尽管粽子价格普遍上涨，不过在生产厂家和商场看来，市场销量不会出现大的波动。"就目前来说，在物价上涨的大背景下，粽子价格的涨幅还是在预计之内的，没有超出人们的接受范围。"五芳斋负责人表示，该品牌粽子上市以来，销售量与往年同期相比并无太大的变化。

价格在涨，销量却不会有大的波动，这难免使人感觉粽子产业像一个"看上去很美"的潜力市场。据媒体报道，有业内人士透露，粽子材料价格相对比较便宜。糯米和绿豆的供应一直都很稳定，制造加工手续也不复杂，虽卖得便宜，但实际上毛利率很高。A股上市公司三全食品的年报透露了粽子产业的毛利率。公司2009年的年报显示，粽子业务的毛利率维持在42%左右。

有记者以加盟者的身份咨询五芳斋的管理人士，该人士表示，"对于加盟商，我们可以保证其新鲜粽子30%的毛利率，真空粽子25%的毛利率，小吃的毛利率可以达到50%~60%"。

业内人士透露，全国月饼有100多亿元的市场规模，但粽子的市场规模却只有20亿~30亿元。但目前，粽子市场的潜力正被一步步地开发出来。

涨价背后原因多

导致今年粽子原料上涨的因素也比较多样化。就糯米来说，一些市场商贩表示，一方面，由于去年东北等主要产区遭受了伏旱天气，使糯米等杂粮产量减少，导致了目前库存不多的情况。再加上新一轮杂粮还没有上市，所以造成糯米等价格的持续上涨。另外，由于南方旱情影响收成，粽叶每公斤也上涨了几元钱。另一方面，运费成本上涨也是红豆、糯米涨价的原因之一。据报道，重庆盘溪市场王老板介绍，现在的火车运费每斤已经涨了1~2分钱，汽车运费每吨也涨了10元左右。

除此之外，市场上的一些炒作行为也导致了原料价格的攀升。北京二商集团食品产业部部长杜占斌认为，这其中不乏炒作的成分。"主要还是对市场严重的估计不足。现在是市场经济，供需平衡，糖价已由3000多元一吨涨到5000多元一吨，涨了将近一倍，这就带动了所有冷饮食品包括与涉糖有关的产品成本都涨，如果仅涨一两百元，企业还有能力消化，多了就难做到了，所以价格必须要调。"

北京工商大学经济学院洪涛教授认为，端午节来临，一些杂粮具有季节性的价格因素，如糯米、红枣、黏米、莲子等可能随着季节而相应地上涨一些，这是允许的。但是统一性的价格上涨应该是有规矩的，应避免价格上涨对消费者产生影响。在洪涛看来，炒作的本身是暴利现象。大众化的粽子的价格不应该上涨，至少上涨的幅度应该受到控制，所以，价格规范是当前需要注意的一个问题。他表示，价格杠杆的调整对流通环节是有好处的，但过度的价格波动对消费者和生产者都是没有好处的。

文章来源：国际商报
题　　目：春节黄金周消费：意料中的惊喜
记　　者：徐春林
时　　间：2010年2月22日
春节"黄金周"再添惊喜，成为扩大消费的又一亮点。据商务部监测，7天黄金周假期，全国市场生活必需品价格总体保持平稳，同时销售快速增长，全国实现消费品零售额3400亿元，比2009年春节黄金周增长17.2%。

"黄金周消费兴旺，应该是意料中的事情。"对于今年春节的消费"井喷"，北京工商大学教授洪涛一点也不感到意外，"现在经济企稳回升的迹象非常明显，人们的消费信心增强，消费需求在春节期间得到了集中、充分释放"。

记者从商务部了解到，今年春节期间，各地精心组织购物节、年货展、美食节等各类促销活动，积极扩大节日消费。在河北，商贸企业以大篷车形式赶农村大集，丰富了农村市场供应；在黑龙江，"年货购物周"、"迎春年货购物节"、"家电汽车下乡龙江行"等一系列促销活动，针对节日期间食品、服装、家电、汽车等消费热点展开。

精明的商家自然不会错过这样的销售良机。北京菜市口百货商场推出虎年生肖饰品、世博会纪念金条等尤其受到青睐，销售额突破 1.5 亿元。上海、广州、杭州等地零售企业采取延长营业时间、美化店堂环境等方式，方便消费者购物。

北京的工薪族汪先生利用春节黄金周的闲暇，预定了一辆家用克鲁兹汽车。销售小姐告诉他，目前没有现车，需要等待。"现在热门的车型基本上都没有现车，要等两三个月才能提到车。"她说。

据悉，虎年春节期间，不仅传统年货的销售火爆，就连以往不太受关注的通讯器材、金银珠宝、服装、家电等也受到追捧，成为新的消费亮点。

商务部监测显示，通讯器材销售额在春节黄金周期间增长了 19.2%，3G手机成为销售热点，个别型号一度卖到断货。此外，金银珠宝的销售额增长了 19.1%，服装、鞋帽销售额同比分别增长了 17.7% 和 14.6%，羽绒服、保暖内衣等御寒服装销售大幅增长，虎头鞋、虎头帽等大受欢迎。家用电器销售额同比增长 15.4%，液晶电视、节能冰箱、厨房小家电等销售尤其火爆。

在业界人士看来，黄金、家电、通讯产品等成为市场宠儿，正是消费升级的体现。"我国正处在消费升级的阶段，以往人们花在衣食上的费用较多，现在其他的消费已经明显增加，这在春节期间表现得更加明显。"洪涛还提醒商家，不光是春节，今后也应该更多地关注消费升级所带来的需求变化。

第九部分　专题

本专题分为两章，前一章是洪涛教授围绕北京向国际商贸中心城市发展的问题接受的相关采访，后一章是对我国经济发展中出现的问题洪涛教授表达了自己的看法，包括对政府出台的一些经济政策的评论以及对物价上涨引发的通胀之忧的见解。

2008年北京市社会消费品零售总额达到4589亿元，同比增长20.8%；2009年达到5309.8亿元，同比增长15.7%；2010年达到6229.3亿元，比2009年增长17.3%。北京的消费总量已经连续两年超过上海，成为全国第一，是世界上消费最活跃的城市。洪涛教授认为，北京的商业国际化程度提升速度很快，具有很有利的条件打造为国际商贸中心城市。但是，他同时认为，相比香港而言，北京还不是"购物天堂"，还存在软硬件差距，仍然有很大的提升空间。硬件上北京东部、西部商业设施相对较少，消费活跃程度偏低，存在北京商业空间结构的"不均衡现象"或者"失衡现象"。因此，结构调整与创新对打造国际商贸中心城市十分必要。

对于政府出台的"新36条"，洪涛教授认为，这是中央鼓励民营经济发展的一个有力信号，中小民营企业要抓住机遇，充分利用民营资本自身的灵活性寻找到最有利于发展的领域和项目。

2010年农产品上涨的主要原因是多方面的，如自然条件的变化、生产资料的价格、流通领域成本，还有进出口农产品价格的传导，农民的售卖行为（惜售、甩卖），消费者的跟风心理，投机者的投机活动，如囤积居奇、跟风涨价、虚拟价格等，还有当今的货币政策、人民币币值、汇率的变化等一系列因素。由于生产与经营过程中的固定资产投资具有一定周期性，在短期内难以改变流通网点现状及其现代化水平，加之菜价的季节性因素是每年都存在的，因此，关于人们一直在忧虑的物价上涨引发通货膨胀，洪涛表示对于通胀，不要过于敏感，也不要掉以轻心。

第二十四章　北京打造国际商贸中心

论坛观点：

文章来源：新京报
题　　目：北京正步入消费体验时代
记　　者：林文龙
时　　间：2011 年 4 月 29 日

4 月 15 日，新京报召开商业消费板块改版暨 2011 北京商业业态发展研讨会，北京工商大学经济学院教授洪涛及北京各大商场负责人代表出席会议，共同探讨了新的经济发展形势下，商家的转变与应对之道。

从"节俭原则"转向"快乐原则"

从国际规律看，当人均 GDP 突破 6000 美元时，消费模式开始转型，当人均 GDP 突破 10000 美元时，消费者用于文化、健康、休闲的消费能力大为增强，开始步入体验消费时期。这时的消费模式也从"节俭原则"转向"快乐原则"。

"这是一个质的飞跃。"北京商业经济学会秘书长赖阳介绍，因为"节俭原则"下，消费后会减少消费，比如买个自行车，就没钱买手表了。但"快乐原则"模式下，消费后会增加消费，比如买了一个名牌的包，就要买名牌的衣服，然后还要买名牌的车等。

2006 年北京人均 GDP 突破 6000 美元，2009 年更突破 10000 美元，这两年，正是北京消费模式大转向的时期。据统计，去年北京在消费方面，除了房、车的增长率超高外，还有几个大幅增长点：一个是餐饮消费，再一个就是休闲娱乐消费，还有一个是投资型的收藏品、艺术品消费。

体验化趋势带动商业格局转变

赖阳很肯定，今年，北京限制购买房子、汽车后，消费者也不是把钱存起来了，而是会把钱花在其他方面。一种是购买收藏品、艺术品、奢侈品；另一种是外出消费，但并不买回东西，比如进行餐饮消费、旅游消费，或者是去看电影、泡酒吧等休闲娱乐消费。预计今年，市民在这些方面的消费投入比率会大幅度上升。

消费结构变化了，出现体验化的趋势；商业格局也要跟着发生转变，赖阳认为，对于北京未来商业的发展，也要以满足消费者的休闲体验需求为主，进入体验经济时代。

区域商业中心要在特色体验上找出路

传统的城市商业是由大型全市商业中心、区域商业中心、社区商业中心三级结构构成。赖阳说，这两年，在北京商业格局中，全市、社区两级商业中心得以强化，而区域商业中心在两端挤压下，唯有向个性化、特色化中心商业区转型，才能取得比较竞争优势，扩张辐射半径。

大型全市商业中心是城市的标志，西单、王府井，将来肯定还会成为这样的中心，前门作为特色商业中心，也会起到骨干作用，将来这三个地方，还会有大幅度的增长。

社区商业中心，现在就是超市加百货，像华堂这样，以前觉得挺好，但将来就不满足了。因为，社区的生活也是体验化的，也要是一种享受。"人需要更多的人际交往空间，不是到超市里推车就走了。"赖阳表示，美国现在发展最快的社区商业中心叫生活方式中心，它在社区附近，面积不大，但里面有咖啡、餐饮、露天的无线上网，像一个小公园一样可以玩，同时，也有百货商铺，可以买东西。今后，这一类商业也会有发展。大型社区将会发展宜居生活中心，5万~10万平方米的规模，像蓝色港湾这样。小一点的社区发展现代生活广场，2万~3万平方米的规模。

而以传统百货店为核心的区域商业中心，今后，要么面向社区，变成生活方式中心，要么转型，变成以体验为特色的体验中心。

郊区将发展休闲目的地

赖阳预计，今后北京的商业格局，还将出现郊区化发展。在交通瓶颈得以破解的前提下，开发亲和自然、商品价格富有竞争力、休闲娱乐功能丰富的大型商业中心，会对市民产生强大吸引力，同样能辐射全市。这在国外，称为休闲目的地。

到了周末，市民还要享受自然、享受阳光，都想开车到郊区去，如果有一个休闲目的地，去了能在山野地方玩，然后附近有一个大型商业中心，里面有吃的，有喝的，有玩的，还有特价的奥特莱斯的东西，在这里可以进行吃喝玩乐购一站式享受，然后过完周末，开车回城。与在城区的 shopping mall 相比，休闲目的地由于亲近自然，发展潜力更大。

此外，高端商务区里将产生高端商业，比如，美国纽约的第五大道。北京除了 CBD，将来金融街，或者其他地方，也会涌现出一系列不同主题的高端商业中心，以国际顶级品牌奢侈品的销售、高端的餐饮、高端的服务设施等为特点，这种地方客流量并不是很大，每个店铺相对外观可能很低调，里面很奢华。

商家声音

金梅（当代商城企划部部长）：VIP 维护向"一对一"转变

近两年来，当代商城围绕会员顾客进行了一系列服务营销创新，通过对客户资料的收集、整理、分析，掌握客群特点及消费需求，不断提高营销效率，通过直接、立体式的信息发布，加强与会员顾客的沟通，增强营销活动的知晓率，商城正在从传统"大规模"的营销文化向"一对一"营销文化转变。随着今年 5 月 VIP 客户服务中心的成立，商城的 VIP 客户战略有了实质性推进，VIP 顾客的消费心理有别于普通顾客，他们对价格的敏感度相对较弱，更为看重精神享受，为此，商城设立了 VIP 休息室，在停车、礼品包装等方面给予 VIP 顾客特殊礼遇，并率先设置 VIP 客户代表，推出陪购服务，让 VIP 顾客全面获得至尊享受。

王烜（资和信百货企业策划部部长）：要从价格竞争变服务竞争

现在京城很多商场之间的竞争可能更多地停留在价格的竞争上，但我觉得，这种竞争时间长了之后，会使得北京很多商场陷入一种恶性竞争。这不是一个好的趋势。因为到最后，商场的利润空间越来越小，可能就会有欺诈和一些不良竞争的手段出现。

所以，我认为，商场之间的竞争，要逐渐地从价格竞争转变为一些文化的竞争，或者说一些个性化服务的竞争。实际上，每个商场都有自己的会员、VIP系统，大家可以针对会员做各种各样的增值服务来吸引消费者。这样，可以把商业的竞争变成良性的竞争。

专家观点：
北京商业竞争今后主拼新服务

洪涛　商务部市场运行调控专家、北京工商大学经济学院教授

洪涛教授认为，今后，北京商业竞争将进入一个新的阶段和一个新的层次，过去的竞争主要是价格竞争，今后将重点转移到以服务竞争为导向的竞争方向来，主要体现为创新的竞争，谁能给消费者提供新鲜的消费体验，谁就能赢。

一、同质化严重导致价格竞争

价格竞争主要表现为返券、买送和打折，"北京的价格竞争是全国最厉害的"。洪涛说，商业的价格竞争使市场非常活跃，同时也带来一些负面效应，一方面是竞争中有一些虚假的违法现象，给消费者带来了一定的损伤。另一方面，导致零供关系非常的激化。

价格竞争背后的原因是商城行业同质化严重，大家的产品一样，服务也差不多，怎么吸引消费者？只能比谁更便宜。洪涛表示，这种竞争是恶性的，它导致现在北京商场的净利润只有2%。"所以不能再盲目地价格竞争下去了，2011年，很多企业会把重点转移到以服务竞争为导向的竞争方向上来，主要体现为创新的竞争，谁能给消费者提供新鲜的消费体验，谁就能赢。"

二、建立以消费者需求为导向的框架

要拼服务竞争，商场必须有一个好的核心框架，就是说以消费者需求为导向，以消费者价值实现为导向的一个框架，这个框架是以消费者为中心。洪涛表示，另外，还要有利润屏障，这是非常重要的。利润屏障就是说，我的这种商业模式，你是学都学不了的。你可以学我建一个大楼，你可以学我采取某一种业态，或者采取某一种经营方式，但我的本质的东西，像我的商业文化，我的员工素质，我的队伍建设，你在一天两天里是学不了的。

洪涛认为，只要商场之间的竞争，从价格竞争转变为服务竞争，差异性就能体现出来，同质化的问题也就迎刃而解了。北京黄金周不能仅以价格来吸引消费者。

文章来源：北京日报
题　　目：房山进入"半小时城市经济圈"
记　　者：张　涵
时　　间：2010 年 11 月 23 日

地铁不仅缩短了城市的空间距离，改变了人们的生活方式，也改变了城市的发展格局。今年年底之前，连接北京城市中心区边缘、总里程达 108 公里的五条地铁线（房山线、大兴线、昌平线、顺义线、亦庄线）将相继开通。这五条地铁线的开通，意味着北京地铁运营总里程扩容约 1/2，达到 336 公里，房山、大兴、昌平、顺义、亦庄进入北京城市副中心的蓝图由此打开！

随着京西发展的全面启动，今年年底，房山将迎来该区域内首条轨道交通。对于远离城市中心圈的房山经济而言，地铁像一片叶上那根最粗的茎脉，像脊椎骨，带动着所有的热闹、繁华在铁轨两边绽放：CSD 的规划，万科、中铁、绿地、首创等品牌房企的抢滩，家乐福的首度入驻，窦店汽车零部件产业基地的启动……

地铁"请"进来的钱和人

地铁房山线开通后，房山老百姓的进城时间不仅从两小时缩减到了半小时，还"请"进来了一大批财力和项目。

长阳站是距离城区最近的一站。伴随着地铁规划，2009 年，北京市连续公布的《促进城市南部地区加快发展行动计划》和 CSD 中央休闲购物区规划把长阳变成了北京市最炙手可热的投资地点。

根据北京市政府的规划理念，CSD 中央休闲购物区是非城市中心的人气聚集区，是解决大型城市经济持续发展的必然趋势，是"多中心发展"的城市规划的一部分。CSD 一般选址于城市之间的交通枢纽上，多以主题公园、旅游胜地、超大规模商业中心、博彩业等业态为经济核心，是聚集商贸、信息、文化、会展、酒店、餐饮、休闲及办公为一体的城际中心。

北京工商大学教授洪涛认为，房山线交通轨道建设不仅方便沿线居民出行，还为 CSD 建设提供了人才引进的交通动脉和消费人群，直接拓展了长阳地区的商业圈，增加了其商业价值空间。万科、首创、中铁、金融街等开发商的抢滩投资，使大学、医院等基础设施得到完善，奥特莱斯的引进使长阳半岛区域价值发生裂变。

投资 50 多亿元入驻长阳的北京万科总经理毛大庆也坦言，选择在长阳"开荒"，主要是看中了北京城市化进一步向郊区发展的趋势，作为城市副中心的西南部地区将吸纳大量的市区溢出人口，而五环边上距离市区最近，长阳正是房山接纳的第一站，京西南新的大型居住区将从此展开大规模建造的格局。

辐射北京的高端汽车制造业

伴随着地铁线路初现雏形，房山区窦店高端汽车制造业产业基地的首个项目也于今年 7 月启动，该基地内京西重工减震器厂 2.7 万平方米的厂房在该基地内落成，也使我国汽车制造业跻身全球汽配高端市场开始成为现实。

老工业区变成高端汽车制造业基地，房山区的这一华丽转身与地铁线带来的经济活力密不可分。房山区窦店镇镇长朱立增介绍说，窦店镇占据着重要的地理优势，居于北京西南放射发展轴上，该汽车零部件产业基地一期将占地约 5 平方公里，将从西南辐射北京市。窦店工业基地的定位将是高端汽车零部件，以此着力解决北京汽车产业发展长期存在的空心化问题。

"地铁的建设是房山实现区域定位的一个必备条件。"首都经贸大学产业经济研究所所长陈及也认为，房山区发展相对城区甚至是北部郊区是滞后的，地铁线路的开通将为站点周边带来高密集的人口，从而形成相对高端的消费群体，使该地区商业形成聚集区。

奇货可居的地铁商铺

地铁房山线最接近县城的良乡南关站，如画卷形的进站大厅已经基本完工，不过周边的围挡还没有撤去。如果没有地铁站，良乡南关十字路口可能和中国千万个郊区城镇一样，由于距离繁华商业中心较远，店铺林立、交通便捷、整齐有序这些词几乎和这里不沾边儿。在这条街上，只能零星看见几个报亭、小卖部，街上其他地方都充斥着彩钢安装、电动工具修理、买卖水泥的小简易房。因为店铺面积小，一些商户干脆将一袋袋的水泥堆在路边，和川流不息的行人、自行车、马车、黑车争抢着原本就不富裕的道路资源，还有的店铺门口堆着还没来得及裁的钢条。

2005 年开始入驻的嘉瑞通小区就环抱在这样一批店铺之中，这也是最接近南关站的一个居民小区。第一家底商是一个私人经营的华联连锁超市，只有 20 多平方米，卖些烟、可乐以及日常生活用品，老板是一个不到 30 岁的年轻人。

"虽然没有什么生意，但是很少有人愿意转让店面。"他告诉记者，自地铁线要开通的消息传来，这里店铺的租金是涨了又涨，现在已经到 1 万多元/平方米，最小的店铺也有 20 多平方米。地铁开通之前，小超市的生意全靠着小区内的居民，油盐酱醋类的东西还比较好卖。不过嘉瑞通小区内不少是拆迁安置户，购买能力有限，家具、衣物、玩具等的商品几乎没有销路。

在小区东面，一个商铺玻璃门紧闭，上面没有贴出任何招商转让的告示。看见有人来看，旁边茶叶店的女老板告诉记者，这家店铺已经关门几个月了，开始的时候房东还托她找人转让，但是看着来的人出价越来越高又打消了现在出租的念头。"这家房东现在的目标是坚持到年底，等地铁的客流来了价格翻几倍后再出租。"女老板说。

在离地铁站百米之遥的宜货城，做服装生意的王女士也在盘算着开店和当二房东的利弊。2009 年，因看好地铁开通后的巨大人流量的王女士最早入驻了商场，但是开业以来不温不火的经营状况也让王女士心里打鼓，"地铁线路开通以后自然意味着更多的人员流动，但是出行变得容易之后，本地居民是否还会来这个本地的服装市场买衣服呢"？她说，随着地铁的轮廓越来越清晰，已经有不少人来跟她谈转让的条件，她也考虑是否该在人们对于这里的商业潜力处于最高憧憬的阶段把摊位卖出去。

"疯狂"的品牌连锁店

在地主待价而沽、租金逐日攀升的过程中，连锁店成了出手最痛快的买主。嘉瑞通小区楼下原本一家不知名的饭馆店面在今年年初被"老诚一锅"租下。这家店面位置正对着地铁站的电梯，施工的围挡把店铺前的道路几乎隔断，时至中午，店内的客流仍然不多。据小区居民介绍，今年 6 月，由于没有客流，这家餐馆还停业了一段时间。店内的负责人并未透露转让费用，只说与房东签了 5 年的合同，第一年相对惨淡的状况早在预料之中。

不仅仅是地铁站周边，住在良乡镇的居民可以清晰地感觉到，身边那些名称凌乱的店铺正在减少，取而代之的是"张一元"茶庄、"同仁堂"药店以及各种连锁品牌的餐饮和服务商铺。

"连锁店的出现是商业活跃的一个直观的体现。"对于良乡镇的这种变化，洪涛非常看好。他说，房山区作为北京市的老工业区，集体经济氛围浓厚，商业基础非常薄，然而随着近年来交通的变化，县城的经济布局正在发生急剧变化，一系列新的店铺出现使房山商圈已经出现端倪。

在洪涛看来，北京正处在结构性的空间调整中，尽管商业网点的布局目前仍滞后于交通网点的变化，但是经过 1~2 年的培育期，地铁所带来的商业聚集和人流增长将使房山地区的百姓生活和商业环境发生巨大变化。

文章来源：北京日报
题　　目：北京有望率先成为国际商贸中心
记　　者：沈衍琪
时　　间：2009 年 12 月 23 日

今年以来本市消费呈现强劲增长势头，市商务委相关负责人在 2009 年度北京商业高峰论坛上表示，预计全年本市社会消费品零售总额有望突破 5200 亿元，增长率达到 15%。多位论坛与会专家表示，从北京的市场规模及发展空间来看，北京有望率先在全国成为国际商贸中心。

2008 年北京社会消费品零售总额已经达到 4589 亿元，成为全国之首。专家表示，这一数字是伦敦的 78%，是香港的 1.5 倍，说明北京的市场规模已经具备了国际大都市的商业体量。

"商业的国际化程度是衡量一个城市能否成为国际性商贸中心的重要标准。"北京工商大学教授洪涛表示。世邦魏理仕今年发布的《2009 年度零售业全球化进程研究报告》显示，世界顶级 280 家零售商已有 101 家进驻北京。据统计，截至 2009 年 10 月底，北京市已经累计批准外资零售店铺 2500 家。而在五年前，北京的外资零售店铺数量还只有 26 家。

在今年的《福布斯》杂志排名中，北京被列入 15 大购物之都之一，而该杂志的"美食之城"评选中北京则名列第八。"这些都说明国际消费者对北京商业环境的不断认可。"

距离顶级国际商贸中心，北京还有多远？专家指出，目前北京东、西部商业设施和活跃程度的不均衡现象是最大的"硬件"问题，未来南城规划实施之后有望带来一定改变。

文章来源：北京商报
题　　目：学者建言国际商贸中心城市建设
记　　者：熊海鸥　李　铎
时　　间：2009 年 12 月 23 日

从 1978 年到 2009 年的 31 年间，北京市 GDP 均保持 9% 以上增速，2009 年北京人均 GDP 有望突破 1 万美元大关；同时，北京社会消费品零售总额连续两年零售规模和速度均超过上海，成为中国第一大消费之城。即使在国际金融危机的不利影响下，2009 年北京市社会消费品零售总额预计将实现 300 亿美元，超过世界公认的 250 亿美元的国际商贸中心城市标准。并且，北京流通业已经成为北京经济的基础性产业，2009 年北京流通产业增加值占 GDP 超过20.18%，排在第二位，仅略低于工业。北京建设国际商贸中心城市的条件日益成熟。

打造国际商贸中心城市是一个长期的系统工程，如何实现这一目标？来自中国人民大学商学院博士生导师黄国雄教授、北京财贸学院副院长王成荣教授、北京工商大学商业经济研究所所长洪涛教授就"打造国际商贸中心城市"这一主题发表了精彩演讲。

黄国雄：北京最有条件成为国际商贸中心城市

"打造国际商贸中心城市是一个战略性措施、一个系统工程，需要从领导、企业、各界一起来解决，共同促进北京市国际商贸中心城市的建立和形成。"黄国雄表示，打造国际商贸中心是经济发展的客观要求。

推进工业城市向商业城市转换是世界性现象，西方国家用了将近 100 年的时间完成工业城市向商业城市的转化，在工业时代，城市应该以工业为基础，但在如今商业时代，应该以商业为基础；世界经济多极化也需要多元化的世界商贸中心，多极化经济已经形成了现在世界经济的特点。18 世纪欧洲的发展产生了巴黎、伦敦这样的国际化城市，19 世纪出现了国际化城市纽约、芝加哥，20 世纪则出现了新加坡和东京。进入 21 世纪，上海、北京、广州都有条件成为国际化城市；中国经济发展已经进入一个全新阶段，从加工大国进入了制造大国，从生产大国进入了消费大国，从贸易大国进入了贸易强国，中国经济在世界上的地位不断提升，其经济大国的地位决定了要以世界性的商贸城市为中心，这也是我国城市化发展的一个客观要求。

作为中国首都，北京有着其独特的国际化服务、全国服务和为首都居民服务三重功能，也是其经济决策总部、金融总部、大型企业基地总部以及科技总部；而北京深厚的历史文化沉淀也是其他城市所不可代替的。

经过近几年的发展，北京经济基础也非常雄厚。第三产业已经达到了国际先进水平，正在从内需向外需转型，这就为北京构建国际商贸中心城市打下了基础。同时，经过奥运会的考验，北京的经济总量获得了快速增长，2009 年零售业增幅有望超过 16%，比 30 年平均数字还要高 3 个百分点。北京经济建设发展已经进入一个新的阶段，"北京最有条件成为国际商贸中心城市"。

5 个中心 + 3 个平台 + 1 个环境

黄国雄系统阐述了国际商贸中心城市应具备的基本内涵，"简言之就是构建 5 个中心，搭建 3 个平台，优化一个环境，培育 3~5 个能够具有国际竞争能力、能够双向开拓的流通集团或者流通企业"。

通过大量引进国际品牌，荟萃全国品牌，充分发挥老字号品牌，根据新条件、新兴品牌来营造世界品牌中心；打造世界金融中心，提高人民币的世界影响力；营造世界会展中心和世界旅游中心；以旅游带动国际商贸中心的发展，今后北京不会低于巴黎、东京、纽约，这些城市都是作为旅游城市来考虑的；营造世界物流中心和电子商务交换中心，凭借电子商务进行远距离交易，以把国际商贸中心城市的影响力辐射到全世界。

打造国际商贸中心城市，还须构筑三个平台。一是国际信息平台，通过信息能够了解全世界，并通过信息让全世界了解中国；二是人才荟萃的平台，让国际人才汇集在一起；三是要构建科技发展平台，这三个平台对构建国际商贸中心城市至关重要。

同时对于北京来说，营造一个宽松、舒适、通畅、生态的宜居环境，是国际商贸中心城市所必须具备的，"环境是建立商贸中心的前提条件"。而一个国际商贸中心，没有几个具有国内国际影响力的知名企业或品牌是远远不够的，目前北京还未形成能够真正主导北京市场的全国性企业，有必要培养具有国际竞争力的，能够国内外双向开拓的，属于首都的商贸企业。

打造北京国际商贸中心四大战略思想

打造北京国际商贸中心指导思想非常重要，一个好的指导思想是成功的基础。首先要发扬传统，突出现代，能够把传统和现代结合起来，保住这两者的结合。北京离开了故宫，离开了圆明园，离开了天坛，北京就跟纽约是一样的城市。"应该要有特色，这个特色就是传统，创新是锦上添花。"朝阳CBD出现，这是独创，是在首都的皇冠上加上几颗明珠。

其次是要策划总量，规划增量。北京商贸发展，要考虑它的总量到底要发展到什么水平，而不是无限量的。世界商贸中心城市不是从规模和数量考虑的，更多的是质量。所以要规划总量，同时要策划增量，要增哪个项目？比如现在东扩是不是合理？这个就要研究哪个地方需要建什么样的项目，应该进一步研究，把中心、把侧重点留出来。

再次是广纳博引，集聚人才。北京的特点是兼容，兼容国际的人才，兼容全国的人才，没有人才什么东西都不要谈。世界都与你做生意，就需要多少种语言作为载体，这也有助于进一步解决贸易谈判问题等。

最后就是要软硬兼施，整体推进。包括人才的培训、培养，整体素质的提升。平面布局，立体的结构都应该有一个全面的安排。

"打造北京国际商贸中心城市，最缺的就是人才和软件建设。"黄国雄强调。

王成荣：寻找国际商贸中心突破口

北京是中国的首都，是世界名城，打造国际商贸中心是宏伟的战略构想和可行的战略选择。从国际局势来看，国际金融危机爆发凸显中国经济模式的优越性，后危机时代的中国经济仍然保持持续增长。

王成荣认为，这几年北京商业发展迅速，新兴业态、特色商业、零售品牌日渐丰富，除了一些老的商业地标以外，蓝色港湾、乐天银泰百货、西单大悦城等很多新的商业地标突起，使北京这个城市更具有现代商业的活力。美国《福布斯》杂志刷新了全球购物中心十强排名，北京有两家入选全球十强。这说明了他们对北京的关注，对北京商业的未来发展非常看好。

国际商贸中心须是大品牌的集中地

尽管北京具备成为国际商贸中心的潜质，但距离目标还有一段距离。

在王成荣看来，国际商贸中心应是世界各大知名品牌，特别是奢侈品牌的必争之地，并且是这些品牌代理商总部的基地。这些大品牌实现品牌价值的高地就在这些国际商贸中心当中，其中物流成本低是一个基本条件。目前，北京已经引进了世界上200多个顶级品牌中的100多个，但现在北京还不是各大国际品牌代理商的总部基地，很多品牌都是通过香港引进的，就这点看，尚存较大差距。

同时，国际商贸中心还应是时尚潮流的风向标、著名品牌的新款商品首发地，北京在这方面已经有了一定程度的发展，但影响力还不够大，还没能成为新生活方式的领导者。不仅如此，与高端消费需求相适应的综合服务力同样重要。例如，邮寄服务、退换服务等。如果能做到在北京买同样一款商品到东京也可以退货，才能说明北京商业企业的软件达到了要求。

王成荣认为，国际商贸中心如果没有很高的公信力、影响力就不能称做真正意义上的国际商贸中心。如果一个国际商贸中心不能孕育几家知名的国际零售品牌，它就没有影响力。

目前北京真正具有规模影响力的商业企业并不多，世界前200强中25家涉及商业批发和零售的企业中，美国占15家，但中国却没有一家，说明北京的规模还不到位。

寻找突破口打造国际商贸中心

在国际商贸中心建设的道路上，成为著名的国际商贸中心都经历了数十年上百年，甚至两三百年的历史，非常漫长，是逐渐靠市场竞争、靠文化积淀形成的，不是三两天就可以打造一个国际商贸中心。王成荣表示，国外的有益经验值得北京进行借鉴。

第一，商旅结合建设国际商贸中心，就是商业和旅游的结合，这是建设国际商贸中心的必由之路。包括伦敦、巴黎都是如此，这些地区的旅游局时至今日仍将旅游购物作为城市消费的亮点，作为旅游过程中的一个重要项目。

王成荣认为，从伦敦和巴黎的情况来看，在游客旅行的过程中，它们可以保证旅行者在游览城市至少有 30% 以上的时间在购物。数据显示，北京还达不到该指标。

王成荣举例道，外国游客在中国香港平均停留时间是 4 天，在伦敦是 5 天，在纽约平均停留时间在一周左右，其中有至少两天时间在购物。目前，外国游客在北京的平均停留时间是 3 天，但几乎九成的时间是在各大景观游览，没有充分的时间购物。资料显示，如果让外国游客在北京多停留一天，至少可以增加消费 200 美元。如果按北京一年有 400 万旅游人口计算，这将是一个巨大的数字。北京作为一个文明程度很高、文化底蕴深厚的国际大城市，每年只接待相当于香港游客 1/5 的游客，很容易实现，所以潜力巨大。

第二，商展结合建设国际商贸中心也是一个可以借鉴的经验。包括巴黎、法兰克福，都是世界上最佳的会展地。只要这个城市是国际商贸中心，一定是展会不断。以巴黎为例，每年举办的大型国际会展达到 400 场以上，近年来北京的会展越来越多，但与国际会展城市相比还有很大差距。

此外，将商娱结合建设国际商贸中心也是一条可行之路。中国澳门没有过多古迹，但商业和娱乐结合得却非常好。而香港靠的是迪斯尼和海洋公园，尽管没有文物，但每年依旧可以吸引 2000 多万游客，该种结合堪称典范。商娱结合对建设国际商贸中心起着重要作用。

洪涛：结构调整助推国际商贸中心建设

作为六朝古都，北京拥有独一无二的本地化"京味商业"，拥有近 300 家老字号，仅前门就保留有 80 多家、大栅栏有 11 家，正因如此，北京的特色商业更加具备了足够的可持续发展空间。

各派商业、中西各种餐饮、各种业态、各种经营方式等都可以在北京找到并且具有较大的消费空间，许多商业文化在北京发展，商品文化、商业营销文化、商业伦理文化、商业环境文化在北京融汇，形成了特有的京商文化。作为一个最开放的城市，每年北京都将迎来 400 万海外游客造访。

北京也是外资商业企业投资的热土。截至 2009 年 10 月底，北京市已累计批准外资零售店铺 2500 家，而五年前，截至 2004 年底，北京市累计只批准了 32 家零售商业合资企业，有 26 家投入运营，总共开设分店 121 个。

尽管目前全国各地都在建设各类、多层次的国际商贸中心，北京提过国际商贸中心城市较晚，但是基于前述北京所具备的独特优势，北京有可能率先实现国际商贸中心目标。

但是，北京距离"购物天堂"还存在软硬件的差距。硬件上北京东部、西部商业设施相对较少，消费活跃程度偏低，存在北京商业空间结构的"不均衡现象"或者"失衡现象"。因此，结构调整与创新对打造国际商贸中心城市十分必要。

结构调整与创新构筑国际商贸中心城市

现代流通产业结构调整，是指构成北京市流通活动诸要素之间的比例及其经济联系，它是北京经济结构的重要组成部分，是保证北京经济协调发展的必要条件。北京流通结构的对象包括批发、零售、餐饮业、住宿业、商业服务业等所有制结构、行业结构、规模结构、业态结构、商品交易市场结构、空间网络结构等。其中商业服务业包括租赁、典当、会展、物流业、美容美发、洗染业、废品回收、摄影、家政服务和修理业等10多个行业。

大概来说，结构调整包含一、二、三产业结构的调整。北京已经迅速完成由第一产业向第二产业的转型，现在正经历着由第二产业向第三产业转移，发展生产型服务业和发展消费型服务业，使现代流通成为北京经济发展的基础产业、支柱产业、战略性产业。

首先，空间结构调整与创新居首位。随着地铁新干线的发展变化、奥运会的举办、新中国成立60周年等完成，北京商圈正在发生着巨大的变化，最主要的变化是CBD东扩、新南城规划、西部商圈的形成与发展等，使北京商圈正在急剧调整中，表现为商圈的多极化出现，众多区域性商圈形成，郊区化趋势明显。

其次，业态结构调整与创新继续加速。北京拥有多种业态，如百货店、超市、综合大超市、专业店、专卖店、仓储商店、便利店、购物中心、厂家直销店、食杂店、精品超市、家居中心等，以及网上商店、邮购、电视购物、自动售货、电话购物、直销等创新业态。许多批发交易市场也创新了许多新型业态，据统计，现有30多种业态。

最后，深化所有制结构调整与创新、规模结构调整与创新。

五年内实现北京国际商贸中心建设战略

确立打造北京国际商贸中心城市的发展战略，使之成为促进首都商务发展新动力。国际商贸中心是国际化特大城市的重要功能，将在充分满足多层次消费需求的基础上，以完善的市场条件为必备条件，以强有力的商品交易市场和高端市场为载体，以跨国公司商贸总部为发展龙头，以现代化的流通产业六大体系为基础和配套支撑平台，通过国内外的先进商品、服务交易平台和结算平台，提供个性化、时尚化、国际化、特色化的消费服务，发挥日益强大的聚集辐射作用。

要用五年时间完成北京国际商贸中心城市的建设战略，必须坚持北京"京商"特色、北京国际化特征、北京现代化特征、北京和谐化特征、北京绿色化特征等原则。调结构、快发展、保特色、争第一。

同时采取六大措施：提高消费者的便利化程度，构建国际商贸中心的基础；提高市场品牌丰富程度，强化国际商贸中心的功能；加强特色商业集中程度，增强国际商贸中心的主体优势；增强商务服务完善程度，优化国际商贸中心的服务环境；提高总部经济的聚集程度，增强国际商贸中心的辐射力；提升国际排名美誉程度，扩大国际商贸中心的影响力。

文章来源：北京商报

题　　目：除了打折，商场还有什么新招？

记　　者：王　漪

时　　间：2009 年 8 月 17 日

在北京工商大学商业经济研究所所长洪涛看来，北京的商业在全国已走在前列，成为超过上海最活跃的城市，2008 年社会消费品零售总额达到 4589 亿元，同比增长 20.8%，扣除价格因素后，实际增长 15.7%。2009 年上半年达到 2502.4 亿元，同比增长 13.2%，超过全年预期增幅 0.2 个百分点，扣除价格因素后，实际增长 14.6%，预计全年将超过 5000 亿元。但是，他认为，相比香港而言，北京还不是"购物天堂"，仍然有很大的提升空间："北京虽然有自己的购物季，各大商场也有周年庆，但各自为政，没有形成全城联动。即使打折力度很大，消费者感觉跟平时也没有什么不同"。

受全球金融风暴的影响，国内百货业从去年年底以来销售持续低迷。根据中华全国商业信息中心的最新统计，今年上半年服装类市场销售较为平淡，直接影响到主营服装类商品的百货商场的业绩。2008 年全国重点大型零售企业服装销售受金融危机等因素影响较大，各类服装零售量同比增长 10.28%，相比 2007 年下滑了 1.78 个百分点。其中，女装和针织内衣裤零售量加速增长，增速相比 2007 年分别上涨了 1.04 个和 1.73 个百分点；其他各类服装零售量同比增速相比 2007 年均出现明显下降。该中心公布的数据还显示，今年 1 月 1 日至 2 月 15 日，北京市部分中高档商场零售额同比下降 3.07%。

中国商业联合会的统计也显示，零售百强 2008 年的销售规模增速不仅创五年来最低，且增速首次低于社会消费品零售总额的速度，多数以百货业态为主的零售企业销售额增速和排名相比 2007 年均出现了不同程度的下滑。

业内人士认为，百货业态的低迷除了受金融风暴的影响，更重要的是疯狂打折效果减弱之后的必然结果。那么，除了打折之外，商场就没有新招了吗？

模仿"香港模式"不能简单照搬

"北京那么多的高档商场晚上灯火通明的，顾客却不多，能挣得了钱吗？"裴先生偶尔到商场转了一趟，不禁发出这样的疑问。

有裴先生这样想法的人很多。不仅顾客不多，到商场只逛不买的人也是比例颇高。国家统计局总经济师姚景源曾表示，现在到商场里的顾客，只有 30% 左右的人有购买欲望，剩下的只是闲逛。

不过，这并不影响燕莎商城、当代商城等一批高档商场一年十几亿元的销售额。而且，同样受金融危机影响，不少商场却保持了非常可观的增长率。

有业内人士表示，一些高档商场表面看起来客流很少，但有时一个 VIP 一次性消费就能达到几十万元。去年年底国贸商城、华贸购物中心、金融街购物中心等一向保持高姿态不打折的高档商场均推出了品牌折扣特卖，吸引了不少消费者。而以往这些高档品牌折扣一般只通知 VIP 会员，很少大张旗鼓地打出降价口号。

2008 年北京地区的 GDP 突破 1 万亿元人民币，人均 GDP 超过 9000 美元。从发达国家或地区来看，当经济总量达到一定水平以后，其消费比例也将提高。目前中国消费比例约为 40%，美国等发达国家的消费比例为 60%~70%。因此，有专家建议，北京应大力发展高端消费，以适应消费水平的提高。

一个很值得学习的榜样是香港。在一家银行担任高管的余女士是香港购物的"热衷者",因为工作关系,余女士经常有机会到香港或广东出差,期间她一定要挤出时间去香港购物,花销动辄在十几万元或几十万元。圣诞节的时候,她也要打着"飞的"到香港狂购一气。

像余女士这样的购物者并非个例。香港特区政府商务及经济发展局局长刘吴惠兰上月初表示,去年内地访港旅客超过 1686 万人次,占访港旅客总数的 57.1%,同比增长 8.9%。这些内地旅客在港消费总额超过 88 亿美元,占外来旅客在港消费总额的 60% 以上。随着 2003 年以来内地旅客赴港"个人游"实施范围逐步扩大,香港的旅游、零售、餐饮、酒店、运输等行业都得到较快发展。

作为亚洲老牌金融中心和自由港,香港被称为"购物天堂"。与内地不同的地方在于,这里的绝大多数商品没有关税,同样的商品在香港的价格大约要比内地便宜两成,众多国际一线品牌也都聚集在此。另外,香港商业的另一个重要优势在于它与国际的同步。

业内人士认为,在时尚消费中,谁能赢得与欧美市场同步上市的首发,谁就能赢得忠实的客户,而众多国际品牌都选择将其新款发布放在香港与欧美的主流城市同步进行,加上港元缩水人民币升值因素,都让香港成为内地消费者趋之若鹜的购物热地。

香港非常值得内地学习的地方在于,香港对商业销售的整体包装让消费者对购物有了全新的体验。每年有两个时段到香港购物最便宜,即暑期举行的"香港购物节"和圣诞前后的打折促销活动。前者在 2002 年诞生,其目的就是搭建全城商业销售平台,推广当地旅游业以及零售业的发展。后者则是由来已久的商业习惯。在一些业内人士看来,香港的打折促销活动并没有更多的新奇之处,但许多内地商家照搬了他们的做法,效果却完全不一样,香港除了持续举办受到消费者欢迎的大减价活动,更注重营造购物氛围。

以去年圣诞节期间为例,位于中环皇后像广场的巨型圣诞树每晚定时点亮,"圣诞老人"在各主要入境口岸亲自欢迎旅客,并派发圣诞购物活动宣传单;近百个当地的志愿团体还组成歌咏团,在换上"冬日购物节"装饰的古董电车及敞篷巴士上报佳音,并跟随流动表演车前往主要商业区,再加上商家们的打折、抽奖、送礼等活动。对游客来说,置身这样一个全城范围的狂欢 PARTY 之中,购物热情自然会被点燃。

国外的一些商场和购物中心里除了有游乐设施、足球比赛等活动外,有时夜里也会举行狂欢游行。

北京的商业在全国已走在前列，但在北京工商大学商业经济研究所所长洪涛看来，其中仍然有很大的提升空间："北京虽然有自己的购物季，各大商场也有周年庆，但各自为政，没有形成全城联动。即使打折力度很大，消费者感觉跟平时也没有什么不同"。

因此专家建议，消费者购买行为具有明显的季节性，因此购物节的设立在时间上必须顺应消费者的购买习惯，增加购物多样性，增强便利性。既然活动是配合节日进行，就需要具有节日感，突出特色和主题，营造出节日氛围。

改善环境和服务 并非一句简单口号

消费者固然关注价格，但一味打折促销显然是远远不够的。

反观国内商场，目前在为消费者提供良好的购物服务和舒适的购物环境方面差距不小。在北京一家杂志社工作的杨女士刚从台湾旅游归来，因为行程安排很满，杨女士原本并没有在台湾购物的计划，但是一到那儿，还是花出去了一两万元。

"白天在景点转了一天，晚上只是想到商场转转，但服务人员非常到位的服务，让我还是忍不住想花钱。"杨女士说，"那种服务不是简单的热情，就是给人的感觉很舒服、很发自内心。不像内地商场，服务员看似热情洋溢地给你推荐，你要是没买，她转脸就给你吊脸子。"

"很多人都说提升服务，但在不少商家那里，服务往往变成了一句口号。"业内专家谈起对商家服务的评价，与很多消费者感同身受。

说到环境也是如此。一些商场多将精力用在营销活动上，但并不会从整体品牌效应考虑营销结果，商业竞争的层次难以从价格竞争升级到购物环境体验的竞争。至于配套不到位，更是司空见惯的现象。

北京市商业经济学会秘书长赖阳表示，轻松愉快的购物氛围很容易使原本不想购物的人产生消费欲望；反之，会让消费者本来已经掏出来的钱又收了回去。

一般来说，城市中的商场在节假日的销售额约占全年的1/3，周末的销售额占一周的1/3，而晚间的销售额则占全天的1/3，因而在节假日的晚间自然是商场的最佳营业时段。

洪涛表示，即使是在购物节期间，香港的大型商场和购物中心闭店时间也不是很晚，但因为这个城市大街小巷全是商店，连山顶上都有购物中心，因此即使到了夜里消费者仍体会到浓厚的商业氛围。"而且那里的各项服务到位，专门设立的旅游车就停在商场门口等待外地购物者搭乘。"

但就目前内地商场服务本身来看，仍有不少地方有待改进。现在已有不少京城商家选择自然闭店，但在一些商场中仍会出现消费者在接近打烊时被催促结账或离店的现象，甚至有商场在一临近闭店时便关闭中央空调，这都让顾客感觉很不舒服。同时，由于商场周边的交通等其他配套公共服务并不完善，消费者也会在晚上遇到着急出门却找不到电梯和出口的情况。"大部分商场内的指示标牌都很小且不清晰，导致许多顾客走错路。"一位北京某大型商场的负责人表示，他们正在着手更换店内的指示牌。

随着游乐场、酒吧、演出市场的日渐繁荣，北京人的晚间生活也越来越多样。但商场负责人和商业分析专家都认为，由于受众群体的不同，晚上逛商场的人并不会减少。"商家其实可以利用其他业态的繁荣，为自己盈利。"赖阳表示，休闲娱乐应该和购物紧密地连在一起，如果欢乐谷里有个大商场，人们玩累了多半会进去买东西。但现在大部分公园比较封闭，里面的商店只卖自己的纪念品，如果和商业合作，把娱乐项目的价格降下来通过购物得到弥补，那将是一个良性循环。

吸引外地消费和大宗消费

晚上 10 点多钟，从广东来京旅游的王先生领着女儿走在西单北大街上，白天他们不断进出各大景点，晚上想到大商场逛逛，但无奈的是，走过的几家商场都已经关门，他觉得北京的商场其实可以为像他这样的游客营业时间再延长点儿。

因为气候的原因和生活节奏的不同，北京人或者北方人到了晚上不大喜欢出来闲逛，与南方人有很大的不同。赖阳表示，南方人喝完早茶 9 点上班，因为城市比较小，而且下午 3 点才上班，所以人们经常回家睡午觉，到了晚上依然很有精神，城市里商业氛围相对浓厚，即使到了夜里一两点钟大街上还是有很多人。"而南方人到了北方，其实还是很有夜间消费的习惯。"

对于有晚间购物需要的外地游客，洪涛表示，这部分人群还是相对比较多的，根据过去的一项统计，西单和王府井 70% 的客流量都为外地顾客。因此他表示，处于传统商业区的商家应该关注这部分消费群的需求。

第二十五章　中国经济发展

采访集萃：

文章来源：经济观察报
题　　目：发改委有请　低调约谈
记　　者：张向东
时　　间：2011 年 4 月 29 日

神华、中煤、同煤、伊泰等大型煤炭企业被叫去谈话了，主持谈话的是国家发改委价格司，谈话主题是合理控制涨价幅度，禁止盲目涨价行为的发生。

这一天是 4 月 27 日，就在发改委大院的一间办公室里。这间办公室最近一个月使用频率非常高。在此之前，十几家行业商会组织已被约到这里。据说，发改委价格司就"稳定价格"与这些组织进行了"沟通"。"约谈"没什么寒暄，被约谈者甚至都不认识与他们谈话的官员。在平常的行业管理过程中，他们很少见到这些官员。约谈往往非常直白，进门就直切正题。每个被约谈者面前，只放着一杯白水。约谈现场波澜不惊，但"约谈"引发的反响却震荡不已。

低调约谈

一个月前的一天，全国工商联农业产业商会、中国肉类协会等十几个消费品行业组织收到了来自国家发改委"约请"通知。

这份通知说，国家发改委价格司定于 4 月 2 日在北京召开重要消费品行业协会座谈会，邀请相关行业协会和工商联相关商会参加。座谈会将通报当前市场价格形势，了解当前消费品行业动态，研究讨论保供稳价问题。

4 月 2 日当天，十几家消费品行业组织准时赴约。一位参加了当天约谈的商会负责人说，"约谈就在一间会议室内进行，和平时开会并没有什么区别"。

在此次座谈会上，国家发改委价格司的官员简单介绍了当前的价格情况，并介绍了相关的价格法律文件。不过，并没有明确提出不要涨价的要求。

中国肉类协会常务副会长邓富江参加了当天的座谈会，在他看来，这应该是一项很正常的工作程序。会上各个行业都提了自己面临的一些问题、成本的压力和对涨价的看法等。邓富江在会上提出的意见是，"肉类价格目前是涨了一些，但是这是属于市场的合理回归，不能把价格的通道给封住"。

开完会以后，国家发改委价格司的官员提出要求说，各个企业应该想想怎样应对自己的行业，怎样自律自己的企业。这在邓富江看来，算是政府打招呼了。此后各行业组织都相继发出了本行业的倡议书。

发出倡议书的决定，是在当天的发改委价格司会议室里就已经定下的事情。邓富江说，当时我们提出来，肉类食品有自己的特点，还有鲜活等特点，因此我们的倡议书单独发出。

座谈会期间，国家发改委还分别对个别企业进行了"单独约谈"，国家发改委价格司人士说，比如对一些白酒企业的约谈，主要是因为其价格波动已经背离了市场情况。在约谈白酒企业的时候，并没有相关行业组织的参与。

具体约谈的过程，国家发改委人士并没有过多介绍。他仅表示，和开会差不多，没什么特别的，只是谈到的问题会更加具体，毕竟来的都是一些已经出现问题的企业。他强调说，约谈并非直接干预市场，并不是每一次开会都是约谈，但有一点，这些约谈都是围绕价格来展开。

4月20日，国家发改委为回应社会质疑，以答记者问的形式对外解释了其"约谈"行为。

发改委称，3月份以来，陆续有部分日化、方便面、酒类等企业在媒体上发布涨价信息，推升了市场的涨价预期，在个别地方出现了居民的小规模抢购现象，在一定程度上造成了市场秩序混乱。

4月28日，国家发改委有关人士对本报强调说，发改委4月2日召开十几家行业协会和商会的会议，并不是约谈，而是座谈。只有对于个别明显存在不正常涨价情况的企业，我们才可以说是约谈，约谈也不是不让涨价，而是要提醒他们遵守市场规律，并遵守《价格法》和相关文件的规定。

约谈过后

发改委的约谈会议开完后，4月13日，全国工商联召集下属24家商会发布了共同联合声明。事实上，当天真正参加4月2日国家发改委价格约谈会议的全国工商联商会只有4个。一个参加的商会说，其实他们对搞这种集体声明是很不情愿的，这是典型的违反市场规律的做法。但最终，他们还是参与了倡议书。

4月19日，邓富江将协会起草好的"承诺书"拿到全国肉类行业理事会上进行公布，《自觉维护肉类食品安全和价格稳定倡议书》也对外发布。邓富江说："我们的'倡议书'和工商联的是不一样的。"

邓富江逐字逐句地给记者念了一遍倡议书的内容，"为确保肉类食品的有效供给和合理的价格水平……特提出如下倡议……"邓富江在"合理的价格水平"几个字上特意加重了语气，他说，"我们是要求合理的价格水平"。

在这份倡议书里，肉类协会作出了"不惜收、不惜售、不串通涨价、不操纵价格、不散布涨价信息""五不承诺"。肉类协会希望，企业能够为实现国家宏观调控目标努力。同时，这份"承诺书"被抄报国家发改委。

邓富江说，发改委召开企业座谈会，本身是没什么问题的。这是工作的一种程序。我们回来之后，传达了发改委的精神，都觉得很正常。我们现在认为，目前随着热季到来，销售就已经是淡季，价格波动应该不会很大。

4月27日，国家发改委对一些重点煤炭企业进行约谈。企业是神华、中煤、同煤等四家企业，他们都是向秦皇岛港口销售市场煤炭比较多的企业。

秦皇岛是中国煤炭的主要中转站，其煤炭报价一向是国内煤炭市场的风向标。近期受到电厂缺煤、原材料价格上涨等因素的带动，秦皇岛煤炭价格呈现不断上涨的态势。国家发改委约谈前一天，秦皇岛港口山西5500大卡的煤炭报价最高至每吨810元，环比上涨1.9%，同比上涨16.2%。这一价格，与去年同期相比上涨了125元，比3月底上涨40元，比前一周上涨了15元。

国家发改委有关人士表示，价格原因并不是约谈煤炭企业的唯一出发点，而是为了保证电煤供应和市场的平稳运行，但是市场的平稳首先取决于价格的稳定。

最近一段时间以来，秦皇岛电煤价格不断上涨，部分地方电厂存煤告急，电荒提前到来等种种迹象说明，接下来的电煤形势是非常紧张的，要提前着手准备。

尽管国家发改委有关人士一直认为,此次对煤炭企业的约谈重点并不是价格问题。但其对最近一段时间的价格约谈行为并没有回避。

他说:"保持价格稳定是今年的首要调控目标,我们已经多次发出了通知,但是由于各种原因,今年一季度以来,尤其是最近的一个多月,一些重要商品的价格出现了不断高企的情况,发改委根据不同情况采取了不同的应对措施,其中包括加大供应、查处违法企业进行惩罚、对一些行业企业进行约谈、加大地方检查力度等措施"。

但是,国家发改委频繁的"座谈"或"约谈"给企业造成的威慑作用已经显现。

一个曾参加发改委座谈会的商会有关人士说,无论是约谈还是座谈,实际上的效果是一样的,只不过是措辞的问题。虽然没有说不让涨价,但其实就是不能涨价。

该人士对"约谈"的做法表达了自己的不满情绪,他说,"这是一种非常可笑的做法,明显违反市场的行为。价格管理应该找到真正的原因,而不是不分青红皂白地不让涨价。现在我们觉得,再一直不让涨价,这个行业就撑不下去了。"

更具讽刺意味的是,当听到煤炭企业被约谈的消息后,一些煤炭贸易商都觉得这是"利好"的消息。河南的一个煤炭贸易商说,这么多年已经证明了,政府越管制,电煤市场只会越乱。发改委的约谈让他觉得,下一波的市场行情肯定会更好,只是他担心,他从大煤矿手中拿到的价钱也会上涨。

约谈之外

自 2008 年至今的三年间,几乎每年中国都会上演一波涨价的风潮,而国家发改委价格司是因价格上涨而变得更加忙碌的部门之一。

在 2010 年年底的涨价潮中,国家发改委就曾多次召开煤炭、棉花、化肥等行业座谈,其中要求大型煤炭企业在年底前不得随意上调煤价;棉企不得盲目涨价;而对涉及农产品的化肥行业,发改委联合财政部等相关部委上报了一份严格的出口限制措施。

此外,国家发改委为应对 2010 年的一波通胀,还采取了派出价格督察组赴各地督察、稳定通胀预期、实施价格监管、打击价格违法行为、完善补贴降低影响、建立绿色通道等办法。

国家发改委相关人士对本报说，保持物价稳定，有很多工作都还在推动当中，一是这些政策效果的显现可能需要一定时间，而政策的落实需要流通、农业等部门的配合，尤其是需要地方的配合落实。

国家发改委价格信息检测中心的一位人士说，价格上涨的原因有很多，既有眼前的，也有深层次的。发改委为控制物价上涨，基本上能做的、不能做的都做了。发改委也有来自国务院的压力。价格约谈，甚至在过去曾使用过极端的价格管制措施，也是不得已而为之。

当时看来，在应对2010年四季度的一波涨价潮中，最有效的是重要农产品的价格日报制度。从2010年11月23日国家发改委紧急部署稳定物价以来，自12月2日，价格日报监控显示，全国的粮食价格在10天内，没有丝毫波动。

国家发改委的人士说，价格监测报告制度目前依然在实施，只不过随着一些农产品价格回落，日报制度已经部分取消。

价格报告制度开始于2006年4月，当时国家发改委价监司为健全完善价格监测预警体系，将原有的对主要商品和服务价格、成品油价格两种监测报告，扩大为四个，即重要消费品和服务价格、重要能源价格、重要生产资料价格和重要经济作物价格，每月分别报告3次或1次。但上述物价报告制度在2010年的一波涨价潮中被打破，粮食、肉禽蛋奶、蔬菜、水果等食品的价格被改为日报。

而今年国家发改委则开始更为频繁地通过约谈，来稳定市场物价。尽管发改委一直辩解称，"约谈并非干预市场"，但这一做法，在遭到学者批评的同时，也遭到了市场的反对。

在中国物流信息中心副总经济师闫淑君看来，政府有很多政策，在落实的环节里，还是有打折扣的地方。

闫淑君说，中国需要减少物流的环节和成本，这样才能从根本上解决物价上涨。在政府方面，绿色通道已经在实施，现在更多的是要考虑公路收费状况，这不是某个具体行业或企业的事情，公路收费实际上是政府行为。

长期以来，中国的物流总费用一直都高于大部分世界其他国家，在GDP中的比重也是世界少有。有统计称，中国的社会物流总成本占GDP比重、运输费用占GDP比重，分别高出发达国家80%和50%。

中国物流信息中心的统计显示，今年一季度社会物流总费用1.7万亿元，同比增长 17.9%，社会物流总费用与 GDP 的比率为 17.9%。随着一波又一波涨价潮的袭击，中国商品价格流通成本过高已经成为一种共识。

最近，江苏等省上报国家发改委的调研报告指出，流通成本高已经成为推动农产品价格上涨的首要因素。江苏省的调研报告指出，蔬菜经田头集中、产地收购、长途运输、销地批发、再到零售，需要 4~5 道环节，销价比购价一般高出 2~5 倍，高的达 5~8 倍。

在各项物流费用中，运输费一直都是最主要的成本。物流信息中心的数据称，一季度的社会物流总费用中，运输费用 0.94 万亿元，增长 13.6%，占社会物流总费用的比重高达 54.2%。

闫淑君说，中国流通环节中存在的环节较多，造成效率较低。多的这些环节，带来了价格的上涨。各种重复性的东西，增加了流通的成本。可能大家都在忙活，但都没有挣到钱。各种问题还没有得到根本的解决。这几年有了一些改进，但是改进的步伐还是比较慢的。

约谈过后，全国物价涨价涨势似有所缓和。对于国家发改委来说，这是乐于看到的。但是对于企业来说，约谈过后的局面则更加严峻。

4 月 29 日，全国工商联农业产业商会会长陈泽民说，现在企业不仅面临着人工成本、油价上涨带来的流通成本、上游成本等环节带来的冲击，还面临着保持价格稳定的任务。企业只能通过不断地挖掘自身潜力，来应对眼下的非常时期。

陈泽民的另一个身份是郑州三全食品有限公司董事长，他说，作为企业，我能理解国家的目的是从大局出发，毕竟我们也不愿意看到上游的涨价。但还是希望，一切都能够按照市场规律运行。

在北京的最近半个月里，陈泽民为商会的会员企业办了一个培训班，给农产品加工企业培训如何争取到国家对涉农企业的资金支持，以渡过难关。他说，如果坚持一段时间，企业确实出现亏损，则可以通过正常的途径，向国家发改委提交涨价申请。

随着"五一"假期的到来，国家发改委的"约谈"似乎暂时告一段落。但是对于一些行业来说，另一种"约谈"正在酝酿之中。来自石油业商会的人士说，他们会在节后主动找发改委"约谈"，目的是为了防止油荒，而为民营炼油厂争取油源。"既然傅成玉说他们炼一桶油亏 20 美元，那为什么不把油给民营企业炼?"

北京工商大学经济学院教授洪涛说，稳定物价，政府决策部门应该是标本兼治，找到问题的原因，是受到成本冲击的，应该通过措施减缓成本冲击的程度，并适度允许农产品价格上涨；而更根本的问题在于流通环节、市场秩序、生产经营的方式等，政府应该多做这些方面的工作，否则就有干预市场的嫌疑。

文章来源：东方早报
题　　目：制止跟风涨价是约谈重要目的　成品油企业也应约谈
记　　者：陈静思
时　　间：2011 年 4 月 8 日

3 月 31 日和 4 月 2 日，国家发改委在短短三天内两次与酒类等重要消费品行业协会召开座谈会。其中，白酒近期的轮番上涨遭到了批评。市场专家接受早报记者采访时表示，制止跟风涨价是约谈的重要目的，而垄断企业违规也应受到约谈；也有分析认为，虽然"约谈"的短期效果明显，但长期效果并不乐观。

北京工商大学经济学院教授洪涛昨天接受早报记者采访时表示，中国的商品分为政府定价、政府指导价和市场定价三种价格形式。其中市场定价占到约96%的比例，政府定价和政府指导定价的商品比例越来越小。

"虽然市场定价的商品需要充分有效的竞争，但仍需监管部门对价格行为进行规范和监督，针对当前消费品价格普遍上涨的情况，国家发改委作为价格管理部门采取约谈的方式，是一种介于行政手段与经济手段之间的做法。"洪涛说。

近几个月以来，中国政府为应对通货膨胀采取了多种措施，但价格上涨过快的隐忧仍未消除。"相比之下，发改委更担心由一家企业涨价而带来的'跟风'涨价或连锁反应，引起抢购潮造成恐慌。发改委意在制止串通涨价、哄抬价格等行为。"洪涛说。

联合利华就曾表示计划在 4 月 1 日将公司旗下的产品价格上调 10% 左右，此后，市场上也传出宝洁、立白、纳爱斯等日化企业计划在近期全面上调洗涤类日化用品价格的消息。在年初的白酒"涨价潮"之后，黄酒、啤酒等企业也相继传出涨价的消息。有分析指出，"原材料上涨"并非黄酒涨价的主要原因，效仿实行提价、执行品牌扩张战略，或许才是黄酒等企业抱团涨价的真正目的。

约谈确实收到立竿见影的效果。

342

　　正是在受到国家发改委的约谈后，康师傅公司和联合利华暂缓了涨价的计划。联合利华表示，此决定是"根据国家发改委的要求"而作出的。根据《华尔街日报》的报道，联合利华发言人表示，"国家发改委官员说他们不希望涨价，因为可能会引发公众对通胀的恐慌，我们选择遵从这一要求。"但是，联合利华和康师傅公司都表示，尚未决定此次推迟会持续多久。

　　事实上，企业被迫压制下来的涨价，并不被看好。有批评指出，"约谈或许只能起到短期的效果。长期看来，难防变相的暗涨，以及一段时间后的新一轮上涨。"

　　不过，值得关注的是，涨价不仅仅发生在这些领域，由大型国企掌握的天然气、石油等资源价格，近来也一路上扬。4月7日，国家发改委又将汽柴油销售价格每吨分别上调500元和400元。但似乎没有一家垄断央企因价格问题被"查处"。

　　对此，洪涛称，"成品油等在中国属于政府指导定价，政府确定一个最高限价，企业可在最高限价和基准价之间决定最终价格。在此过程中，如果有不规范的行为，也应受到监管部门监督和约谈。"洪涛指出，要防止约谈变成"定价会"，同时也要防止被约谈的企业串通，利用这个平台使价格合法化。

文章来源：北京商报
题　　目：京版新非公36条细则出炉　市政基础设施向民资敞开
记　　者：张　涵
时　　间：2011年4月6日

　　被称为"新非公36条"的《国务院关于鼓励和引导民间投资健康发展的若干意见》京版实施细则，近日由北京市发改委正式向外宣介，其中自来水厂、污水处理厂、热力场站等市政基础设施以及医疗、教育、政策性住房等公共事业将成为鼓励的重点，市发改委预计，在政策鼓励之下，北京市今年的民间投资比例有望达到60%。

非禁即入　四大领域将全面放开

　　在国务院的"新非公36条"发布后，普遍热议的话题就是民间投资准入是否会有实质性的突破，但由于国家文件是纲领性的，这一疑问被期待在地方实施细则中得到回答。

公布《北京市关于鼓励和引导民间投资健康发展的实施意见》（以下简称《实施意见》）中明确四大领域将全面向民资放开：政策性住房建设、核心区疏解改造、特色街区、四合院等城市开发建设工程；文化、旅游、体育、新兴产业、高端服务业等现代产业发展工程；轨道交通、再生水厂、自来水厂、污水处理厂、热力场站、垃圾处理厂、园林绿化等基础设施与公用事业市场化建设工程；学前教育、职业教育、高端教育、医疗、养老等社会事业市场化建设工程。

市发改委副主任宋宇表示，今后对于不同投资主体，按照"非禁即入、平等待遇"原则，优惠政策和政府支持措施可以合理移植，扩大覆盖范围，目前各区县和有关部门正在分工制定引导计划，具体的项目信息和实施情况预计从6月起陆续向社会公布。

公共事业与基础设施成鼓励重点

北京市民间投资主要集中在高新技术产业、商品房开发、生产性服务业等竞争性领域，在保障性住房、基础设施、社会事业、公用设施等领域的参与程度还不够高，而在《实施意见》中，以医疗、教育和政策房为主的公共事业和自来水、污水处理、供热等市政基础设施领域的投资被反复强调。

"建立起合理的投资回报机制，是吸引民间资本的前提。"宋宇表示，下一步北京市将引导民间资本进入公租房领域，通过合理的政策制度设计，进一步吸引民间资本进入。同时民营资本进入自来水厂、污水处理厂等公用事业领域，既要让企业盈利运转，又要让百姓能承受价格，财政将给予一定的政策性补贴或按统一标准购买服务。

投资环境将决定民资进入与否

"北京市要建设中国特色世界城市和国际商贸中心城市，这就要求城市的基础设施和公共事业必须与其经济实力相当，且达到国际化的要求，恰恰是在这些方面北京还有不小的差距。"北京工商大学商业经济研究所所长洪涛教授认为，一直以来北京的公共事业和基础设施给民间资本的印象是"政府主导性强"，与南方城市相比很难进入，所以市政府此次发布的文件释放了非常重要且积极的信号。

在洪涛看来，市政基础设施虽然利润微薄，但是对于民间资本而言仍具有吸引力，由于民营资本的效率更高、运营成本更低，所以往往能够在国资运营艰难的领域取得不错的利润。

他举例说，原来北京市蔬菜生鲜供应由国家承担，不但供应品种少且每年还需要补贴。但是改革开放以后，新发地农产品批发市场等就直接改变了这一状况。"民资不怕利润低薄，他们主要看的是投资环境。"洪涛说。

文章来源：东方早报
题　　目：反价格垄断规定出炉
记　　者：陈静思
时　　间：2011 年 1 月 5 日

1 月 4 日，国家发展和改革委员会官网公布了《反价格垄断规定》和《反价格垄断行政执法程序规定》，以期"清肃"各种形式的价格联盟和滥用垄断地位行为。两部新规定于 2011 年 2 月 1 日起施行，《制止价格垄断行为暂行规定》将同时废止。

国家发改委有关负责人昨日称，下一步，省级以上价格主管部门将成立专门的反垄断执法机构。同时，"组织开展对重点行业和重点领域的执法检查，曝光一批典型案件"。

北京工商大学经济学院贸易经济系主任洪涛昨天接受早报记者采访时称，"《规定》出台的主要目的是整治市场秩序，对价格的规制管理不一定都意味着价格下降。"

洪涛曾参加国家发改委举办的应对农产品价格上涨专家座谈会。

细化"垄断协议"

国家发改委公布的《反价格垄断规定》，对价格垄断协议、滥用市场支配地位和滥用行政权力等价格垄断行为的表现形式、法律责任作了具体规定。主要包括：禁止具有竞争关系的经营者达成固定或者变更价格的八种价格垄断协议；禁止经营者与交易当事人达成固定商品转售价格和限定商品最低转售价格的协议；具有市场支配地位的经营者，不得从事不公平高价销售、不公平低价购买、在价格上实行差别待遇、附加不合理费用等六类价格垄断行为。

《反价格垄断规定》还规定，行政机关和法律、法规授权的具有管理公共事务职能的组织不得滥用行政权力，强制经营者从事价格垄断行为，或者制定含有排除、限制价格竞争内容的规定；不得对外地商品设定歧视性收费项目、实行歧视性收费标准或者规定歧视性价格。

早报记者了解到，《反价格垄断规定》并不仅是为应对此轮物价上涨所采取的措施。中国自 2008 年 8 月 1 日施行《反垄断法》以来，有关价格垄断的细化规定，执行的还是国家发改委 2003 年 6 月发布的《制止价格垄断行为暂行规定》。由此，国家发改委在 2009 年 8 月公布了《反价格垄断规定征求意见稿》，向社会征求意见。

并非为了降价

值得注意的是，新规颁布之际，近半年来物价形势偏紧，通胀压力明显。2010 年 11 月，国务院确定了"以经济和法律手段为主，辅之以必要的行政手段"的物价维稳原则，并在当年 12 月初对《价格违法行为行政处罚规定》进行了修订，将经营者操纵市场价格的罚金上限，由 100 万元提高到 500 万元。

不过，洪涛昨日说，新规将对价格垄断形成遏制，但反价格垄断规定意在整治市场秩序，而非使价格下降。

洪涛分析说，价格垄断表现为：一种是外资进入中国形成价格垄断，比如外资大型超市在中国开业时，以限时低价招揽顾客；另一种是零售商利用对渠道的垄断，进行价格垄断。《反价格垄断规定》的出台将对这些行为形成有效遏制。

对于"遏制低价垄断将使价格上涨"的质疑，洪涛说："低于成本的低价策略看上去是有利于消费者，但不利于公平竞争，扰乱正常经营秩序，违反价格法。对价格的规制管理不一定都要价格下降，有些价格该升的还是要升。比如绿色产品、无公害产品，相对较高的投入，应得到相应的回报。"

从国际贸易的角度，招商银行宏观与策略分析师徐彪认为，反价格垄断对于铁矿石谈判等进口商品议价将起到积极作用，可以增强中国企业涉外谈判时手中的筹码；同时，如果国际贸易中存在他国对中国的价格垄断争议，也有了受理和调查的官方渠道。

洪涛认为，新出台的《反价格垄断规定》和《反价格垄断行政执法程序规定》，让政府治理价格垄断的可操作性增强。"两个规定的操作性比较强，此前的法规中一些规定比较模糊，不利于执行和操作。"

洪涛指出，新规对"不公平的高价"、"不公平的低价"、"正当理由"、"市场支配地位"等具体情形的认定条件进行了明确规定，指明了对违反规定的行为处罚时，应依据反垄断法的具体条款。

《反价格垄断规定》还对行业协会的行为进行了规范。

"行业协会不能帮助企业串通涨价，2008 年方便面涨价就是在行业协会操纵下发生的。"洪涛说。

将设专门执法机构

昨天，国家发改委有关负责人还透露，各级价格主管部门，特别是省级以上价格主管部门，将成立专门的反垄断执法机构，补充专业人员。

事实上，国家发改委已着手在各省、自治区、直辖市价格主管部门组建专门从事反垄断和市场价格监管的队伍。

2010 年 7 月，国家发改委披露，已新设市场价格监管处、反价格垄断处。

2010 年 12 月，国家发改委价格监督检查司在成都召开反价格垄断工作会议，国家发改委价格监督检查司司长许昆林在会上要求，各地抓紧设立反价格垄断的专门机构，选派相应人员开展价格反垄断工作。

但许昆林在此间也表示，目前成立专门机构的地区，执法人员在年龄结构、专业结构、执法能力等方面都还难以完全适应反价格垄断工作的实际需要，此外部分执法人员存在畏难情绪，认为当前反垄断相关法律法规不完善，执法活动难以开展；有的人也担心对相关案件的调查和处理会引起行政复议和行政诉讼。

有观点称，从法律层面来看，价格垄断行为有《反垄断法》进行规范；从管理层面看，物价局、工商局等都是与此职能相关的部门。是不是需要成立单独的部门，以免机构重复设置，这点可以商榷。

"目前的定价方式多元化，除了成本定价，还有需求定价、竞争定价（也就是根据竞争对手的价格定价），比过去单一的定价方式复杂，需要专业执法机构对价格进行管理。"洪涛说。

值得注意的是，截至目前国家发改委查处的价格垄断行为多发生在充分市场竞争行业，如方便面、米粉、绿豆等行业，并未涉及成品油行业。

文章来源：人民日报海外版

题　　目：观点集萃

记　　者：余　洁　杨　眆　帅鹏坤

时　　间：2010 年 6 月 18 日

民企

发展速度不是民营企业面临的最重要的问题，提高企业核心竞争力才是企业立业之本、发展之道，要确立企业自主的品牌，不能满足于贴牌代工的生存模式。

——全国政协副主席、全国工商联主席黄孟复在第 21 届中国哈尔滨国际经济贸易洽谈会上向民营企业家强调。

财政

让居民能够客观评价政府财政支出是否符合党和国家的方针政策、是否符合广大居民的意愿、是否用于经济社会发展和改善民生最急需的地方，这是公共财政的应有之义。

——全国人大财政经济委员会副主任委员、全国人大常委会预算工作委员会主任高强表示。

劳动力

我国新生劳动力的数量在"十二五"中期将开始下降，普及高中阶段教育和大学招生数量持续增加将使我国劳动力供给的数量逐年下降。虽然全社会的劳动力数量仍然是供大于求，但东部发达地区和部分大城市将出现劳动力短缺。

——发改委投资研究所研究员张汉亚日前指出。

节能

节能服务产业属于服务业范畴，其发展相对滞后，这是由于相关法律法规滞后，影响了交易规则、交易诚信的建立。通过政府引领，市场跟进，各类节能主体主动，才能加速节能服务产业的发展。

——国务院发展研究中心资源与环境政策研究所副所长李佐军认为。

分配

我们要的不是普遍的提高工资、增加收入，中国今天需要的是收入分配的结构性调整，也可以说是"国民收入的公平计划"。

——中央财经大学政府与经济研究中心主任王福重表示。

房地产

我认为这不是房地产市场的拐点，而是整个行业健康发展的新开端。

——对于楼市是否已经出现拐点这一问题，万科总裁郁亮这样看待。

经济

金融危机的深刻警示告诉我们，只有搞活实体经济，国家的整体经济才能够实现持续发展。我们需要股市的活跃、楼市的活跃，但这些必须建立在实体经济活跃和发展的基础上。

——北京工商大学经济学院商业经济研究所所长洪涛认为，新政出台有利于引导民资投向实体经济。

文章来源：《光彩》杂志
题　　目：解读"新36条"：非禁即入是大势所趋
记　　者：高　境
时　　间：2010年6月17日

《国务院关于鼓励和引导民间投资健康发展的若干意见》即"新36条"发布后，一石激起千层浪，社会各界对此出现了广泛争议。乐观派认为它将激活民间资本，从而使中国经济攀上高峰，谨慎派觉得政策虽好却根本无法落到实处，更多人则在观望。

"新36条"为何选择此时推出？它的前景如何？民企该怎样应对？

理应为民资提供更宽松的环境

《光彩》："新36条"出台的大背景是什么？

洪涛：从全球经济形势看，希腊主权危机和欧洲债务危机只是个别地区的特例，全球经济大体上向好复苏，我国鼓励和引导民间投资符合大的发展趋势。

从民营经济的地位看，1997年，国家就确立了以公有制为主体、多种经济成分并存的社会主义市场经济制度，民营经济成为国民经济不可分割的重要组成部分。因此，在一些重要行业中，缺少民营资本的参与是不完整的。

而从现实来看，2009年1~11月，国内民间投资占城镇固定资产投资的"半壁江山"，比重达到56.4%。同时，民营经济已成为促进国民经济发展的重要力量、国家财税收入的重要支柱和创造社会就业岗位的主要渠道。在此情形下，国家需要为民营经济的进一步发展提供宽松的环境。

《光彩》："新36条"与"旧36条"相比有何不同之处？

洪涛：首先是范围不同，"旧36条"是针对非公有制经济的，"新36条"则是针对民间投资，范围更加具体。

其次是"新36条"突出了执行性和操作性，提出了细化到二级科目的领域。比如民营资本若参与交通铁路投资，则具体细分了铁路干线、专线和支线领域。

最后是投资方式不同，"新36条"不仅是"鼓励"两个字。比如金融行业，过去也说过要吸引民营资本进入，但现在明确提出要降低门槛，降低国有股所持比例。

《光彩》：时下，房市调控重拳频出，股市涨跌不明，很多人都在揣测"新36条"选在此时发布是否有特别的用意？

洪涛：为应对国际金融危机，我国政府采取了加大政府公共投资的策略，4万亿元对我国经济能够在世界范围内率先企稳回升功不可没，但是也存在财政能力的制约。同时，公共投资容易导致投资过热、产能过剩等相关问题。而民间投资显然更具有效率，有利于防止出现经济失衡的情况。

民间投资现在面临两个问题：一方面是民间资本缺少较好的投资渠道，5500多亿元的民间投资找不到好的落脚点，一些资金只好被拿去炒房、炒股、炒蔬菜、炒大蒜、炒绿豆、炒黄金，其中有许多都是盲目投资。另一方面是由来已久的民营企业融资难，真正需要钱的时候又没有钱，新政出台有利于引导民资投向实体经济。

金融危机的深刻警示告诉我们，只有搞活实体经济，国家的整体经济才能够实现持续发展。我们需要股市的活跃、楼市的活跃，但这些必须建立在实体经济活跃和发展的基础上。

从更长远的角度看，如果民资进入了实体经济，大家都不去"炒菜"、"炒豆"，国内CPI指数能随之下降，也就实现了较低的通胀率和较快的经济增长速度。这样再良性发展十年、二十年，我们的经济会产生新一轮强势增长。

利益之争难挡大势

《光彩》：现在有观点对"新36条"并不看好，认为它只具有象征意义。对此，您如何看待？

350

洪涛："新36条"符合我国一贯的市场经济政策，有一定的延续性。仔细研读可以看出，条文制定非常缜密，表明中央政府希望开放程度能够达到极限化。但是，从以往的经验看，它必然会受到地方政府以及行业部门的强烈抵制，因为会涉及既得利益。中央和地方、部门之间的矛盾是客观存在的，地方政府以及一些利润率比较高的行业，很难放弃他们的既得利益。尽管有些部门已经表态支持新条例，但在涉及具体利益时，他们是不会轻易让出来的。因此，政策出台后制定相关细则时，势必面临着条块分割的制约。

但是社会主义市场经济发展到现在，其目标既然是要建立统一、开放、竞争、有序、安全的市场经济体制，那么聚合经济必然受到冲击。如果聚合经济这个门槛迈不过去的话，那么我们所讲的结构性调整和转变发展方式是不可能成功的。

今后，哪个地方更明智、更开放、给民营企业更大的发展空间，哪个地方的经济就会发展得更快、更有活力。哪个地方死守利益不放，限制民营企业的发展，哪个地方的经济发展就受到限制。非禁即入是大势所趋，这是重大的原则性问题，应该引起地方政府、行业部门和民营企业的高度重视。

《光彩》：由于此前的"非公经济36条"所提出的很多内容都未能得到很好的贯彻落实，以及民间资本在山西煤矿遇到隐形剥夺等事件，使民营企业中出现了观望和徘徊的心态。对此您有何看法？

洪涛：中央此次出台的"新36条"，其实已经给了我们一个明确的信号，即"国进民退"不存在，国家的大政方针没有改变，中央依然大力支持民营经济。2009年，我们已经基本建成了社会主义市场经济体制，未来的五年，我们要进一步完善这个体制，而不是转变改革的发展方向。在应对国际金融危机的过程中，国家在宏观层面进行的一些调整是为了使经济尽快走出低谷。因此，我觉得民营企业应该吃下一颗定心丸。

在和地方政府的博弈中，中央很明智，把球踢给了地方和行业部门——政策出来了，看你们具体怎么去执行，让民营资本参与国有企业的重组，你们敢不敢。

民营资本要做好准备

《光彩》："新36条"出台，会给民营企业，特别是中小民营企业带来什么样的机遇？

洪涛：这些年，特别是发生国际金融危机以来，国有大型企业是"不差钱"的，但是中小民营企业融资非常困难。最近，商务部召开会议，提出要创新融资模式，让中小企业通过多种方式进行融资。我认为，除上市、发行债券外，还可以进行多渠道融资。例如，商圈融资、市场集群融资、供应链融资、园区融资等。

现在政策已经出台，即使个别地方和部门会出台某些限制性条款，民营资本也会根据自身的灵活性寻找到最有利于发展的领域和项目。

《光彩》：您认为，在"新36条"鼓励民资进入的行业中，有可能取得最大突破的是哪个领域？

洪涛：应该是金融服务领域。近些年，国家一直强调"草根金融需要草根经济来办"，意思是要放宽对金融机构的股比限制，鼓励民间资本发起或参与设立中小金融机构，这既能扩大民间投资市场的准入范围，又能有效解决民营企业融资难的问题。

"新36条"针对金融主要有三方面举措：一是放宽金融机构的准入政策。比如，支持民间资本以入股方式参与商业银行的增资扩股和农村信用社、城市信用社的改制工作。

二是降低民间投资金融机构的成本和风险。其中，对小额贷款公司的涉农业务实行与村镇银行同等的财政补贴政策。

三是完善担保体系。支持民间资本发起设立信用担保公司，完善信用担保公司的风险补偿机制和风险分担机制，防范金融风险。

《光彩》：在"新36条"的具体实施细则出台后，面对新机遇，民营企业应注意哪些问题？毕竟很多领域是他们从未涉足过的。

洪涛：我认为大体有以下五点值得注意：一是要符合国家的相关产业政策，不可盲动。二是要进一步提高自身的核心竞争力，包括可持续发展的能力和不可复制的能力。三是重视所投资行业的相关人才的挖掘和培养。四是建立现代企业制度。过去民营企业在一些小行业小领域发展，家族制度没什么大问题，但是要进入更大的领域，就必须完善企业制度，因为面前的竞争对手是强大的跨国企业和国有企业。五是要采取多种融资方式和有效的融资模式，企业对资金的需求肯定会加大。

文章来源：国际商报

题　　目：扩大消费谨防通胀

记　　者：汤　丽

时　　间：2009 年 12 月 19 日

随着通胀的预期争论，在国家统计局发布 11 月 CPI 增长由负转正的消息之后，再度升级。

在国家为 2010 年的经济发展定出稳增长、调结构、促消费基调，并将扩大消费作为政策着力点的关键时刻，这场争论早已跳出学术分歧的范畴。

12 月 16 日，中国人民银行发布的第四季度全国城镇储户问卷调查结果显示，居民对物价满意程度连续下滑。在 50 个大、中、小城市的城镇储户中，46.8% 的居民认为目前物价"高，难以接受"，比上季度增加 1.6 个百分点；居民当前物价满意指数为 28.2%，较上季度下降 1.3 个百分点，连续第三个季度下滑。未来物价预期指数也持续走高，为 73.4%，比上季度提高 6.6 个百分点。

对于通胀预期的悲观情绪正在蔓延。扩大消费能否在明年续写牛市，显然需要有效对冲通胀风险波动。

明年依靠内需拉动经济发展，"困难程度要远远高于今年。"对于中央经济工作会议未将通胀问题作为重点突出，中商流通生产力促进中心行业分析师宋亮警示。

宋亮在接受本报记者采访时表示，今年一系列扩消费政策的实施虽成效显著，但以补贴这种政府转移支付的形式为主要架构的政策框架，仍是短期刺激性的，难以对居民消费产生持续性的影响，且政策的排挤性可能影响明年政策的执行效果。

再看明年，全球经济缓慢复苏过程中的不确定因素仍多，出口仍面临巨大的挑战，且在巨额投资不可持续的前提下，消费所肩负的经济增长重任显然大于今年。同时，今年社会消费品零售总额的增长已经达到历史高点，推高的基数本身就给明年的消费增长带来了一定的压力。

宋亮认为需要特别强调的是，低物价是推动今年消费高增长的一个重要因素。"虽然自 7 月以来，商务部监测的全国 36 个大中城市食用农产品市场价格指数开始反弹回升，但从 2 月初到 6 月底，该价格指数却一路滑落，表明物价的总体水平处于低位。"

上半年，房屋和食品价格均低于近两年的平均水平。"家电下乡"产品的平均价格比 2008 年同期低 20% 左右，算上政府补贴，一台家电的价格能比平时低 30% 左右。而明年，钢、铜等原料价格的上涨将使下乡家电面临生产成本大幅增加的挑战。

"可能引发通胀的因素众多。种种迹象表明，潜行的高通胀风险很可能在明年得以释放。"宋亮分析认为，首先，明年国际经济回暖，原油等大宗商品需求增加，价格将大幅上涨，可能引发输入性通胀；其次，随着国内经济结构调整力度加大，落后产业淘汰，新型产业发展，势必导致产业间供求失衡，造成结构性通胀；再次，明年资源价格改革全面推进，水、电、油、气等基础能源价格的上涨将提高相关产业生产成本，并将价格传导至下游产业，成就成本推动型通胀；此外，明年政府仍将加大对农业的扶持力度，粮价难跌，而当前猪肉、食用油等产品价格已开始回升，提前吹响了明年农副产品涨价的号角。

强化预期管理尽管 CPI 转正强化了人们对于通胀预期的悲观情绪，但国家发改委宏观经济研究院经济所流通与消费室主任陈新年对此却并不担忧。她对本报记者表示，"信贷投放量大并不一定会带来流动性过大的问题。"他认为，当前 CPI 转正不但不是通胀的前兆特征，反而是经济向好的重要信号。"国家出台的一揽子政策就是要拉动经济回暖，现在物价指数恢复正增长，正是消费需求增长的前提下，市场供求关系的良性互动。"

北京工商大学经济学院贸易经济系主任洪涛在接受本报记者采访时表示，"可能要到明年年底或是后年年初，通胀才会出现。对于通胀，不要过于敏感，也不要掉以轻心。"

通胀虽未构成当前经济发展中的主要矛盾，但客观看待经济形势仍是必须的。洪涛认为，对于潜藏的通胀风险，当局应密切关注市场动向，尤其应注意食品和房屋的价格波动，加强流通环节的监管规范，防止投机等非市场因素推高市场价格，造成市场混乱。在稳步推进水、电、油、气等公共产品的价格改革中，要在保证居民基本需求的基础上，推行梯度价格政策，并把农民增收放在三农问题的首要位次。而在国际经济复苏缓慢、外需受阻的前提下，5% 以内的温和通胀是有利于当前国内经济发展的。

无论通胀是否会到来或是以怎样的形式到来，可以肯定的是，通胀恐慌将从心理层面影响居民的消费预期，为了抵御快速上涨的物价，人们可能降低消费积极性，萎缩消费能力，从而制约消费增长。此外，高房价对消费的排挤和收入分配方式难以大幅度逆转，明年消费要想实现高增长，必须付出较今年更大的努力。

文章来源：国际先驱导报
题　　目：物价上涨背后的通胀之忧
记　　者：张皓雯
时　　间：2009 年 9 月 11 日

"猪肉价格又涨了。"已经退休的李女士略带抱怨地说这句话的时候，国家发改委价格监测中心的数据显示，9 月 8 日，全国 36 个大中城市的超市、集市猪肉（精瘦肉）平均零售价格比前一日略有上扬。

而农业部对全国 470 个集贸市场的定点监测显示，猪肉价格已经连续 10 周回升，累计涨幅达 23.1%，鸡蛋价格也连续 5 周上涨，累计涨幅 6.2%。

回想 2007 年

李女士告诉记者，猪肉的这个涨势，让她想起 2007 年。"那会儿猪肉涨得太厉害了。从前我花几十块钱买排骨，可以吃几顿，2007 年的时候，一样的钱只能买那么一小点，只够吃一顿的。"李女士说。

2007 年 5 月，国内猪肉价格同比上涨 43.1%，攀上了历史最高位。随后，CPI（消费者物价指数）涨幅步入了高位运行期，通胀压力逼近。李女士很担心，2007 年物价高涨的情况会再重现。李女士的担心并非空穴来风，目前市场上除了肉蛋价格一路上扬外，白菜、土豆、姜、蒜的价格也出现了相应的上涨。

没有通胀背景

"我们现在不具备通胀的背景。"包明华告诉记者，很多人担忧通胀会来，是因为中国在应对通胀的过程中，流动性资金投放过多。

今年上半年，银行放贷达到 7.5 万亿元人民币，包明华介绍，这相当于前两年的信贷总和。在此背景下，中国的实体经济却只出现了好转的苗头，而非明显好转。这不得不让人怀疑过多的流动性资金是进入了股市等虚拟经济中。

不过即便如此，包明华认为，通胀也不会在短期内出现。"经济没有明显好转，消费者就不敢消费，CPI 涨幅不会太大。"

而洪涛也提请记者注意，肉蛋价格上涨的大背景是全球粮食价格正在下降，中国的粮食又连续几年丰收，在这样的形势下，饲料价格即使上涨，也比较有限。而饲料通常是肉蛋价格上涨的主因之一。

包明华介绍，2007年农产品价格上涨时，正逢原油价格高涨，粮食被用作制造替代原油的生物能源的原料，导致粮价高企。现在，油价没那么高。"也就是说，通胀的国内国际背景都不具备。"包明华说。

具备通胀条件

不过，包明华提醒，中国是具备通胀的条件的，即流动性资金过多。

实际上，央行已经在通过加大票据投放来回收过多的流动性资金。包明华指出，这只是回收的方式之一。能否出现通胀，还要看其他方式消化流动性资金是否有效。

他告诉《国际先驱导报》，消化过多的流动性资金还有三个渠道：一个渠道是短期内，中国经济有没有明显好转，或者是国际经济有没有好转，带动中国出口，两者都可以使一部分过剩的流动性资金进入实体经济。

第二个渠道则是消费。包明华认为，消费者消费食品的数量变化不大，不会因为经济好转，就消费更多的食品。真正能够消化过剩流动性资金的是住房、汽车这些大宗消费。现在看来，汽车消费一片红火，住房消费却在下降。

资本市场也是一个消化过剩流动性资金的渠道，但前提是企业IPO增加，创业板也顺利推出。实际上，也就是增加资本市场的供给。

不过，从目前看来，这三个渠道能否有效回收过剩的流动性资金，还有待观察。通胀隐忧仍在。

通胀在越行越近吗？

北京工商大学商业经济研究所所长洪涛向《国际先驱导报》指出，"猪肉和鸡蛋价格连续上涨，只能说有通胀的预期，不要过于夸大"。由于肉蛋在CPI中占比较大，达30%左右，肉蛋价格一旦上涨，很容易就引发通胀预期。

但洪涛认为，猪肉价格从去年年底开始下跌，已经跌到了盈亏平衡点。此轮上涨更多地出于价格回归的因素。中国人民大学经济研究所所长包明华也持同样观点，认为肉蛋价格上涨主要是因为前期跌破了合理限度。

文章来源：国际商报

题　　目：内销：外贸企业长远之计

记　　者：李高超

时　　间：2009 年 10 月 19 日

种种迹象表明，外贸环境的确改善了。此时，那些曾转向内销市场的外贸企业是否还要坚持？对此，商务部市场运行调控专家、北京工商大学经济学院教授洪涛的观点是：外贸企业"兼顾国内国际两个市场，特别应重视国内市场"应是长远之计。

海关总署最新数据显示，9 月当月，我国外贸出口 1159.3 亿美元，同比下降 15.2%，环比增长 11.8%。来自东南沿海的消息也称，一些外贸企业的订单开始回升，现在出现的问题是招工难。

种种迹象表明，外贸环境的确改善了。此时，那些曾转向内销市场的外贸企业是否还要坚持？对此，北京工商大学经济学院教授洪涛的观点是：外贸企业"兼顾国内国际两个市场，特别应重视国内市场"应是长远之计。

明确经济发展类型

洪涛认为，目前，中国消费主导型经济已经越发明显。"经济发展依靠消费、投资和出口。而从我国改革开放 30 年的情况看，消费主导型的结论基本得到了认可。"

他给记者摆出了一组数据：在改革开放 30 年间，进出口对国民经济拉动贡献率最高的年份只有 3 年，投资贡献率最高的年份有 8 年，剩下的 19 年均是消费的贡献率最高；在这 30 年间，进出口有 7 年对国民经济贡献率为负值，1981 年投资也在国民经济增长的贡献率中表现为-0.2%，只有消费一直对国民经济增长起拉动效应。"甚至在 1996 年以前，消费对于国民经济增长的贡献率一度超过了 50%。"

一旦明确我国经济增长为消费主导型拉动，内需的作用就显而易见。在这种情况下，无论是何种企业，内销市场和国内消费都是不可忽视的重要部分。

市场转向说易行难

在金融危机对我国出口造成巨大影响的时刻，国家拉动内需的政策曾让许多外贸企业将目光投向内销市场，并开始大胆尝试。不过，这种尝试也遇到了不少困难。一家广东外贸企业的老板就曾向记者抱怨，内销市场订单小、回款慢、缺渠道、少信息的种种困难都让他感觉压力重重。"不是我们不想做内销，实在是因为困难太多，我们做不来。"

洪涛也承认，内销市场与外销市场的确存在着完全不同的渠道。对于大部分外贸企业而言，"水土不服"是在所难免的。"比如国内销售过程中，许多零售商都是先拿货，后付款，一批货物可能要二三个月才能付款，有的零售商还要收取进场费。这对于外贸企业而言意味着资金周转慢，并且需要占用大量资金，这就增加了企业的市场风险。"

为了解决外贸企业的困难，国家有关部门也想了不少办法。今年6月，广东首次推出"内销版广交会"——首届广东外商投资企业产品（内销）博览会，支持和配合外贸企业进入国内市场。在北京，"外贸大集"也多次开市，对于外贸企业拓展内销市场起到了良好作用。

洪涛表示，最近南方地区的情况反映出，外贸企业的订单有所回升，但是国际市场的风险依然存在，这个时候外贸企业还需要继续重视国内市场。

政府扶持还要继续

洪涛认为，外贸企业进入国内市场，政府的扶持政策还要继续。

一方面，对于遭遇困难的外贸企业来说，稳定的国际环境是最需要的，这一点政府层面的作用更为重要。比如通过双边经济合作，为外贸企业建立良好的贸易环境，赢得相对稳定的经济社会条件。同时，国家可以通过税收政策，对出口产品给予扶持。还可以为外贸企业提供金融、信贷和法律等支持。

另一方面，在开拓国内市场上，政府同样可以帮助外贸企业创造环境。"比如，国家可以对出口转内销的产品进出尾货市场、奥特莱斯等渠道给予鼓励，为外销产品进入内销市场提供更多机会。"此外，还可以鼓励内外贸企业形成合作关系，特别是在困难时期，要给予外贸企业进入国内市场以"绿色通道"。"其实，外贸产品进入国内市场可以更多地使用自有品牌，这对于中国制造的长远发展也是有好处的。而通过与外贸企业的合作，国内企业和产品同样可以有机会进入国际市场，这也为危机过后中国制造的发展奠定了基础。"

全国政协委员、原商务部部长助理黄海曾表示，今后的中国市场，内需与外需相结合，以扩大内需为主；投资需求与消费需求相结合，以扩大消费需求为主；政府消费与居民消费相结合，以居民消费为主。洪涛表示，在这种发展趋势下，内销不仅是外贸企业应对金融危机的权宜之策，而应是其长远发展之计。

第十部分 综合

洪涛教授以商品流通为主线关注经济生活中很多领域的热点问题，既关系民生，又与国际接轨。在贴近百姓生活方面，从南方灾区菜价上涨到如何保障消费者权益，从公交一卡通的管理到储值卡、消费卡的规范；在国内经济及国际环境的大背景下，从谏言零售商插足房地产市场到打造葡萄酒全产业链，从国企收购海外矿产到分析油价走势，等等。

本部分内容将其中具有代表性的一部分热点问题作了简单归纳。除此之外，还选摘了部分洪教授的演讲及观点。

第二十六章　其他热点评析

采访集萃：

文章来源：北京日报
题　　目：高朋被迫承认抽奖有"暗箱操作"
记　　者：孙超逸
时　　间：2011年5月12日

团购网高朋（Groupon）10日在微博上发起的白色iPhone4抽奖活动，吸引了近10万名网友参与。但高朋网公布的获奖者账号却被网友"肉搜"后发现是高朋网自己的员工。昨日，高朋网承认其员工在微博上组织的抽奖活动中进行了"暗箱操作"，而微博抽奖的奖品"发给了谁"，也引起了网友的普遍关注。

高朋网：员工如何操纵"无可奉告"

5月10日下午3时，高朋网公布了此次的获奖者账号，但网友发现，在新浪和腾讯两个微博网站中抽取的获奖账号竟然是一样的。部分网友随后对这两个获奖账号展开人肉搜索，半小时后，这两个账号的主人浮出水面，都是高朋网自己的员工，网友惊呼"被骗了"。

虽然高朋网CEO欧阳云事发后一度表示"并不存在把奖品赠送给公司员工一事"，但在网友向腾讯和新浪官方微博进行投诉后，10日晚间，新浪和腾讯关闭了高朋网的微博账号，该抽奖信息也被删除。

昨日上午，高朋网向外发布了官方声明，称经过彻夜调查，确实发现存在个别员工在抽奖活动中有以权谋私的行为，高朋网管理层已对此事作出了最严肃的处理，在此次抽奖中谋私的员工和负责活动的副总裁都已被辞退，奖品将重新抽取。但对于这几名员工是如何操纵抽奖结果的，高朋网管理层表示"无可奉告"。

"这些抽奖、送礼品的活动规则都是我们自己说了算，没人监督。"一位商家告诉记者，不但抽奖活动没有人来检查和验证，抽奖的结果也是随心所欲，"看谁的网名顺眼就抽谁"，并且他也曾把奖品的1/3抽给了自己人。对于高朋网此次因抽奖被举报，他认为是"偶然"，"是高朋网的员工太贪心，奖品全落在了自己人手里，才会被发现"。

网站：举报查实重罚不过是封号

商家自己给自己"抽奖"真的没人管吗？记者随后致电新浪微博和腾讯微博进行了咨询。

"我们是有专门的活动鉴定组和虚假活动曝光平台的，但必须先由用户进行投诉。"新浪微博的一名负责人说，"现在这种抽奖活动非常多，我们很难在这些活动上线前就一一核实"。

对于商家虚假活动和虚假抽奖的处罚，微博网站能做的也微乎其微。腾讯微博一名负责人表示，对于抽奖中存在"猫腻"的商家或组织方，处罚方式也不过是警告和封号。

虽然两家微博的负责人都表示将对抽奖活动的"猫腻"加大处罚力度，但记者在采访中发现，新浪的活动鉴定组官方微博的粉丝量只有200人，比起高朋网抽奖活动动辄五六万人的参与量，实在是有些不值一提。

专家：微博抽奖应有第三方监督

"微博抽奖行为也需要统一的规范，并引入第三方的监督机制。"北京工商大学教授洪涛认为，比起有工商部门监督和规范的实体店营销，微博中的营销活动现在还缺乏统一的规范和监督，也没有明确的部门对其监管。

对于类似的微博转发抽奖活动，建议引入第三方监督机构，例如请公证处进行现场公证，并对整个抽奖环节进行监督。

文章来源：北京日报
题　　目：低价购物卡小心是"克隆"！
记　　者：孙超逸
时　　间：2011 年 4 月 22 日

福卡、雅联卡、联华卡、便利通、商银通、万通卡、大众卡、付费通、交通卡、石油龙卡……如今，每个市民的钱包里都或多或少地装着几张各式各样的购物卡，不但商场、超市门口有人兜售，网上低价打折销售这些"购物卡"的广告也铺天盖地。然而在享受方便、优惠的同时，却很少有人知道这些购物卡内的金额可能只是个"克隆"数，暗藏着种种风险。

500 元购物卡未刷只剩两毛

今年 3 月底，家住海淀的刘女士发现一家网店正在以 8.5 折的折扣销售面值为 500 元的某超市购物卡。这意味着用 425 元就能买到 500 元的商品，刘女士怦然心动。因为怕出问题，拿到卡后，刘女士特意打电话确认了卡内的金额，得到商家 500 元的查询答复后安心地付了购卡款。

因为卡的生效日期是今年 4 月 1 日，所以刘女士并没急着去消费，直到几天前她在超市用这张购物卡结账时，却被收款员告知"余额不足"。再一查卡，刘女士卡里面的余额只剩下两毛钱。

自己没刷，卡也没丢，这卡里的钱怎么就不见了？正纳闷的刘女士本想就此事质问卖家，但无论如何却再也联系不上了。

记者近日走访发现，不少顾客都遇上过与刘女士类似的情况。一些商场和超市的负责人向记者证实，也碰到过消费者反映购物卡内的钱财"不翼而飞"的情况，但拿这些购物卡对其进行检查，除了发现卡内余额不足外，与正常卡并无任何差别，也查不出其他任何问题。无奈之下，消费者也就只好"自认倒霉"。

复制机轻松造出"克隆卡"

到底是什么原因造成了购物卡内金额不翼而飞呢？

"他们买到的是克隆卡。"一位业内人士向记者道出了其中的秘密，骗子是用磁卡复制机，先将真购物卡的信息显现出来，再用一张制作或用过的克隆卡

364

通过写卡器进行信息复制，这样两张卡卡内的金额、信息就完全相同，在查验金额的时候自然不会出现异样。克隆购物卡一旦卖出，卖家会迅速将真购物卡里的金额消费掉，买家手里的卡就会变成没钱的废卡。

"有磁卡复制机，有原始卡，连银行卡的磁条信息都能读取、复制，何况超市卡？"这名业内人士还向记者表示，制作克隆卡的难度很低，磁卡复制机更是可以直接从网上买到。

记者在百度上就"磁卡复制机"进行搜索后，显示的结果有30多页，其中大部分都是销售磁卡复制机的商家广告。"三槽的复制机1600元一台，两槽的1200元，购物卡、门卡都能复制，有的银行卡也能。"

记者随机挑选了几家进行暗访后发现，不仅可以从这些商家轻松买到磁卡复制机，还可以委托他们直接制作克隆卡。

"你把真卡寄给我们，我们就能依样设计出画稿，印刷在白卡上，外观上和真卡一模一样。"一位网络商家得知记者要制作"克隆卡"后明说："一元钱一张，五百张起，3天内寄到北京。"

业内人士表示，因为现在大部分购物卡没有防伪标识，克隆卡的外形、卡号、文字也都与真卡一模一样，光靠肉眼根本无法分辨。甚至一些假卡制造者已实现了公司化、规模化运作，有自己的客服电话，甚至还有自己的投诉热线、语音答录系统，与真卡的设置毫无差别。

磁条购物卡安全有"后门"

为什么一卡通不会被复制，而购物卡如此容易就会被克隆呢？

一位从事卡片制作多年的制作商周先生透露，现在市面上发行的大部分购物卡是磁条卡，这种磁条卡本身并没有密码区，也就是说无法设置消费密码，而一卡通用的都是芯片卡，会留有专门的密码区。"磁条卡从严格意义上说只能起到一个记录信息的作用，无法识别使用者的身份，而且记录的内容也没有加密，很容易被读取和复制。"正是因为克隆磁条卡与原卡记录的信息完全一致，卡片是真是假连卡片发行商也无从分辨。

磁条卡安全有后门，为何还会被选择来制成购物卡？

记者先后咨询了本市多家大型超市和商场，不少超市负责销售购物卡的工作人员表示，购物卡不挂失、不补办、不记名，目前出售的购物卡也都没有设置密码，同时由于涉及个人隐私，也不便于留下客户身份信息。"针对克隆卡我们也没什么好办法，只能建议消费者从正当渠道购买。"

事实上，超市、商场之所以采用安全系数低的磁条卡，是因为磁条卡成本低廉。周先生给记者算了一笔账，磁条卡的制作成本约在每张 0.4~0.5 元，芯片卡每张至少要 2 元。

专家建议：加强购物卡监管设定统一标准

如何才能让消费者避免因买到克隆购物卡而受到损失，北京工商大学教授洪涛表示，要避免克隆卡对消费者造成损失，就要首先加强对整个购物卡行业的监管，设立统一的标准。

洪涛认为，目前市面上出现的各种各样的购物卡，发行渠道十分混乱，有的是商家自己发行，有的是由商家委托第三方专业机构发行，并且大小、制式、使用方法、使用范围各不相同，这给"克隆卡"提供了空子。

谈到如何规范这一行业，他认为相关监管部门和行业协会应首先给购物卡设定一个统一的标准，购物卡大小，材质用磁条卡还是芯片卡，是否要设立密码等方面都应统一，使购物卡摆脱五花八门的状态。同时，对于购物卡的发行权进行规范，谁能发行谁不能发行，每类商家发行购物卡的额度限制都应有明文的规定，让卡片实现可追溯，进而在出现问题时保护消费者利益。

此外，洪涛还提醒消费者，购物卡具有安全风险，因而要增强自身的风险意识，在购卡时要注重商家的信誉和实力，要到发卡人指定售卡点买卡，对折扣较低的购物卡要提高警惕，买卡后要及时查验卡内金额，并保留消费的凭证，一旦遭受损失，可到工商部门投诉并寻求帮助。

文章来源：北京日报
题　　目：将退市小灵通回收遇尴尬　专家建议政府组织回收
记　　者：舒芳静　孙超逸
时　　间：2011 年 1 月 10 日

进入 2011 年，曾经火爆一时的小灵通也进入了其发展历程的最后一年。根据工信部的要求，小灵通将在 2011 年完成退网退市工作。小灵通彻底退市后，除了一些高端机还能继续作为手机使用，其余的小灵通或许只能被逐渐淘汰。记者近日走访京城各大电子市场却发现，将被淘汰的小灵通面临回收无门的窘境。

运营商：建议别办小灵通

"我自己的朋友想买小灵通我们都没办法，厂家已经下线了，小灵通马上要退市了。"鼎好地下一层做通讯生意的张茹帅表示，自己从去年年初就已经不做小灵通生意了。记者走访发现，不但在迪信通、宏图三胞、中复电讯等专门的通讯器材经销店里没有了小灵通的身影，海龙、鼎好、大华等京城多家电子批发市场中也很难找到还出售小灵通的商家。

小灵通办理网点和用户申请数量也萎缩了。北京联通的普通营业厅里已经不再办理小灵通的入网业务，只有西单、王府井等几个联通最大营业厅还可以办理这一业务。"我们这儿现在一个月也没几个来办小灵通业务的。"西单营业厅里的业务员小陈向记者介绍，现在来联通办理小灵通入网要自备小灵通机器，联通已经没有机器提供了，"今年年末这项业务就停了，到时你还得转网。"小陈建议记者不要办理小灵通了。

据工信部历年公布的数据显示，2006年8月，内地小灵通用户一度达到9300万户；2008年年底，小灵通的用户数跌至6893万户；到2010年9月，全国小灵通用户降至3282万户，在固定电话用户中的比重降至11%。

回收企业：不收零散小灵通

淘汰的小灵通将流向何方？记者走访发现肯"收留"它的地方很有限。

北京联通的一名负责人表示，小灵通此前一直由网通负责，合并后小灵通的相关业务才转到联通，但联通只是电信服务的运营商，所以暂时并没有针对小灵通的回收计划。记者又先后拨打北京市环保局、北京市市政市容委、北京市垃圾分类管理中心的咨询电话，三个单位的工作人员都向记者表示，暂时没有针对废旧手机、小灵通的单独回收形式和处理形式。北京市再生资源和旧货回收行业协会的负责人也表示，协会和下属企业暂时都没有回收小灵通的计划。

"我们虽然回收旧手机，但都是翻新后能用的。"在中关村专门从事废旧电脑、通讯器材回收已经很多年的小刘说："小灵通卡机一体，我们收了也没用。"记者又先后走访了十几家废旧手机回收商，他们都表示不收小灵通。只有大华电子城的一个电子废品回收者说可以考虑，但是"条件"也较高，一百部以上才起收，如果只有一两部就不收。"我们拆一部就赚个两三块钱，数量少了根本没赚头。"他说。

商业专家：建议政府组织回收

北京工商大学洪涛教授建议，政府应承担起相应的责任，成立专门的机构来帮助市民回收废弃的小灵通。小灵通"让道"是为了3G等新技术的推广应用，虽然运营商能给其进行转网服务，但原有的低成本、低资费的优势也将逐渐消失。"淘汰下来的小灵通谁来回收处理，政府不但要负起责任，相关企业也要参与进来，这样才能避免小灵通淘汰后变成电子垃圾。"洪涛说。

文章来源：北京日报
题　　目：鼓励小店办早餐需要降门槛
记　　者：舒芳静　孙超逸
时　　间：2010年12月6日

眼下，北京市商务委正在对1000家左右通过早餐经营示范店初审的网点进行验审，验审通过后，即可挂牌示范店。据市商务委的统计数据显示，目前在人口密集社区、商务办公区等区域，本市正规的早餐服务网点约有3600家。但业内人士昨天透露，按照本市约有三成市民在外早餐的情况估算，正规的早餐点至少还要上万家，才能改变目前很多市民只能在无照经营、卫生难以保证的小摊上解决早饭的问题。商业专家表示，政府在给正规餐饮企业政策支持时，也应该降低政策门槛，把支持力度推广到个体店、小早餐店，鼓励合格小店经营早餐。

市场空间：早餐营业额近3000万元

据了解，目前本市的早餐店主要包括快餐店、大众化连锁餐饮店、酒店宾馆、连锁早餐车、机关事业单位食堂和流动摊铺等主要几大类。根据北京市统计局公布的数字，截至2009年末，北京市常住人口达到1755万，即使只有三成近600万市民有在外吃早餐的需求，以平均每人5元一顿早餐来测算，每天的早餐市场营业额就有近3000万元。

"如果要让市民吃上干净卫生、有营养的早餐，正规的早餐点至少还要上万家。"早餐经营示范企业嘉和一品企划部经理胡泽峰介绍，目前供应早餐的多是那些无品牌的流动小摊铺。

既然市场这么大，为何没有出现餐饮企业蜂拥而入的现象？

正规餐饮店：卖早餐只够保本

在早餐经营示范企业庆丰包子铺总经理高文慧看来，北京的早餐市场就是一个字"旺"，但自己企业经营早餐的经营情况也是一个字"亏"。门店每天的早餐生意都很好，每天接待吃早餐的顾客近 10 万人。但是，占了营业额 1/3 的早餐，带来的利润却是"零"，不少门店甚至是亏损状态。

"如果不是政府要求，我们真的可能会减少早餐的供应力度。"高总经理给记者算了一笔账，除去基本的原材料价格，一份早餐的毛利润不到两成，还要再扣去水电费、运输费和员工工资，"这样一算根本没什么利润，如果原材料价格上涨，甚至还可能亏本。"

对于早餐"赔本赚吆喝"的情况，胡泽峰也表示很无奈："嘉和一品现在部分店面早餐的营业额还不到一千元，完全是亏损；剩下超过一千元的也就是保本。"

主管部门：鼓励企事业单位食堂对外服务

目前，北京市商务委正在针对早餐市场推出一批早餐经营示范店，"通过推出示范店，一方面可以给这些餐饮企业带来良好的声誉，增加客流量；另一方面，也起到示范带动作用，让更多的餐饮企业加入早餐市场供应。"相关负责人表示。市商务委正在积极地推进早餐建设，例如在人口集中的老居住区，充分利用现有商业网点、门店，改造一批规范化的早餐固定供应网点；鼓励企事业单位、机关团体、学校的食堂对外开放，向社会提供早餐服务。

商业专家：政府应放开市场，不过多介入

一边是早餐经营利润小、供应不足，另一边是小摊小贩积极提供，却多是无照经营，卫生难以保证。这个矛盾该如何解决？

北京工商大学教授洪涛建议，政府应该放开市场，除了抓卫生，不应过多

介入。政府在给正规餐饮企业政策支持时，也应该降低政策门槛，把支持力度推广到个体店、小早餐店，"这些才是经营早餐的主体，他们多是低收入阶层，只有放开市场让他们参与，才能更好地解决市民的早餐需求"。

对此，餐饮企业也给出了自己的建议。"在人口密集的区域多设立一些20~30平方米的小型早餐店，让大的餐饮企业统一配货直接供应，就像分发报纸一样。"庆丰包子铺建议。胡泽峰则建议政府给予早餐企业更多的政策支持："税收上应该给早餐企业优惠一些，只有让早餐企业有利润，才能真正使早餐行业发展起来"。

文章来源：中国消费者报
题　　目：3.38 万元买会籍 5 年内每年回报 8000 元?
记　　者：何春雷
时　　间：2010 年 7 月 28 日

花 3.38 万元购买会籍，享有 15 年权益，之后 5 年每年可获 8000 元回报，每年可到俱乐部农场免费入住木屋别墅一个月……近日，天津市数位老年人向记者反映，受上述宣传影响，他们与北京迈源农业投资管理有限公司天津分公司（以下简称迈源天津分公司）签订合同，购买了迈源国际私家农场俱乐部（以下简称迈源农场）会籍。签约后发现，对方的说法与宣传内容不一致。记者近日在北京、天津两地进行了调查，发现该公司的宣传与实际情况有差异，其农场内只有 7 栋木屋，且因涉嫌违法已被有关部门下令停工整改；目前，农场没有其所称的可获得良好收益的水产养殖场、会议中心等。

签约后说法与宣传不一致

天津市民金奶奶今年 70 多岁，老伴去世多年，子女不在身边，是典型的空巢老人。6 月 10 日金奶奶接到一个电话，对方称是天津迈源农场俱乐部的工作人员，邀请她参加一个介绍养生知识的讲座。

据金奶奶讲，第二天她参加了讲座，发现主要讲的是投资。当时，一位姓李的经理主动坐到她的对面，进行一对一交流。李经理说，花 3.88 万元可购买一份迈源农场会籍，享有 15 年的权益，会员每年可以在迈源农场免费住一个月的木屋别墅，可在大棚内外的土地上种植蔬菜，每年农场给会员免费配送100 公斤的蔬菜瓜果。此外，会员前五年每年可以得到 8000 元的固定回报，如果不选择固定回报，农场将把投资收益的72%返还给会员。李经理告诉金奶奶，如果当天购买，可以打八七折，即花3.38万元可获得一份会籍。

"我被免费住木屋别墅和每年8000元的高回报打动了，五年就可收回成本，这样算来，每年的投资收益高达20%以上。"金奶奶说，当她表示想购买后，对方立即要求她签约并付款，并派人打车陪她到银行取钱。就这样，金奶奶当天与对方签订了合同，花6.76万元购买了两份会籍。

6月14日，金奶奶给迈源天津分公司经理赵明打电话，咨询入住木屋别墅的事宜。对方表示，会员在签订合同五年内不能入住木屋别墅，否则不能享受每年8000元的收益。

"你的说法与讲座上说的不一致。"金奶奶说，她当时便着急了，要求退款，遭到拒绝。

签合同时没看清条款内容

日前，金奶奶向记者出示了她与迈源天津分公司签订的合同，一共两份，一份是《迈源国际私家农场俱乐部会员会籍权益承购合同》（迈源国际控股集团有限公司授权迈源天津分公司代为签约，以下简称《承购合同》），另外一份是《委托经营管理合同》。

在《承购合同》中，记者看到这样的内容："权益日期：2010年6月11日至2025年6月10日止，可委托经营年限为五年，自今年6月11日~2015年6月15日。"在《管理合同》中，记者看到有这样的内容："甲方同意在本合同的委托期限内，将涉及迈源国际私家农场俱乐部会员会议权益的经营管理及权益内，涉及的住宿权、种植权、收获权的一切事项，全部委托给乙方（迈源天津分公司）处理。"

合同中对"可委托经营"、"全部委托处理"的具体含义没有进行解释。"我当时在他们的催促下，没有细看两份合同就签字了。现在，对方说根据合同中'可委托经营'及'全部委托处理'的约定，有权决定在合同签订五年内拒绝会员入住农场木屋别墅。"金奶奶懊恼地说。

与金奶奶类似，6月29日，82岁的天津市民王奶奶也参加了迈源天津分公司的讲座。她告诉记者，她也当场决定购买迈源农场会籍，幸好只交了6000元定金。后来经过冷静思考，她不想购买要求退定金，遭到拒绝。后来，她和对方签订了购买普通会籍合同，约定对方在两年内提供给她200公斤迈源农场生产的蔬菜，不享受其他权利。"就相当于 6000 元钱买 200 公斤蔬菜吧，每公斤 30 元。"王奶奶说，"现在细想起来，他们就是以尽快的速度让我签约，不给我理性思考的时间。"

7 月 9 日，记者来到位于天津市河西区金皇大厦的迈源天津分公司办公地点。当天正好是该公司为会员发放蔬菜的日子，记者看到，前来领取蔬菜的多是老年人。

迈源农场内只看到 7 栋木屋

迈源农场的实际情况如何？7 月 11 日，记者以投资考察为名，来到了上述合同中注明地址为北京市房山区窦店镇苏村的迈源农场。

迈源天津分公司发放给会员的材料称，"迈源农场占地面积 19.2 万平方米，可种植面积 15.1 万平方米，水产养殖场 5000 平方米，拥有全国首家纯木质别墅园区，园区内共规划 208 套木质别墅，里面各项配套设施齐全"。记者看到的是，农场现在只有 7 栋已经建好但没有装修的木屋，里面没有家具和家电，其中几栋不临路的木屋门外杂草丛生。记者在农场内还看到有几十个温室大棚，除几个大棚外，大部分大棚没有种植作物。除了几个二三十平方米的景观水池外，记者没有看到材料中说的水产养殖场。

宣传材料中还对迈源农场的收益进行了分析，其中涉及度假式酒店及会议中心、木质别墅酒店等，年收益达 5806 万~6781 万元。其中提到的度假式酒店及会议中心等，记者当天在农场内同样没有看到。

记者参观迈源农场后，电话联系了迈源天津分公司经理赵明。赵明表示，有的木屋别墅已经装修且有人入住，只是记者没有看到，农场今后还将建更多的木屋别墅。赵明同时告诉记者，到目前为止，他没有去过迈源农场。

7 月 9 日，记者根据赵明提供的联系方式致电北京迈源农业投资管理有限公司。该公司工作人员在留下记者的联系方式后表示，要联系公司负责人后才能安排采访事宜。截至发稿，记者未收到对方的回复。

木屋别墅 2009 年底已被勒令停工

近年来，北京市部分地方出现了以修建大棚管护房为名的违规房地产项目，并冠以"农业园"、"种植园"等名称。2009 年 5 月开始，北京市国土资

372

源局对此进行了清理，截至 2009 年底，已有 35 个违法占地项目全部拆除完毕，拆除总面积 27.66 万平方米。

　　7 月 19 日，记者从北京市窦店镇苏村村委会有关负责人处了解到，迈源农场所占土地属于该村集体所有，去年租给了迈源国际控股集团有限公司。

　　房山区国土资源局执法大队工作人员向记者介绍说，因为涉嫌在农用地上建违章建筑，去年年底该局曾给北京迈源农业投资管理有限公司下达了停工通知。"7 栋木屋别墅是以管理用房的名义建的，这是不允许的。"该工作人员说。

专家提醒　警惕高回报投资项目

　　记者将在天津、北京采访到的上述情况，向北京工商大学商业经济研究所所长洪涛教授进行了介绍。洪涛表示，面对高回报投资项目要保持警惕。投资前应注意以下三点：即首先要看投资主体是否合法，有无工商机关核发的营业执照。其次要看其经营项目是否合法，经营项目是否在营业执照规定范围之内，其经营内容是否符合国家的相关产业政策，要到经营地实地考察其项目。最后要看利润率。中老年人一定要警惕高回报的诱惑，承诺过高的利润率有巨大的风险，结果往往是投进去的钱有去无回。

　　"以流通领域企业为例，一般企业的毛利润约为 10% 以上，纯利润约为 2%。如果承诺给会员 20% 的投资回报，那经营者需要更高的利润率。不少承诺高回报率的经营者在实际运作过程中，往往采用拆东墙补西墙的方法，即用下一批投资者的资金来向前期投资者进行返利。一旦资金链断裂，易造成后期投资者血本无归的结局。"洪涛说。

　　文章来源：国际商报
　　题　　目：南方灾区菜价易涨难跌
　　记　　者：阎　密
　　时　　间：2010 年 7 月 27 日
　　7 月以来，新一轮强降雨又持续袭击南方地区。强降雨给南方多省蔬菜、早籼稻等农产品的市场供求带来了不同程度的影响。业内人士表示，水灾短期内会造成局部地区蔬菜等农产品价格出现波动，但从长期来看，不会对全国生活资料价格产生太大的影响。

6月底暴雨导致的洪涝灾害刚刚得到缓解，7月初开始的新一轮强降雨又持续袭击我国南方地区。民政部统计数据显示，截至7月21日，南方洪涝灾害已造成浙江、安徽、江西、湖北、湖南、重庆、四川、贵州、陕西等12省（市）5793万人受灾，其中，农作物受灾面积395万公顷，绝收面积61万公顷。据记者了解，强降雨给南方多省蔬菜、早籼稻等农产品的市场供求带来了不同程度的影响。

"这几天市场征收的交易费减少了一半。"江西省九江市浔阳蔬菜批发大市场的一位工作人员告诉记者，强降雨给本地菜的采摘与外地菜的运输带来困难，导致蔬菜供应量减少，部分蔬菜价格上涨明显：如空心菜，7月1日批发均价为0.6元/500克，19日涨为1.5元/500克；大白菜7月1日批发均价为1.4元/500克，19日达到2.6元/500克。

安徽省安庆市近期也持续暴雨，城区周边16000亩蔬菜基地被淹，城区蔬菜价格出现较大波动。据了解，安庆市龙狮桥蔬菜批发市场监测的16个主要蔬菜品种综合批发价比7月8日降雨前上涨了25%。其中豇豆、黄瓜涨幅超过100%，大、小白菜和包心菜涨幅也在50%以上。

湖南商务厅的最新统计显示，蔬菜价格连续两周小幅上涨。原因是近期受高温、暴雨等恶劣天气影响，蔬菜生长、采摘和运输均遭遇困难。7月14~20日，蔬菜批发均价3.18元/公斤，上涨0.95%，监测的18个品种7跌11涨，涨幅较大的品种是白萝卜和圆白菜，分别上涨13.08%和7.34%。预计后期蔬菜价格将继续小幅上涨。

水灾对食用农产品价格产生的影响正在持续。商务部7月12~18日的监测数据显示，由于高温多雨天气不利于蔬菜生长、采摘及储运，蔬菜价格继续回升，18种蔬菜平均批发价格上涨5.5%，涨幅比前一周扩大3.3个百分点；受高温雨水天气影响，禽蛋产量下降、运输受阻，鸡蛋价格上涨0.4%，白条鸡价格上涨0.1%。武汉、大连和南京蔬菜平均批发价格涨幅超二成，分别上涨25.1%、23.6%和23.2%。入伏后，由于高温、多雨天气频繁，蔬菜供应量将呈减少趋势，预计后期蔬菜价格将易涨难跌。

北京工商大学教授洪涛表示，水灾短期内会造成局部地区蔬菜等农产品价格出现波动，但从长期来说，不会对全国生活资料价格产生太大影响，"预计今年CPI应该能控制在3%左右"。①

---

① 2010年我国CPI为3.3%。

374

"1996 年以来，我国生活资料处于供给略大于需求的局面并没有发生根本性变化；而且国家物资储备丰富，这是物价稳定的基础，"洪涛说："物价因灾害引起的结构性不平衡可以通过市场来调节，政府也能通过储备和补贴进行间接调控"。

文章来源：中国酒业新闻网
题　　目：葡萄酒企业应打造全"产业链"
记　　者：李　洁
时　　间：2010 年 7 月 6 日

"数据显示，2010 年全球葡萄酒销量预计 2300 万千升，比 2009 年增加 9.15%，而 2010 年中国将消费 55.8 万千升，比 2009 年增加 36%。消费的增加、葡萄酒关税的下降，成为拉动进口的重要杠杆。"谈起进口葡萄酒，北京工商大学经济学院教授洪涛认为，进口葡萄酒未来在中国市场上升空间很大。

洪涛向记者表示，中国进口葡萄酒的数量和种类越来越多，2009 年进口品种达 1386 种。目前，北京、上海、广州人均 GDP 已经超过 1 万美元，而且随着消费方式逐步与国际接轨，更多的人有能力享受葡萄酒所带来的时尚和愉悦。随着收入水平的提高，中国中产阶级（小康水平以上）将超过 5 亿人，因此，葡萄酒的市场增长空间很大。目前进口葡萄酒在市场上所占比重不大，其主要集中在长三角、珠三角地区，并逐步进入环渤海区域，在区域分布上有一定的局限性，在这种情况下，无论是中国本土的葡萄酒还是进口葡萄酒，市场空间都很大。

中国人均消费葡萄酒的量很少，据 2007 年的统计数据显示，人均年消费葡萄酒为 0.38 升，而世界的平均消费量是 6.8 升，中国葡萄酒消费总量仅占所有酒类销量的 1.5%，这几个数字充分说明葡萄酒在中国市场的巨大潜力。

谈起进口葡萄酒在中国市场的推广情况，洪涛说，法国葡萄酒在中国的宣传力度一直很大，这在一定程度上影响了消费者的消费倾向。北京、上海、广州都提出要建成国际商贸中心城市，这对于进口葡萄酒来说是件好事。就北京来说，进口葡萄酒的消费者不仅是本地人，还有国内外的旅游者，每年来北京的境外旅游人数有 500 万人，这一部分流动人口的消费能力也是很强的。

国内葡萄酒的销售渠道主要是通过专卖店、酒店、餐厅、超市等有形店铺进行销售的，这个比例占到 95%，而网络销售刚刚起步，只占 0.5% 的份额，团购的比例也相对较小。相对于其他城市来说，北京葡萄酒消费已经比较成熟，这在一定程度上影响和带动了其他城市的葡萄酒消费。

洪涛认为，我国葡萄酒产业集中度远远高于其他酒种，其中三大葡萄酒企业的利润占中国葡萄酒产业的 67%，集中度本身对中国葡萄酒产业发展是有利的，这样能产生很好的品牌效益。然而，各国葡萄酒的大举进入，对国内厂商形成了巨大的压力。在未来，中国市场势必会形成中外葡萄酒对峙的局面。在这样的形势下，本土葡萄酒企业更要在原料、技术上下工夫，通过规范化的管理，打造出全产业链的过程，无论是生产基地还是推广方式都要成为产业过程中一个很好的链条，这样才能在中外对峙的竞争中，发挥本土固有的优势，使产品在竞争中立于不败之地。

文章来源：北京日报
题　　目：商户售预付卡须经央行批准　中小商户恐失去资格
记　　者：沈衍琪　耿　诺
时　　间：2010 年 6 月 22 日

长期行走于监管"真空地带"的各类消费卡、储值卡及第三方支付方式，有望随着央行昨日出台的《非金融机构支付服务管理办法》而终结无序状态。

2010 年 9 月 1 日起正式施行的"办法"规定，未经中国人民银行批准，任何非金融机构和个人不得从事或变相从事支付业务。这意味着，无法达到准入"门槛"的商家今后将被取消发行各种名目预付费消费卡的资格。

注册资本不低于 1 亿元　中小商户恐失去资格

"您办张卡吧，消费时可以打折。"形形色色的预付卡已经成为不少商家"套牢"顾客的"必杀技"。此次央行出台的"办法"所针对的支付业务中，预付卡的发行与受理便是重点"监控"对象，同时，网络支付、银行卡收单等其他支付服务也被纳入管理之中。

按照"办法"规定，从事支付业务的非金融机构应当在"办法"实施后 1 年内申请取得《支付业务许可证》，否则将不得继续从事支付业务。

获得许可证的"门槛"除对申请人盈利年限、信用记录等作出要求之外，还要求在全国范围内从事支付业务的申请人注册资本不低于 1 亿元人民币，在省（自治区、直辖市）范围内从事支付业务的注册资本不低于 3000 万元人民币。

对于许多中小商户来说，注册资金这道"门槛"恐怕将成为继续发卡的最大障碍。

市场现状：数百种储值卡正在流通

记者昨天统计得出，目前本市流通着至少近 70 种商超储值卡，成规模餐饮、美容美发卡更是多达数百种。为了规避给提成的费用，一些商业企业自行研发或者购买了制卡、读卡技术。

据记者统计，目前，本市流通着商通卡、雅高卡、中欣银保通卡、聚福卡等超过 13 种能在多家商场、超市、餐饮、娱乐企业通用的购物卡；同时新世界、百货大楼、城乡购物中心等 30 多家百货类商业企业发行了自己单独的消费卡；家乐福、沃尔玛、华联等近 20 家超市单独发行了消费卡；图书大厦等专业类商业企业发行了自己的购物卡；发储值卡更是餐饮业以及美容美发、洗浴等服务业惯用的预付消费手段。

"2010 年商通卡的发售量应该在 40 亿~60 亿元。"据一名业内人士介绍，北京成规模的售卡公司发展较晚，目前成规模的还不太多。

记者还了解到，目前商业企业大多是通过银联、银商两个机构提供服务办卡。办卡公司与机构进行技术合作，售卡后给予相应的提成。另外，一些企业也通过购买、委托等方式获得制卡技术，并发售在本商业企业内使用的卡片，以规避与金融机构合作带来的费用问题。

业内反应：支付宝称将尽快申请

最大网络支付平台，第三方支付机构领军企业"支付宝"昨日率先表态。"我们十分支持央行出台的规定，这将对整个电子商务行业起到积极影响。"支付宝相关负责人朱建昨日告诉记者，由于这一措施早有传闻，支付宝方面已经做好了应对准备。

"我们是行业中唯一一家公开宣布将备付金托管在银行专门账户的支付机构，工商银行每个月都会为支付宝出具报告，证实客户资金没有被挪用。"朱建表示。

支付宝的做法可谓未雨绸缪。此次出台的《办法》中不仅对支付机构开立备付金专用存款账户做出规定，而且要求支付机构只能选择一家商业银行作为备付金存管银行，且在该商业银行的一个分支机构只能开立一个备付金专用存款账户。"支付宝会在规定时间内尽快申请许可，争取成为首批支付机构。"朱建说。

支付机构只能按服务费开发票 "购卡避税" 漏洞有望封堵

北京工商大学洪涛教授表示，预付款模式起源于美容、健身等行业，由于这些服务行业需要租用的商铺面积较大，房租成本高昂，发行预付卡提前回笼资金成为首选的融资模式。而现在大到注册资金上千万美元的外资发卡机构，小到路边足疗店，都纷纷在预付费市场上"分一杯羹"。

某大型外资预付卡机构业内人士透露，预付费企业盈利一方面来源于商户的返点折扣，另一方面则是"吃"利息。"如果有 10 亿元的预存费在账上，利息按照 5% 计算，一年也有 5000 万元，再加上商户那边 1~2 个百分点的折扣，还能有约 2000 万元入账。"

"我们这样大型的专业发卡机构会在银行设立专门的预付费账户规范管理资金，但有些商家就是开立一个普通的活期账户。"这位人士表示，这些预付费实际上成了商家的"无息贷款"，资金风险也可想而知。

目前，各类预付费卡发卡机构的最大客户便是企事业单位。"我们公司把发卡作为员工福利的一部分，购买消费卡可以开具办公用品发票，从而计入公司成本来避税。"北京某电子产品民营企业副总经理于先生告诉记者。

而这一税收漏洞也有望随着《办法》出台而被封堵，《办法》中规定：支付机构接受客户备付金时，只能按收取的支付服务费向客户开具发票，不得按接受的客户备付金金额开具发票。洪涛认为，消费卡大客户的流失可能会对商业企业盈利水平带来一定影响。

文章来源：华商晨报
题　　目：财政部支持收购海外矿产资源
记　　者：经　淼
时　　间：2009 年 12 月 2 日

中国作为全球最大的钢铁生产国和消费国，每年都需要进口大量的铁矿石，目前对外依存度已超过 50%。因此，近年来，铁矿石的定价权问题也已

378

经成为国内外高度关注的焦点。

日前，财政部将于明年加大对国外矿产资源风险勘察的投资力度的消息引起钢企的关注，国家引导和鼓励国内资源类企业去国外勘探矿产资源的政策，给了企业一个方向性的引导。

铁矿石的价格不仅影响中国钢铁企业的生产成本和盈利水平，同时，诸如汽车、家电等下游行业也会因为成本的提高而受到影响。

是继续拴在铁矿石价格谈判这一根绳子上，还是学会去海外市场"探金"的两条腿走路？我国钢企正在转型路上。

自"财政部或将于明年加大对国外矿产勘察投资力度"消息发布起，就给了下游产品稳定甚至降低生产成本的预期。

这有望降低汽车等终端产品的价格。

目前相关草案已上报国务院，明年增加财政投入已成定局。

武钢"走出去"的意义

该消息出台前，武汉钢铁集团公司已经按照这一政策取向行动并从中获益，其与巴西 EBX 集团于 30 日在武汉达成合作协议：武钢此次将出资 4 亿美元认购 EBX 集团旗下的 MMX 公司股份。

据了解，作为巴西从事矿产资源开发的 EBX 集团，其旗下的 MMX 公司拥有矿山资源总量超过 30 亿吨，规划在 2014 年达到 3360 万吨年的铁矿石生产能力，与武钢有着明显的互补性。

北京工商大学商业经济研究所所长洪涛认为，此举对保障武钢铁矿石资源供应意义重大，亦对国际化战略布局及企业抵御市场风险也有重要作用。而武钢在"走出去"方面一直出色，2009 年上半年已分别与澳大利亚、加拿大的两家铁矿企业合作，分别获得开发澳大利亚一处资源总量达 20 亿吨的铁矿及与加拿大企业共同开发其所属矿山的权利。最早将于 2010 年开始，武钢将有境外企业为其供矿。

据相关数据显示，截至 2009 年，中央财政累计投入境外矿产资源勘察开发的专项资金共计 7.35 亿元，支持资源类企业和地勘单位开展国外矿产资源风险勘察和开发工作，涉及 46 个国家、232 个项目。而业内企业普遍认为，此前一些使用援外资金进行的至少三四个勘探项目因为勘察经费有限没有得到国内矿业企业的垂青。所以建议中央财政投入更多的资金用于境外矿产资源的勘探和开发。

纸币变成增值的财富

此次铁矿石行业获政策鼓舞之前，在 2009 年这个经济危机年份最具标本意义的事件莫过于"贷款换石油"模式的推广尝试。

2009 年 2 月，中国同俄罗斯签署了"贷款换石油"协议，即中国将向俄罗斯提供总计 250 亿美元的长期贷款，俄罗斯则以石油为抵押，以供油偿还贷款，从 2011 年至 2030 年按照每年 1500 万吨的规模向中国通过管道供应总计 3 亿吨石油。

经济观察人士认为这项合作的实质是"资产换资源"。那么，铁矿石是否有可能沿用这一模式呢？据该人士透露，国内已有钢铁企业与海外合作时沿用"贷款换铁矿"的先例了。即国外矿产企业从中国获得贷款后承诺将铁矿石卖给中国企业，即用卖铁矿石的钱来偿还贷款。

洪涛分析，中国大型钢厂和矿石贸易企业如能将"贷款换石油"模式推广至铁矿石贸易领域中来，对冲不断上涨的矿石价格，拉动经济增长有利无害。

不过他指出，财政部加大对国外矿产勘察投资力度也有客观原因。一是美元贬值的风险还是很大，留钱不如留资源。二是国内煤、水、电、气等价格上涨，我国确实需要增加资源供给量。

终端产品价格或降低

记者获悉，铁矿石与钢铁具有"一对一"的专属关系，增加原料供应对稳定矿产资源价格，进而稳定下游产品价格具有不可估量的作用。

经济观察人士指出，鞍山钢铁集团目前已将很多产品的生产搬迁至沿海厂区，企业这样选择是为了海外供应的铁矿不需要再走铁路，降低成本。经过计算，海外铁矿石原料运至辽宁比对本地铁矿采掘进而炼钢的成本还要低。

有业内人士表达了一种忧虑，随着中国投资海外战略布局的纵深发展，势必导致国际市场的反弹和限制，那么，如果中国的产品因受到关贸限制，会不会导致出口量降低？

洪涛反驳认为，现在世界经济是开放的，只有增强中国的竞争力，即掌握贸易的主动权，才有能力去应对各种国际壁垒。况且，庞大的国内市场也需要稳定的资源价格，如果铁矿石的供应量增加，在不考虑宏观调控的因素，如燃油税、排量等政策影响前提下，类似汽车等下游产品的价格必将受惠于这一策略，稳定甚至降低。

文章来源：北京晚报
题　　目：国际能源署预测油价　专家分析国内油价年内有望下调
记　　者：孟 环
时　　间：2009 年 11 月 18 日

本周一美国基准原油期货收盘跌破 55 美元，创下自 2007 年 1 月 29 日以来最低收盘纪录。国际油价已跌破每桶 55 美元，我国目前成品油批发价和零售价换算成国际油价是每桶 85~90 美元。

业内人士预计，本月国内油价下调的可能性很大。"由于国际能源需求放缓，所以国际油价还有空间继续下跌，但不会跌破 30 美元。"北京工商大学贸易经济系主任洪涛教授分析说。对于有专家提出的"中国现行成品油定价机制颇为复杂，一般制定出国内终端的成品油零售价格会滞后于国际油价一个月"的说法，洪教授表示"这太慢了，只能说是国内定价机制不灵活"。

文章来源：工人日报
题　　目：北京公交一卡通退卡难　排长队催生套利"黄牛"
记　　者：高 莎
时　　间：2009 年 7 月 18 日

在北京，公交进入全面刷卡时代，已有两年多了，北京人已是人手一卡。一卡通因其便宜、便利，给人们出行带来了从未有过的方便。

7 月 16 日结束的一项手机短信调查显示，在"公交一卡通、快速公交、公交专用道，城市轨道"几项选择中，认为"使用公交一卡通出行最方便"的投票最多，达到 4 万多张。可见，公交一卡通在人们心目中的地位。

但美中不足的是，一卡通的退卡退资难一直困扰着人们。两年过去了，这个问题并没有得到根本的改观。

坏卡退资要等 10 天

7 月 15 日，北京，35 摄氏度的桑拿天。在西城区民族宫东侧一卡通公司的客户服务网点，记者见到了就读于广告学院的刘同学。她是一大早从怀柔换了三次车赶来的。由于她的学生卡"消磁"，当日不能退卡退资，要等7天后再来看看。此前，她已经在东城区东直门网点排过长队，退卡不成，被介绍来到这里。

为何要等7个工作日？刘同学不解，但她注意到，很多消费者都因为住得较远，或卡内余额不多而放弃退卡。毕竟，再跑一趟耽误时间不说，来回路费也要自己掏。所以，很多人干脆直接放弃或丢弃了。

说话中，又进来了一位李同学，她是从石景山专程赶来退卡的。她的卡被定性为"损坏"，要退卡就要损失20元押金，并且当天无法退回余款，必须进行退资申请，10天后来领取退款。她舍不得，也没退成。看着她焦急的样子，不知最后会怎样。

"卡里余额为什么不能现场退？"李同学心里很纳闷。她的卡是在半年前购买的，使用不算频繁，最近却突然失灵了。

"卡这么容易坏，工本费为什么收那么高？"李同学如是说。

带着以上问题，记者拨通了北京市政交通一卡通服务热线。其工作人员表示，卡片遭人为损坏收取20元的工本费是公司统一规定的，因为成本费用较高。该工作人员解释说，如果卡坏了，卡内余额信息无法读出，需从后台数据库账户中读取，需要7天才能确定。也就是说，退换坏卡需要往返两次网点、排两次长队，才能拿到卡内余额。

北京市人大代表曾建议在公交和地铁增设一些退卡点，尽快完善相关制度，但至今退卡网点依然稀少如故。

排长队催生套利"黄牛"

动物园交通枢纽退卡点在地下大厅不显眼处，很难找到。等记者找到时，发现这里排着三四十人的长队。网友曾经反映，这里人多的时候会排上百人的队伍，现在看来此言不虚。

排队的人几乎是清一色的年轻人。"我上次来就排了1个半小时，这次又快1个小时了，前面还有这么多人呢！"一位来领退款的小伙子指着前面十几米的队伍对记者说。

由于一卡通退换卡手续相对繁琐，催生了一卡通代收户——"黄牛"。与六里桥、安定门等退卡点不同的是，这里的倒卡黄牛在附近的过街天桥上公然摆着摊位，贴着小广告。

"退卡还是换卡？把卡卖给我，省得排队了。"几位"黄牛"向过往行人招揽生意。他们每张卡可收取 3~5 元的"手续费"。

河南来京旅游的孙先生一家 3 口每人都买了一张一卡通。他对记者说，根本不知道去哪里退卡，索性带回家，"留作纪念了"。

传统经营应对现代化支付

公交一卡通取代纸质月票后，成为北京市民乘坐公交、地铁的电子支付卡。凡购买一卡通者需交 20 元押金，然后在卡内充值。乘坐公交、地铁时，按次数和路程长短刷卡支付费用。由于享受 4 折优惠，不用购票，一卡通普及率极高，全市发售量已近 1500 万张。

目前，北京市共有 46 个一卡通退卡点，常开的售卡或充值卡点有 917 个。对于退卡网点数量相对较少的问题，北京市政交通一卡通有限公司总经理汪连启解释说，这是由于退卡需要在线办理，办理点还需要存放一定数额的配款。因为办理退卡的市民 80% 集中在 10 个公交网点，尤其是草桥、六里桥、安定门、东大桥、动物园等 5 个网点，常常出现排队退卡现象。相比之下，有的退卡网点甚至一天都收不到一张退卡。

汪经理建议，市民可到公司网站查询退卡地点，尽量避开这些压力较大的退卡点。对于"黄牛党"私办退卡的行为，他们会经常联合相关部门进行打击。

一卡通属于接触卡，作为现代化的电子支付卡，已在很多学校、医院等单位采用。北京工商大学商业经济研究所所长洪涛指出，"一卡通的支付手段虽已现代化，但经营方式有些还是传统的，这一矛盾给"黄牛"创造了生存的空间。"洪涛表示，公交一卡通的代收户，与百货商场存在的"黄牛"本质是一样的。"黄牛"通过提供服务让消费者付费，这种现象反映了商家服务存在的缺陷。

第二十七章　演讲与观点选摘

零售业在"十二五"扩大消费中将发挥基础性作用

党的十七届五中全会审议通过了《中共中央关于制定国民经济和社会发展第十二个五年规划的建议》，规划重视消费、投资、出口协调拉动国民经济增长，提出要坚持扩大内需战略、保持经济平稳较快发展，加强和改善宏观调控，建立扩大消费需求的长效机制，调整优化投资结构，加快形成消费、投资、出口的协调拉动国民经济增长的局面。我认为：

一、零售业在"十二五"规划期将发挥基础性作用

（1）流通产业已经成为先导性产业，在国民经济中发挥着基础性的作用，在一些省市区已经成为支柱产业，流通联结生产，活跃消费，提供大量就业，提供大量税源，流通在引导生产、引导消费，促进经济结构调整，促进经济发展方式转变，"搞活流通，促进消费"将是我国长期的基本国策。而零售业则是流通产业的重要组成部分。

（2）电子商务及其网络购物进入发展时期，第二次浪潮已经来临，2009年电子商务交易额达到 3.85 亿元，其中网上零售达到 2500 亿元，2010 年电子商务达到 4.5 万亿元，其中网上零售达到 5131 亿元，在社会消费品零售总额中的比例达到 3.32%，"十二五"期间将接近 10%。

（3）万村千乡工程、双百市场工程、农超对接工程、家电下乡工程及以旧换新、节能惠民工程、"百百万万"工程等，其效果在"十二五"零售业发展中将进一步发挥出来，对提高农民收入、活跃农村市场、改善民生将发挥更大的作用。

（4）低碳经济与绿色流通相结合，低碳超市和零碳超市将引领低碳经济发展，20 世纪 90 年代开展起来的"三绿工程"、绿色批发市场、绿色零售市场、

绿色商流、绿色物流、绿色支付、绿色消费、绿色商业街等节能减排工程将继续延续，与低碳经济相融合，形成低碳流通商业，会促进流通效益提高，十七届五中全会所提出的"两型社会"（资源节约型、环境友好型）中，低碳流通，特别低碳零售是其一个重要组成部分，节水、节电、节热、节气等节能行为成为风气。

（5）零售业态创新及其业态结构调整与优化成为必然趋势，有店铺业态、无店业态相互混合发展，传统零售业态升级，与现代零售业态、高端零售业态形成梯形结构，满足消费者多层次需求。此外百超模式等零售业态嫁接与融合成为发展趋势。

（6）多种零售经营方式竞争成为一种趋势，改变现有的单一的价格竞争，多种形式及其服务竞争成为必然趋势，价格竞争、服务竞争、租赁经营、分期付款等多种零售经营方式成为时尚。

（7）许多以零售为主的商品交易市场以园区型发展、多功能发展、大型化发展、MALL型发展、集群型发展，商圈融资、市场集群融资、园区型融资成为发展趋势。

（8）北京、上海、广州等一些开放型城市建设"国际商贸中心城市"成为必然的趋势。中外零售企业相互融合、中外零售品牌相互聚集将成为发展趋势，使零售商品与服务、零售业态、零售经营方式越来越多样化。

（9）餐饮业继续大发展，连续20年保持两位数的增长速度，多种业态的餐饮业、多层次餐饮业相互融合和汇聚，多种餐饮业态将超过30种。

（10）消费将进一步活跃，"十二五"期间社会消费品零售总额将跨越32万亿元，每年增长超过18%（实际增长超过15%），成为世界上消费最活跃的市场。

（11）流通领域的服务业将进一步发展：①生活性的服务业，如餐饮、住宿、理发及美容保健、沐浴沐足、摄影扩印、洗染、家政等；②商务服务业也将得到进一步发展，如会展业、租赁业、拍卖业、典当业、旧货业、商业信息业、商业咨询业等，得到迅速发展。

（12）零售领域的食品安全将越来越重视，净菜、特色菜等将大量进入市场，精品超市将占据重要的位置，绿色食品、无公害食品、有机食品等安全食品将得到市场青睐并在市场普及。

二、"十二五"期间将有许多新的指标突破

"十二五"期间，现代流通产业发展的目标是建立统一、开放、竞争、有序、安全的市场体系，在"十二五"期间完成流通现代化。具体来说，应包括以下指标：

（1）流通产业增加值指标："十二五"期间不完全流通增加值（批发与零售、住宿与餐饮业增加值）将突破15%，完全流通产业增加值（批发与零售、住宿与餐饮、租赁与商务服务、居民服务与其他服务）超过20%。

（2）流通从业人员：国内贸易就业人员数会大幅度提高，2015年流通产业从业人数将超过1.5亿人。

（3）社会消费品零售总额增长的指标：2010年达到15.69万亿元，2015年将达到32万亿元。

（4）商业服务业大发展：2010年餐饮业零售额达到1.7万亿元，年均增长17%；2015年将达到6万亿元；2010年住宿业实现零售额5000亿元，年均增长10%，美容美发美体、沐浴沐足营业收入超过6000亿元，年均增长17%；大力实施品牌战略，培育100家餐饮企业、100个名牌展览会和50家跨区域发展的住宿业连锁集团；创建1万家"绿色饭店"；规范促进旧货业发展，旧货业交易额超过2500亿元。

（5）生产资料销售额指标：2010年生产资料销售额超过36万亿元，按可比价格计算，年均增长10%左右，2015年将超过76万亿元。

（6）连锁经营的指标：近几年来，我国连锁经营销售额以20%以上的速度增长，至2015年我国连锁经营企业销售额占社会消费品零售总额的比例将达到30%。

（7）现代物流与配送的指标：到2015年我国物流成本力争降低至10%左右。

（8）电子商务交易额指标：2010年电子商务交易额达到4.5万亿元，网民达到4.75亿人，2015年电子商务交易额将达到18万亿元，年均增长32%，网络零售额超过3万亿元，占社会消费品零售总额的比例将超过10%。

（9）大型流通企业集团建设的指标：2015年培育出30多家拥有着名品牌和自主知识产权、主业突出、核心竞争力强，初步具有国际竞争力的大型流通企业集团；有50个商品交易市场超过200亿元，并具有较强的竞争力。

（10）社区商业建设指标：用3~5年时间，在全国人口过百万的160多个

城市中，初步完成社区商业的建设和改造，形成满足基本生活消费需求的社区服务网络。

（11）万村千乡市场工程的指标：到2015年，在试点区域内培育出70万家左右的"农家店"，形成以城区店为龙头、乡镇店为骨干、村级店为基础的农村消费经营网络。

（12）农产品批发市场指标：我国现有农产品批发市场4000多个，承担着近70%的农产品流通的任务。计划用三年左右的时间培育2000家标准化、规范化管理的农产品批发市场，带动和引导农产品批发市场全面升级。

（13）流通法律体系建设的指标：形成完善的市场经济的法律体系框架——以财产等基本法律制度为基础的市场主体法律制度、市场交易行为法律制度、市场秩序法律制度、市场监督调控与管理法律制度、信用法律制度五大支柱，以及完善各项制度，完善的流通产业发展的法律、法规、标准、规则体系。

（14）流通宏观调控的指标：粮食、石油等储备充裕、品种结构合理，形成高效的风险预警机制。

2010年我国流通业回顾与2011年展望

一、2010年流通业回顾

1. 社会消费品零售总额突破15万亿元

2010年我国社会消费品零售总额突破15万亿元，达到15.69万亿元，比上年增长18.4%；扣除价格因素，实际增长14.8%，餐饮业零售总额超过1.7万亿元左右，促进了国内消费需求，也拉动了世界消费，PMI指数自2009年3月以来连续30个月（至2011年8月）位于50%以上，我国社会消费品零售总额"十一五"期间年均增长超过17%。2010年共办理汽车以旧换新补贴车辆45.9万辆，发放补贴资金64.1亿元，拉动新车消费496亿元，日均补贴车辆数约为2009年日均补贴车辆的12倍。2010年全年汽车销售超过1800万辆，达到1806.19万辆，同比增长32.37%。

2010年北京全年社会消费品零售总额达到6229.3亿元，比上一年增长17.3%，北京的消费总量已经连续两年超过上海，成为全国第一，是世界上消费最活跃的城市，其中，吃、穿类零售额分别增长12.8%和15.8%，用、烧类零售额分别增长 18.5% 和 23.3%，翠微店庆日 1.1 亿元创单店单日记录。2010 年 12 月 14 日，赛特店庆单日超过 5000 万元，前三天的销售接近 1 亿元。苏宁集团销售额达到 1562 亿元，仍居 2010 年度连锁零售百强之首。

2. 得益于国家政策推动农村市场活跃

2010 年延续 2009 年政策并又出台了一些新的政策，对活跃农村市场发挥了重要作用，如双百市场工程、万村千乡工程、家电下乡、家电以旧换新、汽车下乡汽车以旧换新、节能惠民工程、农超对接工程、农餐对接工程、信福工程等，最低保护价政策，农产品储备（收储和抛售制度）以及 2010 年农产品价格上涨，促进了农村人均收入的提高，促进了农村消费。据统计，农超对接推动农产品流通成本平均降低 10%~15%，全国有 2000 多家零售企业不同程度开展了农超对接，有的蔬菜农超对接比例超过 50%。提高农产品质量安全水平，农超对接支持农产品质量认证近 1000 个。

2010 年，全国家电下乡产品累计销售 7718 万台，实现销售额 1732.3 亿元，同比分别增长 1.3 倍和 1.7 倍。12 月当月，家电下乡产品销售 990.1 万台，实现销售额 229.4 亿元，比上年同期分别增长 68% 和 109%，双创全年最高水平。

3. 低碳流通、绿色流通促进了"两型经济"的社会发展

限塑、包装瘦身、节能环保等工程，促进了流通领域企业节能环保，据统计出现了低排放现象，许多外资，如沃尔玛、家乐福、TESC 等外资的"零碳"超市、低碳超市走在前头。本土流通企业也进行了一些探索，促进了武汉经济圈、长珠潭城市群、皖江经济带"两型社会"（资源节约型、环境友好型）建设。

4. 电子商务及其网上购物十分活跃

2009 年我国电子商务交易额达到 3.85 亿元，网上购物达到 2483.5 亿元，占社会消费品零售总额的比例为 1.98%；2010 年，电子商务交易额达到 4.5 万亿元，同比增长 22%。2010 年网上购物达到 5131 亿元，较上年同期增长 109.2%，连续 3 年超过 100%，占社会消费品零售总额的比例为 3.32%；2013 年将突破 1 万亿元。B2C、B2B2C、C2C、C2B（C2T 团购）等多种电子商务业态十分活跃，2011 年上半年，网络团购达到 5000 多个，形成少有的"井喷现象"。麦考林转型网店、国美收购库巴网，顺丰、宅急送、申通快递——快递三甲进军电子商务。但是，2010 年"十一"黄金周电子商务交易活跃，快递业的"打烊"使物流配送成为瓶颈。2006 年我在人民大会堂讲"得网民者得

天下"，目前已经成为现实。

5. 外资流通企业进入三、四线城市竞争

沃尔玛加速布局二、三线城市，家乐福收购河北保龙仓连锁企业，许多外资企业进入三、四线城市，打破本土企业区域发展的格局，增加了城乡中间市场的竞争程度。2010 年，外商直接投资超过 1057.35 亿美元（不包括金融领域），同比增长 17.44%。远高于全球跨国直接投资增速，仍为全球第二大外资东道国。

6. 并购成为调结构、转方式的重要内容

据不完全统计，2010 年 1~11 月，我国并购交易 1420 亿美元，其中 1/3 来自海外企业并购，中国作为收购方的并购交易排在美国后居全球第二。中国企业走出去，由过去买资源、买产品到买知识产权、参与企业决策。在流通领域，物美购并湖州老大房、京东商城购千寻网、海航商业入驻天津国际商城、王府井收购成都百货的股权、西单收购新燕莎、家乐福收购保龙仓、沃尔玛完成好又多收购等，流通领域兼并重组，成为调结构、转方式的重要手段。

7. 多业态经营已经成为趋势，业态创新日新月异

北京、上海、杭州、重庆、成都、常熟、青岛、广州、深圳奥特莱斯得到迅速发展，国内已经形成了北京燕莎奥特莱斯、上海青浦奥特莱斯、杭州休博园奥特莱斯、苏州和顺奥特莱斯购物广场等 100 多家，并且大多数发展较好。

8. 零售企业进入城市综合体阶段

所谓城市综合体是指近几年来出现的一种新型业态群体，即一种集商务、办公、酒店、休闲、购物、餐饮、文化、娱乐、旅游、观光于一体的多元功能新型业态群。从 2009 年至今除北京、上海、深圳、广州等一线城市外，城市综合体在全国各地普遍开花，把城市综合体作为未来城市的发展方向，安徽合肥城市综合体就有 20 个，沈阳将建设 4 栋 100 米以上的高楼。

9. 连锁经营进入稳步发展阶段

据全国连锁经营协会统计，2010 年连锁百强门店达到 15 万家，同比增长 9.8%，到"十一五"末，全国已建成农村超市 52 万个，覆盖全国 80% 乡镇和 65% 行政村。特许经营发展超过了 4000 个体系等，各种业态的连锁经营得到了迅速发展，特别是百货店连锁在 2010 年得到了迅速发展。

10. 商品交易市场的模式创新进入新的阶段

2010 年我国商品交易市场的模式创新进入一个新的阶段，据不完全统计，现有创新模式有：电子交易市场、园区型市场、街区型市场、城市综合体市场、摩尔型家居市场、商贸城市场、物流园区型交易市场、连锁型市场、集群市场、产业链市场成为当前创新型市场，具有较大的发展空间。2010年全国8万个商品交易市场交易额将超过7万亿元。

11. 科技推动流通业革命

随着计算机与网络技术的发展，特别是近几年来的物联网、云计算等新技术的运用，大大促进了我国流通现代化的步伐，我国先后在上海、北京、广州等地出现未来商店，许多新的技术被大量采用，如可追溯技术、RFID技术、EPC电子产品编码技术、移动POS系统等应用在我国商品流通领域，带来新的流通革命，许多新的业态也在不断地出现。

12. 流通与生产融合、与新消费融合、与现代金融业的融合

近几年来，产业链、供应链、消费金融公司等，促进了现代流通的发展，促进了新消费的活跃。2010年1月6日，中国首批3家消费金融公司获得中国银监会同意筹建的批复，这标志着消费金融公司这种在西方市场经济中已经存在400年之久的金融业态终于在中国"破冰"。根据银监会颁布的《消费金融公司试点管理办法》，包括北京银行、中国银行和成都银行在内的三家银行将分别在北京、天津、上海和成都四地设立试点消费金融公司。

13. 肉类蔬菜追溯体系在一些城市开始了试点

2010年我国在大连、上海、南京、无锡、杭州、宁波、青岛、重庆、昆明、成都等地也进行农产品可追溯体系的试点，并且推进了无公害食品、有机食品、绿色食品的发展。

14. 流通业充分发挥了宏观调控作用

2010年上半年，商务部针对生猪价格持续大幅下跌，及时收储中央储备猪肉16万吨，促进了生猪价格合理回升；下半年，为了遏制食品等部分商品价格过快上涨，及时投放10万吨中央储备冻猪肉，分8批投放162万吨中央储备糖，及时进口原糖弥补国内缺口，猪肉价格上涨势头得到抑制，食糖价格明显回落。

在总结我国流通产业发展成绩的同时，也应清醒看到当前我国流通产业也存在许多问题：①流通产业对国民经济的贡献率没有充分发挥；②法律、法规、标准缺失，如电子商务法、商品交易市场管理法、流通业行业协会管理条例、商业网点管理条例、大店法等法律缺失，成为当前流通领域秩序混乱的原因之一；③缺乏统一的流通产业政策及其管理；④流通产业规划布局存在许多问题；⑤商品生产布局不合理，流通环节较多、成本较高；⑥建材家居市场

竞争混乱；⑦农产品冷链物流成为短板；⑧再生资源、修理业、家政业成为短板等。

二、2011 年我国流通业展望

2011 年是我国"十二五"规划的第一年，也是我国进入结构性调整、发展方式转变的一年，具体表现为以下几个方面：

（一）我国宏观调控政策进入常态化阶段

回顾 5 年来我国宏观调控政策演变，可以看到我国宏观调控政策的轨迹及其发展过程。2003~2007 年以来，我国经济进入较高发展阶段，经济发展速度在 10%以上，为了保持我国经济可持续发展，中央在"又快又好"的基础上，提出了"又好又快"的发展政策，2006 年采取紧缩的财政政策和紧缩的货币政策，2007 年采取稳健财政政策和从紧的货币政策（GDP 增长达到 14.2%，CPI 达到 4.8%）。但是，没有想到的是，2007 年美国的次贷风波，到 2008 年演变为全球性的金融危机，并在下半年影响到我国经济。于是，2008 年我国政府采取积极的财政政策、适度宽松的货币政策。2009 年外力推动和国内政策调整相结合，开始了我国具有历史意义的结构性调整浪潮。2010 年我国继续实施财政政策和适度宽松的货币政策，但是，到 2010 年 10 月以来，CPI 先后超过 4%，于是 2010 年底的经济工作会提出了 2011 年的经济政策，这就是"积极的财政政策和稳健的货币政策"，并提出"积极审慎、稳健灵活"的经济政策。

（二）2011 年我国流通业展望

（1）社会消费品零售总额继续增长，预计将保持 17%以上增长速度，餐饮业零售额将保持 18%名义增长速度。根据我国经济运行规律及其消费升级的发展，2011 年我国消费品零售总额预计继续增长，但是也会存在一些消极的因素，如因为 CPI 影响居民消费，居民消费欲望有所下降。

（2）城乡统筹、城市与农村互动发展。随着城市化进程加快，城乡统筹政策、城乡互动发展，将促进城乡消费的进一步活跃，2010 年农产品价格上涨，在一定程度上提高了农民收入，将促进农村消费保持 17%增长。

（3）电子商务及网购进入发展时期——发展与规范并行、互动，2010 年底我国网民达 4.75 亿人，仍居全球之首，电子商务交易额、网上购物交易额将高速增长。预计 2011 年我国电子商务交易额将达到 6 万亿元，网上交易额将超过 7000 亿元。

（4）低碳流通、绿色流通成为主旋律。在这一过程中，科技、管理、文化创新推动着企业的进步，许多外资零售商走在前头。

（5）流通业结构调整与发展方式转变

①主体结构调整。国有及国有控股、集体、个体、私营、外资等多种经济成分将继续发展，在北京、上海、广州等城市相继确立建设国际商贸中心城市目标，外资将大量进入，与本土流通企业相互竞争和融合，成为一个有机整体。

②业态结构调整。有店铺业态、无店铺业态将继续发展，实体店与网店相互融合，成为一个有机的、生态的结构体系。

③行业结构调整。流通产业是商品流通的组织载体，分为实物商品和服务商品贸易的组织，包括商品批发零售业、餐饮业、住宿业、物流配送业、电子商务业、租赁业、拍卖业、典当业、旧货业；商业服务业（理发及美容保健、摄影扩印、洗染、修理、家政）、会展业、商业信息业、商业咨询与培训业，包括各类生产企业的分销渠道组织。

④空间结构调整。空间结构包括城市的空间结构，如核心商圈、区域商圈、社区商圈、街区商圈等，以及农村县城、乡镇、村三级空间网络，城市与乡村空间网络节点等。

（6）国内市场与国际市场统筹发展。在消费、投资、出口结构协调发展的前提下，实现国内市场与国际市场联动发展。

（7）商品交易市场的结构调整、交易升级、管理创新仍然是2011年的主题，这一主题将在"十二五"期间仍然发挥引导作用。

（8）集群竞争向链群竞争发展，专业分工向主题分工发展，转型升级向提炼发展，品牌渠道向渠道品牌发展，投资型经济向消费型经济发展，工业型经济向城市型经济发展，高碳、中碳经济向低碳经济发展。

（9）农产品现代流通综合试点继续在冀、辽、浙、鲁、豫、鄂、琼、渝、新疆9省市推开，大连、上海、南京、无锡、杭州、宁波、青岛、重庆、昆明、成都等20城市继续开展肉菜流通追溯系统试点。

（10）电子商务将在许多城市、企业开展试点，商务部《关于规范网络购物促销行为的通知》，商商贸发［2011］3号，2011年1月7日颁布，国家工商行政管理总局《网络商品交易及有关服务行为管理暂行办法》，2010年5月31日发布，7月1日实施，网上购物将进入规范发展阶段。

"十二五"流通业规划应成为国家级的产业政策

2010年7月21日上午，中国商业联合会举办了"十二五"流通业规划政策建议座谈会。参与这次会议的人员有商业联合会的张志刚会长、王琴华副会长，国务院发展研究中心的任兴洲所长、商务部吴东来处长，到会专家有黄国雄、宋则、洪涛、刘海飞、王建华、刘东坡、刘建沪、齐东、姚力鸣、刘普合、陈及、于淑华、裴亮等。会议由王琴华副会长主持。

在会上洪涛教授发言，谈了他对"十二五"流通规划的建议，他认为：

第一，"十二五"流通规划的对象到底是商贸业还是流通业，他认为，不是"商贸业"，而应该是流通产业，这更恰当。因为流通是指商流、物流、信息流，以及与之相适应的资金流、消费流，但是资金流并不等于是指金融业，而是指流通产业与金融业相关的业务，流通业与金融业有不同的边界，因为金融业还包括保险等业务体系，流通的组织载体是流通产业。从产业角度看流通比从商贸角度概念更准确。当前商贸业仅仅指批发、零售业已经不能够反映流通业发展的现状，如我们在制订"商贸物流业"发展规划的时候，有时将粮食、烟草、食盐、石油等排除在外，甚至在冷链也不包括在其中，具有典型的部门色彩与行业性质，是明显的小流通概念。而如果将流通产业规划提高到国家级规划的层面，采用商贸业作为规划的对象就会明显降低其规划的层次。所以应突破部门概念编制国家流通产业发展规划。

第二，"十二五"流通业规划的基本理论是什么。回顾新中国成立以来60年的历史，我国在流通理论上经历了"无流通论"—"流通论"—流通产业论—流通先导产业论—流通基础产业论—流通战略产业论—流通体系发展战略论，目前我们制订"十二五"规划的理论基础应该是流通体系发展战略论。从流通体系的角度，从流通发展的角度，从流通发展战略的角度研究"十二五"流通规划。

第三，"十二五"流通规划需要明确当前我国所处的经济时期。新中国成立60年以来，我国经济经过了四次转型时期，第一次是1949年我国由半殖民地半封建的经济转变为新民主主义的经济；第二次是20世纪50年代，我国经济由新民主主义经济转变为社会主义"计划经济"；第三次是80年代，我国由"计划经济"转变为社会主义市场经济；第四次是当前我国正处于的经济转型时期，即由社会主义市场经济转变为完善的市场经济。当前我国正处于完善社会主义市场经济的阶段，当前的重点和核心是"优化经济结构和转变发展方式"，只有明确了所处时期才能确定"十二五"流通的重点任务。

第四，"十二五"流通规划应从流通体系的角度来规划。我认为我国流通体系正由传统流通体系向现代流通体系转变，完善的流通体系由横向流通体系与纵向流通体系构成。具体来说，横向流通体系由7个体系组成现代流通体系：生产资料流通体系、日用工业品流通体系、农产品流通体系、再生资源流通体系、生活服务体系、商务服务体系、信息服务体系。从纵向来说，流通体系由6个层次构成，即流通组织、流通渠道、商品市场、流通管理、流通法律、流通宏观调控。

第五，"十二五"流通规划的重点应放在城乡、区域和多民族统筹方面。中国共产党十七大提出了许多工作统筹，其中流通规划的重点应放在城乡统筹、区域统筹、民族统筹方面。目前城乡居民收入差距已经达到3.33：1（2009年），社会消费差距已经达到6.26：1（2010年1~6月），目前城乡人口差距在减少，农村7亿多人口，城市5亿多人口，但是2亿多流动人口，使城市与农村人口数量接近，所以应用动态的观点来研究流通问题、规划流通发展。

第六，前几天由国防大学一位教授提出了一种观点，那就是消费、投资、出口三驾马车拉动经济增长更像短期政策，不能解决中国长期稳定协调发展问题，他认为，应该更多的考虑通过科技和人才教育达到强国的目的，以促进经济可持续发展。这些观点应该吸收到我们新的"十二五"流通规划中去。

第七，"十二五"流通规划需要规范概念。比如现在媒体上有消费额占GDP的比重等说法，餐饮销售额占GDP比例的说法，房地产销售额占GDP比例的说法是不规范的，应考虑的是其增加值，按国家统计局的统计规范进行比较。

第八，"十二五"流通规划应是积极的产业政策。长期以来，我国缺乏积极的、统一的流通产业政策，快速消费品、粮食、石油、烟草、盐业等产品属于不同的政府职能部门来进行管理，如商务部、国家发改委、粮食局、文化部、药品监督管理局、供销社等部门，商品流通条块分割非常严重，地区之间的摩擦系数较大，县与县之间的啤酒不能够流动等现象十分普遍，缺乏统一的流通产业政策，这种状况在"十二五"流通规划中，应该得到解决。

394

加快商品交易市场标准化体系建设①

今天我主要讲以下六个方面的问题：一是商品交易市场9大发展趋势，从中可见，标准化是商品交易市场9大趋势之一；二是标准概念及其内涵；三是我国商品交易市场管理技术标准现状；四是如何加快商品交易市场标准制订和完善；五是一个完整的标准是如何构成的；六是当前需要注意的几个问题。

一、商品交易市场9大发展趋势

（一）商品交易市场大型化趋势

我国商品交易市场向大型化方向发展，在商品交易市场数量增加的同时，市场规模也在提高，许多大型商品交易市场规模是越来越大，甚至3000多亩，建筑面积240万平方米，百亿元以上的交易市场越来越多了。

（二）商品交易市场专业化、特色化趋势

1. 商品交易市场专业化趋势

在商品交易市场中综合型商品交易市场数量、交易规模呈现下降趋势，而专业型商品交易市场数量、交易额呈现增长势头，商品交易市场向深度拓展，使专业化市场发展越来越好。中国纺织服装专业市场联盟编辑出版的市场报告将纺织服装专业市场未来发展的主要趋势归纳为：

（1）专业市场的经营模式向多元化发展；

（2）专业市场经营业态向两极化发展；

（3）专业市场功能由集散型向服务型发展；

（4）专业市场经营体制由传统模式化向创新化发展；

（5）专业市场由基础管理向市场品牌培育发展；

（6）专业市场由国内主导型向世界性采购中心发展等。

2. 商品交易市场特色化趋势

商品交易市场虽然数量达到8万个，但是特色市场并不是太多了，而是太少了，特色市场是商品交易市场的发展趋势。如食品市场呈现如下特色趋势：

---

① 2011年5月28日，洪涛教授应邀参加在成都举办的第七届中国商品交易市场创新论坛暨中国商品交易市场系列专业市场管理技术规范标准研讨会，此稿是其演讲稿，在《中国商品交易市场》杂志2011年第6期刊载。

①向营养保健型转化；②向绿色食品型转化；③向多样型转化；④向加工方便型转化，商品交易市场细分化的市场也随着而出，以无公害为内容的绿色市场建设先后在安徽、内蒙古、杭州、山东、北京、南京（首个无公害）、长沙、武汉（白沙）出现。

（三）商品交易市场标准化趋势

商品交易市场发展到一定程度，就需要不断规范化发展，并在此基础上形成相应的标准。近几年来在国际化接轨过程中，我国商品交易市场进入标准化、规范化发展时期，市场经营与管理主体的准入制度、市场商户主体准入制度、市场客体准入制度、市场运行管理制度，如收费、质检、质量等服务制度，许多市场标准化延伸至生产领域，形成加粗、加长的产业链条。

商品交易市场的标准化，对新建市场可以起到"有理可依"的作用，提供系统的市场管理与操作模式。对成熟市场可以起到促进交易创新、管理升级的作用，如果没有标准，一些市场就可能满足现状，削弱了继续加强深化规范经营的力度；有了标准，市场就会在与时俱进的高度方面、在完善服务管理方面、交易管理细节方面，向国际化发展方面，提出更新、更具体、更具有可操作性的要求。对市场行业协会（市场联盟）而言，标准可以提供对行业进行规范管理的作用，标准成为其促进市场良性发展的有效管理工具。

在标准的引导下，我国出现了许多标准化的绿色市场、星级市场等，如上海出现第一家标准化茶叶市场——上海满堂春茶叶市场（22000平方米），2008年西部的青海西宁市农贸市场也正在全部走向标准化。

（四）商品交易市场现代化趋势

商品交易市场正在向现代化趋势发展，这里包括硬件建设的现代化，也包括软件建设的现代化，现代化的市场企业管理，把市场当作企业来经营与管理，计算机与网络技术的升级与管理，使市场由传统的"三现交易"向多方面的现代化管理的市场转变。但是需要注意的是市场的现代化不仅仅是大宗商品的电子化交易，否则会把我国的商品交易市场引向死胡同。

（五）商品交易市场外向型趋势

（1）商品交易市场的外向化，许多大陆商品交易市场成为进出口的交易中心，如中国义乌小商品城、中国轻纺城、中国五金城、常熟服装城、天雅大厦等，成为进出国际商品交易中心、国际商品采购中心等。

（2）在我国边境建立了许多中外合资的商品交易市场（交易中心、物流园区等），如中俄边境线上建成最大两国商品交易市场，即中俄东宁——波尔塔夫卡市贸易区商品交易中心。

（3）"走出去"办市场。近几年来，我国商品交易市场纷纷走出国门建设具有中国特色的商品交易市场——中国商贸城。据不完全统计，我国在国外已建和在建的有200多个中国商贸城。集美家居近年来走出去到法国巴黎建设建材家居交易中心。随着东盟经济区的形成和发展，越南建材市场正逢"黄金期"，北方俄罗斯也正是建材市场的"黄金期"，美中家居建材中心驻东莞代表处成立。

（六）商品交易市场法人主体化趋势

商品交易市场法人主体化包括两个方面的内容：①商品交易市场经营管理者法人主体化，许多商品交易市场成为市场股份有限公司、股份责任公司。过去许多市场由国家办、集体办甚至个体经办，现在成为现代经济的微观主体。一些大型批发公司，可给予商品交易市场更加开放的上市发行股票和发行债券的政策，试行批发市场上市融资的改革。②商品交易市场的商户公司化，如北京新发地农产品批发市场的商户结构中，在市场内现有4家上市公司的分公司，年交易额在1亿元以上企业7家，年交易额5000万元至1亿元的企业43家，年交易额1000万元以上的企业438家。

一些商品交易市场利用其品牌价值进行品牌输出，以资本运营为主要手段整合现有的商品交易市场的资源，强势市场兼并弱势商品交易市场，对不同市场结构和空间结构的调整，改变"有场无市"和"有市无场"两种形式并存的状况，积极支持强势商品交易市场兼并、收购、联合、分解等多种形式，鼓励商品交易市场上市融资。

（七）商品交易市场主导供应链及多渠道趋势

（1）商品交易市场主导供应链趋势。商品交易市场向上游和下游两头延伸，形成商品交易市场主导下的供应链。

（2）农产品交易市场多渠道趋势。农产品流通的渠道呈现多种多样化趋势，即一些农产品采取直接流通的方式，一些农产品采取间接流通的方式，直接流通的渠道，如目前比较流行的"农超对接"模式，此外还有以各类批发市场为中心的间接模式。

（八）商品交易市场严格准入制度及全面质量提升趋势

（1）商品交易市场严格准入制度趋势。自1999年以来，政府推进"三绿工程"（绿色通道、绿色市场、绿色消费）已经12年，"十二五"期间将继续推进"三绿工程"，随着《食品安全法》的出台及其落实，将采取更加严格规范商品交易准入制度。

（2）商品交易市场全面质量提升趋势。①加强市场准入制度，建立对商品质量负责制，对一些生鲜食品、药品要率先实行资格准入制度。②加强农残畜残检验制度建设，建立分层次的检验检测体系。③加强税收管理，采取交易建账制，鼓励使用发票。④在未来20年，我国将形成上百个销售额超过100亿元的具有一定品牌价值的特大型的商品交易中心。

（九）商品交易市场多功能化趋势

现代商品交易市场将呈现宏观多功能与微观多功能发展趋势，具体表现为以下19大功能。

商品交易市场功能表

商品交易市场的宏观功能			
引导生产和消费	规避价格波动	吸纳就业	提供税收
名牌孵化和新品开发	孵化企业家	市场旅游	城市名片
商品交易市场的微观功能			
提供交易环境	商品聚散	信息发布	价格发现
商品展示	商品结算	经济信用	质量检测
商品配送	进出口代理	配套服务	

由其发展趋势可见，商品交易市场标准化趋势是其中最重要的趋势之一。

二、标准及其基本概念

（一）什么是标准，标准的概念是什么

1983年，我国在GB 39.5.1《标准技术基本术语》中对标准定义如下："标准是重复性事物或概念所做的统一规定，它以科学、技术和实践经验的综合成果为基础，经有关方面协商一致，由主管部门批准，以特定形式发布，作为共同遵守的准则和依据。"标准具有4个含义：

（1）制订标准的对象是重复性事物或概念。虽然制订标准的对象，早已从生产、技术领域延伸到经济工作和社会活动的各个领域，但并不是所有事物或概念，而是比较稳定的重复性事物或概念。

（2）标准产生的客观基础是"科学、技术和实践经验的综合成果"，这就是说：一是科学技术成果，二是实践经验的总结。并且这些成果与经验都要经过分析、比较和选择，综合反映其客观规律性的"成果"。

（3）标准在产生过程中要"经有关方面协商一致"。这就是说标准不能凭少数人的主观意志，而应该发扬民主、与各有关方面协商一致，"三稿定标"。如产品标准不能仅由生产、制造部门来决定，这样，制订出来的才能考虑各方面尤其是使用方的利益，才更具有权威性，科学性和使用性，实施起来也较容易。

（4）标准的本质特征是统一。这就是说标准"由标准主管机构以特定形式发布，作为共同遵守的准则和依据"的统一规定。

（二）标准具有哪些类型

按照标准化层级标准作用和有效的范围，可以将其划分为不同层次和级别的标准。国际标准、国家标准、行业标准、地方标准和企业（市场）标准。

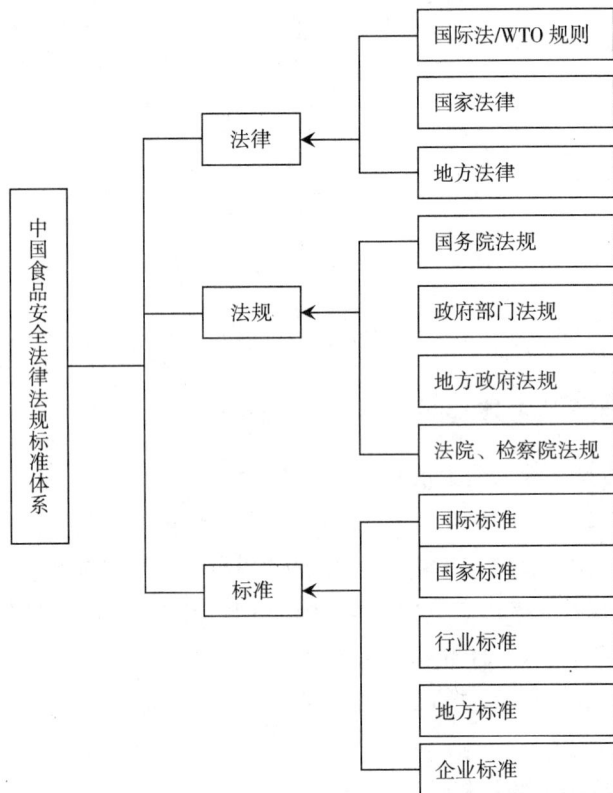

除了国际标准外，国家标准用 GB 表示，行业标准用 SB 表示，地方标准用 DB 表示，企业标准用 SOP（standard operation procedure）表示。

三、我国标准化现状

（一）标准现状

（1）新中国成立以来，我国的标准化得到发展。而不是改革开放才发展标准的，否则就是误解了我国标准化发展的现状。

（2）农业标准化得到了加强，出台了许多农业标准、农产品标准等。

（3）采用了大量国际标准和国外先进标准，以增强我国在国际话语权。

（4）引导了企业标准化技术基础工作，许多企业（含市场）积极参与标准化建设。

（5）形成了标准化工作队伍体系，形成了一支标准化建设的队伍，即国家和地方政府、行业协会、企业等参加的标准化队伍体系。

（6）加强了标准情报工作，对国际、国内标准化建设的现状、成绩、问题有全面了解。

（7）标准化法制建设得到加强，出台了许多标准化建设的法律、法规，使标准化建设向着有计划、协调地发展。

（8）参与了国际标准化和区域性标准化活动，政府、行业协会、企业积极参与了国际、区域范围内的标准的制订、修订。

新中国成立以来，特别是改革开放以来，我国的标准化事业得到迅速发展，从 1949 年中央人民政府批准发布我国第一个国家标准以来，截至 1998 年底已制订了国家标准 18784 项，行业标准 28000 多项，地方标准 7000 多项，企业标准 60 万项。商务部现有 640 多项标准，其中 200 多项国家标准，400 多项行业标准。包括：

（1）基础性的产品标准。如小商品分类，商品交易市场分类；

（2）经营与管理类技术类分类，如尾货市场经营与管理工作技术规范；

（3）术语分类。如物流标准术语、零售术语、批发术语、生产资料术语。

基本形成了以国家标准为主体，行业标准、地方标准和企业（市场）标准相互协调配套的标准体系。

标准化从传统的工农业产品向高新技术、信息技术、环境保护和管理、产品安全和卫生、服务等领域发展，一批关系国计民生的重要产品标准不断完善，为国民经济现代化建设提供了有力的技术支持。

（二）标准存在问题

一是标准滞后；二是标准混乱，至今我国食品质量标准有 3000 多个，由

400

于多头管理，交叉冲突，存在监管"真空"；三是标准无法沟通；四是标准不完善；五是标准体系不完善，目前我国有《食品添加剂使用标准》等食品质量标准近 3000 个，而与流通有关的标准仅有 100 余个；六是食品质量检测标准不统一；七是我国食品流通检测及环保体系仍不健全。

对一些地区、行业、部门、企业标准化存在的问题归纳起来 4 句话：数量不够；质量不高；已经过时；无代表性。

四、加快商品交易市场标准制订和完善

针对当前我国标准化建设中存在问题，我认为：一是要增加标准的数量；二是要提高标准化的质量；三是对标准制订、修订行为应该规范；四是标准应促进企业、产业、市场的稳定发展，而不是把企业（市场）搞死。

（一）要明确标准拟订的原则

（1）要从全局出发，贯彻国家产业政策、技术等政策；

（2）充分满足标准使用要求；

（3）要有利于科技发展。

（二）制订、修订、贯彻标准需要经过哪些阶段

一是申请阶段；二是预备阶段；三是委员会阶段；四是审查阶段；五是批准阶段；六是发布阶段；七是贯彻落实阶段。

五、如何撰写标准及其标准的构成

（1）确定标准的等级，看是哪一类标准，国家标准、行业标准、地方标准、企业标准，是强制性的标准，还是推荐性标准，是产品标准，还是经营与管理技术标准，还是术语标准。

（2）确定标准的范围。标准范围是什么，明确其范围边界，避免标准范围过大，或者过小，使标准在使用时受到限制。

（3）规范性引文件。标准在引用文件有哪些，参考了哪些文件，依据哪些文件等。

（4）术语要准确。明确专业术语，避免术语不清楚现象的发生。

（5）选址。对商品交易市场来说，选址是十分重要的，在当前我国 8 万个商品交易市场的前提下，应明确哪些地方不允许新建商品交易市场，哪些地方可以考虑建设商品交易市场。

（6）环境要求。商品交易市场的外部环境、内部环境分区等。

（7）场内要求。商品交易市场场内分区要求等。

（8）设备设施要求。商品交易市场硬件设施要求。

（9）经营管理要求。经营管理要求具体来说，包括以下几个方面：①商品质量要求；②商品陈列要求；③进货要求；④商户管理要求；⑤交易服务要求；⑥人员管理要求；⑦信用管理要求等。

这次拟申报的商品交易市场管理技术规范大约有30多个，也有两个市场申报了标准草案，如《果品批发市场管理技术规范》是大连金州果业食品有限公司草拟，《通讯器材专业市场建设与管理技术规范》是武汉华中通讯广场有限公司草拟。

我国商品交易市场的专业化程度越来越高，各专业市场的规范标准建设工作也日益引起社会各界的关注。中国市场学会商品批发市场发展委员会组织流通领域内的权威专家、全国行业龙头市场共同起草、制定各类专业市场管理技术规范标准。旨在推动各专业市场管理技术规范的建立，促进商品交易市场管理者规范市场秩序，提高市场管理水平与流通效率。

六、商品交易市场标准需要注意的问题

（1）标准制订与修订的主体是商品交易市场（企业）、行业协会，而不是政府，政府是积极引导者，而不是制订者。

（2）注意法律、法规、各类标准无缝连接，避免相互对立、相互矛盾、相互不一致等问题的出现。

（3）注意有形与无形相结合。制订标准要考虑到商品交易市场的有形市场、无形市场；网上市场、网下市场等相互关系。

（4）要有代表性。标准制订、修订应具有行业代表性，包括标准的提出、研制、审议、修改等，不要包办，让更多的人参与进来。

（5）要不断升级。随着科技、经济、社会发展，标准也需要不断创新，版本需要不断升级，以适应社会发展的需要。

（6）要促进市场发展。标准要从实际出发，能够促进市场的发展，应使参与的市场"跳一跳能够得着"，避免脱离实际。

以上观点及其演讲内容，可能有不完善的地方，请各位批评、指正。

农产品流通应谨防"走回头路"①

一、2010 年我国城乡居民收入、消费差距拉大

1992 年我国社会消费品零售总额为 1 万亿元，2010 年为 15.7 万亿元，增长 14 万亿元，2010 年我国农村消费额超过了 2 万亿元，但是，在城乡收入差距略有缩小的同时，城乡消费差别却越来越大。

二、我国是一个农产品生产、贸易、消费大国

（一）我国是一个农产品生产大国

我国是一个农产品生产大国，2010 年我国农产品总产量达到 17.4663 亿吨（不包括木材 7284 万立方米），如表 1 所示。

表 1 2010 年我国农产品产量表（万吨）

年份	城乡居民收入比例	城乡居民收入比例
2008	3.31∶1	2.12∶1
2009	3.33∶1	2.11∶1
2010	3.22∶1	6.52∶1

注：洪涛教授根据统计局相关资料整理。

（二）我国是一个农产品贸易大国

我国是一个农产品贸易大国，2010 年，我国农产品进出口总额为 1219.6 亿美元，同比增长 32.2%。其中，出口 494.1 亿美元，同比增长 24.8%；进口 725.5 亿美元，同比增长 37.7%。贸易逆差为 231.4 亿美元，同比扩大 76.5%。2010 年我国进口大豆超过 5000 万吨。

2010 年，我国农产品进出口的品种有：谷物（稻米、玉米、小麦、大麦）、棉花、食用油菜籽、食用植物油、饼粕、食糖、蔬菜、水果、水产品、畜产品。2010 年，我国谷物类中稻米出口 62.2 万吨，同比下降 20.8%；进口

---

① 2011 年 6 月 23 日，中国农产品流通焦点问题研讨会在北京工商大学举行，研讨会由北京工商大学、中国农产品市场协会、农民日报社主办，北京新发地农产品股份有限公司、北京工商大学贸易系承办，针对目前大幅波动的农产品价格、农产品批发市场建设、流通渠道等问题进行了深入探讨。以下是北京工商大学贸易系主任洪涛发言。中国农业新闻网发布日期：2011-07-07。

38.8 万吨，同比增长 8.8%。玉米出口 12.7 万吨；进口 157.3 万吨，比 2009 年激增 17.8 倍，这是我国 15 年来第一次大规模地进口玉米，但自 2010 年 10 月以来，玉米进口量持续回落，10~12 月玉米进口量环比分别下降 50.9%、68.8% 和 80.6%。小麦进口 123.1 万吨，同比增长 36.1%。大麦进口 236.7 万吨，同比增长 36.2%。

2010 年，我国水产品继续位居大宗农产品出口首位，水产品出口额占农产品出口总额的比重达到 28%。11 月、12 月出口额先后刷新单月最高纪录，分别达到 15.6 亿美元和 16.2 亿美元。山东、福建、广东、辽宁、浙江、海南是我国水产品主要出口省份，六省出口额之和占全国出口总额的 91%。其中山东省出口额 39.88 亿美元，同比增长 18.18%，继续位居第一大出口省份；福建凭借对台贸易的快速增长，出口额同比增长 66.03%，达到 25.38 亿美元，成为我国第二大出口省份。2010 年我国农产品进出口物流的详细情况如表 2 所示。

表 2　2010 年我国农产品进出口物流情况一览

品种	进口量或出口量（万吨）				进口额或出口额（亿美元）			
	进口量	同比增长	出口量	同比增长	进口额	同比增长	出口额	同比增长
谷物	570.8	81.2%	124.3	−9.3%	15.3	70.1%	6.9	−6.2%
棉花	312.8	77.8%	—	—	58.5	172.1%	—	—
食糖	176.6	65.9%	9.4	47.7%	9.1	139.5%	0.6	89.8%
食用油菜籽	5704.6	23.1%	87.7	−19.9%	265.3	28.3%	11.8	4.1%
食用植物油	826.2	−13.1%	9.6	−17.2%	71.6	7.4%	1.3	−17.4%
饼粕	209.5	1.6 倍	124.5	−25.5%	5.2	2.5 倍	4.8	−22.8%
蔬菜	15.0	54.4%	844.6	5.0%	2.8	54.6%	99.8	45.2%
水果	275.4	12.8%	507.5	−3.4%	20.3	23.0%	43.6	13.6%
水产品	382.2	2.2%	333.88	12.6%	65.4	24.2%	138.3	28.1%
畜产品	—	—	—	—	96.6	46.3%	47.5	21.4%

注：表中数据根据中华人民共和国农业部资料整理。

（三）我国农产品物流相对滞后

2010 年，我国农产品物流总额为 22355 亿元，同比增长 4.3%。我国农产品物流总额已连续 7 年呈现增长态势，2010 年再创新高突破 2.2 万亿元。然而，我国农产品物流总额占社会物流总额的比重却一直呈现下降趋势。2004~2010 年我国农产品物流发展情况如表 3 所示。

表3　2004~2010年我国农产品物流发展一览

年份	农产品物流额 （亿元）	社会物流总额 （亿元）	农产品物流所占 比例（%）	农产品物流同比增长率 （以上年为基准）（%）
2004	11970	383829	3.12	6.3
2005	12748	481983	2.64	6.5
2006	13546	595976	2.27	6.3
2007	15849	752283	2.11	17.0
2008	18638	898978	2.07	17.6
2009	19439	966500	2.01	4.3
2010	22355	1254130	1.78	4.3

注：资料来源《中国物流年鉴2011年》。

三、农产品流通有8个理论问题应予以澄清

（一）蔬菜是公共产品，还是商品

蔬菜是公共产品，还是商品？我认为，蔬菜从本质上来讲属于商品，而不是公共产品，但是，蔬菜等生鲜产品流通的基础设施具有公共产品的属性，这两个问题不能够混为一谈。

商品是用来交换的劳动产品，商品的天性是自由交换，商品生产者和经营者实行"自愿让渡"的原则。公共产品是私人产品的对称，是指具有消费或使用上的非竞争性和受益上的非排他性的产品。很显然，蔬菜在自由竞争的市场中进行买卖，是一种商品。有人将蔬菜也当作"一种特殊商品，具有公共产品属性"。

蔬菜本身是商品，想借"公共产品"之名走回头路回到计划经济上去，支持国家储备蔬菜、补贴菜农、集体分配，这些显然都是不可取的。蔬菜市场是完全竞争的市场，前段的蔬菜价格大幅度上涨，主要不是需求拉动型的，而是成本推动型的，虽然也有季节性消费需求增长因素，但是人工和化肥等生产流通成本上升、自然灾害及输入性通货膨胀等因素都会造成农产品价格上涨，加之炒作、投机等多种因素。但政府不会对市场撒手不管，应充分发挥其法律手段、经济手段、行政手段管理国民经济。

从发展趋势来看，在市场经济条件下，蔬菜价格的上涨和下跌都是一种常态，目前农产品价格的波动幅度仍然在可以控制的调整范围内。当然也要警惕蔬菜价格过高或过低的非正常波动，大幅度的价格上涨会伤害消费者的利益，大幅度的价格下跌会伤害生产者的利益。

（二）建设公益性市场，还是建设国家单一投资市场（国营市场）

既然蔬菜是商品，基础设施具有公益性，那么，一方面应充分发挥市场在生鲜产品的运营方面的作用；另一方面，政府应加大农产品流通的基础设施的公共产品建设。实践证明，国家单一投资建设市场、国营市场都是失败的，日本、法国等国虽然是政府投资建设的市场，但也不是国家经营的，而是国家参股投资、控股投资建设市场，市场自主经营的。既然农产品应该在自由竞争的市场中运营发展。进一步完善市场经济体制，促进全国统一、开放、竞争、有序、安全的农产品市场体系的发展，消除任何阻碍农产品自由流通的障碍，形成更加透明、公正的价格，进行更加迅速的市场信息传播，这些都为自由竞争的农产品市场提供了制度保障。

但是蔬菜等生鲜产品的基础设施具有公益性，既然基础设施具有公益性，就应该由政府加大投资力度，重视农产品基础设施的建设，使农产品在一个更好的平台上自由流通。

（三）"短流通"是创新还是一个伪命题

针对我国不断高涨的农产品价格，有专家认为，农产品价格暴涨的主要原因是流通环节成本过高，应该提倡大力缩短流通环节以减少成本，有人甚至建议"零流通"。

流通环节不正当的层层加价确实是造成农产品价格偏高的原因之一。农产品从田间地头到餐桌，一般要经历"收购商"、"区域市场"、"批发市场"、"二级批发"、"农贸市场、早市、社区蔬菜供应点、超市蔬菜供应点"五个环节，每个环节都存在成本问题，导致层层加价，在一定程度上推高了农产品价格。

但是，是不是因此要取消流通环节，实行"零环节"流通呢？要讨论"短流通"正确与否，要深入讨论流通环节是"多好"还是"少好"的问题。首先应理清流通渠道和流通环节的概念。流通渠道是商品所有者组成的、直接推动其形态变换中的商品由生产领域进入消费领域的组织序列；商品流通环节则是指商品流通过程中商品价值实现和商品实体转移的具体表现形式，流通环节包括商流环节、仓库环节两个主要内容。

而"短流通"是一个伪命题：蔬果从新疆到北京、从海南到北京的流通渠道就不可能短，但是销地适当提高自给率是可行的，北京蔬菜水果自给率为15%，蔬菜水果价格上涨后自给率提高到35%，如果能提高自给率会更加符合低碳经济的要求，避免"菜价整成肉价钱"。

环节既不是越短越好，也不是越长越好。不同生产品种的环节多少是不一样的。有的可以产销对接，也可以有多种渠道（生产者、经营者、消费者）和中间环节（如批发市场、物流配送中心等）。

（四）农村取消集贸市场，农民没处卖、没处买

农村集贸市场是指由市场经营管理者经营管理，在一定时间间隔，一定地点，周边城乡居民聚集进行农副产品、日用消费品等现货商品交易的固定场所。集贸市场辐射面广，带动力强，为各类产品流通搭建了服务平台，极大地促进了城乡物资交流和生产的发展；特别是大型农产品集贸市场，有力地推动了农产品的交易，促进了农村、农业发展和农民增收。当前国家大力发展社会主义新农村的关键时期，集贸市场作为连接农民和消费者的纽带更加受到重视。财政部、国家发展改革委、国家工商总局自 2008 年 9 月 1 日起就停止征收个体工商户管理费和集贸市场管理费，体现了政府部门对集贸市场的支持。

集贸市场并非都是传统的在一定时点聚集起来进行自由的农产品的交换。现在的集贸市场数量减少但规模有所发展，且由工商局和市场服务中心等多头管理监督，对质量和经营环境等有了更高质量的要求。

（五）"农超对接"是农产品流通渠道的一种模式而不是唯一模式

如果农民直接销售农产品会有一定的自主权并获得相应收益，农超对接虽然给农民提供了将农产品外送的渠道，但也对农民的优势地位进行了一些削减，主要集中在以下三个方面：

①巧立名目收费，比如入场费等。各种形式的收费会让农民负担加重，违背农超对接的初衷。②周转时间太长。对于农民来说，平时买卖多是现金结算，而超市采用银行结算，并有时间不定的付款期。若以每车 10 吨菜，货值 2 万元计算，若结算时间达一个月，就是 60 万元的货款，对于农民来说，这笔钱不是小数目。③条件苛刻，借标准来压价。超市原本与合作社签订了合约，但在菜价下跌时，超市就想压低收购价，不便公开违约，就以产品卖相不好等种种理由拒收农产品，除非农民肯减价出售。

总之，目前农产品销售主要还是以批发为流通方式，"农超对接"作为农民和市场的直接流通渠道，只能在小范围内解决农产品的销售问题。农民专业合作社作为一个弱势群体，在和超市打交道时议价能力很低，容易承受超市转嫁的风险，从而达不到预期的效果。政府应尝试将合作社集中起来，帮助他们去和超市打交道。而且，不只应该有农超对接的直接渠道，还要有其他的渠道，不能单一化，否则不利于提升农民的积极性。

（六）许多农产品批发市场升级改造，商铺费用提高

农产品批发市场一直是我国农产品流通的主要渠道。为了适应经济发展的需要，必须要按照建立现代农产品流通体系的目标，因地制宜，科学规划，合理布局，加快农产品批发市场升级改造步伐，改善市场硬件设施条件，盘活地区的农产品资源促进农产品批发市场健康发展。

但是，许多农产品批发市场改造后商铺的费用大幅度提高，令很多农民和下岗职工不能承担，以至于不得不提高商品价格以对应提高的成本。因此，将所有的农产品批发市场交易大厅都封闭起来，不符合市场经济规律。农产品批发市场的升级改造是大势所趋，但一定要符合我国各地的实际。

（七）城镇化建设，农民进城难，分流到哪里去

尽管我国的城镇化水平从1978年的17.92%提高到2010年的47.5%，但仍然远远低于发达国家80%的水平，甚至低于50%的世界平均水平。目前47.5%的城镇化率"成色"还不是很足：其中既包括了1.45亿左右在城市生活6个月以上，但没享受到和城市居民同等公共福利和权利待遇的农民工，也包括约1.4亿在镇区生活但仍然从事农业生产的户籍人口。总体上说，我国的城镇化建设存在农民进城难的问题，如何分流这些农民呢？我认为可以把建设社会主义新农村和推进城镇化同时进行。一方面，发展农村首先要依靠农民的积极性和创造性，自主创业是农民富裕的一个重要途径。国家应对农民自主创业支持政策松绑，其中一点是土地，应该考虑在县城、中心镇、中心村建立农民自主创业的园区。此外，农村、城镇通过规划节省出来的土地不应全部进入城市，可以建成农民园区，给农民集中创业的地方。另一方面，通过加大粮食贸易和统筹整理耕地，让土地适量进入地产业，降低中小城市和城镇的门槛，让更多农民享受城市公共服务，解决农民进城难的问题。

（八）农产品批发市场上市会被外资控制吗

对农产品批发市场的投资是形成批发市场产权的基础，批发市场产权的基础是法人财产权，就产权而言，最理想的是采用股份制并上市交易，增强其社会性。为了保证国家对农产品市场调控的有效实施，避免我国农产品批发市场上市被外资控制问题的出现，国家可以以股东的身份参股或控股我国上市的农产品批发市场，并建立规范的现代企业制度。这既有利于解决组建批发市场的资金约束，又丰富了政府调控市场流通的组织资源，同时也避免了政府对市场的行政干预。具体来说，有以下三个方面：

（1）采用股份制形式集资组建市场型的企业，产权十分清晰。企业选派董

事共同组成董事会并对公司重大经营事项进行决策，从而保证和维护股东的利益。这构成了微观组织机制设计中的组织创新。

（2）由企业采用股份制的方式建市场，市场实行企业化经营，打破了传统体制下国家工商行政管理部门统揽市场建设、管理一切事务的做法，实现了市场办管脱钩、政企分开，促进了市场经营管理的专业化。这构成了微观组织设计中的管理创新。

（3）通过"企业办市场、企业管市场"，从而实现制度创新：市场企业化。这使农产品流通的交易费用下降，提高农产品流通组织的效率，扩大交易范围和频率。

但是，农产品批发市场上市也不能够搞"一刀切"，上市是手段不是目的，对于大型农产品批发市场采用股份制并上市交易，有利于建立清晰的产权制度，使批发市场拥有法人财产权，以充分发挥产权的积极功能，只要我国上市的农产品批发市场的控股权在自己手中，就不会被外资控制。

四、发展我国农产品流通的对策

（一）坚持生鲜农产品商品化、市场化改革

生鲜农产品的最基本的特性是商品性，农产品生产的商品化、市场化、组织化程度，决定了农产品流通的商品化、市场化、组织化程度。在承认、尊重农户的市场主体地位的前提下，多渠道培育农村市场主体，推动农村经营体制创新。家庭承包经营和农业产业化经营相结合，是农村基本经营制度切实可行而又富有成效的创新。单纯依靠分散的农户很难实现与国内外市场的对接，农民的自身利益不能得到保证。通过农业产业化经营，组建农民合作经济组织，把一家一户组织起来，改善农产品的交易条件，形成规模经济，获得规模效益。

（二）生鲜农产品市场需求决定了农产品流通组织形态

通过建立包括集贸市场、批发市场、期货市场和城市菜市场网点在内的农产品交易市场体系，使不同市场之间互通有无，功能互补，协调互动，保障农产品顺利流通。目前，根据我国农产品市场需求的建设，主要是积极培育和发展以集贸市场、批发市场和期货交易市场"三位一体"相配套的农产品流通市场体系。

（三）坚持生鲜农产品流通的多渠道，不能搞单一的"农超对接"

农产品流通的多渠道、少环节是农产品流通体制改革的目标之一，流通环

节既不是越多越好，也不是越少越好，要根据具体情况具体分析。目前，我国的农产品流通体制已由原来的国有商业和供销合作单一购销体制发展为多渠道流通体制。在多渠道的流通体制中，要充分调动农民个人及合伙组织、集体商业组织、农民股份合作购销组织和农民专业（技术）协会（研究会）在农产品流通中的积极性，不搞单一的"农超对接"。与此同时，根据社会化大生产的要求，大力发展农产品产供销一体化联合经营组织，特别注意要因势利导，采取优惠政策措施扶持农民自己兴办流通型农业产业化"龙头企业"。实践证明，龙头企业在农民与市场之间发挥了重要的桥梁作用。发展农业产业化经营，通过"公司＋农户"，包括"龙头企业＋农户"、"专业合作组织＋农户"、"行业协会＋农户"等形式，实现千家万户与大市场的对接，提高农产品流通的多渠道模式，不搞单一的农超对接。

（四）坚持少环节，而不是"零环节"

2010 年以来，我国蔬菜、水果、粮油等农产品价格相继高涨，引起社会舆论的广泛关注。我认为，农产品价格暴涨的主要原因是流通环节利润过高，应该提倡大力缩短流通环节，有人甚至建议"零流通环节"。

某一种产品的流通环节是越多越好，还是越少越好，这需要具体情况具体分析，不能够简单地提出环节越少越好，渠道越短越好。比如说每一个农户都去卖鸡，每一个农户都去卖蛋，每一个农户都去卖菜的"一对一"的直销模式，假定只有一个环节，一个生产组织需要对应 13.3 亿人的每一位人，那么就是 13.3 亿条直销渠道，显然这是不科学的。当然环节也不是越多越好，渠道也不是越长越好，否则成本会增加，生鲜产品就会腐烂、变质。在当前有人提出"短流通"的概念，甚至提出渠道不能够超过三个交易当事人，或者说超过三个环节就是不科学的，显然是站不住脚的。

渠道的长短是客观的，不是以主观判断作为标准，而是要从实际出发。我们应该分清流通过程中哪些环节是必要的，哪些是不必要的。因此，我比较认同"中间环节价值注入理论"——在中间环节过程中，不断增加产品的附加值，使产品在流通过程中价值增值，从而挤压出许多流通过程中的成本。如果我们一概而论减少环节、降低流通成本、缩短所谓的流通渠道，混淆了"注入中间价值"与"中间成本"的概念区别，则会导致许多错误的流通行为发生，反而会增加不必要的流通成本。要形成农产品生产者、中间商、零售商、消费者等多种交易当事人组成的产业链、供应链，形成"农产品协议流通"的机制，促进生鲜农产品流通的统一、开放、竞争、有序、安全的市场体系。

当前我国电子商务亟待解决的7个问题

2008年，中国电子商务交易额达到3.1万亿元人民币，网络购物交易额达到1257亿元人民币；2009年，中国电子商务交易额达到3.85万亿元人民币，网络购物交易额达到2586亿元人民币，同比分别增长21.7%和105.8%，其中网络购物交易额占社会消费品总额的2.06%。2010年，我国电子商务交易额4.5万亿元，网络零售额达到5131亿元，占社会消费品零售总数的比例的3.32%。

（1）要明确电子商务的概念，电子商务包括企业内部的信息共享、企业之间的信息及商品交易、网上购物，也就是说不仅包括B2B、B2C，还包括企业内部的电子化管理。我在2003年出版的《高级电子商务教程》中提出这一概念并以EB表现电子商务的内涵。电子商务也不是说所有企业都建立电子商务网站，所谓中小企业都建立自己的网点是一个谬论。中国现有1700万个中小企业，如果都建立电子商务网站就是1700万个网站，而当前我国现有网站仅有300多万个，2009年网站数量比2008年还有所减少，这是资本重组、市场无形的手作用的结果。许多企业可以采取外包、托管、联合等多种模式进行电子商务，而不是建立自己的网站，这有利于电子商务人财物资源的节约。

（2）要明确电子商务的发展期。我国电子商务正进入由引入期向发展时期的转变过程中，因此当前我国电子商务政策的基点仍然是培育期阶段，而不是限制它、阻碍它的发展。政策的超前性或者政策的滞后性都地电子商务会带来负面影响，比如说过早向电子商务征收税收是不明智的政策。去年北京出台的向虚拟货币交易收入征收所有税的政策就是一个空炮，至今还没有收到一分钱的税收。

（3）要允许电子商务的多种模式存在和创新。电子商务模式具有多样化、多种模式，不仅仅是一种或几种模式，而是多种模式。具体表现为B2B、B2C、B2B2C、C2C等多种电子商务模式。此外还有网上批发、网上零售、网上餐饮、网上旅馆、网上旅游、网上书店、网上药店、网上期货、网上证券、网上保险等多种类型，如河北国大集体采取"四网合一"的经营模式，网上商店、网下实体店、人力资源网、电话网等，其便利店连锁如虎添翼。浙江省探索了6种网上批发市场模式具有借鉴意义。许多大宗商品电子交易也积累了丰富经验，但是存在将期货交易标准应用到大宗商品交易市场来，形成所谓的

"卖空"交易只能够将现货批发交易市场引向坟墓。

（4）应重视国际电子商务安全，而不是微观电子商务安全。电子商务当前存在的不是微观经济安全问题，而是国家层面的电子商务经济安全问题。从电子商务微观来说，电子商务已经实现了实名制，如 C2C 网上开店，没有身份认证是不可能开店的；会员制 B2B 电子商务的会员制就是实名制，如果你不注册登记就不可能进行交易；个人网上购物必须先注册、后购物；网站的建设如果没有登记是不可能开业的；此外美国是一个个人身份管理较严的国家，一个人拥有一个综合性的卡，代表着你的身份，可以购物、旅游、餐饮等消费，也可以贷款等。从某种意义来说，电子商务实名制已经实现。只是在互联网上没有实现实名制，许多网民可以随便在上面发表言论，当然这里也包括旅馆的"噪音"，而且这种"噪音"的网络发散效应非常强。当前电子商务微观安全技术已经解决，而国家之间的电子商务安全应引起政府的高度重视，国际之间如何接轨，如何形成一个整体，如何实现政策对接，这是我国在进一步对外开放过程中必须重视的问题。

（5）要加速互联网技术与商务的融合，而不是简单地结合。重技术轻商务或者重商务轻技术，都是"简单结合论"在发挥作用，如何真正做到二者的融合，具有重要意义，这是我们必须认真解决的关键性问题。长期以来，我们不承认"商业科技"、"流通科技"，认为"商业无科技"、"流通无科技"，对传统流通业向现代流通业转变起到坏的影响。实际上现代科技在流通领域的应用过程就是科技再创造的过程，这个过程也是二者再融合的过程。在电子商务科技比较成熟的今天，我们更应注重业务流程再造，促进电子商务全方位、多领域应用与发展。

（6）要加快电子商务法律、法规、标准体系建设。我国当前最大的问题是电子商务无法可依，需要加快制定电子商务法律、法规、标准。从 1993 年电子商务概念引入至今，已经 18 年了，虽然香港、广东、上海、北京、杭州等地出台了许多电子商务法及其法规，但是，至今我国还没有一个全国性的《电子商务法》。而现已出台的北京等地电子商务法仅仅局限于"属地"的电子商务经营商的管理，而网上交易的网商、经营商、消费者却没法进行管理，因为网上交易是开放的，是不受地域限制的，相反是要打破地域之间的限制。我国虽然出台了一系列电子商务标准，但是还不完善。出台了许多法规，但是仍然政出多门，至今没有一部电子商务发展的"十二五"产业政策。因此迫切需要出台《电子商务法》，出台《十二五电子商务产业政策》，完善各类电子商务的国家标准、行业标准、地方性标准、企业标准，甚至一些标准应该具有国际水平，成为世界通行的标准，或者说中国应跻身于国际电子商务标准的制订。

（7）当前电子商务重点不是实名制，而是加强电子商务管理。针对当前存在电子商务是否应该"实名制"的争论，他认为，电子商务"实名制"是伪命题，实际上电子商务已经基本实名制了：上网上开店需要身份证的验证才允许开店，会员制交易不实名制就不可能是会员，网上购物也需要消费者注册才能够购物的，网上支付必须是实名制的，否则不可能进行电子支付，网站的建设也需要核准才开店的，所以说电子商务实名制已经解决，不存在要不要实名制的问题，这一问题已经解决，即使在美国身份验证已经完全做到了"一卡多用"身份验证。而我国互联网上却存在许多消费者不用真实名字，随便发表意见的现象，这与电子商务无关。

看连锁百强销售规模及其增幅

对 2000~2010 年连锁百强销售规模及增幅的分析：①2000 年连锁百强销售增幅最高，达到 53%，而 2009 年最低为 13.5%；②2000 年和 2002 年这两年的连锁百强销售规模的增幅是这十年中最高的；③2000~2010 年这 11 年间，连锁百强的销售规模增幅会呈曲线式发展；④连锁百强的销售规模、门店数、营业面积、员工人数都在逐年增加，可从 2005 年之后，销售额增幅却在逐年走低，2010 年又大幅加升，达到 21.2%。

2009 年出现增幅最低主要相对于前几年增幅较高而言的。首先是金融危机使企业销售受到冲击，其次是企业加大门店开店的数量，市场竞争越来越激烈，同时大部分企业为了抢占市场，推出打折促销等优惠活动，导致最后销售额无法上去。另外，市场也不可能一直出现持续增长。

2000 年和 2002 年这两年的连锁百强销售规模的增幅达是十年来最高的两次，这一现象说明了什么？

2000 年是中国进入 WTO 的前一年，2002 年是我国进入 WTO 的第二年，许多外资企业进入中国。零售市场开始活跃，竞争也相对较小。出现以利益换市场，加上通货膨胀，企业销售额会出现相对较高。

通过下表可以看出，在 2000~2010 年这 11 年间，连锁百强的销售规模增幅呈曲线式发展，这一现象说明什么？

趣变一："曲线"发展

洪涛：这几年是中国加入 WTO 后的几年，外资在中国尝到甜头，再一次涌入中国市场，市场竞争再一次加强，零售企业不断抢占市场，中小企业也在和大的零售业抢占市场，市场空间开始紧张。

趣变二："增幅"走低

洪涛：2007 年美国次贷风波、2008 年的国际金融危机，2009 年其负面影响加剧，连锁百强门店虽然增多了，面积扩大了，但 CPI 出现了负增长，加上竞争激烈，各大企业相互抢客源，优惠、打折、返券活动层出不穷，这些并不利于销售的增长。百强中虽然增幅不高，但是社会的消费品零售总额在增加，2009 年达到 12.5 万亿元，增长幅度达 15.5%。

洪涛：对于 2010 年的发展趋势，虽然零售业持乐观态度，百强的上市也会提升总销售额。但是竞争依然激烈，而且网购会分流很大一部分年轻的消费人群。因此，及时转变发展方式才能利于销售。

表 4　2000~2010 年连锁百强销售额、门店数及增幅一览

年份	销售额（亿元）	销售额增幅（%）	门店数（个）	门店数增幅（%）
2000	1053	53	—	—
2001	1620	48	13117	56
2002	2465	52	16986	29
2003	—	45	—	—
2004	4968	39	30416	49
2005	7076	42	38260	26
2006	8552	25	69100	57
2007	10022	21	—	—
2008	11999	18.4	120800	10.6
2009	13600	13.5	137000	18.9
2010	16600	21.2	150000	9.8

怎么看奢侈品消费热①

编者按：近几年，国际奢侈品市场疲软，而中国奢侈品市场却"逆势上扬"。有机构指出，全球 1/4 奢侈品是中国人购买的，中国已经超过日本成为全球第二大奢侈品消费国，预计两年内中国将成为全球最大的奢侈品消费市场。为什么会出现奢侈品消费热？主要是哪些人在购买奢侈品？应该怎样理性地看待这一现象？

嘉　宾：洪涛 赵萍 周婷 宋玉伟
主持人：赵鸿文（主编）
洪　涛：北京工商大学商业经济研究所所长、教授、博士生导师
赵　萍：商务部研究院消费经济研究部副主任、副研究员
周　婷：对外经济贸易大学奢侈品研究中心常务副主任
宋玉伟：北京寺库寄卖有限公司副总裁、全国寄卖工作委员会秘书长

主持人：对于奢侈品，不同时代、不同地域、不同阶层的人的理解是不一样的，那么，怎么界定奢侈品的概念呢？

洪　涛：奢侈品在国际上被定义为"一种超出人们生存与发展需要范围的，具有独特、稀缺、珍奇等特点的消费品"。从经济学上讲，指的是价值与品质关系比值最高的产品。因此，奢侈品又称为非生活必需品，在市场上的价值远远高于它所拥有的质量，象征着消费者的一种价值观、生活态度、生活方式，体现品位和身份。

赵　萍：奢侈品本身是一个动态的概念。比如我们回忆 30 年前，如果每天能吃上肉，过得就是奢侈的生活了，那时人们认为肉是奢侈品，只有逢年过节才能吃，但是现在没有人认为肉是奢侈品。从前如果你拥有一辆小轿车绝对是奢侈品，而且有的人梦想一辈子都开不上小轿车，但是现在汽车基本就是代步工具，很多人还抱怨交通拥堵，是因为越来越多的人买得起汽车了，汽车由原来的奢侈品变成现在的生活必需品了。

周　婷：如果从普遍意义上来讲，奢侈品就是价格昂贵的非生活必需品，

---

① 2011 年 7 月 15 日，洪涛教授应邀参加了中央宣传部时事报告杂志社组织的"如何看奢侈品消费座谈会"，在会上作了一个发言，并参与了讨论，以下是时事报告 2011 年第 8 期电子版。

但是对奢侈品行业的核心消费群来讲，其实奢侈品价格昂贵和非必需性并不能成为它的定义，而大家更愿意用感性的定义来说明它是一种艺术化的生活，是少数人拥有、多数人梦想的一种境界。因为一百个客户会有一百个对奢侈品的理解，比如说有一个朋友从国外回来，他认为你请他去北京一家五星级饭店吃饭这事儿一点儿也不奢侈，反而认为请他去吃门钉肉饼、吃碗炒肝，这个事儿太奢侈了。再比如，白岩松说，当下时代，平静是最大的奢侈品。对于不同阶层来讲，奢侈的定义太具有相对性了。所以其实我一般不愿意从经济学的角度概括这个行业，因为经济学的很多理论在这个行业是行不通的。就像当年我们刚刚开始改革开放的时候，争议太多了，小平同志后来说了句，"不管白猫黑猫，会捉老鼠就是好猫"，现在奢侈品行业也面临这么一个局面。在这个行业我认为没有对与错之分，只有在现实的市场环境下合不合适的问题。奢侈品行业对经济社会发展有一定的推动作用，在这个过程当中也会带来一些负面的现象，我们一定要客观地看待它。

主持人：说中国奢侈品消费热，到底有多热？可以从哪些方面来说明？

宋玉伟：我从奢侈品的二手消费上来说一下。我们寺库寄卖是 2008 年 10 月 1 日成立的，主要是推动二手奢侈品的循环消费，不到三年时间，实名制会员加上网络会员已有 50 万人左右，2010 年的交易额达到了两亿元，预计 2011 年还会大幅增长。奢侈品二手消费的火爆证明一次消费更火爆。因为在国际上，奢侈品二次消费流通一般是一次流通量的两成左右，国内也就在一成左右，就是说买 10 件全新的奢侈品，只有 1 件可能进入二次流通。

周　婷：我说说自己的直观感受。

第一个感受是我从国外看到的，去欧洲考察，我经常在巴黎香榭丽舍大街看到 LV 旗舰店的门口排满了中国人的队，而且中国人买货的速度可以用"扫货"来形容，就是十分钟可以买一批货，这让外国人太惊讶了，简直是非理性的消费状态。第二个感受是 2011 年 4 月 20 日，海南岛离岛免税政策试运行，我参加了海南省举行的新闻发布会，当天本来是准备了一个省长开门迎宾的环节，结果没有等省长把门打开，游客和消费者就冲进去了，很快 COACH（蔻驰）店门口的队排了有 10 米长，一直排到晚上 10 点还没结束，等晚上我有时间了想去买点儿东西，已经没有货了。我觉得用"热"都不足以形容现在的奢侈品消费，应该用"井喷"来形容。这是我从消费领域看到的。

第二个领域，我感受特别深的是有大量的风投资本开始介入中国的奢侈品市场，这是非常重要的迹象。而且，风投资本支持商业模式的创新，逐渐操盘

416

中国奢侈品市场。也就是说，实际上是资本在最上游操控着奢侈品市场，而不再是原来我们简单认为的是国际奢侈品牌在做这个事情，实际上他们只是处于中国市场的某一个局部而已。

从消费、投资、商业操作模式等方面来看，都能说明中国的奢侈品市场现在很热。

赵　萍：中国的奢侈品消费到底有多热？我从四方面来说。

第一，尽管奢侈品消费没有权威的官方统计数据，但从相对数来说，我们国家的奢侈品增长速度是很快的，尤其是在国际金融危机之后，与各国比较来看，别的国家可能是下降，即便是增长也是低速增长，而中国是高速增长，用一句话概括就是"世界皆醉唯我独醒"，只有我们国家的奢侈品消费是觉醒了，是高速增长。

第二，从零售终端来看，我们知道一般在供应商与零售商之间的对话当中，零售商是处于优势地位，但是奢侈品和零售商之间的对话绝对不是零售商可以左右得了的，经常是零售商高接远送地请奢侈品进店，还要出装修费。从这个关系看，我国奢侈品消费肯定是很热的。因为零售商之所以忍辱负重，不仅仅是拿奢侈品装饰店铺，更重要的是奢侈品的销售额很高，能带来很大的利益。

第三，从投资类商品的消费来看，我国奢侈品热不仅仅是进口的奢侈品消费比较热，即便是国产的、高端的、具有投资价值的商品，比如说金银珠宝，也是很热的。

第四，从单品具体数据来看，奢侈品消费也很热，比如像保时捷，中国已经成为它的第二大市场。

主持人：这个热是不是"虚热"，"发烧"的成分更大些？

宋玉伟：我不这么看。我身处市场一线，看到的实际情况是，奢侈品消费确实很火，但大部分人还是理性的，不是发烧，也不是狂热，和前段时间市场上的"抢盐潮"不一样。而且从长远来看，随着经济社会发展和人们收入水平、生活水平的提高，这种热有一定的持续性，不是热一阵以后就不热了。

主持人：但确实有很多人就是为了一个包而非买 LV 的，或者说仅仅为了奢侈一下而买奢侈品的。

宋玉伟：确实如此。目前国内大多数消费者对于奢侈品，还是以占有为目的，而不太关注怎么享用、怎么体会它背后的东西，包括产品品位、工艺技术、品牌文化等。这也说明，我们国家的奢侈品消费层次还比较低，有待于进一步提升，也说明奢侈品消费并没有热过头，还只是刚开始。

洪　涛：奢侈品首先是一种商品，但是这种商品功能性的使用价值是越来越少，甚至等于零，反而它的文化附加值是越来越大，甚至是百分之百，这是它和一般商品最大的区别。仅仅为了面子而买奢侈品，还是带有非理性的成分。这样的消费者多了的话，就有"虚热"的可能。

主持人：那么当前的奢侈品消费中，哪些消费者更多些？或者说奢侈品的主要消费群体是哪几类人？

宋玉伟：首先是追求高品质生活的人。以前温饱问题没解决的时候，大家不敢多想，现在温饱问题解决了，财富多了，很多人有了一些其他的需求，对个人生活品质的要求也提高了，这类人群占的比例很大。当然，也不排除还有一小部分人群财富水平提高的还不够多，但对于高品质生活追求却很快，也许是出于工作圈子的需要，他们也加入了奢侈品消费的行列。还有一块就是所谓的"富二代"。当然"富二代"中也有很多人素质比较高、觉悟比较好，但同时我也发现有个别的"富二代"，连奢侈品的名称都叫不全，来了以后只求最贵不求最好，这种人也有。

赵　萍：我们也做过探讨，为什么"富一代"的人买奢侈品不是那么狠，花钱不是那么大方，而"富二代"却一掷千金、一掷万金呢？就是因为他们被人认可的渠道不同。"富一代"被人认可靠成就，我有事业在这儿，我有公司在这儿，圈儿内人都知道我。"富二代"刚刚走上社会，有显赫的家庭背景，他怎么被人认可？他没有更好的渠道，就先用奢侈品来代表他被认可的一种符号。

周　婷：我觉得是财富表现形式不一样。"富一代"不会表现在买名表和皮具上，他会收藏艺术品，会订购私人海岛、豪宅、飞机、豪华游艇等。对"富二代"来讲，认知水平、文化底蕴、社会阅历各方面还嫩点儿，所以停留在买一个包，有一个LOGO的感觉。

赵　萍：从收入水平来看，奢侈品消费分两大类。一种是高收入阶层，购买的频度很高，购买的种类也很多。另外一种是中等收入阶层，也买奢侈品，但买的频度没有那么高，也许一年就买一个包，同时购买的奢侈品价格不是特别贵。不同收入阶层买奢侈品的心理也不一样。高收入阶层买奢侈品，觉得我就是这个收入水平的，这种奢侈品就是日常生活品，我买它不费力，不需要省吃俭用。对中等收入阶层来说，商务需求是一个重要方面，就像一个小公司想去机场接客人，打车去接客户就跑了，如果租一个车还带一个司机，就显得很尊贵，这就是商务需要。

洪 涛：奢侈品消费的主体是中高收入阶层。根据《2010~2013 年中国奢侈品行业市场发展预测及投资咨询报告》统计，过去的十几年里，中国涌现了将近 18000 名亿万富翁，44000 名千万富翁，近 2.5 亿有购买能力并喜爱为时尚投资的中产阶层。在中国有 1.95 亿人买得起奢侈品，这些人主要集中在中国的经济核心地区，如北京、上海、广州、杭州等城市。具体说来，可以分为三类群体。第一类是炫富，他们不是消费某种商品，而是消费某种消费品的"过程"，是消费主义的表现，将财富通过奢侈品消费表现出来。第二类是追求生活品质，收入水平提高了，生活条件好了，追求更高层次的消费需求，这就是我们讲的消费升级。这部分人群是奢侈品消费的主体，也是政策应鼓励的消费群体。第三类是追求品牌，像"80 后"、"90 后"的一部分人，他们不是炫富，也不是追求生活品质，就是追品牌、随大溜，什么时髦就赶什么浪潮。这三类群体中，第二类是应该鼓励和支持的，其他两类群体应该予以引导。

主持人：为什么这些人在奢侈品消费上会如此出手大方？以致出现了消费热？

洪涛：从宏观上来说，现在，我们国家 GDP 超过日本成为第二大经济体，住户存款超过了 33 万亿元，外汇储备余额 3.2 万亿美元，一方面我们有钱了，高收入群体能够消费得了，另外一方面市场上也有了大量的实物商品和各种各样的服务商品，可以让人们来消费。从微观上来讲，个性化的消费在张扬，过去我们穿的衣服几乎都一样，今天在座的各位没有两个人穿的衣服是一样的。只有在这种情况下，所谓的奢侈消费才可能出现。

还有一个大背景，就是中国的消费方式正在发生着变化，过去是攒钱消费，辛辛苦苦地攒钱，有多少钱能消费就消费多少。在西方，特别是欧美是借钱消费。我们现在正处在这个转变过程中，由传统的消费方式向现代的消费方式转变，有一些群体提前进入了新的消费时代。

赵 萍：和生活水平提高肯定有直接的关系，人均 GDP、消费结构升级等，这是必然的要求。另外从文化来说，东方文化对炫耀型消费、心理要求、面子的要求更高一些。我专门作过一个关于中国、美国、韩国、日本等国家消费者消费心理的研究，发现东方文化圈比如像日本、中国，更看重面子消费。奢侈品消费在东方文化里作为一个阶层的符号，炫耀心理体现更为明显。还有一些数据，日本即便在金融危机之后很长时间奢侈品消费并没有像经济一样大幅度下滑，就是因为人们即便是收入水平下降了，人们也要维持他原来的消费水平，这在经济学上有固定的解释，叫消费刚性。好比习惯了吃肉，忽然有一天收入少了，让他天天吃南瓜行不行？不行，"由奢入俭难"，他还是要吃肉。这就是心理的需要，好面子。

洪　涛：还有一个很重要的外因，就是国际金融危机发生后，欧美国家市场萧条，购买力缺乏，大量奢侈品品牌跨国企业寻找出路就到中国来，大力宣传，打开市场。这两年我们为什么那么多人到国外买奢侈品呢？也有这个原因，就是欧美经济不景气价格比较低，另外再加上商品品质比较好，吸引了大量的中国消费者。这方面的因素也推动了我们国家的奢侈品消费。

周　婷：除了经济等因素外，其他方面的改变也会影响人们的消费心理，比如自然环境的改变，社会的剧变。其实日本大地震以后，消费心态呈收缩状。而中国人恰恰是反过来的，比如汶川地震以后，四川人的消费心态非常开放，远远超过其他地方的人。

赵　萍："人死了钱没花完。"春晚小沈阳那句话影响非常大。

主持人：奢侈品消费热与中国近年来经济快速发展、高收入群体有足够的经济实力消费有关，但同期来看，欧美等经济发达国家人均收入更高，他们的奢侈品消费却很平稳，这又怎么看？

赵　萍：现在的奢侈品消费热，我觉得和我们所处的发展阶段也有直接关系。我们国家是新富，刚刚富起来，突然有了这么多可选择的好东西，原来因为供给不足受抑制的消费需求就突然释放出来了，奢侈品消费也就一下子从原来的很低转到爆发性的增长。从长期来看，奢侈品消费会不会一直保持这么快的增长？我们从欧美和日本发展的过程来看，从新富到富裕后，人们对奢侈品的炫耀心理也在逐渐变化，会逐渐走向理性消费、科学消费。也许再过20多年，我们的奢侈品消费可能也会趋于理性，更多的是买得起，也认同这个文化的人在消费，而省吃俭用买奢侈品的情况会越来越减少。

周　婷：消费是分层次的。最初层次叫面子消费、炫耀型消费。到了第二阶段就是理性消费，买了很多后，就对很多方面的要求提高了。当人均GDP达到3000美元以上的时候，消费内容发生了转变，一般就是享受型消费，到了这个阶段考虑的就是有品位的消费了。还有一个更高的层面，目前在中国一般都没有达到，就是道德消费，这是很高的层次。如果从心理学来讲，就是面子消费、理性消费、品质消费、道德消费。奢侈品消费也是这个样子，现在我国还处于初级阶段。

主持人：或者说，发达国家已经过了奢侈品消费"热"的阶段，而我们刚刚开始，中国的市场还很大，所以很多国际奢侈品品牌看中了这块大市场，纷纷进入，这是好事还是坏事？对我们来说，弊大还是利大？

周 婷：这是件好事儿。我觉得消费者受益了，丰富了人们的物质和文化生活。国际奢侈品来了，我们的消费者能够从多种渠道消费到更多更好的产品，何乐而不为呢？关税降不降虽然现在还有争议，但是已经放出信号了，大势所趋，只不过是时间表的问题。从购买渠道来讲，国内免税店也出现了，国家在积极地给消费者创造便利的购买渠道。接下来不是限制不限制的问题，我们更需要思考的是如何应对挑战。比如消费者的消费需求多层次化了，给从业人员、市场环境、政策制定都提出了更高的要求。再比如，消费者买了奢侈品，没有售后服务，包括产品真伪的鉴定，奢侈品如果没有售后服务的话它就是半成品，很多中国人花了高价钱买了半成品用。

赵 萍：奢侈品品牌进来肯定对我国经济发展有好处。首先会产生"溢出效应"，我们可以看到人家生产的产品是什么样子，可以学习他们的管理经验、销售经验，模仿他们的产品研发、品质管理，还可以促进国内品牌竞争。其次会带动生产和就业，以及相关其他产业链的发展，创造更多的税收。

至于奢侈品品牌大量进来了，有人认为会冲击我们的产业，其实这就是开放恐惧论。30年前这样说会有人信，现在说很多人会不信。为什么？改革开放30多年了，很多产业，比如我国在加入世界贸易组织时，称汽车产业是"幼稚工业"，要加以保护，但是这么多汽车品牌进来了，我们不但没有被冲垮，自主品牌还在成长，而且我们现在已经出口了，到国外投资设厂，到海外去收购。奢侈品品牌进来了，说我们的相关产业就完了，我觉得有点儿过于担忧了。一个国家的经济实力是奢侈品成长最根本的基础。很难想象一个很穷的国家、很落后的国家会有享誉世界的奢侈品品牌，会吸引享誉世界的奢侈品品牌，所以中国国力的提升是奢侈品成长最重要的土壤。

主持人：奢侈品市场的快速增长与我们发展中国家的身份相符吗？奢侈品消费热是否带来了社会的奢靡之风？应该怎样理性辩证地看奢侈品消费热？

赵 萍：奢侈品消费热，并不意味着只有奢侈品热。我们国内的消费在奢侈品之外的商品也很热，比如说国外的品牌即便是时尚的中端品牌，在中国的消费也是非常热的。在这样一个大潮当中，奢侈品显得也比较热。所以我们关注奢侈品热，不能单独地看奢侈品热本身对还是不对，要把它放到整体的形势中来分析。

对奢侈品消费热要辩证地看。正面说肯定是好事儿，说明我们国家富强了，人们更追求生活品质了，消费结构升级了，生活质量改善了，而且消费奢侈品之后心理满足程度甚至幸福感都有所提高。从大的方向来说，肯定是好事儿。30 年前我们不敢想不敢做的事情，现在变成现实了，原来觉得只有发达国家、资本主义国家才能享受的生活，现在我们自己享受到了。这是对我国30 多年经济社会发展的肯定，或者说是经济发展在消费市场上的回应。

　　既然辩证地看，就要看到奢侈品消费非理性的一面。主要有两方面：①从消费人群来说，国外的奢侈品消费至少购买频度高的年龄段比我们要高一些，收入水平也比我们高一些，而我们有一部分消费者，确实存在非理性的消费，比如说"80 后"、"90 后"这种低龄消费，在自己的合理支出之外购买奢侈品，对他们的生活品质会有很大的影响。不能说这种购买行为本身是不对的，因为也满足了他的心理需要，但是我们看到这对他们自己的物质生活、身体健康，比如说节衣缩食会对他们的生活品质带来负面的影响。②因为这些人在自己购买能力之外消费，也包括一些有购买能力的人，但他们消费的同时，是通过一种炫富的形式，对整个社会风气来说是有负面影响的。这种负面影响可能使我们传统文化中好的东西被丢失了，比如传统文化提倡的节俭、量入为出等。尽管传统的消费观在现代可能会显得过时，但实际上节俭消费对于整个国民经济可持续发展来说还是非常必要的。

　　周　婷：我们以前一直是谈"奢"色变，是避谈"奢侈品"这三个字的，用高端品牌、高端消费品字眼来代替，不敢正视这个问题。但是实际上我们研究人类社会经济发展历史就会发现，正像马克思说的那样，奢侈品消费的出现，是生产力发展到一定阶段的产物。奢侈品消费中可能存在负面现象，但是我们不能否定它对于打造知名品牌、促进经济发展、带动社会就业，以及丰富人们的物质文化生活方面起着一定的积极作用。奢侈品行业也意味着一种高端的市场水平，分布在各个行业当中，汽车领域有，服装领域有，服务贸易领域中也有，它对社会风气、商业模式、技术设计、文化艺术等，起着风向标的作用，我们不能因为它小就忽略它的重要性。所以我认为，中国奢侈品市场下一步要健康、有序、合理地发展，应该是政府引导、政策先行，而不能片面地高举什么民族主义大刀，或者只是站在某一个圈子、某一个阶层来考虑这个问题。

　　洪　涛：随着奢侈品品牌的大量涌入，我们更应该关注的是奢侈品高价格背后的东西。奢侈品首先是一种商品，但是这种商品功能性的使用价值越来越少，甚至等于零，反而它的文化附加值越来越大，甚至百分之百，这是它和一般商品最大的区别。这就启示我们，不只是奢侈品，打造其他品牌也是这样，就是怎样减少它的使用价值的同时，增加文化附加值。文化附加值增加了，市场价值才会提高，然后价格才会提高。

主持人：奢侈品消费的增长对我们扩大国内消费需求来说，有多大作用？

洪　涛：从总量来讲，奢侈品消费群体占全部人群的比例很小，奢侈品消费总额占整个社会消费品消费额的比例也很小。2010年全国社会消费品零售总额为15.7万亿元，奢侈品消费100多亿美元，也就是700多亿元人民币，仅仅占同期我国社会消费品零售总额的0.4%左右。我国在欧洲市场购买奢侈品消费累计近500亿美元，折合人民币3500亿元，占社会消费品零售总额的比例也仅为2%。中国经济可持续发展不可能依靠奢侈品消费，不能够将扩大国内消费需求的重点放在降低关税来促进奢侈品消费上来。我国不可能过度消费，也不能消费不足，只能够坚持适度消费的发展战略。

周　婷：我们不是让奢侈品消费担起整个扩内需、促消费的重任，事实上它也担不起来。我们只是要正确看待奢侈品消费对高收入群体的作用。大家都知道，我们要提高消费对经济增长的贡献，怎么扩大消费？对普通老百姓来说，就是通过提高他们的收入，提高他们的消费能力。那么对高收入群体呢，怎么推动他们消费？推动高收入群体消费的重点，不是再提高他们的收入，而是要创造条件，让消费渠道多元化，尽量满足他们的消费需求。我们通过各种渠道让高收入群体消费，让财富重新回到社会中去，促进就业，带动相关行业的发展。高收入群体对奢侈品有着极强的需求，我们为什么不满足他们呢？对奢侈品消费不能简单地从道德上给予批判，而是要进行理性引导。

赵　萍：我的建议有两方面。第一是提倡合理消费。从消费者来说，你买得起你就买，在你的购买能力范围内，真正是你需要的，比如说你的心理需要，或者你的商务交往需要，那就可以买，要提倡这种合理的消费。但是合理的消费也不是"一刀切"，不是说有多少钱的人才买得起，有多少钱的人买才是合理的，我觉得更重要的是每个消费者要有一个理性的判断。第二是社会理性，社会理性就是提倡科学消费。你买得起也好，买不起也好，都要考虑到对环境资源有没有更大的影响力，都要考虑我们环境资源的承载力，使整个社会资源能够在代际之间平衡，经济社会发展更加可持续。

主持人：对政策制定有什么建议？

洪　涛：怎样引导奢侈品消费很重要。是去渲染它、夸大它、热捧它，还是冷静充分地认识奢侈品在我们国家中有这么一个消费群体，整个国民消费结构中有这么一个消费层次，但不是我们国家经济发展的重点，我国经济发展的重点还应该是提倡理性消费、适度消费。要给奢侈品消费客观的定位，政策制定也要从国情出发，应使一部分高收入群体的高消费需求能够得到满足，同时，更重要的是使大多数城乡居民能够消费到较高质量的实物产品和服务产品，使"先富"与"共富"相结合，满足大多数消费者共同消费较高品质的实物商品和服务商品。

宋玉伟：我举个例子，百达翡丽的表是知名的奢侈品品牌，就是一个简单的上油，开盖费就是 5000 多元，小修一次就是 1 万多元，如果换件儿的话费用就更高了。这启示我们，微笑曲线的两端利润率确实很高，企业转型升级不是虚的，我们不能老是靠卖衬衫来买飞机。对奢侈品消费，到底是应该鼓励还是不应该鼓励呢？就像我们发展航天技术一样，航天技术代表技术的一个层面，奢侈品消费代表消费的一个层面，是否鼓励它？我的建议是不要局限于国界，中国没有知名奢侈品品牌，只表示中国消费行业的缺失，放在全球来说还是要鼓励，因为奢侈品消费也会带动全球消费的提升。分国界来说，现阶段国外占便宜，我们吃亏，吃亏占便宜这就是竞争，国家与国家的竞争，说明我们的工夫还不够，还需进一步加强。我们需要思考的是怎么让中国赶上去。

赵　萍：我觉得从奢侈品消费政策制定来看，要注意两方面：

第一，要通过各种政策组合来促进奢侈品消费更加规范，更加合理，真正满足有这部分消费需求的消费者的需要。

第二，要注意引导。其实社会很多人对奢侈品消费，说仇富心理也好，说对奢侈品消费不满也好，很多时候是社会深层次矛盾的反映，比如对收入分配不公等、贫富两极分化等。为什么你坐在我旁边，你就可以拿 LV 的包，而我只能拿 100 元钱的包？其实不在于消费行为本身，更多的是社会深层次矛盾的体现。所以舆论引导也好，政策制定也好，需要针对这种心理进行疏导和引导，就是说对奢侈品消费本身的评价有它合理的一面，也有它不合理的一面，要引导合理的一面大发展，让不合理的一面的社会影响尽可能小一些。